WILEY

Nonprofit Law for Colleges and Universities:
Essential Questions and Answers for Officers, Directors, and Advisors

美国学院和大学的非营利法律
实用指南
雇员、董事和顾问的必知问题解答

布鲁斯·R. 霍普金斯
（Bruce R. Hopkins）

【美】　维吉尼亚·C. 格罗斯　**著**
（Virginia C. Gross）

托马斯·J. 申克尔贝尔格
（Thomas J. Schenkelberg）

余　蓝　**译**

中国政法大学出版社

2018·北京

Title: Nonprofit Law for Colleges and Universities: Essential Questions and Answers for Officers, Directors, and Advisors by Bruce R. Hopkins, Virginia C. Gross and Thomas J. Schenkelberg, ISBN: 9780470913437/0470913436

版权登记号：图字 01-2018-0452 号

中文译者序

　　《美国学院和大学的非营利法律实用指南：雇员、董事和顾问的必知问题解答》一书以问答的形式按主题罗列出了美国高等院校相关专业人士以及社会公众希望得到解答的关键性问题。可以说，它既是一本工具书又是一本学术专著，具有相当强的可操作性和实用性，体例完整清晰、内容简明详实、措辞通俗易懂，不仅提供了非营利法律的基本概念和专业术语，还列举了法律实践中遇到的现实案例和适用情况。全书共有十八章，分别讨论了非营利组织法概况、非营利教育机构、获得并维持免税待遇、公共慈善组织、治理、私人分配与超额交易行为、行政人员薪酬、立法活动、政治竞选活动、大学捐赠基金、奖助学金、慈善捐赠规则、筹款条例、不相关营业活动及收入、实体计划、年度信息审核、信息披露规则等，为希望了解美国学院和大学所适用的非营利法律的人提供了权威而全面的指导。

　　布鲁斯·R.霍普金斯在华盛顿大学获得了法学硕士学位和法律博士学位，目前是博胜纳力律师事务所的一名高级合伙人，也是堪萨斯大学法学院的兼职教授，同时还是哥伦比亚特区和密苏里州的议员。他曾获得2007年美国律师协会（American Bar Association）、商业法部门（Section of Business Law）和非营利组织委员会（Committee on Nonprofit Corporations）颁发的杰出非营利律师奖（先锋终身成就奖）。2007~2014年，他被评为研究美国非营利组织/慈善法最好的律师之一。作为美国非营利法律专家，他著有《免税组织法》《慈善捐赠税法》《筹款法》等30余本书以及《布鲁斯·R.霍普金斯非营利法律图书馆》（电子书）和《布鲁斯·R.霍普金斯非营利顾问》每月时事通讯。他深谙高等院校非营利法律适用的特殊性和实践之道，本书即为指导参与美国学院和大学治理与管理的专业人士而作。

翻译本书的目的是帮助国内从业人员、研究者和立法者全面而深刻地理解美国高等院校所适用的非营利法律体系及规则。我国某些知名大学教育基金会已经在海外尤其是美国设立独立的分支机构，在法律上必须严格遵循美国非营利组织的相关法律规定，这种实践探索的经验学习和问题解决已经触及具体法律规则的适用和理解。随着高等教育国际化实践的推陈出新，域外中外高校合作办学甚至独立办学都有可能发展成未来的方向和模式，了解并掌握与高等院校运营有关的美国非营利法律及其运用将可能成为现实的需求。

翻译本书的过程帮助译者更加深入地研究了美国高等院校所涉及的非营利法律问题和实务操作。这里要特别感谢曾经参与本书翻译和审校工作的所有人，她们是北京语言大学高级翻译学院的咸慧、蔡盈倩、曹语乔和郭炯彤同学以及《中国高教研究》杂志编辑聂文静女士，尤其是咸慧同学为本书做了大量基础性工作，付出了不少心血。我还要感谢中国政法大学出版社的丁春晖先生对本书出版给予的帮助和支持，正是他辛勤高效的工作才使本书得以迅速与读者见面。本书得到了国家社会科学基金教育学一般课题"我国高等教育捐赠的社会激励与法律保障研究：基于资源动员理论的视角"（课题批准号：BIA170189）的资助，特此一并致谢。

由于译者水平有限，译著中难免有疏漏错误之处，希望读者和专家不吝指正。

余 蓝

2018年3月10日

于北京语言大学来园

 **PREFACE 前 言**

可以说，这本书非常及时。

免税学院和大学目前正是联邦税法关注的焦点，它们自 1950 年不相关营业规定出台以来，还从未受过如此的关注。

六十多年以来，国会、财政部和国税局几乎忽视了免税的学院和大学，而把焦点放在了医院、私人基金会、信贷咨询机构和首付资助组织等其他类型的免税组织身上。当然，偶尔也有对大学体育运动和高等教育间接税收套利行为是否适当而进行的报道，但这些所引发的争议都是暂时的。

几年前，国税局恢复了对不相关营业费用分配的法律监管权，规定只允许与不相关营业直接有关的费用才能适当抵扣，而不仅仅是将费用合理地分配给相关活动和不相关活动（显然这种做法更为常见）。国税局好奇的是为什么不相关营业收入总额很大，但所产生的应纳税所得额却很小，由此怀疑某些组织分配给不相关营业的费用过于"慷慨"，而学院和大学当时就在其列。

正当国税局考虑费用分配和不相关营业规定的其他方面时，某些国会议员直言不讳地指出高等教育的费用越来越高，也有评论家认为学院和大学捐赠基金花在学生资助上的费用太少。

尽管越来越多的非营利法律开始实施，但起初也并没有特别关注到学院和大学，其关注最多的是非营利组织治理和管理层薪酬等问题。对免税的学院和大学而言，不幸的是所有法律规定相互交织并集于一身。

于是，当国税局开始设计后来针对学院和大学的合规性调查问卷时，原本一些局限于不相关营业领域的问题发展成为现在声名狼藉的（令人印象深刻的）表14018，即本书通篇所指的高等院校合规性调查问卷。

在过去的二十多年里，医疗健康可能是全国非营利部门中联邦税法议题关注最多的领域。由于近期国税局和国会对学院和大学予以密切的关注，高等教育领域可能取而代之地获得这一不值得羡慕的"第一地位"。在不相关营利规定的情形下，亦是如此。

高等教育税法所衍生出来的法律不仅适用于自身，也适用于更广范围的免税组织活动，比如公司赞助和差旅报销。当前对高等院校管理层薪酬实践的关注，可能会引发关于确定薪酬标准是否合理的新规定以及改变超额利益交易规则。学院和大学可能对有关捐赠基金支出和不相关营业费用分配及扣减规则的法律变化负有责任。

在本书中，我们讨论的话题比国税局问卷调查中包含的话题更多。事实上，本书已涉及了所有高等教育背景下非营利法律方面的话题。但国税局的问卷调查一直是我们集中关注的问题，我们努力将国税局提到的每一点都解释清楚。

首先，国税局将问卷调查得到的数据总结在2010年发布的中期报告中，即《合规性项目调查中期报告》，我们经常参考这个报告。

但在编写这本书的时候，我们还不清楚国税局的计划如何发展。有人认为最可能实现的是国税局的测试（事实上，这些测试也正在实施）。有人认为免税学院和大学会与免税医院平行，也猜测某一天可能会出现与表990编制目录H和美国国内税收法501（r）节（前者对医院的报告作出了新的要求，后者增加了免税标准）相当的法律。如果要在这两种猜测中选一个的话，我们将选择后者。

我们希望这本书能够帮助学院和大学受托人、管理人员和顾问更好地理解他们工作的法律环境，从而更好地遵守这些规定。我们也希望律师和会计详细阅读本书，使本书成为他们为学院和高校提供咨询和建议时的宝贵资源。

我们还希望本书中的问答形式可以帮助读者在面临紧迫问题时迅速找到所需的答案。

　　本书回答的所有问题都会在开篇列出，以方便搜索。许多答案中插入了相关回答的编号，可相互参照和印证。

　　我们还要感谢约翰威立公司的朋友对本书的支持，特别是我们的高级制作编辑娜塔莎·安德鲁斯-诺埃尔、开发编辑詹妮弗·麦克唐纳以及高级编辑苏珊·麦克德莫特。同样要感谢我们公司的助理约翰·克劳福德，在本书的编写过程提供了宝贵的帮助。

布鲁斯·R. 霍普金斯

维吉尼亚·C. 格罗斯

托马斯·J. 申克尔贝尔格

2011 年 7 月

CONTENTS 目 录

中文译者序 ……………………………………………………………… 001

前 言 ……………………………………………………………………… 003

1. 非营利组织法概况 ……………………………………………… 001

非营利法律基础 ……………………………………………………… 001

1.1 什么是非营利组织？ ……………………………………… 001

1.2 有时用"不以营利为目的的组织"替代"非营利组织"，这两个
术语是同义词吗？ ………………………………………… 002

1.3 非营利组织有哪些类型？ ……………………………… 003

1.4 非营利组织应以何种形式成立？ ……………………… 003

1.5 如何成立非营利组织？ ………………………………… 003

1.6 非营利组织如何成为法人？ …………………………… 004

1.7 什么是注册代理人？ …………………………………… 004

1.8 注册代理人是做什么的？ ……………………………… 004

1.9 注册代理人对法人的事务负有责任吗？ …………… 004

1.10 发起人是谁？ …………………………………………… 005

1.11 非营利组织怎样决定在哪个州注册？ ……………… 005

1.12 非营利组织如何获得在其他州运营的资格？ 005

1.13 何谓在某个州开展"运营活动"？ 005

1.14 如何成立非营利信托？ 006

1.15 如何成立非营利非法人社团？ 006

1.16 非营利组织的所有权人是谁？ 006

1.17 非营利组织由谁控制？ 007

1.18 非营利组织必须有多少位董事？ 007

1.19 个人可以同时作为董事、高层管理者和发起人吗？ 007

1.20 个人可以同时作为董事、高层管理者、发起人和注册代理人吗？ ... 008

1.21 非营利组织运营的法律标准是什么？ 008

1.22 免税慈善组织应遵循什么样的法律标准？ 008

1.23 慈善组织遵循的法律标准有何依据？ 008

1.24 "信托人"是什么意思？ 009

1.25 信托责任的法律标准是什么？ 009

1.26 "合理"是什么意思？ 009

1.27 慈善组织的信托人是谁？ 009

1.28 "依据职位"是什么意思？ 010

1.29 "越权"是什么意思？ 010

1.30 对发展分支机构有什么规定？ 010

1.31 分支机构必须是法人吗？ 011

1.32 高等教育有分支机构的概念吗？ 011

联邦基本税法 011

1.33 什么是组织性测试？ 011

1.34 什么是运营性测试？ 012

1.35 "主要"是什么意思？ 012

1.36 什么是"相应性测试"？ 012

1.37 什么是商业性原则？ 013

1.38 慈善组织有哪些类型？ 014

1.39 免税组织还有哪些类型？ 015

1.40 什么是政府机构？ ………………………………………… 015

1.41 非营利组织可以附属于政府机构吗？ …………………… 016

1.42 如何建立这种附属型组织？ ……………………………… 016

1.43 联邦税法对政府附属型非营利组织有什么影响？ ……… 016

1.44 政府管理的学院或大学何时获得法定的税收减免资格？ … 017

1.45 就联邦税法而言，州立学院或大学可以作为政府分支机构吗？ … 017

1.46 国税局在免税组织监管层面的构成如何？ …………… 018

1.47 国税局会公布其实施免税组织法的工作和优先事项吗？ … 018

1.48 代表一个或多个非营利组织的律师是什么角色？ …… 019

1.49 非营利学院或大学的代表律师是什么角色？ ………… 019

2. 非营利教育机构 ……………………………………………… 022

教育法律基础 ……………………………………………………… 022

2.1 "教育"在法律中的定义是什么？ …………………… 022

2.2 "教育性"在法律中的定义是什么？ ………………… 023

2.3 与"教育性"相反的概念是什么？ …………………… 024

2.4 请就这些区别提供一些例证 ………………………… 024

2.5 请详细阐述这一背景下的宪法原则 ………………… 025

2.6 现在这方面法律的应用情况如何？ ………………… 025

2.7 什么是"方法论测试"？ ……………………………… 026

2.8 法院是如何应用方法论测试的？ …………………… 027

2.9 近年来国税局使用这项方法论测试了吗？ ………… 027

2.10 教育机构在法律中的定义是什么？ ………………… 027

学校法律基础 ……………………………………………………… 028

2.11 "学院"在法律中的定义是什么？ ………………… 028

2.12 "大学"在法律中的定义是什么？ ………………… 028

2.13 "学校"在法律中的定义是什么？ ………………… 028

2.14 联邦税法对于学校资格有何要求？ ………………… 029

2.15 什么是私立学校？ …………………………………… 029

2.16 什么是公立学校？ 030

2.17 什么是初级小学？ 030

2.18 什么是小学？ 031

2.19 什么是中学？ 031

2.20 什么是高等教育学校？ 031

2.21 "高等教育机构"在法律中的定义是什么？ 031

2.22 什么是学区？ 031

2.23 什么是学校系统？ 031

2.24 什么是学年？ 031

2.25 教学人员的定义是什么？ 032

2.26 课程设置的定义是什么？ 032

2.27 什么是学生？ 032

2.28 什么是本科生？ 032

2.29 什么是研究生？ 032

2.30 什么是研究员？ 033

2.31 学士学位的定义是什么？ 033

2.32 硕士学位的定义是什么？ 033

2.33 博士学位的定义是什么？ 033

人口统计学 034

2.34 什么是小型"高等教育机构"？ 034

2.35 什么是中型"高等教育机构"？ 034

2.36 什么是大型"高等教育机构"？ 034

2.37 学院和大学有多少全日制在校生？ 034

2.38 学院和大学有多少非全日制在校生？ 034

2.39 有多少全职教学人员？ 035

2.40 有多少兼职教学人员？ 035

2.41 学院和大学总共有多少员工？ 035

2.42 学院和大学的学生与教学人员的平均比例是多少？ 035

2.43 全日制本科生每年的学费是多少？ 035

2.44 私立机构全日制本科生每年的学费是多少？ ···················· 035

2.45 公立机构全日制本科生每年的学费是多少？ ···················· 036

2.46 学费平均净优惠率是多少？ ·································· 036

2.47 学院和大学的平均总资产价值是多少？ ······················ 036

2.48 学院和大学的年平均总收入是多少？ ························ 036

2.49 学院和大学的年平均支出是多少？ ·························· 036

2.50 学院和大学的年平均净收入是多少？ ························ 037

2.51 百分之多少的学院和大学在进行远程教育？ ·················· 037

2.52 百分之多少的学院和大学在美国之外有教育项目？ ············ 037

2.53 百分之多少的学院和大学在除美国之外的 5 个国家以上拥有校

园、办公室和/或员工？ ·································· 037

2.54 学院和大学具有相关组织。法律中对"相关"的定义是什么？ ··· 037

2.55 百分之多少的学院和大学拥有至少一种类型的相关组织？ ········ 038

2.56 百分之多少的相关组织是免税组织？ ························ 038

2.57 百分之多少的相关组织作为法人或信托享受免税待遇？ ········ 038

2.58 根据联邦税法，百分之多少的相关组织被作为合作伙伴？ ········ 038

2.59 根据联邦税法，百分之多少的相关组织被视为非独立实体？ ······ 038

2.60 百分之多少的学院和大学是控制型组织？ ···················· 038

2.61 被控实体多久向学院和大学交一次费？ ······················ 039

2.62 多少学院和大学使用了免税组织特例？ ······················ 039

非营利法律基础 ··· 040

2.63 私立学院或大学想要获得免税资格，必须满足联邦税法的

哪些条款？ ·· 040

2.64 公立学院或大学想要获得免税资格，必须满足联邦税法的

哪些条款？ ·· 040

2.65 如果公立学院或大学具有国税局颁发的裁定书，认定它们也满足美国国

内税收法 501（C)(3) 规定的组织资格，那么联邦税法有何影响？ ··· 040

2.66 公立学院和大学附属实体的税收待遇如何？ ·················· 041

2.67 公立或私立的学院或大学可以成为支持型组织的受益人吗？ ······ 042

2.68 公立或私立的学院或大学可以有独立的筹款基金会吗？ ………… 042

2.69 公立或私立的学院或大学可以有一个或多个独立的捐赠基
金吗？ ………………………………………………………… 042

2.70 公立或私立的学院或大学可以使用其他类型的相关基金吗？ …… 042

2.71 公立或私立的学院或大学可以成为慈善剩余信托的受益人吗？ … 042

2.72 公立或私立的学院或大学可以成为收益基金池的受益人吗？ …… 043

2.73 公立或私立的学院或大学可以成为慈善优先信托的受益人吗？ … 043

2.74 学院或大学可以参加慈善捐赠年金计划吗？ …………………… 043

3. 获得并维持免税待遇 ………………………………………… 045

非营利组织和免税组织 ………………………………………… 046

3.1 所有非营利组织都是免税组织吗？ ………………………… 046

3.2 所有免税组织都是非营利组织吗？ ………………………… 046

3.3 免税涉及哪些税种？ ………………………………………… 046

3.4 联邦所得税法中规定了多少种免税组织？ ………………… 047

3.5 联邦税法对于免税的教育性组织资格有何规定？ ………… 047

3.6 联邦税法对于因发展教育而获得免税资格的慈善组织有何规定？ …… 047

3.7 就发展教育条款而言，学院和大学的兄弟会和姐妹会是慈善实
体吗？ ………………………………………………………… 048

3.8 就为发展教育而捐赠奖学金和研究生奖学金而言，兄弟会或姐妹
会可以作出捐赠吗？ ………………………………………… 048

3.9 公共政策原则是什么？它对学院和大学有何影响？ ……… 048

免税申请基础 ………………………………………………… 049

3.10 非营利组织如何成为免税组织？ ………………………… 049

3.11 非营利组织需要向美国国税局申请免税吗？ …………… 049

3.12 免税资格认定是什么意思？ ……………………………… 050

3.13 法律是否要求某几类想要获得免税资格的组织具有美国国税局
的免税资格认定？ …………………………………………… 050

3.14 获得美国国税局颁发的免税资格认定有何益处？ ……… 050

3.15 认定要求有例外情况吗? ·· 051

3.16 申请免税资格认定的程序是什么? ·· 051

3.17 申请内容包括什么? ·· 051

3.18 向谁提交申请? ·· 052

3.19 裁定书的正式定义是什么? ·· 052

3.20 决定书的正式定义是什么? ·· 052

3.21 美国国税局处理免税认定申请需要多长时间? ······························· 052

3.22 申请组织可以要求美国国税局加快处理申请的进度吗? ·················· 052

3.23 公众可以获得免税认定申请的文件吗? ·· 053

3.24 美国国税局会与州政府官员分享信息吗? ····································· 053

3.25 免税裁定书或决定书的有效期是多久? ·· 053

3.26 组织获得裁定书或决定书之后,需要定期对申请进行审查
以确定组织是否发生实质性改变吗? ·· 053

3.27 如果组织的本质、目的或运营方式发生实质性的改变会
怎么样? ··· 054

3.28 美国国税局会在组织运营之前颁发裁定书或决定书吗? ··············· 054

一般程序 ·· 054

3.29 申请时必须向美国国税局提供多少信息? ····································· 054

3.30 如果美国国税局认为免税认定申请不完整会怎么样? ·················· 055

3.31 这些申请会被视为商业计划吗? ··· 055

3.32 怎样算是完全完整的申请? ·· 056

3.33 对免税组织来说,免税认定申请是重要的文件吗? ····················· 056

3.34 准备免税认定申请需要多长时间? ·· 057

3.35 处理免税认定申请收费吗? ·· 057

3.36 免税认定申请可以提交给国税局的全国办公室吗? ···················· 057

3.37 申请组织可以向国家办公室求助吗? ·· 057

3.38 免税认定申请可以撤回吗? ·· 058

3.39 如果美国国税局认为申请组织不具有免税资格怎么办? ··············· 058

3.40 上诉程序是怎样的? ·· 058

3.41 抗议程序是怎样的？ ················· 058

3.42 美国国税局上诉办公室在这个过程中扮演什么角色？ ········· 058

3.43 如果组织的免税认定被拒绝，可以再次申请吗？ ··········· 059

3.44 裁定书或决定书的有效期是多久？ ··········· 059

3.45 组织可以在多大程度上依赖裁定书或决定书？ ··········· 060

3.46 组织如何维持免税身份？ ··············· 060

3.47 组织的免税身份在什么情况下会被撤销？ ··········· 060

3.48 免税身份撤销有追溯力吗？ ··············· 060

3.49 免税组织应如何考虑成立相关基金会的问题？ ··········· 061

3.50 不提交年度信息反馈文件对组织的免税身份有影响吗？ ········· 062

申请表 1023 ································· 062

3.51 表 1023 第 1 部分的要求是什么？ ··········· 062

3.52 表 1023 第 2 部分的要求是什么？ ··········· 063

3.53 表 1023 第 3 部分的要求是什么？ ··········· 063

3.54 表 1023 第 4 部分的要求是什么？ ··········· 063

3.55 表 1023 第 5 部分的要求是什么？ ··········· 064

3.56 表 1023 第 6 部分的要求是什么？ ··········· 065

3.57 表 1023 第 7 部分的要求是什么？ ··········· 065

3.58 表 1023 第 8 部分的要求是什么？ ··········· 065

3.59 表 1023 第 9 部分的要求是什么？ ··········· 066

3.60 表 1023 第 10 部分的要求是什么？ ··········· 066

3.61 表 1023 第 11 部分的要求是什么？ ··········· 067

3.62 如果没有获得免税资格认定决定书怎么办？ ··········· 067

表 1023 目录 B ······························· 067

3.63 什么样的组织需提交表 1023 中的目录 B？ ········· 067

3.64 政府运营的学校要提交目录 B 吗？ ··········· 068

3.65 目录 B 还有其他关于学校一般性运营的问题吗？ ········· 068

3.66 关于学校和种族歧视的问题有哪些？ ··········· 069

3.67 反种族歧视政策的制定涉及哪些问题？ ··········· 069

集体免税 ·· 070

3.68 集体免税程序是怎样的? ······························· 070

3.69 集体免税最初是如何形成的? ·························· 070

3.70 如何维持集体免税身份? ······························· 071

3.71 如何满足年度信息反馈文件的报告要求? ············· 071

3.72 核心组织和下级组织必须具有同样的免税身份吗? ····· 072

3.73 属于同一集体的下级组织需要具有同样的免税身份吗? ······· 072

3.74 同一个组织可以属于不同的集体吗? ·················· 072

3.75 如果一个下级组织因为未提交年度信息反馈文件而失去了
　　　免税身份,核心组织可以恢复其身份吗? ············ 072

3.76 集体免税何时终止? ···································· 072

3.77 集体免税的好处是什么? ······························· 072

3.78 集体免税有不利的方面吗? ···························· 073

3.79 高等教育机构如何使用集体免税政策? ················ 073

4. 获得并保持公共慈善组织地位 ···························· 075

公共慈善法律概况 ··· 075

4.1 什么是公共慈善组织? ··································· 075

4.2 什么是私人基金会? ····································· 076

4.3 公共慈善组织的类型有哪些? ··························· 076

4.4 学院和大学是公共慈善组织吗? ························· 077

4.5 私立学院或大学怎样才能符合私立学校的资质? ········ 077

4.6 学院和大学的附属组织也是公共慈善组织吗? ·········· 077

4.7 学院或大学的基金会是公共慈善组织吗? ··············· 078

4.8 一个组织如何获取公共慈善组织地位? ················· 078

4.9 组织如何维持其公共慈善组织地位? ··················· 078

4.10 为什么被认证为公共慈善组织而不是私人基金会这点很重要? ··· 079

4.11 什么是公共支持慈善组织? ···························· 079

4.12 什么是捐赠型公共支持的慈善组织? ·················· 080

4.13 对于捐赠性公共慈善组织而言，什么是"事实和情形的测试"？ ······ 080

4.14 什么是服务型公共支持慈善组织？ ·················· 082

4.15 组织如何维持其公共支持慈善组织的地位？ ·············· 083

4.16 公共支持慈善组织的分类重要吗？ ·················· 083

4.17 当组织不再成为公共支持慈善组织时，会发生什么？ ········· 083

支持型组织概论 ······································· 084

4.18 什么是支持型组织？ ·························· 084

4.19 学院或大学能够从被支持组织转变为支持型组织吗？与

　　 它们相关的实体情况如何？ ····················· 084

4.20 有多少种支持型组织？哪种类型最常见？ ············· 084

4.21 有哪些测试能够认定支持型组织？ ················· 084

4.22 支持型组织的组织性测试是什么？ ················· 085

4.23 支持型组织的运营性测试是什么？ ················· 085

4.24 支持型组织如何与它的被支持实体通过关系测试？ ········ 085

类型Ⅲ支持型组织 ····································· 086

4.25 什么是功能完整的类型Ⅲ支持型组织？ ·············· 086

4.26 什么是功能不完整的类型Ⅲ支持型组织？ ············· 086

4.27 什么是"通知要求"？ ························ 086

4.28 什么是"响应性测试"？ ······················ 086

4.29 什么是"主要部分测试"？ ····················· 087

4.30 什么是"控制测试"？这个测试是否限制了支持型组织

　　 董事会的构成？ ·························· 088

支持型组织问题概论 ··································· 089

4.31 支持型组织的功能是什么？ ···················· 089

4.32 被支持组织是否需要在支持型组织的组织文件中得到认证？ ···· 089

4.33 一个支持型组织可以支持多少个被支持组织？ ·········· 090

4.34 除了一个或多个特定的被支持组织以外，支持型组织能够

　　 对其他非慈善组织或其他人提供支持或使之受益吗？ ········ 090

4.35 支持型组织可以支持其他支持型组织吗？ ············· 091

4.36 支持型组织需要分别合并吗？ ···················· 092

4.37 支持型组织需要规章制度吗？ ···················· 092

4.38 谁能够选举或任命支持型组织的董事？ ············ 092

4.39 支持型组织能够维持它本身的财务吗（例如使用独立的银行

账号或独立投资）？ ···························· 092

4.40 支持型组织应该为被支持组织提供何种财务报告和公开信息？ ··· 093

4.41 被支持组织应该监管支持型组织的什么方面？ ········· 093

4.42 支持型组织能够支持外国慈善组织吗？ ············ 094

4.43 支持型组织受限于强制性分配要求吗？ ············ 094

4.44 支持型组织可以改变其被支持组织吗？ ············ 094

4.45 是否限制了什么人能向支持型组织提供捐赠？ ········· 094

4.46 支持型组织可以对其重要捐赠人提供捐赠、贷款或报酬

补偿吗？ ···································· 094

4.47 支持型组织可以报销重要捐赠人的费用吗？ ········· 095

4.48 什么是捐赠人建议基金？ ······················ 095

4.49 什么是捐赠人建议基金的发起组织？ ·············· 095

4.50 对捐赠人建议基金中的捐赠有何限制？ ············ 096

5. 治 理 ·· 098

5.1 学院或大学由谁治理？ ························· 099

5.2 学院或大学可以有成员吗？ ···················· 099

5.3 学院或大学可以有股东吗？ ···················· 099

5.4 学院或大学主管部门的成员是如何选出的？ ········· 099

5.5 董事会的作用是什么？ ························· 100

5.6 董事会的规模应当如何？ ······················ 101

5.7 董事会的组成应该是什么？ ···················· 102

5.8 董事会成员是否可以互相有关系？ ··············· 102

5.9 董事会成员应该独立于学院或大学之外吗？ ········· 103

5.10 学院或大学可以向董事会成员或以其他身份提供薪资吗？ ········ 105

5.11 董事会成员的信托职责是什么？ ················ 106

5.12 什么是注意义务？ ················ 107

5.13 什么是忠诚义务？ ················ 107

5.14 什么是服从义务？ ················ 108

5.15 组织能否对另一个组织承担信托义务？ ················ 108

5.16 董事会成员的责任风险是什么？ ················ 108

5.17 如何限制个体董事会成员的责任？ ················ 108

5.18 组织如何保护董事会免于承担责任？ ················ 109

5.19《萨班斯-奥克斯利法案》是什么？ ················ 110

5.20《萨班斯-奥克斯利法案》是否适用于学院和大学？ ········· 110

5.21 非营利良好治理准则的来源是什么？ ················ 111

5.22 国税局对良好治理的看法是什么？ ················ 112

5.23 学院或大学的董事会需要多久举行一次会议？ ········· 112

5.24 董事会成员有期限吗？ ················ 113

5.25 董事会应有哪些委员会？ ················ 113

5.26 执行委员会如何运作？ ················ 114

5.27 学院或大学是否被要求有审计委员会？ ················ 114

5.28 董事会在审查学院或大学的年度信息反馈文件方面应发挥

　　 什么作用？ ················ 115

5.29 学院或大学需要有利益冲突政策吗？ ················ 115

5.30 学院或大学是否要有伦理守则？ ················ 117

5.31 学院和大学应该有举报政策和文件保留政策吗？ ········· 117

5.32 学院或大学需要有投资政策吗？ ················ 118

5.33 学院或大学需要有筹款政策吗？ ················ 119

5.34 学院或大学需要有合资公司政策吗？ ················ 120

5.35 学院或大学需要有管理层薪资政策吗？ ················ 121

5.36 教育机构是否应该有免税债券合规政策？ ················ 121

5.37 学院和大学还应当有哪些其他政策？ ················ 122

5.38 学院或大学需要有使命宣言吗？ ················ 123

5.39 如果教育机构修改了组织文件，是否需要通知国税局? ⋯⋯⋯⋯ 123

5.40 教育机构管理部门会议纪要的要求是什么? ⋯⋯⋯⋯⋯⋯⋯ 124

5.41 董事会会议是否需要向公众开放? ⋯⋯⋯⋯⋯⋯⋯⋯⋯⋯⋯ 125

5.42 行政会议是什么意思，董事会应该在什么时候举行此类会议? ⋯ 125

5.43 学院或大学的高管是如何被选出的? ⋯⋯⋯⋯⋯⋯⋯⋯⋯⋯ 125

5.44 董事会主席可以担任学院或大学校长吗? ⋯⋯⋯⋯⋯⋯⋯⋯ 126

5.45 学院和大学认证标准是否会影响治理? ⋯⋯⋯⋯⋯⋯⋯⋯⋯ 126

5.46 是否有一套适用于学院和大学的最佳治理实践? ⋯⋯⋯⋯⋯ 126

6. 私人分配、私人收益和超额交易行为 ⋯⋯⋯⋯⋯⋯⋯⋯ 128

介绍 ⋯⋯⋯⋯⋯⋯⋯⋯⋯⋯⋯⋯⋯⋯⋯⋯⋯⋯⋯⋯⋯⋯⋯⋯⋯ 129

6.1 什么是私人分配? ⋯⋯⋯⋯⋯⋯⋯⋯⋯⋯⋯⋯⋯⋯⋯⋯⋯⋯ 129

6.2 个体何时属于内部人员? ⋯⋯⋯⋯⋯⋯⋯⋯⋯⋯⋯⋯⋯⋯⋯ 130

6.3 什么类型的免税组织应服从禁止私人分配原则? ⋯⋯⋯⋯⋯⋯ 130

6.4 什么是私人获利? ⋯⋯⋯⋯⋯⋯⋯⋯⋯⋯⋯⋯⋯⋯⋯⋯⋯⋯ 131

6.5 法律中私人分配和私人获利的区别是什么? ⋯⋯⋯⋯⋯⋯⋯⋯ 131

6.6 私立学院或大学或其他非营利组织参与私人分配或私人

　　获利的后果是什么? ⋯⋯⋯⋯⋯⋯⋯⋯⋯⋯⋯⋯⋯⋯⋯⋯⋯ 131

私人分配 ⋯⋯⋯⋯⋯⋯⋯⋯⋯⋯⋯⋯⋯⋯⋯⋯⋯⋯⋯⋯⋯⋯⋯ 132

6.7 私人分配交易行为的主要类型是什么? ⋯⋯⋯⋯⋯⋯⋯⋯⋯⋯ 132

6.8 私人交易背景下的"薪酬"是什么意思? ⋯⋯⋯⋯⋯⋯⋯⋯⋯ 132

6.9 在何种情况下薪酬属于私人分配? ⋯⋯⋯⋯⋯⋯⋯⋯⋯⋯⋯⋯ 132

6.10 非营利组织向员工发奖金是合法的吗? ⋯⋯⋯⋯⋯⋯⋯⋯⋯⋯ 133

6.11 应如何确定给员工的奖金薪酬项目? ⋯⋯⋯⋯⋯⋯⋯⋯⋯⋯⋯ 133

6.12 董事会在员工奖金年度审批中应发挥什么作用? ⋯⋯⋯⋯⋯ 134

6.13 如何向国税局报告红利补偿方案并向公众披露? ⋯⋯⋯⋯⋯⋯ 134

6.14 是否允许基于百分比的薪酬? ⋯⋯⋯⋯⋯⋯⋯⋯⋯⋯⋯⋯⋯ 134

6.15 判断薪酬合理性时是否只考虑上述七个因素? ⋯⋯⋯⋯⋯⋯ 136

6.16 与中间制裁原则是如何相互影响的? ⋯⋯⋯⋯⋯⋯⋯⋯⋯⋯ 136

6.17 在何种情况下贷款属于私人分配？ …………………………… 136

6.18 在何种情况下租赁安排属于私人分配？ ………………………… 137

6.19 还有其他形式的私人分配行为吗？ …………………………… 137

私人获利 …………………………………………………………………… 137

6.20 在实际情况中如何确定私人利益？ …………………………… 137

6.21 什么是私人获利？ …………………………………………… 138

6.22 什么是二次私人获利？ ……………………………………… 138

6.23 禁止私人获利原则现在的适用情况如何？ …………………… 138

6.24 捐赠者在向非营利组织捐赠时可能从捐赠中获得私人利益吗？ … 139

6.25 如何确定偶然的私人获利行为？ ……………………………… 140

中间制裁原则 ……………………………………………………………… 140

6.26 中间制裁原则是什么意思？ …………………………………… 140

6.27 中间制裁原则的生效日期是哪天？ …………………………… 140

6.28 中间制裁原则何时颁布？ ……………………………………… 140

6.29 这项立法的记录是什么？ ……………………………………… 141

6.30 财政部和国税局版针对这些规定颁布过指引性文件吗？ ……… 141

6.31 中间制裁原则适用于哪些类别的免税组织？ ………………… 141

6.32 中间制裁原则是否有例外？ …………………………………… 141

6.33 中间制裁原则适用于什么类型的交易？ ……………………… 142

6.34 如何衡量"价值"？ ………………………………………… 142

6.35 可以将经济收益视为接受者薪酬的一部分吗？ ……………… 142

6.36 如果经济利益不能被视为接受者薪酬的一部分怎么办？ …… 142

6.37 什么类型的交易被认为是超额获利交易？ …………………… 143

6.38 直接或间接是什么意思？ ……………………………………… 143

6.39 在这种情况下，控制是什么意思？ …………………………… 143

6.40 什么是中间人？ ……………………………………………… 143

6.41 "使用"是什么意思？ ……………………………………… 144

6.42 "超额获利交易"还有其他定义吗？ ………………………… 144

6.43 为了这些目的，是否有不被考虑在内的经济福利？ ………… 144

6.44 如何确定薪酬是否超额？ ……………………………………… 145

6.45 在确定赔偿合理性时使用的税法标准是什么？ ……………… 145

6.46 确定薪酬价值时包括哪些薪酬类别？ ………………………… 146

6.47 中间制裁原则是否适用于租赁交易？ ………………………… 146

6.48 这些规定适用于贷款交易吗？ ………………………………… 146

6.49 这些规定适用于销售交易吗？ ………………………………… 146

6.50 这些规则如何与奖学金和类似补助金相关联？ ……………… 146

6.51 与国税局就是否涉及超额利益交易问题产生争议时，
     谁负责举证？ …………………………………………………… 147

6.52 利益冲突是什么意思？ ………………………………………… 148

6.53 "不适格的人"是什么意思？ ………………………………… 149

6.54 这种重大影响规则的范围是什么？ …………………………… 149

6.55 组织管理者是什么意思？ ……………………………………… 150

6.56 "家庭成员"是什么意思？ …………………………………… 150

6.57 "受控实体"是什么意思？ …………………………………… 151

6.58 免税组织可以是不适格的人吗？ ……………………………… 151

6.59 什么是制裁？ …………………………………………………… 151

6.60 更正是什么意思？ ……………………………………………… 152

6.61 "参与"是什么意思？ ………………………………………… 152

6.62 "明知"是什么意思？ ………………………………………… 152

6.63 "故意"是什么意思？ ………………………………………… 152

6.64 "合理的原因"是什么意思？ ………………………………… 153

6.65 可以共同承担税务吗？ ………………………………………… 153

6.66 这种税收制度有减免吗？有什么依据可以免除这些处罚？ ……… 153

6.67 如何报告并支付税款？ ………………………………………… 153

6.68 组织可以为不适格的人报销消费税吗？ ……………………… 154

6.69 适用的免税组织可以为不适格的人购买超额交易税保险吗？ …… 154

6.70 支付中间制裁税对适用的免税组织有直接影响吗？ ………… 154

6.71 是否存在时效，即时效过后不能征税？ ……………………… 154

6.72 中间制裁是否优先于撤销免税身份的制裁？ ············· 154

6.73 禁止私人分配原则不会对超额获利交易的定义产生影响吗？ ······ 155

6.74 私人基金会原则对自我交易不会有类似的影响吗？ ······ 155

6.75 超额获利的判决不会改变私人分配和自我交易的法律吗？ ······· 155

6.76 是否存在关于中间制裁原则的诉讼？ ·················· 156

7. 行政人员薪酬 ············· 159

主管的概念 ············· 160

7.1 在主管薪酬概念中，谁是主管？ ·················· 160

7.2 在禁止私人分配原则和超额获利交易原则中，主管属于内部人员
和无资格个体吗？ ·················· 160

7.3 谁是重要员工？ ·················· 160

7.4 重要员工是无资格个体或内部人员吗？ ·················· 161

7.5 学院或大学管理机构的成员是否属于主管？ ·········· 161

7.6 学院或大学管理机构的成员是否被视为无资格个体和内部
人员？ ·················· 161

7.7 作为无资格个体的主管，其待遇是否有例外？ ·········· 162

7.8 为什么国税局和其他部门要对免税学院和大学的主管薪酬
进行审查？ ·················· 162

合理薪酬 ············· 162

7.9 根据禁止私人分配原则和超额获利交易原则，什么是薪酬？ ······· 162

7.10 根据超额获利交易原则，薪酬是否包括健康保险等免税酬劳？ ··· 163

7.11 根据禁止私人分配原则和超额获利交易原则，薪酬是否包括递延
薪酬和非现金薪酬？ ·················· 163

7.12 根据禁止私人分配原则和超额获利交易原则，薪酬是否包括相关
实体支付的薪酬？ ·················· 164

7.13 根据禁止私人分配原则和超额获利交易原则，是否有酬劳不被包
括在薪酬之中？ ·················· 164

7.14 根据禁止私人分配原则和超额获利交易原则，什么是合理
　　 薪酬？ ·· 165

7.15 学院或大学的主管可以获得非固定薪酬吗？例如奖金或其他
　　 奖励？ ·· 165

7.16 学院或大学允许主管获得收益分配吗？例如从某院系获得一定
　　 百分比的总收入或纯收入？ ·· 166

7.17 学院或大学如何确定所支付的薪酬是否合理？ ··············· 166

7.18 什么是可反驳的合理性推论？ ·· 167

7.19 学院和大学在确定主管薪酬时应使用哪些可比性数据？ ······ 167

7.20 可以聘请薪酬顾问来建立充分的可比性数据吗？ ············· 169

7.21 学院和大学的主管需要签订就业协议吗？ ····················· 169

7.22 哪些附加福利要接受美国国税局和其他机构更严格的审查？ ··· 169

7.23 这是否意味着学院或大学不应该为其主管提供附加福利，例如
　　 支付乡村俱乐部会费？ ·· 169

7.24 学院或大学是否允许主管乘坐一等舱出行？ ·················· 169

7.25 学院或大学可以支付主管个人旅行或其家属旅行的费用吗？ ··· 170

7.26 学院或大学是否允许主管以个人名义使用商业信用卡？ ······ 170

7.27 如果学院或大学向其主管提供住房，这属于他们的收入吗？ ··· 170

7.28 什么是问责计划？ ·· 171

7.29 学院或大学可以贷款给主管吗？ ···································· 173

薪酬、超额获利交易和超额薪酬更正报告 ······························ 174

7.30 学院或大学在年度信息反馈文件中必须披露哪些人的薪酬？ ···· 174

7.31 私立学院或大学在年度信息反馈文件中必须报告哪些主管的
　　 薪酬？ ·· 175

7.32 对于非固定薪酬和基于收益薪酬，是否有特别的报告要求？ ···· 175

7.33 年度信息反馈文件还必须报告哪些薪酬？附加福利也必须
　　 报告吗？ ··· 175

7.34 对于应该被视为薪酬的款项，如果学院或大学没有将其视为薪
　　 酬，会有什么影响？ ·· 176

7.35 学院或大学如何披露超额薪酬？ ……………………………… 177

7.36 根据超额获利交易原则，如何更正超额薪酬？ ……………… 177

7.37 学院或大学可以代表主管向国税局支付超额薪酬的消费税吗？ …… 177

主管薪酬与董事会 ……………………………………………… 178

7.38 在确定主管薪酬时，管理部门有什么作用？ ………………… 178

7.39 学院或大学管理部门应该设立薪酬委员会吗？ ……………… 178

7.40 学院或大学应该采取高管薪酬政策吗？ ……………………… 179

7.41 管理部门在评估首席执行官绩效方面的作用是什么？ ……… 179

7.42 如果学院或大学的主管接受自己认为不合理的薪酬，那么该

主管应自愿减少薪酬还是等待国税局提出这个问题？ ………… 179

7.43 如果国税局对主管的薪酬提出质疑，主管是否应该自动减少

薪酬以将受到制裁的风险降至最低？ ………………………… 180

7.44 如果学院或大学的董事会后来发现之前与主管签订的合同中

薪酬过高，该董事会在合同到期前应采取什么措施？ ………… 180

8. 立法活动 …………………………………………………… 182

基本联邦税法规定 …………………………………………… 182

8.1 什么是游说？ …………………………………………………… 182

8.2 什么是立法？ …………………………………………………… 183

8.3 游说是学院或大学的必要活动吗？它们进行游说合适吗？ …… 183

8.4 联邦税法对于私立学院和大学参与游说活动有何规定？ ……… 184

8.5 什么是行动组织？ ……………………………………………… 184

8.6 学院、大学和其他公共慈善组织如何评估实质性？ ………… 184

8.7 游说形式有多种吗？ …………………………………………… 185

8.8 游说可以通过哪些方式完成？ ………………………………… 185

8.9 除了联邦税法，还有其他关于学院和大学游说活动的法律吗？ … 186

8.10 实质性部分测试对于禁止游说活动有没有例外情况？ ……… 186

8.11 游说属于政治竞选活动吗？ …………………………………… 186

8.12 如果学院、大学或其他公共慈善组织参与实质性游说会怎样？ … 187

8.13 谁是组织的管理者？ ……………………………………… 187

8.14 由于过度游说行为失去免税身份的慈善组织可以转变为其他
类别的免税组织吗？ ……………………………………… 187

8.15 需要进行实质性部分测试的私立学院或大学可以采取何种计
划以避免因游说活动失去免税身份呢？ ………………… 187

支出测试 …………………………………………………………… 188

8.16 什么是"支出测试"？ …………………………………… 188

8.17 学院或大学如何选择使用支出测试？ ………………… 189

8.18 支出测试对于禁止游说活动有没有例外情况？ ……… 189

8.19 如果慈善组织在支出测试中进行过度游说怎么办？ … 189

8.20 免税私立学院或大学可否转变为另一类免税组织？ … 189

8.21 公益慈善机构进行的哪些类型的游说计划最适合支出测试？ …… 190

8.22 公共慈善机构什么时候选择支出测试？ ……………… 190

8.23 在什么情况下，组织会撤回支出测试的选择？ ……… 191

8.24 受支出测试约束的慈善组织可以参与什么计划，以避免由于
游说而失去免税身份？ …………………………………… 191

社会福利组织 ……………………………………………………… 192

8.25 免税社会福利组织的游说活动有限制吗？ …………… 192

8.26 为什么不是所有游说慈善机构都转变为免税社会福利组织？ …… 192

8.27 公共慈善组织如何利用免税游说附属机构？ ………… 192

贸易、商业和专业协会 …………………………………………… 193

8.28 是否限制免税贸易协会和其他协会参与游说活动？ … 193

8.29 会员如何知道计算免税会费的方法？ ………………… 193

8.30 如果协会在计算会费免税比率时出现错误怎么办？ … 193

8.31 这些规定有例外情况吗？ ……………………………… 194

8.32 这里的游说概念与公共慈善组织中的游说概念相同吗？ …… 194

报告要求 …………………………………………………………… 194

8.33 联邦税法对高校参与立法活动的报告要求是什么？ … 194

8.34 实质性部分测试的报告要求是什么？ ………………… 195

8.35 支出测试的报告要求是什么？ …………………………………… 195

9. 政治竞选活动 ………………………………………………………… 197

基本联邦税法规定 ………………………………………………………… 198

9.1 什么是政治竞选活动？ ………………………………………… 198

9.2 什么是政治活动？ ……………………………………………… 198

9.3 联邦税法中适用于免税私立学院和大学参加政治竞选活动的规定
有哪些？ …………………………………………………………… 198

9.4 什么是行动组织？ ……………………………………………… 198

9.5 "参与"和"干涉"是什么意思？ …………………………… 199

9.6 学院或大学可以将教育大众在政治竞选中如何对待竞选人和相关
问题作为一项使命吗？ …………………………………………… 199

9.7 法律关于组织的政治地位和与组织相关的个人政治地位有区
分吗？ ……………………………………………………………… 200

9.8 个人何时作为候选人？ ………………………………………… 201

9.9 竞选什么时候开始？ …………………………………………… 201

9.10 什么是公职部门？ ……………………………………………… 201

9.11 关于学院或大学的政治竞选活动，有实质性测试吗？ ……… 202

9.12 如果学院或大学参与政治竞选活动会怎样？ ………………… 202

9.13 什么是政治开支？ ……………………………………………… 203

9.14 国税局在这方面还有附加的实施手段吗？ …………………… 203

9.15 这些规定适用于公立学院和大学吗？ ………………………… 203

9.16 什么是政治组织？ ……………………………………………… 203

9.17 学院或大学可以在自身免税身份不受影响的情况下利用
政治行动委员会吗？ ……………………………………………… 204

9.18 政治行动委员会可以附属于除公共慈善组织以外的免税
组织吗？ …………………………………………………………… 204

9.19 对政治组织征税局限于哪些组织吗？ ………………………… 204

9.20 对于社会福利组织参与政治竞选活动有什么规定？ ………… 204

9.21 对于贸易和商业联合会的政治竞选活动有什么规定？ ············· 205

9.22 学院和大学的游说活动属于政治竞选活动吗？ ··············· 205

9.23 除公共慈善组织以外的免税组织可以在何种程度上利用政治行动
委员会？ ·· 205

9.24 "硬通货"和"软通货"指什么？ ······················· 206

国税局实施情况 ··· 206

9.25 国税局实施这项法律吗？ ···························· 206

9.26 国税局为什么改变实施方法？ ························· 206

9.27 什么是政治活动合规倡议？ ·························· 207

《联邦选举法》 ·· 207

9.28《联邦选举法》与《联邦税法》有什么关系？ ················ 207

9.29《跨党竞选改革法案》是如何影响这种关系的？ ············· 207

9.30《跨党竞选改革法案》在法院中的表现如何？ ·············· 208

9.31 法律是否仍然禁止企业对候选人进行直接捐款？ ············ 208

报告要求 ·· 209

9.32 联邦税法对学院和大学的政治竞选活动报告有何要求？ ········ 209

10. 捐赠基金 ·· 211

捐赠基金概况 ·· 212

10.1 捐赠基金的法律定义是什么？ ························ 212

10.2 国税局遵循该定义吗？ ···························· 212

10.3 国税局对捐赠基金使用其他定义吗？ ··················· 213

10.4 学院和大学拥有增值的真正捐赠基金的比例是多少？ ········· 213

10.5 机构拥有可增值的附期限捐赠基金的比例是多少？ ·········· 213

10.6 机构拥有增值的准捐赠基金的比例是多少？ ·············· 213

10.7 捐赠基金如何体现在年度信息反馈表（990 表 / 享受所得税减免的
组织税务表）中？ ································· 214

10.8 学院或大学捐赠基金应是机构的一部分或被独立实体所
持有吗？ ·· 214

人口统计资料 ……………………………………………………………… 214

10.9 有多少学院和大学拥有捐赠基金？ …………………………… 214

10.10 学院和大学捐赠基金的公平市场价值是多少？ ………… 215

10.11 学院和大学真正捐赠基金的平均公平市场价值是多少？ ……… 215

10.12 学院和大学附期限捐赠基金的平均公平市场价值是多少？ …… 216

10.13 学院和大学准捐赠基金的平均公平市场价值是多少？ ……… 216

10.14 学院和大学每位全职学生的捐赠基金资产是多少？ ………… 216

10.15 学院和大学捐赠基金在增值吗？ ……………………………… 216

捐赠基金管理 ………………………………………………………………… 217

10.16 由另一个代表其利益的组织管理或维护捐赠基金的学院和
大学所占比例是多少？ …………………………………………… 217

10.17 有多少学院和大学拥有捐赠基金且由另一个代表其利益的
组织管理或维护捐赠基金？ …………………………………… 217

10.18 学院和大学在多大程度上利用基金经理人来管理其捐赠
基金？ ……………………………………………………………… 217

10.19 公立学院和大学捐赠基金由州政府机构管理的比例是多少？ … 217

10.20 学院和大学使用普通职员管理捐赠基金吗？ ……………… 218

10.21 制定了捐赠基金的投资政策的各类型学院和大学的比例是
多少？ ……………………………………………………………… 218

10.22 学院和大学利用投资委员会监管捐赠基金资产吗？ ……… 218

10.23 有多少成员服务于投资委员会？ …………………………… 218

10.24 有多少学院和大学雇用了外部顾问以指导投资？ ………… 218

10.25 投资委员会在多大程度上批准选择外部利益相关方参与管理
捐赠基金投资？ …………………………………………………… 219

10.26 投资委员会接受外部顾问所提出的投资指导建议的可能性
有多大？ …………………………………………………………… 219

10.27 投资委员会在多大程度上雇佣外部顾问以获得投资建议、批准
选择外部相关利益方以及批准投资指导建议？ ……………… 219

10.28 学院和大学如何补偿内部的投资基金经理？ ……………… 219

10.29 学院和大学如何补偿外部投资基金经理？ ············ 219

10.30 内部投资经理的薪酬安排在多大程度上由董事会委员会或
董事会全体成员审查和批准？ ············ 220

10.31 外部投资经理的薪酬安排在多大程度上由董事会委员会或
董事会全体成员审查和批准？ ············ 220

捐赠基金投资 ············ 220

10.32 学院和大学捐赠基金资产投资于另类投资的比例是多少？ ···· 220

10.33 学院和大学捐赠基金资产投资于固定收益基金的比例是
多少？ ············ 221

10.34 学院和大学捐赠基金资产投资于股权基金的比例是多少？ ···· 221

10.35 学院和大学捐赠基金投资于其他投资的比例是多少？ ···· 221

10.36 机构通过一个投资实体将捐赠基金用于国外投资的比例是
多少？ ············ 222

10.37 如果一所学院或大学通过一个投资实体进行捐赠基金的国外投
资，那么其使用的投资实体是什么类型？ ············ 222

10.38 学院和大学的主要投资目标是什么？ ············ 222

10.39 董事会或委员会成员会因为捐赠者的限制或其他特殊要求而限
制购买或出售某些证券吗？ ············ 223

捐赠基金分配 ············ 223

10.40 学院和大学报告其投资委员会或董事会采用捐赠基金目标支出
率的比例有多少？ ············ 223

10.41 这一目标支出率是多少？ ············ 223

10.42 达到目标支出率的学院和大学比例有多少？ ············ 223

10.43 学院和大学从捐赠基金中作出分配的目的是什么？ ···· 223

10.44 捐赠基金的分配政策是什么？ ············ 224

10.45 学院和大学控制捐赠基金分配以确保它们服务于预期目
的吗？ ············ 224

10.46 学院和大学如何控制捐赠基金分配？ ············ 225

10.47 当从捐赠基金中支出的部分在财政支出年度期间不被使用，学

院和大学的政策是什么？ ·· 225

捐赠基金评论 ·· 225

10.48 对学院和大学捐赠基金的主要批评是什么？ ·········· 225

10.49 对捐赠基金提出支出要求所考虑的因素是什么？ ······ 226

10.50 私人基金会的支出要求是什么？ ···················· 226

10.51 联邦税法规定了其他任何类型的支出要求吗？ ········ 227

10.52 若支出要求被强加给学院和大学捐赠基金，那么两种模式中

哪一种可能会适用呢？ ···························· 228

10.53 对学院和大学捐赠基金有其他批评吗？ ·············· 228

10.54 什么是套利行为？ ································ 228

10.55 套利是违法的吗？ ································ 228

10.56 什么是税收套利？ ································ 229

10.57 税收套利是合法的吗？ ···························· 229

10.58 什么是间接的税收套利行为？ ···················· 229

10.59 关于间接税收套利行为的批评是什么？ ·············· 229

10.60 国会预算办公室的报告应该被认真对待吗？ ·········· 230

11. 奖学金、助学金与其他学生资助 ·························· 231

奖学金和助学金法 ·· 232

11.1 联邦税法对奖学金和助学金的表述是什么？ ·········· 232

11.2 奖学金的法律定义是什么？ ························ 232

11.3 联邦税法是否包括奖学金以外的其他资助？ ·········· 233

11.4 助学金的法律定义是什么？ ························ 233

11.5 这些奖金要纳入受益人的收入而缴税吗？ ············ 233

11.6 合格的奖学金是指什么？ ·························· 233

11.7 合格的学费和相关支出指的是什么？ ················ 234

11.8 额外开支指的是什么？ ···························· 234

11.9 合格的教育机构指的是什么？ ······················ 234

11.10 学位候选人指的是什么？ ·························· 234

11.11 如果奖学金或助学金不合格，那么就计入受益人的总
收入吗？ ································· 235

11.12 受益人必须缴纳不合格奖学金的个人收入所得税吗？ ·········· 235

11.13 提供服务的要求是什么？ ················· 235

11.14 奖学金或助学金何时代表服务报酬？ ·············· 236

11.15 有偿服务规则是如何发展起来的？ ············· 237

11.16 什么样的事实和情况表明一项支付的目的是让受益人为了捐
赠者的利益而求学或研究？ ··············· 238

11.17 什么样的事实和情况表明一笔金额代表的是过去、现在或将来
服务的报酬？ ····················· 238

11.18 什么样的事实和情况表明一项支付的主要目的是让受益人求学
或研究，而不是主要为了捐赠人的利益？ ··········· 238

11.19 什么样的事实和情况表明捐赠者提供的捐赠不是对过去、现在
或将来服务的报酬？ ·················· 239

11.20 请提供一类不属于联邦社保法案征税对象的捐赠案例 ······· 239

11.21 请提供一类属于联邦社会保险法案征税对象的捐赠案例 ······ 239

11.22 体育奖学金是指什么？ ················· 240

11.23 住院医师支出是指什么？ ················ 240

11.24 奖学金或者助学金部分用于服务费用的情况 ·········· 241

11.25 奖学金或助学金的余下部分构成有效奖学金 ·········· 241

11.26 服务报酬如何以联邦税法目的为特征？ ············ 242

11.27 对奖学金获得者提交定期报告的要求是否有改变？ ······· 242

11.28 提供服务条款的两处特例 ················ 242

11.29 联邦社保法的征税是指什么？ ··············· 242

11.30 工资的定义是什么？ ·················· 243

11.31 雇佣关系的定义是什么？ ················ 243

11.32 雇员的定义是什么？ ·················· 243

11.33 在联邦税法中，有效奖学金的提供者为奖学金接受者和国税局
提供审核表的要求 ··················· 244

11.34 联邦税法中，非合格性奖学金的提供者不需要为接受者和国税
　　　局提供审核表 ·· 244

11.35 联邦税法中，奖学金包含的工资部分需要为接受者和国税局提
　　　供审核表 ·· 244

11.36 学院或大学代扣奖学金税款的说明 ······················· 244

11.37 作为赠予的奖学金或助学金需要计入总收入 ··········· 245

11.38 作为比赛奖金的奖学金或助学金需要计入总收入 ······ 245

11.39 奖学金或助学金的获取资格 ······························· 245

11.40 合格的学费减免是指什么？ ······························· 245

11.41 关于上述学费减免的特殊规定说明 ······················ 245

11.42 高额补偿雇员是指哪些人？ ······························· 245

11.43 联邦所得税对合格的学费减免的规定 ··················· 246

11.44 私人基金会奖学金或助学金的拨款规定 ················ 246

11.45 私人基金会的奖学金范围大于一般的奖学金和助学金 · 246

11.46 私人基金会支付个人劳务报酬的说明 ··················· 247

11.47 公共慈善机构和其他免税机构不需要遵守私人基金会的个人
　　　奖金设立规则 ·· 247

11.48 选拔过程的详细说明 ··· 247

11.49 慈善阶层是指什么？ ··· 247

11.50 客观和非歧视性原则是指什么？ ·························· 248

11.51 私人基金会要遵守的国税局认可标准 ··················· 249

11.52 奖学金生需要提交哪些报告？ ····························· 249

11.53 监测要求是指什么？ ··· 250

11.54 奖学金或者助学金对禁止私人分配的影响 ·············· 250

11.55 奖学金或者助学金对超额利润交易的影响 ·············· 251

11.56 奖学金获得者遵守的保持记录规定 ······················ 251

11.57 雇主提供的奖学金是否需要计入总收入？ ·············· 252

11.58 可用于高等教育成本税收抵扣的类型是什么？ ········· 252

11.59 纳税人可申请的税收抵扣类型是什么？ ················· 252

11.60 美国教育机会信用抵税的申请资格 ……………………… 252

11.61 美国教育机会信用抵税的额度是多少? ………………… 253

11.62 美国教育机会信用抵税的符合资格费用有哪些? ……… 253

11.63 美国教育机会信用抵税对学生资格要求是什么? ……… 253

11.64 美国教育机会信用抵税是否可退款? …………………… 253

11.65 希望奖学金信贷的申请资格 ……………………………… 253

11.66 希望奖学金信贷的额度是多少? ………………………… 254

11.67 哪些支出是符合希望奖学金信贷要求的? ……………… 254

11.68 希望奖学金贷款的评选资格是什么? …………………… 254

11.69 希望奖学金贷款如何申请? ……………………………… 254

11.70 终身教育信贷的额度是多少? …………………………… 254

11.71 纳税人申请终身学习贷款的年限为多久? ……………… 255

11.72 申请终身学习贷款的资格 ………………………………… 255

11.73 哪些支出符合终身学习贷款的要求? …………………… 255

11.74 终身学习贷款的资格人选 ………………………………… 255

11.75 合格的学费项目是什么? ………………………………… 255

11.76 合格的学费项目类型有哪些? …………………………… 255

11.77 合格的教育支出是指什么? ……………………………… 256

11.78 指定受益人是指什么? …………………………………… 256

11.79 指定受益人可以变更吗? ………………………………… 256

11.80 符合资格的教育机构是指什么? ………………………… 256

11.81 上述计划的捐赠金额是多少? …………………………… 256

11.82 对合格学费项目的分配部分是否需要缴税? …………… 256

11.83 上述三种类型的税收抵扣可以一次性全部申请吗? …… 256

11.84 合格的学费项目中的资金可以转存为其他吗? ………… 257

11.85 教育储蓄账户是什么? …………………………………… 257

11.86 教育储蓄账户的指定受益人是哪些人? ………………… 257

11.87 哪些人可以为教育储蓄账户捐款? ……………………… 257

11.88 教育储蓄账户是否有额度限制? ………………………… 257

11.89 教育储蓄账户的分配是否免税？ ………………………………… 257

11.90 在这一语境中，符合资格的教育机构是指哪些？ ……………… 257

11.91 符合资格的高等院校有哪些？ ………………………………… 258

11.92 符合资格的小学或者中学是指哪些？ ………………………… 258

11.93 合格的高等教育支出是指什么？ ……………………………… 258

11.94 合格的初等教育和中等教育支出是指什么？ ………………… 258

11.95 超额捐款的附加税是指什么？ ………………………………… 258

11.96 资产可以转存为教育储蓄账户吗？ …………………………… 259

12. 慈善捐赠规则 ………………………………………………… 260

慈善捐赠基本规则 ……………………………………………… 261

12.1 免税组织有权获得免税的捐赠吗？ …………………………… 261

12.2 捐赠给免税的学院和大学是可减免的 ………………………… 261

12.3 在高等教育领域里，何种捐赠减免是可能的？ ……………… 261

12.4 构成捐赠的成分？ ……………………………………………… 262

12.5 什么构成了慈善捐赠？ ………………………………………… 263

12.6 这与慈善承诺有什么关系？ …………………………………… 263

12.7 慈善捐赠是否必须被正式接受？ ……………………………… 263

12.8 什么是捐赠接受政策？ ………………………………………… 264

12.9 什么是非标准捐赠？ …………………………………………… 264

12.10 捐赠或服务可以获得慈善扣减吗？ ………………………… 264

12.11 慈善扣减是否适用于使用财产的捐赠？ …………………… 264

12.12 什么是步骤交易原则？ ……………………………………… 265

12.13 什么是廉价出售？ …………………………………………… 265

12.14 什么是委托人信托规则？ …………………………………… 266

比例限制 ………………………………………………………… 267

12.15 金钱捐赠可抵扣的联邦税收规则是什么？ ………………… 267

12.16 个人捐赠基数的定义是什么？ ……………………………… 267

12.17 可能限制金钱捐赠可抵扣性的联邦税法规则是什么？ …… 267

12.18 可能限制捐赠财产可抵扣性的联邦税收规则是什么？ ………… 267

附条件的、非限制性的和限制性的捐赠 ……………………………… 268

12.19 附条件捐赠的抵扣规则是什么？ …………………………… 268

12.20 附件条件是如此遥不可及以至于忽略不计的含义是什么？ …… 269

12.21 非限制性慈善捐赠的实质是什么？ ………………………… 269

12.22 捐赠者限制的慈善捐赠的实质是什么？ …………………… 269

12.23 董事会限制的慈善捐赠的实质是什么？ …………………… 269

12.24 不遵守捐赠者限制的法律后果是什么？ …………………… 270

捐赠者的独特形式 …………………………………………………… 270

12.25 S 法人的慈善捐赠规则是什么？ …………………………… 270

12.26 合伙的慈善捐赠规则是什么？ ……………………………… 270

12.27 有限责任公司的慈善捐赠规则是什么？ …………………… 270

12.28 被监管的投资公司的慈善捐赠规则是什么？ ……………… 270

12.29 在房地产抵押投资渠道中持有剩余权益的公司的慈善捐赠
规则是什么？ ………………………………………………… 271

特别的捐赠情形 ……………………………………………………… 271

12.30 从库存资金中进行慈善捐赠的公司有哪些规则？ ………… 271

12.31 法人捐赠计算机设备能享有更大的扣减吗？ ……………… 271

12.32 法人可以就图书库存的慈善捐赠而增加扣减额吗？ ……… 272

12.33 以保护为目的的捐赠能获得慈善扣减吗？ ………………… 272

12.34 如果受赠人将捐赠财产用于不相关用途，会出现什么情况？ … 272

12.35 本书中的不相关使用指的是什么？ ………………………… 273

12.36 如果有形个人财产的全额扣减被声称是不恰当的，那么会出现
什么情况？ …………………………………………………… 273

12.37 捐赠知识产权的慈善扣减规则是什么？ …………………… 274

12.38 这些规则适用于哪些类型的知识产权？ …………………… 274

12.39 任何向后延展的慈善捐赠是如何被决定的？ ……………… 274

12.40 捐赠者如何知晓何时适用知识产权捐赠的特定慈善扣减规则，
以及扣减的数额是多少？ …………………………………… 276

12.41 捐赠车辆的扣减规则是什么？ …………………………………………… 276

12.42 这些规则适用于哪些类型的车辆？ ……………………………………… 276

12.43 限制车辆捐赠的慈善捐赠扣减存在例外情况吗？ …………………… 276

12.44 如果违反这些车辆捐赠规则，会发生什么情况？ …………………… 277

12.45 如果一个学院或大学保留车辆捐赠项目，那么会被认为是从事
     收购或处置车辆的非相关商业活动吗？ …………………………… 277

12.46 捐赠艺术品的部分权益的扣减规则是什么？ ………………………… 277

12.47 慈善扣减对于捐赠者创造的财产是可以获得吗？ …………………… 278

12.48 标本制作捐赠的扣减规则是什么？ …………………………………… 278

12.49 衣服和家居用品的捐赠扣减规则是什么？ …………………………… 278

12.50 来自个人退休金账户的慈善捐赠有什么联邦税法规则？ ………… 279

12.51 向教育机构捐赠所获得的购买体育赛事票的权利享有慈善
     扣减吗？ …………………………………………………………… 279

慈善拍卖会 ……………………………………………………………………… 279

12.52 联邦税法如何适用于慈善拍卖会？ …………………………………… 279

12.53 慈善拍卖会是一项不相关商业规则下的商业活动吗？ ……………… 279

12.54 捐赠慈善拍卖的物品享有慈善捐赠扣减吗？ ………………………… 280

12.55 在慈善拍卖中获得的物品是否享有慈善捐赠扣减？ ………………… 280

12.56 慈善捐赠证据规则适用于慈善拍卖的情况吗？ ……………………… 281

12.57 交换条件捐赠规则适用于慈善拍卖吗？ ……………………………… 281

12.58 州销售税规则适用于慈善拍卖吗？ …………………………………… 281

12.59 慈善组织需要报告拍卖会的结果吗？ ………………………………… 281

计划捐赠 ………………………………………………………………………… 281

12.60 什么是计划捐赠？ ……………………………………………………… 281

12.61 什么是收入利息和剩余利息？ ………………………………………… 282

12.62 这些创造的利益是什么？ ……………………………………………… 283

12.63 慈善捐赠的剩余利息产生的纳税利益是什么？ ……………………… 283

12.64 为什么信托一般是免税的？ …………………………………………… 283

12.65 什么是慈善剩余信托？ ………………………………………………… 284

12.66 什么是集资收益基金？ ……………………………… 285

12.67 一般而言，什么是慈善引领信托？ ………………… 286

12.68 一般而言，什么是慈善捐赠年金？ ………………… 286

12.69 寿险捐赠怎么办？ …………………………………… 286

12.70 剩余利息的捐赠扣减还有其他方式吗？ …………… 286

慈善剩余信托 ……………………………………………… 287

12.71 哪些类型的慈善组织可以成为剩余信托的剩余利息受益人？ … 287

12.72 慈善剩余信托的组成特征如何起作用呢？ ………… 287

12.73 什么类型的财产适合慈善剩余信托？ ……………… 287

12.74 若捐赠负债资产，会出现什么情况？ ……………… 287

12.75 当期权被转移到慈善剩余信托，会出现什么情况？ ………… 288

12.76 当有形个人财产的项目转移到慈善剩余信托时，会发生什么？ …… 288

12.77 什么人能成为慈善剩余信托的捐赠者？ …………… 289

12.78 慈善剩余信托的数额如何分配给收入利息的受益人？ ……… 289

12.79 谁可以成为慈善剩余信托的受托人？ ……………… 289

12.80 慈善剩余信托可以提前终止吗？ …………………… 290

12.81 慈善剩余信托可否被取消？ ………………………… 290

12.82 当剩余利息受益人是学院或大学时，慈善剩余信托能
　　　纳入学院或大学捐赠基金的投资回报中吗？ ……… 291

12.83 什么时候应使用慈善剩余信托而不是另外一种计划
　　　捐赠方式？ ………………………………………… 291

12.84 与其他计划捐赠方法相比，慈善剩余信托的不足是什么？ …… 291

集资收益基金 ……………………………………………… 292

12.85 合并收入基金的剩余利息受益人可以是哪些类型的慈善
　　　组织？ ……………………………………………… 292

12.86 何种类型的财产适合集资收益基金？ ……………… 292

12.87 如何计算一份新的集资收益基金的返还比率？ …… 292

12.88 谁可以成为集资收益基金的捐赠者？ ……………… 292

12.89 谁可以成为合并收入基金的受托人？ ……………… 293

12.90 当一个拥有集资收益基金的慈善组织不再符合能够持有集资收益基金的公共慈善组织类型的资格时，会发生何种情况？ …… 293

12.91 何时使用合并收入基金而不是其他计划捐赠方法？ ……… 293

12.92 集资收益基金与其他计划捐赠的方法相比有什么不足？ …… 293

慈善捐赠年金 ……………………………………………………… 293

12.93 什么是慈善捐赠年金？ ………………………………… 293

12.94 年金捐赠者的税收待遇是什么？ …………………………… 294

12.95 年金支付期必须与年金支付责任一并开始吗？ ………… 295

12.96 创建慈善捐赠年金的税收结果是什么？ ………………… 295

12.97 创建慈善捐赠年金的遗产税结果是什么？ ……………… 295

12.98 在参与慈善捐赠年金交易中，教育机构或其他慈善实体有任何不利之处吗？ …………………………………………… 295

12.99 在参与慈善捐赠年金交易中，教育机构或其他慈善实体有任何优势吗？ …………………………………………… 296

12.100 慈善捐赠年金的不相关收入的含义是什么？ ………… 296

12.101 不相关债务资金收入对慈善捐赠年金的影响是什么？ …… 296

慈善引领信托 ……………………………………………………… 297

12.102 什么是慈善引领信托？ ………………………………… 297

12.103 慈善引领信托中的收入利息的性质是什么？ ………… 297

12.104 转入慈善引领信托的财产有慈善捐赠扣减吗？ ……… 298

12.105 慈善引领信托的税收待遇是什么？ …………………… 298

剩余利息的其他捐赠 ……………………………………………… 298

12.106 剩余利息可扣减捐赠的其他方式有哪些？ …………… 298

12.107 适用于捐赠个人住宅或农场的剩余利息适用规则是什么？ …… 299

12.108 适用于捐赠财产全部利息中不可分割部分的规定是什么？ …… 299

13. 筹款条例 ………………………………………………………… 304

13.1 联邦政府如何监管慈善筹款活动？ …………………… 305

13.2 联邦政府如何监管以慈善为目的的筹款活动？ ……… 305

13.3 这些州法是符合宪法规定的吗? ……………………………… 305

联邦法律要求 ………………………………………………………… 306

13.4 慈善捐赠规定如何得以适用? ………………………………… 306

13.5 当慈善捐赠为货币时,相关的保管记录要求是什么? ……… 306

13.6 当慈善捐赠是货币时,相关的证明要求是什么? …………… 307

13.7 "商品或服务"的含义是什么? ……………………………… 307

13.8 这些规定是否适用于在没有事先通知的情况下,在馈赠行为
     发生后向捐赠者提供的福利,如表彰晚宴? ………………… 308

13.9 对于由慈善纪念信托、慈善引导信托和收益型汇集基金进行
     的馈赠,证实规则如何得以适用? …………………………… 308

13.10 可否用一份文件来满足这些记录和证实要求? ……………… 308

13.11 当慈善捐赠为财产时,相关的记录要求是什么? …………… 308

13.12 当慈善捐赠是财产时,相关的证实要求是什么? …………… 309

13.13 评估要求是什么? ……………………………………………… 310

13.14 什么是有效的评估? …………………………………………… 310

13.15 合格评估师的标准是什么? …………………………………… 311

13.16 什么是"违禁费用"? ………………………………………… 312

13.17 有关服装和家居用品捐赠的规定有哪些? …………………… 312

13.18 什么是交换捐赠规则? ………………………………………… 312

13.19 什么是诚信评估? ……………………………………………… 313

13.20 就交换性捐赠规定而言,是否存在例外情况? ……………… 313

13.21 慈善组织如何评估为满足交换性捐赠规定的名人参与的
     价值? …………………………………………………………… 314

13.22 国税局在新的教育、慈善和类似组织方面寻求什么? ……… 314

13.23 报告规定如何适用? …………………………………………… 314

13.24 不相关业务收入规定是否适用于筹款环境? ………………… 315

13.25 对在筹款环境中的专利使用费例外是否存在限制? ………… 315

13.26 对非慈善组织是否有筹款披露要求? ………………………… 316

13.27 对筹款活动是否有任何其他联邦法律规定? ………………… 316

13.28 什么是适用于筹款慈善机构的国税局的审计做法？ ·········· 318

州法规定 ········· 319

13.29 何为治安权？ ········· 319

13.30 典型的州慈善募捐法案的核心内容是什么？ ········· 319

13.31 术语"劝募"的定义是什么？ ········· 321

13.32 这些法律适用于所有慈善募捐吗？ ········· 321

13.33 这些法律是否适用于在网站上张贴的慈善捐赠请求？ ········· 321

13.34 这些关于基于网站的慈善筹款活动的非正式准则是什么？ ····· 322

13.35 这些慈善募捐法是否适用于学院和大学？ ········· 323

13.36 注册要求是什么？ ········· 323

13.37 这个注册要求是对言论自由的事先限制吗？ ········· 323

13.38 这项注册规定是否适用于申请私人基金资助？ ········· 323

13.39 报告的要求是什么？ ········· 324

13.40 慈善募捐法案有哪些豁免规定？ ········· 324

13.41 什么是适用于学院和大学的豁免？ ········· 325

13.42 "专业筹款人"这一术语的定义是什么？ ········· 325

13.43 这些法律如何适用于专业筹款活动？ ········· 326

13.44 "专业律师"的定义是什么？ ········· 326

13.45 这些法律如何适用于专业筹款？ ········· 326

13.46 慈善募捐法案中的规定何时被发现违宪？ ········· 326

13.47 这些法案是否仍然限制专业律师的收费？ ········· 327

13.48 什么是"慈善促销"？ ········· 327

13.49 州法如何适用于慈善促销活动？ ········· 327

13.50 这些法律中有关违禁行为的部分有何意义？ ········· 328

13.51 在慈善组织和专业筹款人或专业律师之间的合同中一般需要
哪些条款？ ········· 329

13.52 是否有披露要求？ ········· 329

13.53 慈善机构何时必须遵守这些慈善募捐法中的一项？ ········· 330

13.54 专业筹款或专业律师何时须遵守其中一项法律？ ········· 330

13.55 慈善机构何时必须遵守其中的一项以上法律？ ……………… 331

13.56 仅仅是少数几个受这些州法规制的人的邀约吗？ ………… 331

13.57 专业筹款人或专业律师何时须遵守其中一项以上的法律？ …… 331

13.58 当一个慈善机构、专业筹款人或专业律师违反这些法律时会
发生什么？ …………………………………………………… 331

13.59 这些州法的基本原理是什么？ …………………………… 332

13.60 这些州法有效吗？ ………………………………………… 332

13.61 要符合这些法律，教育机构应具备何种管理制度？ ……… 333

13.62 州法律法规如何与监管机构的监督活动相互关联？ ……… 334

14. 不相关营业活动概论 …………………………………… 336

一般性不相关业务规定 …………………………………………… 337

14.1 一所学院或大学的一项或多项商业行为，会否危害该机构的免税
地位或收入征税？ …………………………………………… 337

14.2 组织如何衡量什么是主要的？ …………………………… 337

14.3 学院或大学如何知道某项活动是相关的还是无关的？ …… 337

14.4 不相关的收入规定背后的基本原理是什么？ …………… 338

14.5 这些不公平竞争的主张是否导致了任何问题，例如适用于高校的
法律改革？ …………………………………………………… 339

基本规定 ……………………………………………………………… 339

14.6 什么是贸易或商业要求？ ………………………………… 339

14.7 这是否意味着法律将学院和大学的豁免计划视为商业活动？ … 339

14.8 当联邦税法将一所学院或大学视为业务的综合体时，这不同于学
院或大学本身的想法吗？ …………………………………… 340

14.9 为什么非营利性学院或大学会反对这个定义中关于利润动机的附
加因素呢？ …………………………………………………… 340

14.10 还有哪些元素被植入到这一定义中？ ………………… 341

14.11 什么是商业活动？ ……………………………………… 341

14.12 商业性理论是如何援引法律法规的？ ………………… 342

14.13 是否定期进行商业活动的规定是什么？ ………………………… 342

14.14 规律性是如何测量的？ ……………………………………………… 342

14.15 对于这一层次的分析还有其他的方面吗？ ………………………… 343

14.16 规律性的其他两个方面是什么？ ………………………………… 343

14.17 一些运营操作是否通过使用这种方法转换成常规类别？ ……… 343

14.18 有关第三层次分析的基本要求是什么？ ………………………… 344

14.19 如何确定关联性？ ………………………………………………… 344

14.20 在学院和大学的背景下，这些判断有哪些实例？ ……………… 344

14.21 是否有任何其他方面的实质性相关检验？ ……………………… 345

14.22 如何计算不相关的商业所得税？ ………………………………… 346

14.23 在计算不相关业务所得税时，一所学院或大学是否会要求
获得慈善捐款扣除？ ………………………………………………… 346

14.24 哪些类型的活动和收入不受不相关收入征税的豁免？ ………… 346

14.25 什么是研究排除？ ………………………………………………… 347

14.26 什么是志愿者例外？ ……………………………………………… 347

14.27 什么是便利例外？ ………………………………………………… 347

14.28 什么是宾果游戏例外？ …………………………………………… 347

14.29 哪些类型的被动收入是受不相关的收入征税的豁免？ ………… 347

14.30 所有财产变卖都是以无关收入作为被动收入吗？ ……………… 348

14.31 有哪些财产变卖的实例不符合一般例外的不相关的商业
收入？ ……………………………………………………………… 348

14.32 租金收入规则如何适用？ ………………………………………… 348

14.33 版税排除规则在当代如何应用？ ………………………………… 349

14.34 学院或大学如何才能最有效地利用版税排除？ ………………… 349

14.35 这些例外和修改是否有例外？ …………………………………… 349

债务融资的财产规则 ……………………………………………………… 350

14.36 判断收入是否为债务融资的一般规定是什么？ ………………… 350

14.37 什么是债务融资的财产？ ………………………………………… 350

14.38 作为债务融资财产的分类有哪些例外？ ………………………… 350

14.39 什么是购置负债？ ·················· 351

14.40 购置款负债有哪些例外？ ·················· 351

14.41 对购置款债务适用于高校的具体例外是什么？ ·········· 352

其他不相关业务规定 ·················· 352

14.42 是否有其他例外情况？ ·················· 352

14.43 如何在流动实体和企业个体中出于免税目的进行不相关商业
收入活动？ ·················· 353

14.44 如何报告不相关商业所得税？ ·················· 353

15. 不相关营业收入规则在当代的应用 ·················· 356

15.1 免税学院或大学的广告收入应作为不相关营业收入而
纳税吗？ ·················· 357

15.2 在此语境中，广告的定义是什么？ ·················· 357

15.3 关于广告收入纳税的一般规则是什么？ ·················· 358

15.4 关于是否有权获得出版物要与组织成员资格挂钩的这些
规则是什么？ ·················· 359

15.5 这些规则会依据媒介的变化而改变吗？ ·················· 359

15.6 广告活动能成为相关营业活动吗？ ·················· 360

15.7 关于法人赞助的规定有些什么？ ·················· 360

15.8 什么是合格的赞助费？ ·················· 361

15.9 什么是实质性的回报利益？ ·················· 361

15.10 什么是实质回报利益的公平市值？ ·················· 362

15.11 学院或大学是否应当签署赞助协议？ ·················· 363

15.12 是否有网站可以链接到捐赠者？ ·················· 363

15.13 针对这些规则，是否存在例外情况？ ·················· 363

15.14 赞助规则会依据媒介而改变吗？ ·················· 364

15.15 企业赞助规则的发展史是怎样的？ ·················· 364

15.16 租赁安排的收入应作为不相关营业收入纳税吗？ ·········· 364

15.17 关于过多的个人财产租金的管理规则是什么？ ·········· 364

15.18 关于由净利润决定的租金的管理规则是什么？ ……………… 364

15.19 关于免税组织为承租人的利益而提供服务的规则是什么？ …… 365

15.20 租赁活动可以成为相关营业活动吗？ ……………… 365

15.21 学院和大学的设施租金收入应作为不相关营业收入纳税吗？ … 366

15.22 活动场所的租金收入应作为不相关营业收入纳税吗？ ……… 366

15.23 外部人员使用娱乐中心的收入应作为不相关营业收入
　　　纳税吗？ ……………………………………………… 367

15.24 外部人员使用运动设施的收入应作为不相关营业活动
　　　纳税吗？ ……………………………………………… 367

15.25 个人财产的租赁收入应作为不相关营业收入纳税吗？ ……… 367

15.26 广播塔的租金应作为不相关营业收入纳税吗？ ……………… 367

15.27 学院和大学获得的其他租赁收入应作为不相关营业
　　　收入纳税吗？ ………………………………………… 367

15.28 目录销售的收入应作为不相关营业收入纳税吗？ …………… 368

15.29 互联网销售的收入应作为不相关营业收入纳税吗？ ………… 368

15.30 旅游所得收入应作为不相关营业活动纳税吗？ ……………… 368

15.31 参与者促进科研的旅游属于哪种类型的营业活动？ ………… 369

15.32 税法如何看待宣传旅游？ …………………………………… 369

15.33 广播权的收入应作为不相关营业收入纳税吗？ ……………… 369

15.34 从石油和天然气权益中获得的特许权使用费应作为不相关营业
　　　收入纳税吗？ ………………………………………… 370

15.35 慈善信用卡的收入应作为不相关营业收入纳税吗？ ………… 370

15.36 租赁通讯名单的收入应作为不相关营业收入纳税吗？ ……… 370

15.37 使用商标的收入应作为不相关营业收入纳税吗？ …………… 371

15.38 石油和天然气运营中的开采权益收入应作为不相关营业收
　　　入纳税吗？ …………………………………………… 371

15.39 是否有其他形式的特权税融资应作为不相关营业收入纳税？ … 371

15.40 专有许可使用合同的收入应作为不相关营业收入纳税吗？ …… 372

15.41 商业调查所得的收入应作为不相关营业收入纳税吗？ ……… 372

15.42 专利权所得的收入应作为不相关营业收入纳税吗？·············· 373

15.43 版权、商业名称或商业秘密的收入应作为不相关营业收入
　　　纳税吗？·· 373

15.44 酒店运营的收入应作为不相关营业收入纳税吗？·············· 373

15.45 会议中心运营的收入应作为不相关营业收入纳税吗？·········· 374

15.46 餐厅运营收入应作为不相关营业收入纳税吗？················ 374

15.47 免税学院或大学的服务提供可以作为不相关营业避税吗？······ 374

15.48 餐饮服务的收入应作为不相关营业收入纳税吗？·············· 376

15.49 食品服务的收入应作为不相关营业活动纳税吗？·············· 376

15.50 信用卡促销的收入应作为不相关营业活动纳税吗？············ 377

15.51 提供电脑服务的收入应作为不相关营业活动纳税吗？·········· 377

15.52 利用免税活动（非广告活动）产生的收入应作为不相关营业活
　　　动纳税吗？·· 377

15.53 以物换物活动产生的收入应作为不相关营业活动纳税吗？······ 378

15.54 来自泊车运营的收入应作为不相关营业活动纳税吗？·········· 378

15.55 来自发电的收入应作为不相关营业收入纳税吗？·············· 378

15.56 来自书店运营的收入应作为不相关营业收入纳税吗？·········· 378

15.57 来自高尔夫球场运营的收入应作为不相关营业纳税吗？········ 379

15.58 合伙企业对免税组织的拨款和有限责任公司的收入应作为不
　　　相关营业收入纳税吗？······································ 379

15.59 免税组织来自小型企业股份公司收入的分配额应作为不相关营
　　　业收入纳税吗？·· 380

15.60 "控制"一词在不相关营业语境里是什么意思？·············· 380

15.61 来自受控实体的收入应作为不相关营业收入纳税吗？·········· 380

15.62 免税组织的费用如何分配到其不相关营业的活动中？·········· 381

15.63 直接相关这个词的意思是什么？······························ 381

15.64 如何看待用于相关和不相关活动的设施和人员开支？·········· 382

15.65 一个不相关营业收入活动的净亏损可以和另一个不相关营业
　　　收入活动的净收入抵消吗？·································· 382

15.66 支付给相关方的费用可以扣除吗？ ‥‥‥‥‥‥‥‥‥‥ 383

15.67 在这个背景下存在证据规则吗？ ‥‥‥‥‥‥‥‥‥‥ 383

16. 实体计划 ‥‥‥‥‥‥‥‥‥‥‥‥‥‥‥‥‥‥‥‥‥‥ 387

基本实体的选择 ‥‥‥‥‥‥‥‥‥‥‥‥‥‥‥‥‥‥‥ 388

16.1 为什么高等院校可以组成一个全资附属机构？ ‥‥‥‥‥ 388

16.2 实体选择的全资附属机构类型是什么？ ‥‥‥‥‥‥‥‥ 388

16.3 营利附属机构如何缴税？ ‥‥‥‥‥‥‥‥‥‥‥‥‥‥ 388

16.4 组织的董事会董事与相关组织的董事是否重叠？ ‥‥‥‥ 389

16.5 非独立实体是什么？ ‥‥‥‥‥‥‥‥‥‥‥‥‥‥‥‥ 389

16.6 什么是过渡实体？ ‥‥‥‥‥‥‥‥‥‥‥‥‥‥‥‥‥ 390

16.7 非营利性高等院校如何管控附属机构？ ‥‥‥‥‥‥‥‥ 390

16.8 什么主体可以担任公司的角色，来建立附属机构或者构成
合资企业？ ‥‥‥‥‥‥‥‥‥‥‥‥‥‥‥‥‥‥‥‥‥ 391

16.9 附属机构董事会的最少成员数量是多少？ ‥‥‥‥‥‥‥ 391

16.10 保持母体与附属机构的分离，需要遵守哪些法律要求？ ‥‥ 391

16.11 为什么说保持母体与附属机构的分离是很重要的？ ‥‥‥ 392

16.12 作为母体的高等院校有哪些权力与监督责任？ ‥‥‥‥‥ 392

16.13 开展一项与非营利组织的免税目的实质性相关的活动，选择
哪个最佳实体？ ‥‥‥‥‥‥‥‥‥‥‥‥‥‥‥‥‥‥‥ 393

16.14 开展一项与非营利学院或者大学的免税目的不相关的活动，
选择哪个实体最佳？ ‥‥‥‥‥‥‥‥‥‥‥‥‥‥‥‥‥ 393

16.15 非营利组织为什么要建立一个营利性附属机构？ ‥‥‥‥ 393

16.16 学院或大学利用营利性附属机构来做些什么？ ‥‥‥‥‥ 394

16.17 营利性附属机构将免税资产转化为资本有限制吗？ ‥‥‥ 395

16.18 学院或大学的非独立实体的收益如何缴税？ ‥‥‥‥‥‥ 395

16.19 营利性附属机构或被控制型合资企业向学院或大学支付的资金
需要缴税吗？ ‥‥‥‥‥‥‥‥‥‥‥‥‥‥‥‥‥‥‥‥ 395

16.20 附属机构向其母体组织清算资金的税收问题 ‥‥‥‥‥‥ 396

16.21 联邦税法申报对于附属机构和合资企业的要求是什么？ ……… 396

16.22 州法对于附属机构的申报要求是什么？ …………………… 398

16.23 高等院校的附属机构是否有必要获得独立的免税资格认定？ … 398

16.24 作为公共慈善组织身份的附属机构是支持型组织吗？ ……… 398

16.25 学院或大学的免税附属机构可以通过捐款筹集资金并将资金从
　　　母体组织分离并保留下来吗？ ……………………………… 398

16.26 如果免税附属机构以自己的名义筹款，需要向母体组织披露
　　　哪些信息？ …………………………………………………… 399

16.27 学院或大学组建免税附属机构或者姐妹组织有什么其他
　　　原因吗？ ……………………………………………………… 399

16.28 什么样的正式行动被要求在学院或大学母体组织与其免税附属
　　　机构之间进行资金转移？ …………………………………… 399

16.29 是否有一些规定是关于收入累积和营利性附属机构其他资产
　　　方面的？ ……………………………………………………… 400

16.30 支持型组织可以有营利性附属机构吗？ …………………… 400

16.31 学院或大学可以和其他非营利组织、营利组织和/或个人在
　　　实体中获利吗？ ……………………………………………… 401

16.32 如果有一个或多个个体或营利性实体作为其他所有者，那么
　　　如何改变结构？ ……………………………………………… 401

16.33 如果把个人或营利性实体包含在内的话，最有可能选择哪种
　　　实体？ ………………………………………………………… 401

合资企业的基本知识 …………………………………………………… 402

16.34 合资企业的法律定义是什么？ …………………………… 402

16.35 合资企业机制如何使用？ ………………………………… 403

16.36 合资企业如何缴税？ ……………………………………… 403

合伙企业和有限责任公司 ……………………………………………… 403

16.37 合伙企业的法律定义是什么？ …………………………… 403

16.38 什么是一般合伙企业？ …………………………………… 404

16.39 什么是有限合伙企业？ …………………………………… 404

16.40 什么是有限责任公司？ ···················· 404

16.41 为什么要使用合伙企业或有限责任公司的机制？ ········· 405

16.42 合伙企业或有限责任公司为什么要缴税？ ··········· 405

16.43 涉及一般合伙企业、有限合伙企业和有限责任公司，实体选
择哪一种？ ·························· 405

免税组织和合资企业 ························· 405

16.44 学院或大学可以参与合资企业吗？ ············· 405

16.45 学院或大学为什么希望加入合资企业？ ··········· 406

16.46 参与合资企业的学院或大学如何取得或者保持免税身份？ ··· 406

16.47 如何判定学院或大学在无意中参与了合资企业？ ······· 406

16.48 不相关营业收入规则在合资企业中如何应用？ ········ 407

免税组织、合伙企业以及有限责任公司 ·············· 408

16.49 学院或大学可以参与合伙企业或者有限责任公司吗？ ····· 408

16.50 公共慈善组织作为一般合伙人参与有限合作伙伴，对此国税局
的担忧是什么？ ······················ 408

16.51 这一争论为何持续如此长的时间？ ············· 408

16.52 最初，国税局的强硬态度是什么？ ············· 409

16.53 什么构成了国税局本身违法原则？ ············· 409

16.54 什么时候免税学院或大学可以作为一般合伙人参与有限合伙企
业并维持免税资格？ ···················· 410

16.55 涉及该案件其他方面的内容还有什么？ ··········· 411

16.56 免税学院或大学是否可以作为有限合伙人参与有限合伙企业或
作为被动投资人参与有限责任公司？ ············ 412

16.57 不相关营业收入在合伙企业领域的规则都有什么？ ······ 412

16.58 合资企业像有限责任公司或合伙企业一样经营时，合资企业规
则如何应用？ ······················· 412

16.59 法院是否同意国税局的规定？ ··············· 413

16.60 税收规定98-15适用于学院和大学吗？ ··········· 414

16.61 当学院或大学参与合资企业少于"全资实体"方法时，这些规

定如何使用？ ………………………………………………… 414

16.62 法院同意这个规定吗？ …………………………… 415

信息报告 ……………………………………………………… 415

16.63 免税组织该如何申报其在合伙企业中的参与情况？ ……… 415

17. 年度信息审核表及其他审核表 ……………………… 418

基本要求 …………………………………………………… 419

17.1 什么是年度信息审核表？ ………………………… 419

17.2 哪些组织不需要提交年度信息审核表？ ………… 419

17.3 学院和大学必须要向国税局提交年度信息审核表吗？它们的附
属机构又该怎么做呢？ ………………………………… 421

17.4 年度信息审核表是指国税局的哪个表格？ ………… 422

17.5 针对小型组织有一些简化的报告要求吗？ ………… 422

17.6 使用年度信息审核表的意义在哪里？ ……………… 423

17.7 组织因为总资产的数额限制，而提交简版的年度信息审核表，
是否可以解释呢？ ……………………………………… 423

17.8 什么是小组审核表？ ………………………………… 424

17.9 如果一个组织有多个关联组织，且这些关联组织并不属于一个
免税集团的一部分，那么该组织提交的年度信息审核表是否需
要包含这些关联组织的信息，或者是否以它们的名义提交一份
混合的年度信息审核表？ ……………………………… 424

17.10 年度信息审核表的截止日期是什么时候？ ………… 424

17.11 表格提交的截止日期是否可以延长？ …………… 424

17.12 年度信息审核表提交到哪里呢？ ………………… 425

17.13 年度信息审核表必须以电子方式提交吗？ ……… 425

17.14 学院或者大学必须向州政府官员，比如司法部长提交一份年度
信息审核表的副本吗？ ………………………………… 425

17.15 组织如何改进审核表？ …………………………… 426

17.16 国税局提供之前提交的年度信息审核表副本吗？ ……… 426

17.17 如果组织因为解散、查封、终止或者兼并而不存在了，那么
　　　年度信息审核表是否就是最终版本的审核表了呢？ …………… 426

17.18 组织依然存在，但已经变卖、交换、转让或者以其他方式转移
　　　了其25%以上的资产，这种情况怎么处理？ ……………… 427

信息反馈表的内容 …………………………………………………… 427

17.19 信息反馈表包含的一般信息是什么？ …………………… 427

17.20 990 表格包括很多部分和编制目录。学院或大学如何决定必须
　　　填报990表格的哪些部分？ ………………………………… 428

17.21 年度信息反馈表中必须包括学院或大学的项目和活动的一般
　　　信息吗？ ……………………………………………………… 428

17.22 学院或大学如何报告与项目和活动有关的项目服务收入呢？ … 429

17.23 信息反馈表中必须报告哪些关于学院或大学的总体收入的
　　　信息？ ………………………………………………………… 429

17.24 学院或大学如何报告一项服务捐赠或财产使用捐赠？ ………… 430

17.25 年度信息反馈表中必须报告哪些与学院或大学支出相关的
　　　信息呢？ ……………………………………………………… 430

17.26 有些分配被视为项目筹款成本，存在一些争议，这要反映在信息
　　　反馈表中吗？ ………………………………………………… 432

17.27 学院或大学如何在年度信息反馈表中反映它的资产和负债？ … 432

17.28 特定的资产需要额外财务报告吗？ ……………………… 433

17.29 学院或大学必须在年度信息反馈表中反映捐赠基金的
　　　哪些信息？ …………………………………………………… 433

17.30 学院或大学必须反映关于不确定税收地位的哪些信息？ ……… 433

17.31 学院和大学必须在年度信息反馈表中反映哪些关于管理
　　　的信息？ ……………………………………………………… 434

17.32 关于学院或大学支付给高管的报酬，哪些信息必须在年度信息
　　　反馈表里反映？ ……………………………………………… 434

17.33 学院或大学必须报告与其相关的组织支付给高管的报酬吗？ … 436

17.34 年度信息反馈表中特定高管是否需要更详细的报告？ ………… 436

17.35 关于组织公共慈善地位必须报告哪些信息？ …………………… 437

17.36 学院或大学必须反映关于其捐赠者的哪些信息？ …………… 438

17.37 学院或大学必须在年度信息反馈表中反映其政治活动吗？ …… 439

17.38 学院或大学是否在年度信息反馈表中反映其立法（游说）

　　　活动？ ……………………………………………………… 439

17.39 私立学院或大学必须在年度信息反馈表中填报特殊的编制

　　　目录吗？ …………………………………………………… 441

17.40 学院或大学必须在年度信息反馈表中反映其国外活动吗？ …… 442

17.41 关于筹款和游戏活动，学院或大学必须作出哪些报告？ …… 443

17.42 学院或大学必须报告奖学金、助学金和其他捐赠的信息吗？ … 444

17.43 向学院或大学的员工及其亲属或其他与机构有密切联系的个人

　　　提供的捐赠，这些数额也需要报告吗？ …………………… 444

17.44 学院或大学需要报告其免税的债券融资相关信息吗？ ……… 445

17.45 学院或大学针对其高级管理人员、董事以及其他与之有密切关

　　　系的个人之间的交易必须报告哪些信息？ ………………… 446

17.46 与非个人关联方的交易必须在年度信息反馈表中报告吗？ …… 448

17.47 学院或大学如何确认与其利害关系人的商业交易？ ………… 448

17.48 学院或大学必须在年度信息反馈表中报告其在其他实体的所有权

　　　（例如合资企业或子公司）以及与这些实体之间的交易吗？ …… 449

17.49 年度信息反馈表中要详细报告捐赠财产和其他非现金

　　　捐赠吗？ …………………………………………………… 451

不相关营业所得税申报 …………………………………………… 451

17.50 年度信息反馈文件与不相关营业所得税申报表有何关系？ …… 451

17.51 公立学院和大学需要报告不相关营业收入吗？ …………… 452

17.52 组织报告不相关营业收入时应填写哪个表格？ …………… 452

17.53 如果组织的不相关营业有净亏损，是否应提交不相关营业所得

　　　税申报表？ ………………………………………………… 452

会计方法和财务报表 ……………………………………………… 452

17.54 在填写年度信息反馈文件时应采用什么会计方法？ ……… 452

17.55 免税组织的财务报表并不总是按权责发生制的会计方法而
准备，是吗？ ······················ 452

17.56 学院或大学在年度信息反馈文件中必须报告哪些与财务报表、
会计人员和审计委员会相关的信息？ ············ 453

17.57 免税组织如何改变会计时限（税收年度）？ ········· 453

17.58 免税组织如何改变会计方法？ ·············· 453

普通运营变更 ······················· 454

17.59 如果组织参与的活动没有提前向国税局报告怎么办？ ···· 454

17.60 如果组织改变了运营性文件怎么办？ ··········· 454

公众审查和记录要求 ···················· 455

17.61 对年度信息反馈文件的公众审查有何要求？ ········ 455

17.62 对学院和大学关于消除种族歧视政策的记录有何要求？ ··· 455

17.63 这些要求是否有例外？ ················· 456

17.64 学院或大学每年如何证明自己采取了消除种族歧视政策？ ·· 456

制裁 ··························· 456

17.65 组织因年度信息反馈文件可能会受到什么惩罚？ ······ 456

17.66 这些惩罚是什么？ ··················· 456

17.67 如果组织连续几年都没有提交年度信息反馈文件，会受到更严
厉的惩罚吗？ ····················· 457

17.68 对于未提交反馈文件的情况，个人也会受到同组织一样的
惩罚吗？ ······················ 457

18. 披露与分配规则 ···················· 459

年度信息反馈表 ······················ 459

18.1 年度信息反馈表能够应公众要求而公开吗？这对学院和大学及其
附属机构意味着什么？ ················· 459

18.2 分配规则对年度信息反馈表是如何规定的？ ········ 460

18.3 公立、私立学院和大学都需要遵守披露和分配规则中关于年度信
息反馈表的要求吗？ ·················· 460

18.4 学院和大学的附属机构是否需要遵守披露和分配规则？ ………… 460

18.5 关于学院或大学不相关营业收入审核的披露和分配规则是

什么？ ……………………………………………………………… 461

18.6 公众可以在哪里获取和查阅组织的年度信息反馈表？ ………… 461

18.7 学院或大学需要向公众披露捐赠者的姓名吗？ ………………… 462

18.8 学院或大学制作、邮寄申报表副本可以收取费用吗？ ………… 462

18.9 当查阅所要求的文件或获取副本被拒绝时，个人能做什么？ …… 462

18.10 查阅要求是否有例外情况？ …………………………………… 463

18.11 分配规则存在哪些特例？ ……………………………………… 463

18.12 广泛可见是什么意思？ ………………………………………… 463

18.13 干扰活动是指什么？ …………………………………………… 464

18.14 如何获得国税局的信息审核表？ ……………………………… 464

免税申请 ………………………………………………………………… 465

18.15 关于申请免税资格认可的公众审核要求 ……………………… 465

18.16 分配要求适用于免税资格认可吗？ …………………………… 465

18.17 国税局的免税申请副本和对免税否决后的信息应对公众可见 … 465

披露和分配的制裁 ……………………………………………………… 466

18.18 组织不遵守公众审核要求的罚款 ……………………………… 466

18.19 个人不遵守公众审核要求的罚款 ……………………………… 466

18.20 不遵守分配要求，如何罚款？ ………………………………… 466

商品和服务规定 ………………………………………………………… 467

18.21 学院或大学从联邦政府获得与信息采集服务及其他常规服务

相关的信息披露规则是什么？ ………………………………… 467

18.22 提供不同类型服务的界限是什么？ …………………………… 467

18.23 违反披露规则的罚款 …………………………………………… 467

筹款的披露 ……………………………………………………………… 467

18.24 慈善组织（包括高校）的联邦筹款披露规则 ………………… 467

18.25 违反筹款披露规则的罚款 ……………………………………… 468

18.26 筹款披露规则对非慈善组织的规定 …………………………… 468

18.27 违反筹款披露规则的罚款 ·················· 468

18.28 高校变卖捐赠的资产，需要遵守披露规则吗？ ·········· 469

18.29 组织在什么情况下不必遵守披露规则？ ·········· 469

18.30 何时必须填写披露报表？披露报表中必须提供哪些信息？

   如果高校将资产转移给继承者实体怎么办？ ·········· 469

18.31 在分配捐款资产时未遵守分配规则所受的罚款 ·········· 471

其他文件和要求 ································· 471

18.32 联邦法律要求外，州法律对高校文件的披露要求有哪些？ ··· 471

18.33 私立高校需要向公众宣传其在种族上的非歧视性政策吗？ ··· 471

18.34 私立高校使用什么方法向所服务的社区宣传它的非种族

   歧视性原则？ ····························· 471

18.35 私立高校种族上的非歧视性政策宣传的特例情况 ········ 472

18.36 高校需要向公众发布年度报告吗？ ··············· 473

18.37 高校需要向公众披露他们的财务报告吗？ ·········· 473

18.38 关于良好治理和实践的文件，需要高校向公众公开信息吗？ ··· 473

1

非营利组织法概况

    非营利学院和大学及其他非营利组织的代表律师经常遇到各种问题，涉及组织成立、行政、运营、管理相关的规定以及包括税法在内的联邦法和州法。非律师从业人员往往想不到，在一些具体问题上，相关法律非常少或根本没有。

    如果想获得这些问题的答案，就需要咨询会计、专业筹款人、评估机构或者咨询顾问而不是律师。举个例子，律师就不能对"我应该收多少钱"或"捐赠财产的价值是多少"这种问题给出专业的回答。然而，即便是对于法律标准这种属于律师业务范围内的问题，法律通常也是晦涩难懂的。大部分可适用的非营利法律都属于州法层面，所以问题可能有多种答案。联邦法在完善税法的同时，也在构建非营利法体系，最好的例证就是非营利组织管理方面的法律（第五章）。

    下面是关于非营利组织（包括私立学院和大学在内）在一般性运营中被询问最多的问题及其答案。

非营利法律基础

1.1 什么是非营利组织？

    "非营利组织"这个术语有一定的误导性；但很遗憾，没有比它更好的表达了。这个词并不是指一个组织不能够营利，因为从收益大于支出这个意义上讲的话，许多非营利组织都实现了营利。学院和大学就可以证明这一点。2006 年高等教育机构财政年度数据显示，小型学院和大学（2.34）的平均净收益为 1100 万美元，中型学院和大学（2.35）的平均净收益为 3300 万美元，大型学院和大学（2.36）的平均净收益为 8700 万美元。任何一种收益低于支出的实体都不可能长期存在。

给非营利组织下定义最简单的方法就是先定义它的对应者——营利组织。对于企业所有权人而言，营利组织的存在是为了实现商业运作和产生利润（收益超过成本）。比如，营利公司的所有权人是股东，他们以分红的形式获得利润。因此，"营利"这个术语指企业所有权人而非企业本身所获得的利润。因此，法律对实体层面的利润与所有者层面的利润作了区分。

根据法律规定，营利组织和非营利组织都可以在实体层面营利，但是只有营利组织可以在所有者层面获得利润，非营利组织很少有所有权人，法律不允许这类组织将利润（净收益）转移给其控制者。

禁止私人分配原则允许营利组织获利但不允许非营利组织获利（第六章）。也就是说，私人分配指将组织的净收益以私人名义转移给个人。营利组织的目的是参与私人分配。相反，非营利组织被禁止参与私人分配行为（经济学家将这一基本准则称之为"禁止分配"）。法律要求非营利组织将利润用于组织的项目活动。对免税的非营利组织而言，这些活动特指符合免税目的的活动。对于学院和大学来说，最主要的免税活动是学生的教育，附属的活动还包括体育比赛、研究和社区服务。

因此，禁止私人分配原则是区分非营利组织与营利组织最基本的法律标准。

1.2 有时用"不以营利为目的的组织"替代"非营利组织"，这两个术语是同义词吗？

从法律上讲，"不以营利为目的"和"非营利"的意义并非完全相同。这两个术语经常被交替使用。但在这里，正确的法律用语是"非营利组织"（1.1）。

法律用"不以营利为目的"一词描述活动而非实体。例如，联邦税法曾拒绝为一项不以营利为目的的活动的支出免税。[1] 基本上，这类活动没有商业动机；不以营利为目的的活动本质上属于爱好。

有的人不懂或者没有意识到利润在实体层面与所有者层面存在差异

（1.1），他们经常将"不以营利为目的"一词应用在非营利语境中。

1.3 非营利组织有哪些类型？

非营利组织的主要类型是非营利法人。私立学院和大学及其相关的组织［例如发展基金会（2.68）］通常都采取非营利法人的组织形式；有些组织可能直接由州特许成立。其他类型的非营利组织包括信托、非法人团体和有限责任公司。

1.4 非营利组织应以何种形式成立？

在确定非营利组织的适当形式时需要考虑诸多因素。法人形式比较流行的一个原因是几乎每个州都有非营利法人法，它为非营利法人运作的各个方面提供了法律依据。当然，法人形式也为参与组织活动的董事和高管提供了保护，使他们免于承担个人责任。这就是为什么几乎每所私立学院和大学及其相关实体都以非营利法人的形式设立（公立学院和大学根据州法成立）。

但是，一个组织要想成为法人必须向相关州提交法人注册章程（1.11），很可能也要提交年度报告，这些都是公开文件。因此，那些想拥有更多隐私的组织可能不会选择法人这种形式。

由于小型组织较少考虑组织的责任和法律手续等问题，所以适合采取非法人团体的形式。在某些情况下，法律也规定了组织成立的适当形式，例如雇员计划（通常是信托）和计划性捐赠［通常也是信托，最典型的是慈善剩余信托（12.62）］。

1.5 如何成立非营利组织？

一般来说，非营利组织要根据相关州（或哥伦比亚特区）的法律成立（少数非营利组织由国会特批成立。如1.4所述，公立学院和大学依据州法成立，属于政府机构或部门）。一般来讲，一个非营利组织要提交或执行一系列组织章程方可成立。[2]

所以，如果组织想要成为法人，首先需要向相关州提交法人注册章程以宣告其成立（1.6）。如果该组织属于信托，则需要执行一份信托声明或者信托协议（1.14）。非法人团体须依法成立（1.15）。有限责任公司依照组织章程成立（包括管理运营、成员关系、分配和收入损失分担等内容）。

如果非营利组织想要成为免税组织，联邦税法也会要求并鼓励该组织提交多种组织文件。这种情况所适用的法律被称为组织性测试（1.35）。[3]

大多数非营利组织也都有一套规章制度——组织运营过程中要遵守的规则。有些组织有额外的规则，例如伦理准则、运营指南、员工手册以及各种政策和程序（5.29~5.37）。

组织章程制定之后（必要的话需要存档），新成立组织的发起人董事会应该召开组织会议。会议中，董事应确定一套规章制度、选举高层管理者、通过一项或多项开户银行和投资账户的决议，并参加其他初期的业务活动。

1.6 非营利组织如何成为法人？

非营利组织通过向相关州提交文件注册成为法人（1.11），所提交的文件一般指"法人注册章程"。州法很可能会对章程的部分内容有所规定。但是，法人注册章程至少应该说明法人的名称、描述其目的、列明董事的姓名和地址、指定注册代理人（1.7）以及备案发起人（1.10）的姓名和地址（如果可能的话）。

法人注册章程可能会被提交到州长办公室的秘书处。如果州长办公室确认章程符合法律规定的资质，该州将向其颁发注册执照。该组织自执照颁发之日起即成为法人。

1.7 什么是注册代理人？

一般来说，注册代理人必须是该州居民或在该州注册可作为商业注册代理人的公司。

1.8 注册代理人是做什么的？

注册代理人是法人与外界沟通的中介。法人所有的正式沟通都通过注册代理人实施。因此，如果州政府想要与法人沟通，也要联系注册代理人。如果有人想要起诉该法人，则由注册代理人处理。

1.9 注册代理人对法人的事务负有责任吗？

没有。注册代理人不是法人的董事或高层管理者，所以对法人的活动没有责任。他们只对自己的过错负责，例如违反合同。

1.10 发起人是谁?

发起人是指在程序上创立法人的个人（他们可能是该法人真正的发起人，也可能不是）。他们依法人注册章程行事。根据法律的一般规定，任何年满18周岁的美国公民都可以注册非营利法人，许多州要求至少有3位以上的发起人，但各个州的法律在这方面的规定还需要进一步确认。

发起人这个角色在注册成功之后就没有了。一旦法人成立，发起人的职能就终止了。发起人一般会成为该法人的信托人、董事、高层管理者或员工。

有些组织对于发起人的名单非常敏感。他们认为法人注册章程对法人至关重要——是应该被后继者保存并珍视的文件。所以，发起人董事会通常由发起人组成。有的组织更愿意让效力于该法人的律师成为发起人。发起人并没有其他特别的法律含义。

1.11 非营利组织怎样决定在哪个州注册?

决定在哪个州注册这个问题通常很简单，即选择该组织开展主要业务活动的州作为总部所在地。最常见的情况是，成立并运营该组织的人是这个州的居民和/或在该州维持运营。然而，某些州的法律也可能设有一条或多条吸引组织创建者的条款，比如该组织依据该州法律注册，且主要运营活动也在该州，即可以享有外州法人的资质（1.12）。在多个州拥有业务的法人在"本州"管辖区域内注册，而在其他州作为外州法人从事运营业务。

1.12 非营利组织如何获得在其他州运营的资格?

组织如果想要在其他州获得运营的资格，则要向该州秘书处提交一份作为外州实体开展运营业务的授权许可申请，允许其在本州之外活动（1.11）。如果某组织的申请文件完备且满足在该州运营的资格，那么州秘书处会颁发一个允许其在该州进行业务活动的授权许可证。这份许可证可能每年都需要更新；也会要求组织在申请时提供详细的年度报告。

获得许可证的过程与在该州注册法人的过程相似。另外，申请经营授权的组织在每个州（也包括本州）都必须有一位注册代理人。

1.13 何谓在某个州开展"运营活动"?

传统上讲，要想在某个州开展"运营活动"，则该组织须在这个州拥有实

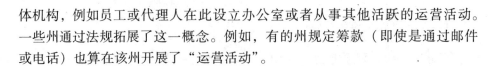

体机构，例如员工或代理人在此设立办公室或者从事其他活跃的运营活动。一些州通过法规拓展了这一概念。例如，有的州规定筹款（即使是通过邮件或电话）也算在该州开展了"运营活动"。

1.14 如何成立非营利信托？

非营利信托可以通过执行信托协议或者信托声明而成立。信托协议是成立组织的双方或多方之间签订的协议，而信托声明通常是成立信托的一方作出的陈述。成立信托的个体被称为信托人。州法可能会对这些文件的内容作出规定。如果某非营利信托想要成为免税组织，那么联邦税法会规定并要求其提交与信托有关的各类文件（1.35）。一般情况下，在注册成为信托的过程中，组织不必向州政府提交信托文件，但依据州慈善募捐法的要求，可能需要提交相关文件（第十三章）或遵循其他程序。信托协议或信托声明生效之日起，信托即成立。

1.15 如何成立非营利非法人社团？

非营利非法人社团依据章程而成立，该章程与法人注册章程类似（1.6）。州法可能会对章程的部分内容作出规定。如果某非营利非法人社团想要成为免税组织，联邦税法也会规定并要求该组织提交与章程有关的各类文件（1.35）。一般情况下，在注册成为非营利非法人团体的过程中，组织不必向州政府提交章程，但依据州慈善募捐法的要求，可能需要提交相关文件（第十三章）或遵循其他程序。章程生效之日起，非营利非法人社团即成立。

1.16 非营利组织的所有权人是谁？

多数情况下，非营利组织没有类似于营利组织的股东或者合伙企业的普通合伙人一样的所有权人。但也有例外的情况，有些州授权非营利组织在成立时发行股票。

非营利组织发行股票仅仅是为了明确所有权。在这种情况下，任何个体（个人、商业实体或其他非营利组织）都可以成为股东。

因此，至少在非政府和非营利的范畴内，学校、学院和大学是没有所有权人的。在某种意义上，政府的高等教育机构（2.16）归各级政府所有。当然，营利性教育机构具有所有权人。

1.17 非营利组织由谁控制？

非营利组织的控制权取决于该组织的性质。一般情况下，非营利组织的控制权属于管理层，通常称为"董事会"或"受托人委员会"。实际控制权可能被其他人掌握，诸如高层管理者或核心雇员。大型会员制组织的控制权不太可能属于全体会员，因为这样的话权力太过分散。像联盟这种小型会员制组织的控制权则可能属于全体会员。对于法人或非法人社团而言，上述情况尤其如此。信托的控制权掌握在受托人手中。

1.18 非营利组织必须有多少位董事？

一般来说，非营利组织董事（或受托人）的必需数量要依据州法而定。特别是对于法人而言，州法一般规定至少要有 3 位董事。但是在少数几个州，非营利法人可以只有 1 位董事；非法人社团可以有多位董事；而信托一般只有 1 位受托人。

对于某些非营利组织来讲，董事会的规模和构成不是由法律规定的，而是由其他因素决定的，例如专业人士的范围、反映社区的需要、多样性以及董事会对某专业或其他领域的关注。当然，免税学院或大学不可能只有少数几个董事或受托人，这类组织一般有 20 人~40 人组成的大型管理委员会。在一些政府的学院和大学里（2.16），学校系统中的校务委员会成员由公众选举产生。

然而，随着联邦法对管理问题的关注（第五章），非营利组织的董事会规模成了联邦法所规定的要素，特别是对公共慈善组织而言。国税局颁布了多份对私人信件的裁定，规定如果某组织仅有 1 位或 2 位董事，并不完全符合公共慈善组织的资格，需要提交一份禁止私人利益原则（6.1）的申请（虽然这有些勉强）。事实上，法院裁定认为，根据联邦税法的规定，只有 1 位董事的法人不具有公共慈善组织的资格（尽管某些州法允许如此）。[4]但是，这些裁定几乎与学院和大学无关，因为学院和大学在实践中通常都有规模庞大的管理委员会，但与之有关联的组织可能需要考虑董事会的规模问题。

1.19 个人可以同时作为董事、高层管理者和发起人吗？

一般来说，个人可以同时作为一个法人的董事（或受托人）、高层管理者和发起人。例如，一所私立的非法人学院的校长可以同时作为该校受托人委员会的成员。这一点需要参照具体州的相关法律。例如，根据某些州的法律规定，个人不能同时作为一个法人的董事和秘书长；这是因为其他州法可能要求一份文件必须由 2 个人执行，即组织的董事和秘书长。

1.20 个人可以同时作为董事、高层管理者、发起人和注册代理人吗？

可以。对于一个法人来讲，个人可以同时作为董事、高层管理者、发起人和注册代理人，除非州法禁止这种多重身份，但这不太可能。如果个人作为注册代理人的话，那么他必须是该组织运营所在州的居民（1.11）；但对董事、高层管理者和发起人并没有这一要求。

1.21 非营利组织运营的法律标准是什么？

非营利组织运营所要遵循的法律标准取决于该组织的类型。如果非营利组织不属于免税组织，那么它所遵循的法律标准与营利组织几乎是一样的。如果非营利组织属于免税组织但并非慈善组织，那么它所遵循的法律标准会更高一些。免税的慈善组织（1.40）所遵循的法律标准要求是最高的。总之，标准说起来简单，但落实起来往往很难。

1.22 免税慈善组织应遵循什么样的法律标准？

免税慈善组织各项运营活动所遵循的法律标准即合理性和谨慎性测试。组织的一切活动都应以合理的方式进行，且达到合理的目的。另外，为慈善组织工作或服务的人员也应谨慎行事。法律要求免税慈善组织（包括教育机构）通过运营性测试（1.36）。

如果某免税的慈善组织的支出或从事的活动被认定为不合理，那么联邦税法赋予该组织的慈善或其他特定形式的免税资格就将被取缔。在州法层面同样如此：州检察长可能会因为任何不合理的行为而对组织进行调查。

1.23 慈善组织遵循的法律标准有何依据？

联邦法和州法中关于慈善组织的法律规定源自英国普通法，主要是与信托和财产相关的部分。这些慈善信托的管理标准是根据几百年前英国的法律制定的，非常完善也非常有效，构成了现行法律的基础。这些标准的核心是信托关系。

1.24 "信托人" 是什么意思？

信托人指对他人财产具有特殊的管理、投资和分配责任的个体。信托人责任的范围被称为"信托责任"。例如，监护人、执行者、受益人等都属于信托人。慈善信托的受托人也属于信托人。如今，慈善组织的董事或高层管理者也属于信托人。

事实上，法律允许任何个人成为信托人。这个术语的范围之广可以用以下的例子说明：根据一些州的法律规定，职业筹款人（13.42）被认为是在其参与的筹款运动中所获得的慈善捐赠的信托人。

1.25 信托责任的法律标准是什么？

一个词，谨慎；信托人被期望以谨慎的方式处理其所涉收入和资产。这一行为标准被称为"谨慎人原则"。这一原则意味着信托人在管理组织事务时应像管理其个人事务一样"谨慎"——采取相同的判断标准。最初这一原则被应用于投资领域，如今则被应用于与被服务的组织相关的所有类型的行为之中，既包括过错行为也包括过失行为。

1.26 "合理" 是什么意思？

"合理"一词的意思比"谨慎"更难定义。法官、州检察官、国税局稽查员等会说这个词的意义因情况而异。换句话说，这个术语描述的是"眼见为实"的事情。

"合理"基本上与"理性"同义。大脑机制使人能通过事实推断，分清真假善恶。"合理"的其他替代词通常还有"合适""适当""恰当""公平"和"适度"。不管使用哪个词，个体都被期望在这种情形下有能力以一种恰当并理性的方式行事。

1.27 慈善组织的信托人是谁？

慈善组织的主要信托人是董事，高层管理者也是信托人。其他信托人包括与高层管理者具有相似责任的雇员，例如正式董事或高层管理者以外的首席执行官或首席财政官。受雇于管理捐赠基金或养老金计划的外部人员也是组织的信托人。这些人都负有信托责任（1.25），包括在具体情况下合理行事的责任（1.26）。

1.28 "依据职位"是什么意思？

拉丁文"ex officio"的基本意思是"依据职位"，在非营利法律中指组织的受托人委员会或董事会成员实际上还有另一个职位，这个职位可能是组织的高层管理者。例如，一所学院或大学的校长可能自动成为该学院受托人委员会的成员。另外，这个职位也可能是另一个组织的职位。例如，一所学院或大学的校长可能自动成为该校筹款基金会（2.68）的董事会成员之一。此即"依据职位"原则。

"依据职位"的董事会成员与他们是否是拥有投票权的成员无关。一些人认为以"依据职位"的身份服务于董事会的人没有投票权；这种假设是错误的。除非管理机构规定"依据职位"的董事会成员没有投票权，不然董事会成员就有权利投票。

1.29 "越权"是什么意思？

拉丁语"ultra vires"的意思是"越权"。因此，越权行为指越过或超出组织授权的范围行事。例如，一个法人（1.6）的行为超出了其注册章程或该州非营利法人法所赋予它的权力，则构成越权行为。

越权行为的过错可能会导致免税组织失去法人的身份，或者免税资格和公共慈善组织（4.1）的资格被取缔。例如，学院或大学将开办博物馆作为自己的主要活动就涉嫌构成越权行为。通过修改法人注册章程并在此基础上获得免税身份可以在法律上避免这种不利后果。但是，在这种情况下，学院或大学将会失去运营教育机构（2.14）以及作为学校这种公共慈善机构（4.13）的身份。

1.30 对发展分支机构有什么规定？

这方面的法律非常少。非营利组织可以自由发展分支机构。对于一个组织而言，主要的法律问题是分支机构是独立的法人实体还是"母"组织的一部分。

因此，关于分支机构的规定很可能受限于主体组织的规定。最好的做法是主体组织制定分支机构的标准，并根据标准对分支机构进行管理。有些"母"组织会与分支机构签订合同，将其作为执行标准。从某种程度上讲，成立并维持分支机构的过程与营利组织特许经营模式相类似。

法律上没有关于分支机构管辖权的规定，除非组织自己有相关规定。一个分支机构可以包括一个州、一个州的一部分或几个州。在这一点上，没有必要要求法律保持一致；分支机构可以根据人口设置。

1.31 分支机构必须是法人吗？

不用，法律并未要求分支机构必须是法人（一般来说，对于任意非营利组织，法律都不会要求其必须是法人）。但是，最好能让分支机构成为法人，这样可以最大限度地避免"母"组织与分支机构董事会承担责任。

法人形式涉及分支机构是否为独立法律实体（1.32）。分支机构可以是独立的法律实体，但不必是法人；比如说，一个分支机构可以是非法人社团［分支机构不太可能是信托的形式（1.14）］。大部分情况下，分支机构都是独立法律实体。这意味着，它们必须拥有自己的身份识别码（不能用"母"组织的身份识别码），并申请自己的免税裁决书（除非它们想要依靠集体免税）。

1.32 高等教育有分支机构的概念吗？

分支机构这个概念与高等教育有一定的关系。很显然，学院或大学本身并没有分支机构。然而，免税的学院和大学不可避免地会涉及具有分支机构的协会、专业团体等组织。

联邦基本税法

1.33 什么是组织性测试？

组织性测试包含两个最重要的方面：一是要求组织作出适当的目的陈述，[5] 二是满足解散条款的规定，即组织解散或者破产后的净收入和资产分配问题。[6] 通常情况下，还需要列举该组织可适用的税法条款，比如公共慈善组织（包括学院和大学）一般规定（4.1）组织不能违反禁止私人分配原则（第六章），不能有明显的影响立法的企图（第八章），不能参加或干涉公职候选人的政治竞选（第九章）。联邦税法还包括支持型组织（4.18）和私人基金会（4.2）的附加组织性测试。

1.34 什么是运营性测试？

运营性测试一般要求享有免税资格的慈善组织（1.35）主要参与的活动应实现/符合一个或多个免税目的。[7]例如，不允许免税慈善组织以私人名义（第六章）为了个人利益对净收入进行分配[8]或作为倡导或行动组织[9]（第八、九章）。

1.35 "主要"是什么意思？

"主要"并不是"专有"的意思。因此，免税慈善组织可以参与非实质性的非免税活动。但如果非免税活动超过了非实质性的界限，该组织就不能作为慈善、教育或其他实体享有免税资格。[10]联邦最高法院规定："不管有几个真正的免税目的，也不管其重要性如何，如果存在一个实质性的非免税目的，免税资格将被取消。"[11]联邦上诉法院规定，如果非免税活动"只是偶然的且不是实质性的"，则不会影响免税资格，"稍微偏离或没有严重偏离税法允许的活动不会产生严重后果"。[12]用国税局的话来说，适用于慈善组织的条款一般"被解释为要求组织的所有资源（非实质性部分除外）都用于达成所规定的一个或多个免税目的"。[13]因此，如果一个组织在运营中有一个实质性的非免税目的，那么即使该组织有一个或多个真正的免税目的，它也不能作为慈善机构或其他实体享有免税资格。

在法律的其他方面，正是因为使用了"主要"而不是"专有"这一术语，才使得免税的学院、大学及其他组织能够参与不相关营业活动（第十四、十五章）并保留免税资格。

1.36 什么是"相应性测试"？

相应性测试与运营性测试（1.34）有一定的关系，国税局用它来评估一个慈善组织参与的项目活动是否与其经济资源相符。国税局在1991年发布的一个无编号专业建议备忘录中规定，本测试"考虑到慈善组织的条件和经济资源，要求组织有一个真正的、实质性的慈善项目"。因此，国税局补充规定，如果一个组织"以慈善为目的筹集资金，但事实上一直将所有收入用于管理和推广，只有很少或没有直接的慈善成果，就没有理由称其慈善项目与经济资源和能力相符"。

这项测试的案件记录很少。在首个此类案例中，被测试的组织主要经济支持来源于租金收入，但由于它参与了足够多的慈善活动而满足了测试要求，于是成功地维持了免税资格。[14]该组织即是上述的专业建议备忘录中的主体，国税局认为它违背了相应性测试，因为测试结果发现在年度检查中，该慈善组织包括消费在内的支出仅占该组织慈善目的收入的1%，剩余部分用于筹款和管理。

相应性测试与主要目的测试（1.35）尴尬地并存着。例如，一个组织98%的财政支持是来自消极的不相关营业收入（14.29），但它仍可以保留免税身份，因为该组织慈善项目的活动占比为41%。[15]另一个组织2/3的活动是不相关营业性活动，它也维持着免税的慈善实体身份，因为不相关营业的净收益被用于促进慈善活动。[16]然而，也有公共慈善组织的免税资格因这项测试而被撤销，根据2年内的调查显示，该组织的宾果游戏收入分别占到总收入的73%和92%，但仅有少量的资金用于慈善支出。[17]

尽管国税局很少使用相应性测试（法院则从未使用过），但最近国税局将其转化为慈善支出计划，使之成为免税组织领域最优先的测试。2009年，国税局宣布这一动议，并将其描述为一项"为了更多地了解慈善部门资源和基金使用情况及其对慈善目的达成的影响而做的长期研究"。[18]2010年年底，国税局称其正在调查以下免税慈善组织：筹款支出较高的组织、有不相关营业活动但项目服务支出相对较低的组织、与项目服务支出相比工薪补偿过高的组织，以及与总收入相比项目服务支出较低的组织。[19]

1.37 什么是商业性原则？

商业性原则被法院嫁接到了慈善组织的免税法律法规中，假如一个组织所参与的活动本质上是以商业的方式运行的，则该活动是非免税活动。如果一项活动在营利组织领域里有着直接对应或者完全相同的方式，则该活动被认为是商业性的。

因此，免税医院、信用合作社和提供餐饮服务、会议设施的组织也出现了商业性问题，因为存在与其功能类似的营利组织。随着营利性学院和大学的出现，这个问题在高等教育中开始显现。与之相对应的商业领域包括出版业、咨询业和退休设施等。举个例子，一个非营利的收养机构被认定为其运营"与商业性收养机构没有区别"，所以不能作为慈善实体享有免税待遇，原因是它具有实质性利润、积累资本均由收费提供资金、没有募集捐款计划，并且员工有薪酬。[20]

联邦上诉法院规定，判定"商业性"的因素包括：（1）组织向公众出售商品和/或服务（仅此一项因素即可"推定"该运营为"商业性"），（2）组织与营利性对手存在"直接竞争"，（3）组织规定的价格建立在类似营利性行业的定价公式基础之上，（4）组织利用促销资料和"商业口号"进行促销，（5）组织为其服务和/或产品打广告，（6）组织的运营时间与营利性企业基本相同，（7）组织运营指南要求该组织的管理需要"商业能力"并进行培训，（8）组织不使用志愿者而是支付酬劳，（9）组织不参与慈善筹款。[21]这些标准被其他法院所应用，比如一个以运营会议中心为目的的机构未获得免税资格，[22]国税局也以此拒绝了一个非营利餐厅的免税资格申请。[23]

商业性原则除了对免税议题有影响之外，也是判断不相关贸易或商业活动的重要因素（第十四、十五章）。

1.38 慈善组织有哪些类型？

联邦税收条例[24]规定了九种慈善实体分类[25]，如下：

1. 为穷人提供救济。

2. 为受难者提供救济。

3. 为弱势群体提供救济。

4. 发展宗教。

5. 发展教育（3.6）。

6. 发展科学。

7. 建立或维护公共建筑、纪念性建筑或作品。

8. 减轻政府负担。

9. 推动社会福利。

另外，联邦税收法规定以下慈善实体可获得免税资格：

1. 合作型医院服务组织。[26]

2. 合作型教育服务组织。[27]

3. 慈善风险资金池。[28]

法院和国税局还认可了其他十类慈善组织，如下：

1. 促进健康。

2. 促进艺术。

3. 促进青年体育。

4. 保护环境。

5. 发扬爱国主义。

6. 参与当地经济发展。

7. 照顾孤儿。

8. 促进文化交流。

9. 提升公平管理。

10. 为了公众利益参与法律实践。

1.39 免税组织还有哪些类型？

下列七类组织依据慈善实体的免税规定而享有免税资格：

1. 教育组织。

2. 宗教组织。

3. 科学组织。

4. 文学组织。

5. 促进国家或国际体育竞赛组织。

6. 反对虐待儿童或动物组织。

7. 维护公共安全组织。

联邦税法还规定了许多其他类型的非营利性免税组织，包括以下八类：

1. 社会福利组织。[29]

2. 商业联盟（协会）。[30]

3. 工会和类似组织。[31]

4. 社交俱乐部。[32]

5. 政治组织。[33]

6. 控股公司（单一控股或多元控股）。[34]

7. 兄弟组织。[35]

8. 信用社。[36]

9. 退伍军人组织。[37]

10. 预付学费计划。[38]

1.40 什么是政府机构？

如果一个实体（1）符合法律定义的国家或地方政府机构，即这些机构发行的债券收益总收入享有减免税，[39]（2）有权作为政府机构接受免税的慈善捐赠，[40]（3）属于印第安部落政府或此类政府的分支机构，则该实体为政府机构。[41] 其中第二类包括各州、附属地及其政府分支机构、联邦和哥伦比亚特区。学院或大学也是政府机构的一种形式（2.16）。

1.41 非营利组织可以附属于政府机构吗？

可以。联邦税法认可政府附属机构的概念。这类实体只要满足两项要求（1.44）中的一项，就属于免税组织。[42]

1.42 如何建立这种附属型组织？

如前所述（1.41），一个实体作为政府附属机构，存在两种情况。一种情况是该组织具有国税局颁发的裁定书（1.45）或决定书（1.46），而且（1）根据政府分支机构和类似机构的法规，构成免税基础的活动收入从总收入中扣除，[43]（2）有权接受免税的慈善捐赠并以之为基础用于政府机构，或（3）根据就业税的规定，完全属于一个州或一个州的政府分支机构所有。

另一种情况适用于没有获得国税局裁定或决定书的实体，但是（1）根据当地的法规或条例，该组织要么由政府机构或其附属的组织运营、监管或控制，要么管理层人员由公众选举产生；（2）该组织具有两个或者两个以上的确定性附属因素；而且（3）提交的年度信息报税表（第十七章）对国内税收法律监管的有效性没有必要影响。

组织可以（但不是必须要求的）向国税局要求开具作为政府附属机构的决定书（3.19）或裁定书（3.20）。

1.43 联邦税法对政府附属型非营利组织有什么影响？

联邦税法对政府附属型非营利组织影响非常显著，这要取决于免税的基础。比如，如果一个组织"免税"的原因仅仅是满足总收入免税扣除原则[44]，——大多数公立学院和大学都是这种情况（2.16）——联邦税法中大多数适用于一般免税组织的法律则都不适用。也就是说，适用于公共慈善组织的大部分法律并不适用，包括禁止私人分配原则（第六章）、私人利益原则（第六章）、中间制裁原则（第六章）、可允许的游说限制（第八章）、禁止政治竞选活动（第九章），以及要求向国税局提交年度信息报表（第十七章）（支持型组织除外）。

有些组织和机构基于总收入免税扣除原则而享有免税资格，也是因为它们是慈善、教育及类似的原因而持有国税局出具的免税裁决书。[45] 正如公立大学和学院，这种双重身份可能会导致特殊的问题。

1.44 政府管理的学院或大学何时获得法定的税收减免资格？

一般来讲，一所完全隶属于州或市政府等独立法律实体所有的机构具有与其明确对应的慈善或类似的组织，那么它就能作为慈善、教育和类似实体获得免税资格。国税局根据组织的目的和能力范围制定了这项测试；如果一个实体的目的和能力超出了慈善组织被允许的范围，那么该实体就不能获得法定的免税资格。因此，政府自身或一部分都不能作为慈善组织享有免税资格，因为其目的并不符合慈善组织的核心目的。

然而，满足对应性要求的合格机构，比如学院或大学，可以被认定为符合联邦免税资格的慈善组织。但如果某一机构的能力超出了联邦税法对慈善组织的描述，例如执行权或监管权，那么该机构就不能构成明确的对应性组织。

国税局的两项裁定阐释了这一区别。其中一条裁定否定了一个公共住房局的免税资格，尽管它的目的是为市政低收入家庭提供安全干净的住房。根据规定，该公共住房局被赋予了执行调查、管理宣誓、公布传票以及向适当机构发布调查结果和建议等有限权力；这些权力依法属于执法权或监管权。[46]相比之下，一家依法建立的公共图书馆可作为对应性的慈善组织享有免税。该组织有权在特定的最大税率与最小税率之间决定支持其运营的必要税率；因为这类组织在本质上并没有法定或强制的征税权。[47]

1.45 就联邦税法而言，州立学院或大学可以作为政府分支机构吗？

就联邦税法而言，州立学院或大学不能被视为政府的分支机构，因为这些机构并不拥有执行部分州统治权的权力。

就免税债券而言，政府分支机构指"被授权执行部分管辖权的任何州的任何个人或者当地政府组织如市政公司"。[48]管辖权包括了纳税权、征用权和治安权。[49]

州立学院和大学并没有这样的权力。有人认为由于州立高等教育机构通过立法拨款基金而从州征税权中获益，就意味着授予该机构征税的权力，这一论点已被法院驳回。[50]州立学院和大学也没有征用权；征用财产的权力一直由州政府行使。校园治安警力不足以证明州立学院或大学拥有治安权。事实上，校园警察被授权执行州法，但并不是州立学院或大学的授权，而且必须向州司法人员指控他们，而不是学校当局。所以，即使我们假设州立学院或大学提供高等教育的职能是政府公共职能的表现，这类机构也不是政府的分支机构。国税局对此作出了规定。[51]

1. 46 国税局在免税组织监管层面的构成如何？

国税局隶属于财政部，具有对联邦收入和其他税种进行计税和征收两项职能。国税局被授予了执行调查、传唤以及执行国内税收法律的一般性权力。作为财政部的下属机构，国税局主要执行计税和征收的职能。根据其官网，国税局的使命是"为美国纳税人提供最高质量的服务，帮助他们理解并履行纳税责任，并保证对所有人公平、公正地适用税法"。

国税局的总部设在华盛顿，在国家机关运营。国税局监督委员会负责监督机构的管理、运营、方向以及国内税收法律执行和适用的监管。国税局的最高负责人是国内税收专员。

国税局由四个运营部门构成；这一结构体现在国税局各个区域办公室的设置上。其中一个部门是免税组织和政府机构处，设处长。在该处内部，免税组织部负责制定相关政策并执行免税组织法律，该部门由部长负责全国范围内免税组织领域（当然包括学院和大学）的计划、管理和执行。免税组织部的部长也监管并负责顾客教育和拓展部门办公室的项目、审核、决议和协定。

免税资格的认定申请（第三章）一般由俄亥俄州辛辛那提市的国税局服务中心负责。年度信息反馈表（第十七章）则归档在犹他州奥登格市的国税局中心。免税组织调查局总部设在德克萨斯州达拉斯市。免税组织和政府机构处发布年度工作报告，对该处为实施国税局在免税组织领域的主要策略而使用资源的情况作出总结。

1. 47 国税局会公布其实施免税组织法的工作和优先事项吗？

会。国税局提供了多种公布信息的渠道。每年国税局免税组织部（1. 50）都会发布年度报告，报告包括工作计划，总结上一财年的工作并规划下一财年的工作和管理优先顺序。[52]免税组织部有一个网站，[53]每月都会发送通讯简报。[54]国税局出版了很多与免税组织法律相关的通俗出版物，其工作人员也参加各种免税组织法律研讨会和会议。

1.48 代表一个或多个非营利组织的律师是什么角色？

总体来说，非营利组织的律师（有时也称非营利律师）的角色与其他委托类型的律师没有什么不同。其任务是在不违反法律和职业道德的前提下，懂法（避免玩忽职守）并尽最大能力代表委托人处理法律问题和提供热情的法律服务。

目前，律师一般都是专业人员，非营利律师也不例外。非营利法既特殊又复杂；非营利律师也承担着一定风险。一名精通劳动法或安全法的律师可能对非营利法一无所知。反之亦然，一名非营利律师可能对海商法或家庭关系法一无所知。

上文列举的第一个任务是"懂法"。但这实际上是不可能的：律师不可能了解所有法律。非营利律师与其他律师一样，需要知道自己熟悉和不熟悉的法律都有哪些。非营利律师有时会作为专业人员协助其他律师，有时也会作为专家参与其他领域的问题，例如环境法或破产法。

有些非营利组织涉及大量联邦和/或州法律法规的领域，尤其是贸易、商业和专业性组织，这些组织的代表律师可能非常了解特定领域的法律法规，但对非营利组织相关的法律知之甚少。

1.49 非营利学院或大学的代表律师是什么角色？

代表非营利学院或大学的律师事实上属于专业人员。他/她不仅要了解非营利法，也要了解高等教育法，既有州法也有联邦法。因此，这样一位非营利律师应该对美国教育部或者各州同等职能部门（如果有的话）所颁布的法律非常熟悉，例如免税法（第三章）和公共慈善法（第四章）、州募捐法（第十三章）以及与慈善捐赠相关的联邦法律（第十二章）、不相关营业法（第十四、十五章）以及年度申报文件（第十七章）。其他领域与之相关的法律还可能包括员工福利、劳动法、知识产权以及科学研究。

参考文献

1. Internal Revenue Code section (IRC §) 183.

2. Income Tax Regulations (Reg.) § 1.501 (c)(3) -1 (b)(2).

3. Reg. § 1.501 (c)(3) -1 (b)(1).

4. Ohio Disability Association v. Commissioner, 98 T. C. M. 462 (2009).

5. Reg. § 1.501（c）(3) －1（b）(1).

6. Id.

7. Reg. § 1.501（c）(3) －1（c）(1).

8. Reg. § 1.501（c）(3) －1（c）(2).

9. Reg. § 1.501（c）(3) －1（c）(3).

10. Reg. § 1.501（c）(3) －1（c）(1).

11. Better Business Bureau of Washington, D. C. v. United States, 326 U. S. 279, 283（1945）.

12. St. Louis Union Trust Co. v. United States, 374 F. 2d 427, 431 － 432（8th Cir. 1967）.

13. IRS Revenue Ruling（Rev. Rul.）77－366, 1977－2 C. B. 192.

14. Rev. Rul. 64－182, 1964－1（Part 1）C. B. 186.

15. IRS Technical Advice Memorandum（Tech. Adv. Mem.）9711003.

16. Tech. Adv. Mem. 200021056.

17. IRS Private Letter Ruling（Priv. Ltr. Rul.）, 200825046.

18. IRS Exempt Organizations Fiscal Year 2009 Annual Report.

19. IRS Exempt Organizations Fiscal Year 2010 Annual Report, including the fi scal year2011 work plan.

20. Easter House v. United States, 846 F. 2d 78（Fed. Cir. 1988）, cert. den., 488 U. S. 907（1988）.

21. Living Faith, Inc. v. Commissioner, 950 F. 2d 365（7th Cir. 1991）.

22. Airlie Foundation v. Internal Revenue Service, 283 F. Supp. 2d 58（D. D. C. 2003）.

23. Priv. Ltr. Rul. 201046016.

24. Reg. § 1.501（c）(3) －1（d）(2).

25. That is, those that are charitable within the meaning of IRC § 501（c）(3).

26. IRC § 501（e）.

27. IRC § 501（f）.

28. IRC § 501（n）(1)(A).

29. These are organizations described in IRC § 501（c）(4).

30. These are organizations described in IRC § 501（c）(6).

31. These are organizations described in IRC § 501（c）(5).

32. These are organizations described in IRC § 501（c）(7).

33. These are organizations described in IRC § 527.

34. These are organizations described in IRC § 501（c）(2) and（25）, respectively.

35. These are organizations described in IRC § 501（c）(8) or（10）.

36. These are organizations described in IRC § 501（c）(14).

37. These are organizations described in IRC § 501（c）(19).

38. These are plans described in IRC § 529.

39. IRC § 103.

40. IRC § 170 (c)(1).

41. IRC § § 7701 (a)(40), 7871.

42. IRS Revenue Procedure (Rev. Proc.) 95-48, 1995-2 C. B. 418.

43. IRC § 115.

44. Id.

45. IRC § 501 (c)(3).

46. Rev. Rul. 74-14, 1974-1 C. B. 125.

47. Rev. Rul. 74-15, 1974-1 C. B. 126.

48. Reg. § 1.103-1 (b).

49. E. g. , Commissioner v. Shamberg's Estate, 144 F. 2d 998 (2nd Cir. 1944), cert. den. , 323 U. S. 792 (1945).

50. E. g. , Philadelphia National Bank v. United States, 666 F. 2d 834 (3rd Cir. 1981).

51. Rev. Rul. 77-165, 1977-1 C. B. 21.

52. See notes 18 - 19.

53. Rev. Rul. 77-165, 1977-1 C. B. 21.

54. See, e. g. , note 19.

2

非营利教育机构

法律上尤其是联邦税法所规定的非营利免税组织有很多种类。其中最重要的一类通常被认为是免税部门的子部门，该部门即是由教育机构所构成的教育机构。正如接下来要讨论的，教育组织的含义比学院和大学的含义要广得多，但在整个教育领域，学院和大学无论是在规模上还是在对政府和政策的影响力上都占据主导地位。国税局最近称："学院和大学的收益和资产是非营利产业中份额最大的部分之一。"

事实上，国税局对学院和大学非常关注。这主要体现在国税局对学院和大学进行合规性审查。这项审查开始于 2008 年，国税局向作为代表性样本的 400 家公立和私立学院和大学送出了大量合规性问卷，并于 2010 年中期发布了《合规性项目调查中期报告》，反馈了这些问卷调查的结果。

整本书都会涉及这份问卷调查和报告，因为合规性审查提到了不相关营业活动、捐赠基金、管理层薪资和治理等实质性话题。本章结合国税局关于调查对象的组织结构和人口统计等调查结果，探讨关于教育领域的一些基本法律问题。

教育法律基础

2.1 "教育" 在法律中的定义是什么?

奇怪的是，联邦法律尤其是联邦税法并没有对 "教育" 这个术语下定义。

最著名的美国国内税收法（IRC）501（c）（3）为专门实现教育目的组织和运营的实体提供了免税基础。但是，该法也并未提及"教育"或"教育性"这个词的含义。法院对于"教育"这个词也是一带而过，只提到它的"内在的一般本质"。税法条例将教育等同于为使个人获得发展或者提高他们能力而进行的培训和指导（2.2~2.7）。

这个领域变化很多的部分原因是《美国宪法第一修正案》规定的言论自由原则，即政府不应对言论内容作出规定。另外，几乎所有的主题都可以以教育的名义进行深入讨论和信息传播。因此，下面将会讨论到，必须客观地定义并阐释这些法律关注的口语或书面概念。换句话说，倡导性行为不一定是我们通常所认为的教育活动。

税收条例（帮助定义"教育性"的内涵，而不是"教育"）中有两句话说明了这一点：

一个组织只要能够对相关事实作出充分、完整、公平的阐述，允许个人或大众形成独立的观点或结论，那么即使它提倡某种立场或观点，也具有教育性。另一方面，如果一个组织的主要职能只是呈现不被支持的观点，那么它就不具有教育性。

而"教育"是一个过程。这个过程为保证作为教育的各种考量，必须对相关事实作出充分、完整、公平的阐述。除了自我学习，这个过程还有赖于教育机构的帮助。[1]

2.2 "教育性"在法律中的定义是什么？

根据联邦税法在免税组织方面的规定，"教育性"指正式的学校教育（2.13，2.14）之外，为了发展或提高个人能力而对个人的指导或培训，或就对个人有用或对社区有利的学科对大众进行指导。[2]

许多年来，税法条例对"教育性"这个术语的定义被因循下来。然而，在1980年，完整、公平阐述测试（2.1）却被判定含混不清以至于构成违宪。[3]〔该案涉及一个出版关注女性议题月报的组织；其材料和陈述清晰地展现出了"女权主义"视角（2.5）〕。

3年后，法院判定另一个案件"即使从观点合理发展的最低要求上讲"，该组织待争议的材料在本质上也缺少教育性。[4]在这个案例中，一个实体组织出版了提倡种族歧视和暴力的材料。法院写道："事实是，没有合理的结论证明（这些材料）不符合国会认定的'教育性'定义。"法院还指出，"为了使自己被认为具有'教育性'而享受税收减免待遇，需要在某种程度上对所提倡的观念进行理智地发展或构建。"

法院继续写道："正确性已经得到很好论证的命题无疑是教育性的。然而，由于所主张的观点的真实性越来越难以论证，我们认为'指导'或'教育'需要的不仅是声明或重复。"后来，法院发现，"为了给'教育性'这个术语确定一个适合所有参与者的定义，国税局或任何其他立法机构、法院或其他管理者面临的问题显而易见。"

与其相似的一个概念是发展教育，也是"慈善"（1.38，3.6）这个词的定义之一。发展教育包括为奖学金和研究奖金（第十一章）筹集资金，为学生提供其他形式的帮助，建立和维护图书馆、博物馆等机构，通过研究增进知识以及通过出版物、研讨会、讲座等形式传播知识。

2.3 与"教育性"相反的概念是什么？

教育性这个概念的内在含义是：如果一个组织没有采用合理客观或均衡的方式积极宣传某种观点或学说，那么它就不具有教育性。制定这一要求是为了将传播的技巧从教育性活动的范畴中排除出去。因此，有人说"教育性"这个术语不包括"带有私人或别有用心的目的以及会对事实添油加醋或扭曲的公共演讲"。[5]组织可以避免这种控告，即其主要职能只是通过在准备和传播的材料中对相关事实作出充分、完整、公平的阐述或传播具有此类内容的材料，而对不被支持的观点进行展示。

2.4 请就这些区别提供一些例证

国税局认为，一个为了促进人们对同性恋理解和宽容而对大众进行同性恋教育的组织满足作为教育性实体的资格。[6]它还指出，该组织传播的信息是"真实"且"独立编纂的"，并且其所传播的材料"包含关于事实的完整内容，据此可以支持所含结论"。国税局发现，该组织"并未提倡或试图说服个人，告诉他们是否应该变为同性恋"。

因此，国税局认为此案中的组织为了服务大众利益，努力教育大众，承担了广播媒体的责任。这个组织准备定期对广播媒体的表现进行评估并将评估结果公布给大众和政府机构。国税局规定，这些评估是"客观的"（不考虑在某项评估中具有个人、行业或商业利益的组织成员），所以该实体满足作为免税教育机构的资格。[7]

2.5 请详细阐述这一背景下的宪法原则

最恰当的一个例子是这样的，一个组织的首要活动是出版女性主义的月报（2.2）。联邦地方法院认为这个组织不符合免税教育机构的资格，因为它没有达到完整、公平阐述标准（2.1）。报纸包含推动女性运动事业的内容；该组织拒绝出版它认为对这项事业有害的内容。法院认为该组织属于"倡导组织"，它避开了提供均衡事实的政策。法院写道："并不是说具有教育性的出版物不能提倡某种观点，或者出版物必须发表对其理念有害的观点，而是说如果要这样做，它必须充分冷静，向读者提供真实的基础，让他们从中得出独立的结论。"法院驳回了该标准违背第一修正案的认定。

在上诉中，受理上诉的法院推翻了税法条例对教育性机构的规定，总结道，完整、公平阐述要求太模糊不清，违反了第一修正案。[8]上诉法院承认，慈善性、教育性和宗教性等免税组织领域的一些术语很容易"让他们自己得出与宪法限制不一致的主观定义"。但法院还写道，完整、公平阐述测试缺少"必要的清晰说明，没有解释哪个申请的组织应达到这个标准，也没有提出实质性的要求"。

税法条例认为，只有"提倡某种立场或观点"的组织才必须满足完整、公平阐述测试。国税局的规定将这种类型的组织归为"有争议的"组织。法院称，这一特点太模糊了，不能通过第一修正案，因为国税局缺少"判断哪个申请组织是倡导组织的客观标准"，而判决只能建立在谁是"有争议的"组织这种主观评价的基础上。

上诉法院也注意到"试图在事实和未被支持的观点之间作出区分是无用的"，因为它注意到地方法院认为组织太过"教条主义"，实际上并未使用这项测试。但是这种方法受到了严厉的批评，高级法院认为，地方法院"可以制定一种非中立的衡量标准来判断材料在何种程度上是教条主义的，而地方法院对这种评估性概念的依赖向我们证实了客观、有原则地区分事实和观点是不可能的"。

2.6 现在这方面法律的应用情况如何？

取消完整、公平阐述测试之后（严格来说，只有哥伦比亚特区的法律是这样的），国税局制定了方法论测试。根据该测试，稽查机关会对组织呈现的内容进行评估，确定组织是教育性的还是倡导性的。这项测试最初是在诉讼的背景下公布的，根据该测试，联邦政府（出于言论自由的考虑）应努力避免成为"'真相'的仲裁者"，而应"在得出该组织是否属于倡导性的结论之前，测试其在倡导过程中所使用的方法"。[9]

尽管联邦地方法院认为方法论测试含混不清且与宪法不符，但上诉法院在处理时并没有论及该测试的合宪性问题。在第一个案例中，法院得出了争议材料在本质上不是教育性的这个结论。然而，上诉法院含蓄地支持方法论测试，因为它注意到"从法律法规术语的广度出发，国税局使用方法论测试的发展方向是，对倡导材料中所倡导观点的理性发展有着更具体的要求"，"四个标准（2.7）倾向于保证教育性免税限于对阅读者或倾听者的学习过程有实质性帮助的材料"，而且该测试"减少了"当前适用的完整、公平阐述标准中的"模糊性"。事实上，上诉法院表示，无可反驳，政府"的确认为方法论测试尽可能在语言上区分了教育和非教育性的表述。"

2.7 什么是"方法论测试"？

顾名思义，国税局在确定法院定义的"非教育性表述"（2.6）的含义时，"没有对组织观点或立场作出判断"〔因为这可能违反自由言论原则（2.1）〕，而是对传播信息的方法作出了判断。[10]因此，国税局称，根据方法论测试，"如果组织所使用的方法不能为所倡导的观点或立场提供真实的基础，或者如果该方法不能在倾听者或学习者的学习过程中提供实质性帮助，那么这个组织就不能被视为是教育性的"。

根据该测试，如果在组织呈现出以下任何因素，都表示该组织用于倡导自己观点或立场的方法不具教育性：

- "没有事实支持的观点或立场在组织的信息中占据很大一部分。"
- "意图用于支持观点或立场的事实被扭曲。"
- 组织"所呈现的内容在实质上使用了煽动性或诽谤性的术语，结论建立在很强的情感倾向基础之上而非客观评估"。
- 组织在呈现内容时所使用方法的"目的不是让目标观众或读者理解该部分，因为它没有将他们的背景或所接受的训练作为该话题的考虑因素"。

但该测试称，这个标准要"视情况二论"；可能有"例外的情况"，即使存在一个或多个上述提到的因素，组织的倡导方法也可能是教育性的。国税局注意到，组织在应用这些规则的时候，"试图消除或将政府官员在判断某观念或立场是否具有教育性时的偏见或观念最小化"。

该标准称，国税局的政策"保证了官员在判断组织观念是否具有教育性时持公正中立的立场"。

2.8 法院是如何应用方法论测试的？

自从国税局正式颁布方法论测试以来，只有一个法庭案例记录。某法院应用了这项测试，判决结果为：某组织的出版物和其他活动违反了测试中的三项标准，因此不具有教育性。[11]该组织违反的三项标准，包括发现该组织很大一部分的活动包含"不被事实支持的观点"。关于实质性问题，判决写到，不管一个活动是不是实质性的，它都是"事实和情况的调查，并不总是取决于时间和开支百分比"；根据记录显示，待审议的活动属于两项活动之一，法院发现非教育性活动是实质性的。

法院认为，该测试"并非不符宪法且模糊不清或在表面上太过宽泛，在应用时也没有不符合宪法"。法院补充道，这项测试的规定"对于防止第一修正案保护下的表达被固定以及将国税局任意或差别使用该测试的机会最小化方面是完全可以理解的，也是具体的、客观的"，因为它"关注的是方法，而不是呈现的内容"。

2.9 近年来国税局使用这项方法论测试了吗？

不多。国税局最近使用这项测试是为了确定一个组织是否因为临界点问题参与教育性活动（与区分教育性和倡导性实体完全不同）。比如说，国税局的律师在发布信用咨询组织何时作为教育性实体获得免税资格的指南时在很大程度上都依赖方法论测试。[12]同样，国税局规定一个举办研讨会并提供咨询服务的组织没有免税教育机构的资格，其中一个原因是"它的教育规划缺少恰当的结构"。[13]

2.10 教育机构在法律中的定义是什么？

根据联邦税法的规定，教育机构指主要（1.35）以教育性（2.2）为目的而组织和运营的实体。这类实体可以是学院（2.11）、大学（2.12）或其他机构。其他教育组织包括学校（2.13，2.14）、博物馆和图书馆。还有一些教育实体可能不作为正式机构运营，但提供各种形式的培训和/或指导。

如果教育机构作为非营利实体（1.1）成立，可能会免去联邦和州收入所得税（3.1）。这类实体也可以是公共慈善组织，最有可能是它符合教育机构的资质（2.21）或者是公共支持的慈善组织（4.11~4.17）。

学校法律基础

2.11 "学院" 在法律中的定义是什么？

"学院"指授予文学或理学学士学位（2.31）的高等教育院校，虽然学院这个术语经常被用来指在特定领域提供课程并授予学位的大学（2.12）本科学部或学院。

根据联邦税法，非营利学院属于免税的教育机构（2.21），也是一种公共慈善组织（4.4）。要想成为公共慈善组织，学院就必须满足联邦税法对学校（2.14）的同属定义。学院（营利实体除外）或者是私立实体（2.15），或者是公立实体（2.16）。其中"私立"和"公立"与其他语境下的"私立"和"公立"有所不同。例如，某一所私立学院属于公共慈善组织。

2.12 "大学" 在法律中的定义是什么？

"大学"指具有教学和研究设施的高等教育机构，包括一个或多个授予学士学位（2.31）的本科学院和授予硕士学位和/或博士学位（2.32，2.33）的研究生学院。

根据联邦税法，非营利大学属于免税的教育机构（2.21），也是一种公共慈善组织（4.4）。要想成为公共慈善组织，大学必须满足联邦税法对学校（2.13）的同属定义。

大学（营利实体除外）或者是私立实体（见2.15），或者是公立实体（2.16）。其中"私立"和"公立"与其他语境下的"私立"和"公立"不同。例如，某一所私立大学属于公共慈善组织。

2.13 "学校" 在法律中的定义是什么？

学校指进行教育活动（2.1）的组织，尤其指儿童接受指导的地方。也就是说，这个词一般等同于小学（或低等教育）和中学（中等教育），因为它包含的是除学院（2.11）和大学（2.12）以外其他教育机构提供的教育形式。学校还用来指在某一领域或专业提供课程指导的学院或大学学部，例如护理学院、工程学院、法学院和建筑学院。

非营利学校几乎都是免税组织和公共慈善组织（4.4）。学校（营利实体除外）或者是私立实体（2.15），或者是公立实体（2.16）。其中"私立"和"公立"与其他语境下的"私立"和"公立"不同。例如，某一所私立学校属于公共慈善组织。

2.14 联邦税法对于学校资格有何要求？

联邦税法使用了学校（或教育机构）的一般定义，该定义在许多场合下使用，也包括公共慈善组织（4.4）。该定义要求，学校一般应具有常规教学人员（2.15）和课程设置（2.16），固定的入学群体在教育活动有规律进行的地方定期参与教育活动（2.27）。[14]

如果组织的主要职能是进行正式的指导、开设相关课程，课程有规律且连续进行（构成常规课程），拥有常规教学人员、固定的入学群体在教育活动有规律进行的地方定期参与教育活动，那么它就具有免税学校（或教育机构）的资格。[15]

如果一个组织既参加教育性活动，也参加非教育性活动，那么它可能不能获得作为教育机构的免税地位，除非与教育性活动相比，非教育性活动只是偶然发生。因此，如果某组织主要职能不是正式指导而是维持博物馆运营，国税局将撤销其免税资格。[16]

即使一个组织具有学校（正式的教育机构）的资格，但如果它使用了种族歧视的招生政策（4.5）或者私人利益分配超出了非实质性的程度，那么将取消其作为免税实体的资格（第六章）。

2.15 什么是私立学校？

私立学校首先是具有学校（2.13，2.14）资格的实体，由一人或多人以适当的实体形式组织，最有可能的形式是法人（其他还有有限责任公司和信托）。大多数私立学校都是非营利组织，有一些是营利组织。

私立学校在建立时都会成立管理委员会，并在以后不断更新。这些委员会一般能靠自身永久存在。学校的管理层监督教学人员的选拔（2.25）、课程的制定（2.26）以及课程的实施。它们一般拥有决定学生群体以及制定学费的自由，但通常学校都在社区内运营和服务。这些学校运营不考虑学区（2.22）或学校系统（2.23）等政府规划。

从这个意义上讲，学院或大学也可以是私立机构。国税局在《合规性项目调查中期报告》中认证了 2402 所高等教育机构，其中 1752 所是私立机构。

大多数非营利私立学校都属于免税教育机构（2.10）和公共慈善组织，因为它们具有教育机构（2.21，4.4）的资格。同样，它们必须符合联邦税法的各种要求（2.63）。根据中间制裁原则（6.31），免税私立学校属于免税组织的法律适用对象。这些学校也要符合州法和联邦法的各种要求。

2.16 什么是公立学校？

公立学校首先是具有学校（2.13，2.14）资格的实体，由州、县或市等政府部门组织并运营。公立学校要遵守政府部门的法律法规。这类学校可能是政府的一部分，或者是依州法设立的法人。

公立学校拥有管理委员会，委员会根据法律关于构成的规定而成立，可能包括选举。相关政府一般会制定学校课程（2.26）、确定学费并制定选择教学人员（2.25）的政策和课程政策。包含低年级的公立学校一般根据学区规划（2.22）进行管理。虽然公立学校一般归确定的行政区管辖，但也面向大众招生。

从这个意义上讲，学院或大学也可以是公立机构。国税局在《合规性项目调查中期报告》中认证了 2402 所高等教育机构，其中 650 所是公立机构。另外，联邦税法混合使用这些概念，所以公立学校可以是具有某种特定目的（4.4）的公共慈善组织，但该定义与"公共"这个词的意思有区别。

多数公立学校都是免税的，但前提是他们隶属于政府或者是政府的分支机构。因此，联邦政府不对总收入征收所得税（3.30）。同样，也不要求公立学校遵守种族歧视禁令（4.5）、禁止私人分配原则（第六章）、禁止私人收益原则（同上）、禁止参加实质性立法活动（第八章）、禁止参加政治竞选活动（第九章）以及向国税局提交年度报告（第十七章）等联邦税法的各种规定。根据中间制裁原则（6.32），公立学校不属于免税组织的法律适用对象。尽管如此，它们仍要遵守各类州法和联邦法的规定，后者包括不相关营业规则（第十四、十五章）。

公立学校可能也拥有国税局颁发的通过联邦税法认可的免税裁定书（3.19）或决定书（3.20），私立学校亦是如此（2.14）。

2.17 什么是初级小学？

"初级小学"指儿童首次接受正式教育的学校（2.13），一般包括小学

（2.18）的前三个年级，可能也包括幼儿园。

2.18 什么是小学?

"小学"指 6~12 岁的儿童接受初级课程教育（主要为阅读、写作、拼写和数学）的学校。一般包括一至六年级或一至八年级。

2.19 什么是中学?

中学指比小学（2.18）年级更高的学校（2.13）。这类学校开设一般课程、技术课程、职业课程或大学预科。

2.20 什么是高等教育学校?

高等教育学校指比中学（2.19）年级更高的学校（2.13）。这类学校是高等学习机构，更正式地说，是高等教育机构（2.21）。

2.21 "高等教育机构"在法律中的定义是什么?

高等教育机构从本质上来讲是具有学院（2.11）或大学（2.12）资格的实体。根据联邦税法，这些组织被视为公共慈善组织（4.4），高等教育机构的定义属于法律对学校（2.13）的同属定义。

在制定学院和大学的合规性项目时，国税局认证了 2402 所高等教育机构，包括 1752 所私立学院和大学以及 650 所公立学院和大学（2.15~2.16）。

2.22 什么是学区?

学区指一个州内（有时指乡镇）具有管理委员会和纳税权的地区。这些学区一般作为公立学校管理系统中的最小单元。

2.23 什么是学校系统?

学校系统指在某地区由教育委员会的代表或负责人管理的公立学校（2.16）的集合。

2.24 什么是学年?

学年，也叫学术年，指教育机构的年度周期。学年一般 9 月份开始，5 月份或 6 月份结束。学年与学校的财年不同，财年与公历年也不同。

2.25 教学人员的定义是什么？

教学人员指在学院（2.11）、大学（2.12）、其他教育机构或分支机构具有学术头衔的教学员工。国税局规定，如果一个教育机构的教学职能主要由某特定领域的特邀权威专家和知名人士领导，那么这个组织就没有"常规的教学人员"。[17]

2.26 课程设置的定义是什么？

课程设置指教育机构或其分支机构开设的全部课程。事实上，不具备教育机构资格的组织向公众就某一普通主题开设各种讲座、研修班和短期课程，尚不足以使其获得教育机构的资格。[18]用国税局的话来说，这种"可选择的、多样的课程集合不是正式的指导"，不能构成课程设置。[19]

2.27 什么是学生？

学生一般定义为被学校、学院或大学的某班级或课程录取的个人（如果这个人处于低年级阶段，则被称为小学生）。这些个人一般总称为全体学生。国税局规定，如果组织的参与者是公共成员并且可以选择所参与的职能，那么就没有常规录取的学生。[20]

因为学生这个词在广义上包括参加学习或致力于学习的个人，学生也可以是对某一学科独立进行系统学习或细致观察的任何学生。

在某诉讼案件中，一方声称，学生在字典中的定义是"通过书本、观察或经验获得知识而参与'学习'的人"。因此，根据社会保障税收系统，住院医生也是学生。在该案中，美国最高法院认为根据税收法律制度，虽然他们"怀有有价值的教育追求或者他们是自己专业的学生"，但他们也不是学生。

2.28 什么是本科生？

一般来说，本科生指在学院（2.11）或大学（2.12）还未获得第一学位的学生（2.27）。通常这类学生是学士学位（2.31）的候选人。

2.29 什么是研究生？

一般来说，研究生指完全从事研究生研究（例如法律、医学）的学院（2.11）或大学（2.12）的学部或分支机构的学生，这些学院或学部一般都有自己的院长和教学人员，也有权授予高等学位。

2.30 什么是研究员？

研究员指以研究奖金（11.4）的形式获得资金并用于研究的研究生（2.29）。研究员通常准备攻读更高的学位并且有确定的教学责任。

2.31 学士学位的定义是什么？

学士学位一般指学院（2.11）或大学（2.12）授予的第一学位或最低学位；获得此种学位的个人完成了本科生（2.28）的所有要求。

有两种基本的学士学位。文学学士学位指获得此学位者完成了一定数量的人文学科课程，多数情况下着重于人文学科中的一科（例如文学、哲学、历史或政治科学）。理学学士学位指获得此学位者完成了理科的大部分课程，多数情况下专攻某一理科。

2.32 硕士学位的定义是什么？

硕士学位一般指学院（2.11）或大学（2.12）授予的第二学位；想要获得此种学位的学生需要取得学士学位（2.31）。攻读硕士学位的学生是研究生（2.29）。硕士学位由研究生学院授予（例如法律硕士学位）。

有两种基本的硕士学位。文学硕士学位指获得此学位者（除了需要完成基本的学士学位课程）完成了一定数量的人文学科课程。同样，理学硕士学位指获得此学位者（除了需要完成基本的学士学位课程）完成了一定数量的理科课程。

2.33 博士学位的定义是什么？

博士学位（或博士头衔）指学院（2.11）或大学（2.12）授予研究生的学位；这是最高的学术学位，获得此学位的学生在某一特定领域有多年的研究，写了令人满意的论文，并通过了许多严格的考试。博士学位由研究生学院授予（例如法律博士学位）。

人口统计学

2.34 什么是小型"高等教育机构"？

美国国家教育统计中心（NCES）将少于 5000 名学生的高等教育机构定义为小型学院或大学。国税局在准备《合规性项目调查中期报告》时使用了这一定义。

国税局在对机构进行合规性问卷调查时，认证了 1608 所小型私立学院和大学以及 258 所小型公立学院和大学，并向小型机构发送了 200 份问卷调查。

2.35 什么是中型"高等教育机构"？

美国国家教育统计中心将拥有 5000 名~14 999 名学生的高等教育机构定义为中型学院或大学。国税局在准备《合规性项目调查中期报告》时使用了这一定义。

国税局在对机构进行合规性问卷调查时，认证了 121 所中型私立学院和大学以及 230 所中型公立学院和大学，并向中型机构发送了 100 份问卷调查。

2.36 什么是大型"高等教育机构"？

美国国家教育统计中心将超过 15 000 名学生的高等教育机构定义为大型学院或大学。国税局在准备《合规性项目调查中期报告》时使用了这一定义。

国税局在对机构进行合规性问卷调查时，认证了 23 所大型私立学院和大学以及 162 所大型公立学院和大学，并向大型机构发送了 100 份问卷调查。

2.37 学院和大学有多少全日制在校生？

国税局在《合规性项目调查中期报告》中称，根据 2006 年机构税收信息，小型学院和大学（2.34）的平均全日制在校生为 1200 名，中型学院和大学（2.35）为 6500 名，大型学员和大学（2.36）为 20 200 名。

2.38 学院和大学有多少非全日制在校生？

国税局在《合规性项目调查中期报告》中称，根据 2006 年机构税收信息，小型学院和大学（2.34）的平均非全日制在校生为 500 名，中型学院和大学（2.35）为 2400 名，大型学员和大学（2.36）为 6600 名。

2.39 有多少全职教学人员？

国税局在《合规性项目调查中期报告》中称，根据 2006 年机构税收信息，小型学院和大学（2.34）的平均全职教学人员为 100 名，中型机构（2.35）为 400 名，大型机构（2.36）为 1350 名。

2.40 有多少兼职教学人员？

国税局在《合规性项目调查中期报告》中称，根据 2006 年机构税收信息，小型学院和大学（2.34）的平均兼职教学人员为 100 名，中型机构（2.34）为 250 名，大型机构（2.35）为 600 名。

2.41 学院和大学总共有多少员工？

国税局在《合规性项目调查中期报告》中称，根据 2006 年机构税收信息，小型学院和大学（2.34）的平均员工人数为 650 名，中型机构（2.35）为 2800 名，大型机构（2.36）为 10 600 名。

2.42 学院和大学的学生与教学人员的平均比例是多少？

国税局在《合规性项目调查中期报告》中称，根据 2006 年机构税收信息，小型学院和大学（2.34）学生与教学人员的平均比例为 13∶1，中型机构（2.35）为 17∶1，大型机构（2.36）为 18∶1。

2.43 全日制本科生每年的学费是多少？

国税局在《合规性项目调查中期报告》中称，根据 2006 年机构税收信息，小型学院和大学（2.34）公布的全日制州内本科生（2.28）每年学费为 13 700 美元，中型机构（2.35）为 10 600 美元，大型机构（2.36）为 7000 美元。

小型学院和大学的州外本科生学费为 14 600 美元，中型机构为 15 100 美元，大型机构为 15 600 美元。

2.44 私立机构全日制本科生每年的学费是多少？

国税局在《合规性项目调查中期报告》中称，根据 2006 年机构税收信息，小型私立学院和大学（2.34）的全日制州内本科生的平均学费为 15 000 美元，中型私立机构（2.35）为 23 000 美元，大型私立机构（2.36）为 27 800 美元。小型学院和大学的州外本科生学费为 15 100 美元，中型机构为 23 600 美元，大型机构为 27 800 美元。

2.45 公立机构全日制本科生每年的学费是多少？

国税局在《合规性项目调查中期报告》中称，根据 2006 年机构税收信息，小型公立学院和大学（2.34）的全日制州内本科生的平均学费为 4700 美元，中型公立机构（2.35）为 5000 美元，大型公立机构（2.36）为 5300 美元。小型学院和大学的州外本科生学费为 11 400 美元，中型机构为 11 300 美元，大型机构为 14 600 美元。

2.46 学费平均净优惠率是多少？

国税局在《合规性项目调查中期报告》中称，根据 2006 年机构税收信息，小型学院和大学（2.34）的州内学生学费平均净优惠率为 22%，中型机构（2.35）为 18%，大型机构（2.36）为 19%。

小型机构的州外学生学费平均净优惠率为 24%，中型机构为 20%，大型机构为 18%。

2.47 学院和大学的平均总资产价值是多少？

国税局在《合规性项目调查中期报告》中称，根据 2006 年机构税收信息，小型学院和大学（2.34）的平均总资产价值为 1.51 亿美元，中型机构（2.35）为 6.44 亿美元，大型机构（2.36）为 19 亿美元。

2.48 学院和大学的年平均总收入是多少？

国税局在《合规性项目调查中期报告》中称，根据 2006 年机构税收信息，小型学院和大学（2.34）的年平均总收入为 5900 万美元，中型机构（2.35）为 2.38 亿美元，大型机构（2.36）为 8.17 亿美元。

2.49 学院和大学的年平均支出是多少？

国税局在《合规性项目调查中期报告》中称，根据 2006 年机构税收信息，小型学院和大学（2.34）的年平均总支出为 4800 万美元，中型机构

（2.35）为 2.05 亿美元，大型机构（2.36）为 7.3 亿美元。

2.50 学院和大学的年平均净收入是多少？

国税局在《合规性项目调查中期报告》中称，根据 2006 年机构税收信息，小型学院和大学（2.34）的年平均净收入为 1100 万美元，中型机构（2.35）为 3300 万美元，大型机构（2.36）为 8700 万美元。

2.51 百分之多少的学院和大学在进行远程教育？

国税局在《合规性项目调查中期报告》中称，根据 2006 年机构税收信息，54% 的小型学院和大学（2.34）、96% 的中型机构（2.35）以及 99% 的大型机构（2.36）在进行远程教育。

2.52 百分之多少的学院和大学在美国之外有教育项目？

国税局在《合规性项目调查中期报告》中称，根据 2006 年机构税收信息，30% 的小型学院和大学（2.34）、54% 的中型机构（2.35）以及 83% 的大型机构（2.36）在美国之外还有教育项目。

2.53 百分之多少的学院和大学在除美国之外的 5 个国家以上拥有校园、办公室和/或员工？

根据国税局《合规性项目调查中期报告》中的 2006 年机构税收信息，在除美国之外的 5 个国家以上拥有校园、办公室和/或员工的小型学院和大学（2.34）几乎为零。5% 的中型机构（2.35）以及 16% 的大型机构（2.36）达到了该条件。

2.54 学院和大学具有相关组织。法律中对"相关"的定义是什么？

作为学院和大学合规性项目调查的一部分，国税局对高等教育机构的相关组织提出了几个问题。根据调查问卷，国税局对"相关"作出了五种定义。也就是说，根据该问卷，如果组织是以下实体，那么该实体就被认为与学院或大学相关：

- 控制学院或大学的母实体。
- 学院或大学所有或控制的分支机构。
- 由控制学院或大学的母组织控制的实体。

- 支持学院或大学的支持型组织（4.18）。
- 学院或大学支持的组织。

2.55 百分之多少的学院和大学拥有至少一种类型的相关组织？

国税局在《合规性项目调查中期报告》中称，根据 2006 年机构税收信息，45% 的小型学院和大学（2.34）、82% 的中型机构（2.35）以及 96% 的大型机构（2.36）拥有至少一种类型的相关组织。

2.56 百分之多少的相关组织是免税组织？

根据国税局《合规性项目调查中期报告》，37% 的小型学院和大学（2.34）相关组织、77% 的中型机构（2.35）相关组织以及 96% 的大型机构（2.36）相关组织属于免税组织。这些相关组织的形式包括筹集资金的"基金会"（2.56，4.7）和独立捐赠基金（10.1）。

2.57 百分之多少的相关组织作为法人或信托享受免税待遇？

根据国税局《合规性项目调查中期报告》，11% 的小型学院和大学（2.34）相关组织、13% 的中型机构（2.35）相关组织以及 21% 的大型机构（2.36）相关组织作为法人（1.6）或信托基金（1.14）享受免税待遇。

2.58 根据联邦税法，百分之多少的相关组织被作为合作伙伴？

根据国税局《合规性项目调查中期报告》，按照联邦税法规定，3% 的小型学院和大学（2.34）相关组织、5% 的中型机构（2.35）相关组织以及 7% 的大型机构（2.36）相关组织被作为合作伙伴（16.37）。

2.59 根据联邦税法，百分之多少的相关组织被视为非独立实体？

根据国税局《合规性项目调查中期报告》，按照联邦税法规定，8% 的小型学院和大学（2.34）相关组织、6% 的中型机构（2.35）相关组织以及 18% 的大型机构（2.36）相关组织被视为非独立实体（16.5）。

2.60 百分之多少的学院和大学是控制型组织？

根据国税局《合规性项目调查中期报告》，26% 的小型学院和大学（2.34）、34% 的中型机构（2.35）以及 45% 大型机构（2.36）是控制型组织，具有至少 1 个被控实体（15.60）。

小型学院和大学平均控制一个实体，中型组织平均控制 4 个实体，大型组织平均控制 9 个实体。根据报告，小型学院或大学控制的实体数量不超过 4 个，但有些大型学院和大学控制的实体数量超过了 25 个。

如果出现异常情况，国税局可能会进一步调查。根据报告，31% 的小型学院和大学、29% 的中型学院和大学以及 38% 的大型学院和大学至少拥有 1 个被控实体。其中，只有 9% 的小型机构、13% 的中型机构以及 10% 的大型机构从被控实体那里获得收入。国税局并不清楚其他机构是没有从被控实体那里获得收入，还是只是没有报告，即与"报告不一致"。

2.61 被控实体多久向学院和大学交一次费？

根据国税局《合规性项目调查中期报告》中 2006 年的机构税收信息，5% 的小型学院和大学、19% 的大型机构（2.35）以及 44% 的大型机构（2.36）收到（或应收）被控组实体的管理费。

2.62 多少学院和大学使用了免税组织特例？

如果被控实体向控制型组织支付利息、房租、版税或年金的交易是合理的，且遵循 2006 年 8 月 17 日生效的有约束力的书面合同那么此交易不用缴纳不相关营业所得税。《合规性项目调查中期报告》没有提到这个问题。

然而，国税局在 2006 年机构税收信息分析报告中指出，8% 的小型学院和大学、19% 的中型机构（2.35）以及 48% 的大型机构（2.36）收到（或者应该收到）被控实体的利息。

8% 的小型学院和大学、24% 的中型机构以及 46% 的大型机构收到（或应收）被控实体的房租。

4% 的小型学院和大学、20% 的中型机构以及 44% 的大型机构收到（或应收）被控实体的版税。

4% 的小型学院和大学、18% 的中型机构以及 42% 的大型机构收到（或应收）被控实体的年金。

非营利法律基础

2.63 私立学院或大学想要获得免税资格，必须满足联邦税法的哪些条款？

私立学院或大学想要获得联邦所得税免税资格必须满足以下十项条款：

1. 机构必须满足组织性测试（1.33）。
2. 机构必须满足运营性测试（1.34）。
3. 机构必须满足主要目的测试（1.35）。
4. 机构不得参与重大的商业活动（1.37）。
5. 组织不得违反禁止私人分配原则（第六章）。
6. 组织不得违反禁止私人收益原则（第六章）。
7. 机构不得参与实质性的立法活动（第八章）。
8. 机构不得参与政治竞选活动（第九章）。
9. 组织必须提交年度信息反馈文件（第十七章）。
10. 机构不得参与重大的不相关营业活动（第十四、十五章）。

2.64 公立学院或大学想要获得免税资格，必须满足联邦税法的哪些条款？

公立学院或大学想要获得联邦所得税免税资格必须遵守以下三项条款：

1. 机构主要从事的必须是教育性活动（2.2~2.7）。
2. 机构收入必须归于政府部门。
3. 机构不得参与重大的不相关营业活动（第十四、十五章）。

2.65 如果公立学院或大学具有国税局颁发的裁定书，认定它们也满足美国国内税收法 501（c）(3) 规定的组织资格，那么联邦税法有何影响？

首先需要指出的是，公立学院或大学具有国税局颁发的裁定书（3.19）或决定书（3.20），认定它们也满足美国国内税收法 501（c）(3) 的要求，这种情况很常见。也就是说，国税局通过颁发裁定书，认定公立机构也满足联邦税法对私立学院和大学的规定。公立高等教育机构获得决定书的主要原因是满足捐赠者和委托人享受捐赠免税的资格的要求（捐赠者并不是一直都知道，根据慈善扣税原则，政府机构一般被视为传统慈善组织）。

国税局在这个问题上的政策一直不太清晰，或者说不太一致。基本问题是，具有 IRC 501（c）(3) 决定书的公立机构是否受该决定书所有内容的约束。国税局对这个问题的回答一般是否定的。例如，国税局不会要求具有决定书的公立学院和大学提交年度信息反馈文件，但是会要求其对应的私立机构提交。但在某些案例中，国税局认为在这种情况下，公立学院和大学必须满足 IRC 501（c）(3) 的要求。

在最近发生的一个案例中，法律要求提交不相关营业所得税反馈文件（表 990-T）的免税公共慈善组织向大众（18.4）公开这份文件。公立学院和大学及类似实体需缴纳不相关营业所得，因此必须提交反馈文件。国税局称，一般来说，这些公立机构没有公开义务。但它也称，这些具有 IRC 501（c）(3) 决定书的公立组织受裁定书的约束，因此必须履行公开义务。[21]

2.66 公立学院和大学附属实体的税收待遇如何？

具有附属组织的公立学院和大学（或其他政府部门）在不包括附属机构的情况下符合美国国内税收法 501（c）(3)［或 IRC501（c）(4)］中的免税资格，其附属组织也作为类政府实体享有免税待遇。通常这些组织享有免税待遇的基础是作为政府机构，不用缴纳联邦所得税。[22] 这些组织也不用提交年度信息反馈文件。

如果一个实体属于免税组织[23]且满足以下条件之一，则该实体属于政府部门的附属组织。[24]

条件之一是该组织具有国税局颁发的裁定书或决定书：（1）根据政府分支机构和相关法规，构成免税基础的活动收入从总收入中扣除；[25]（2）有权接受免税的慈善捐赠（第十二章）并以之为基础用于政府机构；或（3）根据就业税规定，它完全属于一个州或一个州的政府分支机构。

另一个条件适用于没有获得国税局裁定书或决定书的实体，但是（1）根据当地的法规或条例，该组织要么由政府机构或其附属的组织运营、监管或控制，要么管理层人员由公众选举产生；（2）该组织具有两个或者两个以上确定性附属因素；（3）其年度信息反馈文件对实施国内税收法律的有效监管不造成必要影响。

组织可以（但不是必须）向国税局要求开具作为政府附属机构的决定书

或裁定书。

2.67 公立或私立的学院或大学可以成为支持型组织的受益人吗？

当然可以。公立或私立的学院或大学作为一个或多个支持型组织（4.18）支持下的组织，这种情况很常见。高等教育机构可能有几十个不同类型的支持型实体（4.24）。

2.68 公立或私立的学院或大学可以有独立的筹款基金会吗？

当然可以。公立或私立的学院或大学拥有独立的筹款基金会（4.7），这种情况很常见。这些实体属于免税慈善组织，它们过去主要在独立的组织中管理筹款并发展高等教育机构。从私人基金会（4.2）的定义上说，这些筹款实体并不属于"基金会"；它们属于（或应属于）公共慈善组织。一般来说，这些基金会属于公共支持的捐赠类慈善组织（4.12）或支持型组织（4.18）。联邦税法为公立学院和大学（4.3）的筹款基金会提供了法律依据。

2.69 公立或私立的学院或大学可以有一个或多个独立的捐赠基金吗？

可以。这种情况也很常见（第十章），通常捐赠基金由支持型组织（4.18）管理。

2.70 公立或私立的学院或大学可以使用其他类型的相关基金吗？

可以。比如奖学金、研究奖金（第十一章）、奖励基金和研究基金。另外，私立学院和大学（或相关基金会）（2.68）还有各种计划捐赠基金（2.71～2.73）。

2.71 公立或私立的学院或大学可以成为慈善剩余信托的受益人吗？

可以，这种情况也很常见。慈善剩余信托属于利益分割信托（12.62），是独立的法人实体。这类信托的剩余收益（12.58）指定捐赠给一个或多个慈善组织。学院和大学［或相关基金会（2.68）］一项或多项收益（12.62）也通过慈善剩余信托产生。

慈善剩余信托每年须向一位或多位终生受益人或20年以上的受益人说明具体的收益分配，必须向慈善组织（可能是学院、大学或相关基金会）交付不可撤销剩余收益。这些信托的基本形式是慈善剩余年金信托和慈善剩余统一信托（12.62）。

国税局在《合规性项目调查中期报告》中指出，56%的小型学院和大学（2.34）或相关实体、51%的中型机构（2.35）或相关实体以及81%的大型机构（2.36）或相关实体是慈善剩余信托的受益人。

国税局在报告中还指出，平均有5.5%的小型学院和大学捐赠基金、3.2%的中型机构（2.35）捐赠基金以及4.9%的大型机构（2.36）捐赠基金由慈善剩余信托组成。

2.72 公立或私立的学院或大学可以成为收益基金池的受益人吗？

可以。收益基金池就是由两种或更多资源混合而成并投资的慈善捐赠（12.63）。收益基金池是一种利益分割信托，它必须由慈善组织维护，或者用于捐赠利益的持有人。这种慈善组织必须是公共慈善组织，包括学院、大学或相关基金会（2.68）。

国税局在《合规性项目调查中期报告》中指出，15%的小型学院和大学（2.34）或相关实体、24%的中型机构（2.35）以及41%的大型机构（2.36）是收益基金池的受益人。

国税局在报告中还指出，平均有19.4%的小型学院和大学捐赠基金、38.1%的中型机构（2.35）捐赠基金以及11.9%的大型机构（2.36）捐赠基金由收益基金池组成。

2.73 公立或私立的学院或大学可以成为慈善优先信托的受益人吗？

可以。慈善优先信托是一种利益分割信托。根据这种信托形式，财产收益在一定年限内或某位捐赠者（或多位捐赠者）终生内都捐赠给慈善组织（12.64）。这种慈善组织可以是学院、大学或相关基金会（2.68）。收益到期后，财产剩余收益返还给捐赠者或其他非慈善受益人。

2.74 学院或大学可以参加慈善捐赠年金计划吗？

可以。慈善捐赠年金是一种计划捐赠，反映在捐赠者和受益人的合同中。根据合同，捐赠者作出捐赠，受益人向捐赠者（和/或其他人）返还年金（12.65）。在这种情况下，学院、大学或相关基金会（2.68）都可以作为慈善受益人。在这个过程中，捐赠者参与两次交易，其中一次是支付：捐赠和购买年金。

国税局在《合规性项目调查中期报告》中指出，61%的小型学院和大学

（2.34）或相关实体，58%的中型机构（2.35）或相关实体以及84%的大型机构（2.36）或相关实体拥有慈善捐赠年金项目。

国税局在报告中还指出，平均有3.5%的小型学院和大学的捐赠基金、1.2%的中型机构（2.35）捐赠基金以及1.3%的大型机构（2.36）捐赠基金包括慈善捐赠年金。

参考文献

1. Reg. § 1.501 (c)(3) – 1 (d)(3)(i).

2. Id.

3. Big Mama Rag, Inc. v. United States, 494 F. Supp. 473 (D. D. C. 1979).

4. National Alliance v. United States, 710 F. 2d 868, 873 (D. C. Cir. 1983).

5. Seasongood v. Commissioner, 227 F. 2d 907, 911 (6th Cir. 1955).

6. Rev. Rul. 78–305, 1978–2 C. B. 172.

7. Rev. Rul. 79–26, 1979–1 C. B. 196.

8. Big Mama Rag, Inc. v. United States, 631 F. 2d 1030 (D. C. Cir. 1980).

9. National Alliance v. United States, 710 F. 2d 868, 874 (D. C. Cir. 1983).

10. Rev. Proc. 86–43, 1986–2 C. B. 729.

11. The Nationalist Movement v. Commissioner, 102 T. C. 558, 592 (1994), aff'd, 37 F. 3d 216 (5th Cir. 1994).

12. Chief Couns. Adv. Mem. 200620001.

13. Priv. Ltr. Rul. 200622055.

14. IRC § 170 (b)(1)(A)(ii).

15. Reg. § 1.170A–9 (b); Rev. Rul. 78–309, 1978–2 C. B. 123.

16. Rev. Rul. 76–167, 1976–1 C. B. 329.

17. Rev. Rul. 78–82, 1978–1 C. B. 70.

18. Id.

19. Rev. Rul. 62–23, 1962–1 C. B. 200.

20. Rev. Rul. 64–128, 1964–1 (Part I) C. B. 191.

21. Notice. 2007–45, 2007–1 C. B. 1320.

22. IRC § 115.

23. That is, an organization referenced in IRC § 501 (c).

24. Rev. Proc. 95–48, 1995–2 C. B. 418.

25. IRC § 115.

3
获得并维持免税待遇

　　关于非营利组织和免税组织的实体法比较多，但很少关注获得免税待遇程序上的细节。有人认为美国国税局给予组织免税待遇，这是个很大的误解。情况并非如此，免税待遇认定的"正确"概念经常很模糊，申请免税待遇需要填写的表格也让人望而却步。国税局最近注意到，高等教育机构和其他慈善组织提交的申请"极其繁冗、极其麻烦"，而针对慈善组织的各种附加规定使其更加复杂。但如果稍加帮助的话，这个程序还是可以理解的。

　　私立的非营利学院和大学必须遵守这些规定。也就是说，这些组织想要获得免税待遇，就必须提交申请，并成功获得免税待遇认定。政府所有的学院和大学作为政府赞助的机构，自动获得免税待遇。但有时候政府所有的学院或大学也需要美国国税局颁发的裁定书，规定其与私立高等教育机构（2.65）基于同样的基础获得免税待遇。

　　这些规定也同样适用于学院和大学的相关组织和附属组织，例如筹款基金会、校友会、机构所属的协会、支持型组织、捐赠基金、奖学金和研究奖金、研究基金、相关卫生保健组织以及兄弟会和姐妹会。

　　当然，一旦学院、大学和其他组织获得免税待遇认定，它们就想维持这一身份。与之相关的规定包括继续提交年度信息反馈文件（第十七章），这是本书的重要内容。

　　以下是关于免税待遇获得及维持方面被问及最多的问题，以及这些问题的答案。

非营利组织和免税组织

3.1 所有非营利组织都是免税组织吗？

不是。非营利组织（1.1）的概念与免税组织的概念不同。免税组织通常指不用缴纳或只缴纳部分联邦所得税的组织。

一个组织想要获得免税待遇，仅仅以非营利组织身份成立是不够的。组织必须满足具体的法律法规标准才能获得免税资格（1.40，1.41）。

有些非营利组织不属于联邦税法规定的几种免税组织类型。例如，一个参与大量游说活动的非营利组织就不能作为免税慈善组织（第八章）。有些非营利组织不属于任何一种免税组织类型。例如，一个从事大量商业保险活动的组织就不能作为免税慈善组织或社会福利组织，也不属于其他种类的免税组织。

但一般来说，以非营利组织形式成立的学院或大学一定具有免税资格［IRC 501（c）(3)］。如果组织参与私人分配活动或无根据的私人利益活动（第六章）、过度立法活动（第八章）、参与或干涉政治竞选（第九章），就可能失去免税资格。

3.2 所有免税组织都是非营利组织吗？

不是。但几乎所有的免税组织都是非营利组织。也有例外情况，美国政府的附属机构依法成立，但不是非营利组织。

3.3 免税涉及哪些税种？

免税组织通常指不用缴纳或只缴纳部分联邦所得税（3.1）的组织。还有一些其他的联邦税也可以豁免，比如某些消费税、社会保障税等。

但事实上并没有完全免税的组织，因为免税组织可能也要缴纳各种联邦税，最可能需要缴纳的就是不相关营业所得税（第十四章）。还需要缴纳其他税，比如过度游说（8.15）以及参与或干涉政治竞选（9.18）则需缴纳消费税。另外，为学生提供内部培训服务并收取学生活动费的免税学院或大学必须对这些服务缴纳消费税。[1]

私人基金会必须对其净投资收益缴纳消费税，也需要缴纳许多其他的消费税（4.2）。社交俱乐部、政治组织、业主组织等（1.39）需缴纳净投资所得税。

州法对组织获得免税待遇有几条规定。州税包括所得税、专利税、营业税、使用税、有形资产税、无形资产税和不动产税。关于现有的免税类别，不同州之间的法律区别非常大。

通常情况下，州法中非营利组织免征所得税的规定可以追溯到联邦所得税免税规定。所以，联邦法一般是源头。

3.4 联邦所得税法中规定了多少种免税组织？

这个问题很难回答。因为 IRC 有些条款规定的免税针对多种实体类型。例如，IRC 501（c）(3) 规定了八种免税组织类型，包括慈善组织、教育组织、科研组织和宗教组织（1.38）。

IRC 中有 33 项条款对免税组织的种类作出规定：IRC 501（c）(1)~(29)，526~529（1.39）。其他条款规定了免税的基础，但都是基于 IRC 501（c）(3)、IRC 501（e）(f)(k)(q)。总之，这取决于怎么理解 IRC，联邦税法规定了至少 74 种免税组织。

3.5 联邦税法对于免税的教育性组织资格有何规定？

一个组织有多种方式获得免税教育性组织待遇。有些标准是广义上的，比如教育大众和培训个人的方式，有些很详细，比如对教育机构的定义（2.10）。

3.6 联邦税法对于因发展教育而获得免税资格的慈善组织有何规定？

组织成为慈善组织的方式之一就是参加发展教育（1.40）的活动。[2]这是区分教育机构与其他组织的一个单独的免税分类（3.5）。这类慈善活动属于教育的范畴。因此，发展教育（1.38）包括奖学金资助、研究奖金资助和其他形式的学生资助（第十一章）；授予奖项；为教学人员职位提供资金；通过研究增进知识；维持捐赠基金运营；通过出版物、网站、研讨会、讲座和类似活动传播知识。

学院和大学经常通过附属组织推进教育项目（慈善和/或科研项目）。这些相关组织由于发展教育而成为慈善组织。例如，国税局给予以下组织免税资格认证：只向学校的学生和教学人员出售物品的书店；大学校园中主要为学生和教学人员（14.26）提供便利的咖啡店和餐厅；只向大学（15.31）里的学生和教学人员提供住房和餐饮服务的组织。

根据联邦免税规定，不属于高等教育机构的附属组织，但是提供指导服务的组织也被定义为发展教育，例如教授工艺技能的组织、学徒培训组织、为讲师和学生提供交流和课程协调的组织、提供商业指导的组织、对广播公司的公共服务义务进行评估的组织、为青少年儿童提供心理健康服务的组织。

3.7 就发展教育条款而言，学院和大学的兄弟会和姐妹会是慈善实体吗？

根据联邦税法，学院和大学的兄弟会和姐妹会不属于慈善（或教育）组织。但它们可以作为社交俱乐部享受联邦免税待遇。[3]因此捐给兄弟会和姐妹会全国组织和分支机构的捐款不能免税，但这些全国性组织一般都有相关的"基金会"，向基金会的捐款可以免税。

这些基金会可以出于发展教育的目的向兄弟会或姐妹会的分支机构捐款，但捐款只能用于教育设施的建设和维护，例如自习室、图书馆。

3.8 就为发展教育而捐赠奖学金和研究生奖学金而言，兄弟会或姐妹会可以作出捐赠吗？

可以，而且这种情况很常见。全国的兄弟会和姐妹会通过自己的关联基金会设立奖学金（也可能是研究生奖学金）项目，其中可能获得以及实际获得资助的人为兄弟会或姐妹会的成员。但这种学生资助形式必须客观公平（11.44）。在这种情况下，如果可能的受益人数量足够大，就构成了法律所要求的慈善类型（11.39）。

相反，如果提供奖学金捐赠的基金会附属于兄弟会或姐妹会独立的分支机构，这种方法就不适用。这主要是因为不存在符合法律要求的慈善类型。另外，提供奖学金可能被认为是为提供奖学金的法人谋取私人利益。事实上，如果可能的受益人太少的话，国税局会认为这不能保证受益人的利益，因为不能对受益人进行"可接受的高水平初选"。[4]

3.9 公共政策原则是什么？它对学院和大学有何影响？

公共政策原则相当于私立学院和大学等慈善组织和类似组织的免税标准，

由法院执行；作为法定标准的补充原则。美国最高法院称，基于慈善信托的习惯法，慈善实体的目的"可能是非法的或违反既定的公共政策"。法院补充道："机构目的不得违背普通社会道德，不能损害可能的公众利益。"[5]

公共政策原则对私立学院和大学有很大的影响。事实上，法院的决定涉及私立大学。在这种情况下，法院认为私立学校在没有违反公共政策原则的条件下，不应有种族歧视行为。也就是说，如果一个机构有种族歧视行为，那么它的免税资格和接受免税慈善捐赠的资格都有被撤销的危险。法院的决定导致美国国税局制定了大量与学院、大学和学校（4.5）关于种族歧视的政策和程序。

免税申请基础

3.10 非营利组织如何成为免税组织？

一个组织想要成为免税组织，必须满足相关免税资格标准所要求的具体法律法规。联邦免税和州免税均是如此。

获得一个或多个州免税资格的程序因州的不同而不同。一般情况下，申请程序包括提交表格，对组织的项目进行说明，这样税务机构就可以对组织进行评估，确定它是否满足所申请的免税要求。但免税标准基本上都是根据法规制定的。

满足 IRC 适用条款中免税标准的组织可以不用缴纳联邦所得税。因此，最终国会将给予组织免于缴纳联邦所得税（或其他联邦税）的资格。国税局不能授予免税资格，它只能进行免税资格（3.12）认定。

所以不管一个组织开始或以后是否具有免税资格，应由成文法判定。根据法规，只有国会才能定义免税组织类别并确定某类免税组织能否继续享有免税待遇。

3.11 非营利组织需要向美国国税局申请免税吗？

有两种答案。字面上来讲是不用的，因为国税局不能授予免税资格；这是税法的特点，具有资格的组织通过法律适用获得免税资格。

美国国税局只是对免税资格（3.12）进行认定。国税局对组织的免税资格进行认定是评估组织税收情况的一部分。

对于多数免税组织而言，联邦税法不要求其具有国税局的免税资格认定。但在某些情况下需要国税局的认定，比如几乎所有的私立学院和大学都必须提交免税资格认定申请（3.12）。当然，组织根据自愿而获得免税资格认定。

3.12 免税资格认定是什么意思？

具有免税资格与免税资格认定并不相同。美国国税局认定组织的免税资格之后，会颁发裁定书，说明该组织被视为免税组织。在进行免税资格认定时，国税局要对法律进行审议、分析和解释，并与免税组织达成一致。从法律上来讲，组织在本质上属于免税实体，国税局通过裁定书认定了这一事实。这个过程一般从组织向美国国税局提交免税资格申请开始。

3.13 法律是否要求某几类想要获得免税资格的组织具有美国国税局的免税资格认定？

法律要求以下四类组织具有美国国税局的免税资格认定。多数慈善组织都必须获得此认定，[6]某些员工福利也必须获得此认定。[7]同样，主要职能是信用咨询的社会福利组织也必须申请认定。[8]另外，如果组织想要成为核心组织，使其下级组织（3.75）作为一个团体也获得免税待遇，那么它自己必须首先获得免税认证。

根据以上规定，慈善组织成立和运营的主要职能应为慈善、教育（包括私立学院和大学）、科研和宗教。这类免税组织也包括促进国内和国际体育竞赛的组织、反对虐待儿童和动物的组织、合作医疗服务组织以及运营教育组织的合作服务组织。这些组织都列举在 IRC501（c）(3) 免税条款中。

3.14 获得美国国税局颁发的免税资格认定有何益处？

许多组织都申请美国国税局或其他联邦政府机构颁布的决定书和裁定书。在申请时需要考虑许多因素，包括申请的复杂性、是否有足够的时间（免税认定过程可能要花几个月）、成本［使用费（3.35），可能还有法务费和/或会计费］。获得免税资格认定的好处包括能安心地知道国税局是否同意组织的免税资格、能够处理相关文件并向未来的捐赠者和委托人保证免税待遇（如果该实体属于慈善组织）、进一步申请州层面免税、有资格获得各种非营利邮寄特权。

3.15 认定要求有例外情况吗？

有。但是对于高等教育机构来说例外情况没什么用。以下两种慈善组织不用申请免税认定就可获得免税资格：（1）年均总收入不超过 5000 美元的组织（私人基金会除外）；（2）教会（包括犹太教会和清真寺）、教会联合组织、教会地方分会、教会年会和联合会、教会综合辅助组织。

其他不要求具有免税资格认定的免税组织，包括几乎所有的社会福利组织、劳动组织、贸易和商业联盟、社交俱乐部、兄弟团体和退伍军人组织。但这些组织可以自愿申请免税资格认定。

3.16 申请免税资格认定的程序是什么？

美国国税局公布了非营利组织在申请免税资格认定裁定书（3.19）或决定书（3.20）时需要遵守的规定。这些规定每年都会更新，国税局有权随时修改或增加。[9]

几乎所有程序都从组织提交免税资格认定申请开始。国税局提供申请表格，申请慈善、教育（包括私立学院和大学）及其类似种类免税资格认定的组织必须填写表 1023（2006 年 6 月开始）。申请其他种类的组织填写表 1024（1998 年 9 月开始）；农民组织、果农组织和其他类似组织提交表 1028（2006 年 9 月开始）和表 8718。少数免税组织类型在申请免税认定时没有申请表格，在这种情况下，需提交申请函和表 8718。

3.17 申请内容包括什么？

申请内容必须包括组织目的和活动描述、筹款计划、管理层构成、薪酬规定、与其他组织的关系以及财政信息，还必须附上组织的章程、规章制度以及其他文件。

新成立的学院或大学以及新建立的相关慈善、教育或科研组织（例如筹款基金会）想要成为免税组织的话［具有免税资格认定的情况除外（3.15）］，必须向国税局提交表 1023。免税认定申请详细内容请见 3.51～3.67。

慈善组织的申请程序还包括该组织属于何种慈善捐赠（第十二章），以及是作为公共慈善组织还是私人基金会（第四章）。

3.18 向谁提交申请？

免税认定申请一般提交给俄亥俄州辛辛那提市的美国国税局服务中心（严格来讲，是免税组织裁定办公室）处理。有些申请提交给其他免税组织裁定办公室主任指导和管辖的 IRS 外地办公室处理。少数情况下，申请需提交给位于哥伦比亚特区华盛顿市的 IRS 国家办公室（免税组织专业办公室）。免税组织裁定办公室作出的回复称为裁定书（3.19）。国家办公室作出的回复称为决定书（3.20）。

3.19 裁定书的正式定义是什么？

裁定书的正式定义是免税组织裁定办公室或 IRS 上诉办公室对组织免缴联邦所得税资格认定申请的书面回复。

3.20 决定书的正式定义是什么？

决定书的正式定义是免税组织专业办公室对组织免缴联邦所得税资格认定申请的书面回复。

3.21 美国国税局处理免税认定申请需要多长时间？

很难确定国税局处理免税认定申请需要多长时间。以下三个重要因素会影响处理时间：申请的复杂性和敏感性、申请内容（和相关文件）的完成度、国税局负责审核申请和准备决定书的工作人员的工作量。

如果申请比较顺利，组织应做好 3~6 个月处理周期的准备。国税局可能提出一些问题，这会延长处理周期。有时，申请会涉及国税局国家办公室，这也对总时间周期有影响。

3.22 申请组织可以要求美国国税局加快处理申请的进度吗？

美国国税局一般按收到免税申请的顺序处理，但申请组织可以要求国税局加快处理申请的进度。如果有此需求，组织必须提出书面要求，对优先处理申请给出"充分理由"。一般来说，加快处理的情况包括：（1）给申请者的捐款还没收到，如果不能保证捐款可能不利于组织继续运营；（2）新组织的目的是为紧急事件或灾难提供救援；（3）由于国税局工作失误，造成裁定书或决定书颁发延误。出于公平考虑，国税局可能拒绝加快进程的申请，这是可以理解的。所以加快申请的理由必须有说服力。

国税局同意加快处理申请并不意味着会马上批准或拒绝申请。

3.23 公众可以获得免税认定申请的文件吗？

可以。申请、所有支持文件以及批准的裁定书（3.19）或决定书（3.20）都要接受公开审查（18.1）。但也有例外情况，可以披露部分内容，对于商业秘密、专利、工艺、产品风格或装置，如果国税局认为披露这些信息会对组织产生不利影响，可以不公开。

国税局必须根据要求公开申请文件和相关文件。免税组织必须保证其申请文件、支持文件、裁定书或决定书接受公开审查（18.1）。国税局的拒绝裁定书或决定书也必须接受公开审查（18.17）。

3.24 美国国税局会与州政府官员分享信息吗？

美国国税局有权向州政府官员披露免税组织的部分信息。因此，国税局可以将拒绝授予某组织作为慈善组织的免税资格申请通知相关州政府官员。给州政府官员的通知应包括国税局向组织寄发的计划或最终的拒绝裁定书或决定书复印本。另外，如果相关州政府官员要求，国税局应接受州政府官员对免税认定申请文件以及与组织免税资格裁定相关的其他信息的审查并提交副本。

3.25 免税裁定书或决定书的有效期是多久？

决定书没有有效期。一般来说，获得美国国税局免税资格认定的组织只要本质、目的和运营方式不发生实质性的改变，免税裁定书就一直有效。当然，如果法律发生改变，可能会使裁定书或决定书失效，或者对其进行重新评估。

3.26 组织获得裁定书或决定书之后，需要定期对申请进行审查以确定组织是否发生实质性改变吗？

一般来说，组织对免税认定申请定期审查以确定组织是否发生实质性改变（3.27），这是很好的习惯。当然，对于学院和大学，这不是强制性要求，但建议对其附属组织进行定期审查。

3. 27 如果组织的本质、目的或运营方式发生实质性的改变会怎么样？

法律规定，如果组织的本质、目的或运营方式发生实质性的改变，应将其变化通知美国国税局，国税局将对组织的免税资格重新进行评估。发生改变后应立即通知国税局。

但实际上这条规定的使用率并不高。这些年来，组织可能增加或减少不同的项目和职能或者改变运营的管理和方式，但从没考虑免税申请中记录的内容（或者组织章程和法规的内容）。有些组织现在的运营方式与最初的职能和运营相去甚远，比如参与了非免税活动，如果国税局知悉这一事实的话，将撤销组织的免税资格。

这些改变应记录在年度信息反馈文件（17. 59）中，并向国税局报告。

3. 28 美国国税局会在组织运营之前颁发裁定书或决定书吗？

一般来说，会的。基本规定如下：只有免税认定申请和支持文件证明组织符合其所声称的免税种类要求时，国税局才会向组织颁发免税资格认定的裁定书（3. 19）或决定书（3. 20）。如果申请材料对组织计划的活动有足够详细的描述（3. 29），并且能证明组织将满足相关法律法规的要求，那么国税局会在组织运营之前颁发免税资格认定。

提出申请的组织应详细描述其将参与的活动，包括活动执行的标准、条件、程序、活动执行的方法、活动计划、预期收益来源以及预期支出性质。

如果组织不能向国税局展示其计划参与的活动满足免税资格认定要求，国税局一般会先颁发拒绝裁定书或决定书。

一般程序

3. 29 申请时必须向美国国税局提供多少信息？

这方面没有明确的标准。正如国税局所言，它希望得到"足够的细节"和"完整的描述"。国税局的正式规定是这样的，如果申请和支持文件证明组织满足可适用的法律法规要求（3. 28），那么国税局就会向组织颁发同意裁定书（3. 19）或决定书（3. 20）。

法院在判决时一般都会参考这些法律。因此，向法院提出诉讼的组织如果"不能提供信息证明组织运营后（或已经开始运营）的所有活动达到了免税目的"，就不能获得免税认定。法院会责备组织对其表面上计划的活动只提供了"模糊的概括"。

同样，在另一个案件中，法院认为某组织不能获得免税资格认定，因为它没有就其活动向国税局作出"有意义的说明"。法院在某案件中发现，某组织对美国国税局的询问没有作出"完整真实"的回答，因为这些问题可能会妨碍组织获得免税资格认定裁定书。

但如果组织对其活动具有足够详细的描述且能证明组织将满足相关要求，尤其是如果组织回答了国税局的所有问题的话，那么这个组织就被认为是满足了所要求的"入门标准"。

申请过程实质上是一个"责任-证明"问题，由假设的免税组织承担责任。但也有负面假设：如果组织的代表在进行免税认证申请时，没能向美国国税局提交适当的真实信息，从事实中得出的推论可能会对组织的目标有不利影响。

3.30 如果美国国税局认为免税认定申请不完整会怎么样？

如果免税认定申请缺少必要信息，国税局会将申请退回给申请免税的组织，而不考虑利弊得失。如果申请免税的组织所提交的免税认定申请实质上不完整，国税局将不予处理。

3.31 这些申请会被视为商业计划吗？

会。这就是为什么组织在向国税局提交申请之前要认真准备。除了认真准备政府文件之外，活动陈述和预算报告也非常重要。另外，因为这些申请都是公开文件（18.1），组织在准备时应认识到这些申请可能会被未来的捐赠人和委托人、媒体以及其他对该组织及其领域感兴趣的人看到。

如何正确准备免税认定申请呢？只是在政府给的表格里回答问题是远远不够的。这个过程与准备商业招股书不同，后者只需要符合证券法要求即可。申请里的每一项陈述都应认真准备。即使没有申请要求，有些问题也会强迫申请组织认真关注那些与管理工作相关的问题。申请应认真填写，信息应真实完整，组织应本着尊重和认真的态度准备。

申请准备的主要目标必须是准确、完整；最根本的是所有材料事实必须正确、充分。当然，申请组织需要判断在材料中应提供哪些事实以及如何汇总。此外，回答问题的措辞也非常重要，这不仅是一门科学，更是一门艺术。

准备申请或审阅申请的人应能预测国税局对申请内容的关注点，在正确准备申请的同时，尽量避免与美国国税局产生矛盾的可能。如果申请措辞不够雅观，国税局可能会拒绝组织的免税资格，导致具有免税资格的组织不能获得国税局的免税认定，或者拖延免税认定的过程。

因此，免税认定的申请应被视为重要的法律文件，应按要求准备。因为申请要接受公开审查，所以需要周到地准备。

3.32 怎样算是完全完整的申请?

完全完整的申请应满足以下八个条件：

1. 由被授权的个人签字。

2. 包括雇佣者的身份证件号码。

3. 包括收入和支出报表以及当年和过去 3 年的资产负债表（如果组织成立时间少于 4 年，则需要组织成立至今的资产负债表），如果组织还没开始运营，或没到一个会计结算周期，则应包括两个会计结算期的预算计划，以及当前资产和负债报告。

4. 包括资金筹集在内的计划活动陈述以及关于收益和支出的描述。

5. 包括组织成立所依据的文件副本，该文件应有主要官员的签名，或者有被授权个人的书面声明及签名，保证该文件是原件完整、准确的副本或者该文件是满足要求的、符合规定的副本。

6. 如果组织文件是一套法人注册章程（1.6），那么应包括一份证明，说明文件交给相关州政府官员并得到批准（例如法人注册证书的副本），或者包括法人注册章程的副本以及由被授权个人的书面声明及签名，证明该副本是提交给州政府并获得批准的原件的完整准确副本，并注明提交日期。

7. 如果组织依据了法规（1.5），应包括当前法规的副本。

8. 还应包括正确的使用费和表 8718（3.35）。

3.33 对免税组织来说，免税认定申请是重要的文件吗?

是的，对于免税组织来说，免税认定申请是重要的法律文件，应按规定准备并保存。正如讨论中所说，免税认定申请与商业计划（3.31）或招股书类似。此外，一般来说，申请副本必须提供给任何要求得到副本的人（18.1）。

3.34 准备免税认定申请需要多长时间?

对于这个问题,不可能作出一般性的概括。相关影响因素包括:组织的复杂性、事实文件和支持文件获取的程度以及准备者和审阅者的能力和知识水平。根据国税局最近的估计,正确、完整地完成表 1023 需要 96 个小时(3.16)。

国税局预计,除了表 1023,完成记录并能够准备申请(不包括任何行程)所需的平均时间是 89 小时 26 分钟。如果需要准备所有表格(表格 A-H),还需要 87 个小时(当前所用表格的复杂性可以用之前的表格说明,填写之前的表格需要 55 个小时)。国税局估计,学习法律或认识表格需要 5 小时 10 分钟。

3.35 处理免税认定申请收费吗?

收费。美国国税局处理组织的免税认定申请需要收取使用费。使用费必须在提交申请时支付。

根据现在的程序,[10]如果申请组织的年总收入超过 10 000 美元,那么处理一份申请的费用是 850 美元。对于小型组织,费用为 400 美元。集体免税申请(3.68)的费用为 3000 美元。

3.36 免税认定申请可以提交给国税局的全国办公室吗?

可以。正如书中讨论的,免税组织裁定办公室一般会对提交的免税认定申请颁发裁定书(3.19)。但免税组织裁定办公室会将以下两种申请移交给免税组织专业办公室(国家办公室内部的):(1)申请涉及的问题在美国国内税收法、财政部规章、国税局收入裁定或国税局国内税收通告的法庭裁决中没有详细记录;(2)为了保持特定种类申请的一致性或对其进行集中控制,美国国税局税收程序或其他国税局官方说明文件特别规定了需要由国家办公室处理的文件。在这种情况下,国家办公室处理申请并直接向组织颁发决定书(3.20)。

3.37 申请组织可以向国家办公室求助吗?

可以。在免税组织裁定办公室考虑免税认定申请的过程中,如果申请组织认为申请涉及的问题没有公开过的,或者与国税局处理的其他申请不一致,可以要求免税组织裁定办公室将申请交给免税组织专业办公室，或向专业办公室寻求专业建议。

3.38 免税认定申请可以撤回吗？

可以。组织的授权代表提交书面要求，可以在裁定书或决定书颁发之前撤回提交给国税局的免税认定申请（一旦发出拟拒绝裁定书或决定书，申请就不能被撤回）。申请撤回后，申请文件以及所有支持文件都由国税局保存。

在这方面需要考虑两个因素：（1）一般情况下，如果申请被撤回，不会退还使用费（3.35）；（2）国税局在对组织之后的考察中会参考所提交的撤回要求信息。

3.39 如果美国国税局认为申请组织不具有免税资格怎么办？

如果美国国税局（免税组织裁定办公室或专业办公室）认为申请组织不满足免税资格要求，一般会发出拒绝裁定书（3.19）或决定书（3.20），裁定书或决定书会详细说明国税局拒绝免税认定的理由，并告诉组织有机会上诉或对裁决进行抗议，要求召开讨论会。

3.40 上诉程序是怎样的？

如果美国国税局外地办公室发出了拟拒绝裁定书，就可以进行上诉程序。组织有机会对裁定上诉，要求国税局上诉办公室对裁定进行考虑。组织如需上诉，必须在拒绝裁定书发布的30日内提交支持自己立场的事实陈述、法律文件和理由。及时上诉的结果可能是上诉办公室颁发同意裁定书或拒绝裁定书。如果组织没有及时上诉，将会发出最终拒绝裁定书。

3.41 抗议程序是怎样的？

如果美国国税局国家办公室（免税组织专业办公室）发出了拟拒绝决定书，就可以进行抗议程序。组织有机会在决定书发出30日内提交抗议陈述。及时提交抗议陈述的结果可能是免税组织专业办公室颁发同意决定书或拒绝决定书。如果组织没有及时提交抗议，将会发出最终拒绝决定书。

3.42 美国国税局上诉办公室在这个过程中扮演什么角色？

美国国税局上诉办公室在这个过程中的作用是审议并受理组织的上诉申

请。如果上诉办公室同意拟拒绝裁定书，将发出最终拒绝裁定书或联系组织安排讨论会（如果组织要求的话）。讨论会结束后，上诉办公室会发出最终拒绝裁定书或同意裁定书。如果上诉办公室认为公开判例中没有相关免税资格、私人基金会资格或公共慈善组织资格的记录，或者有不一致的地方（3.37），需要向免税组织专业办公室寻求专业建议。[11]

3.43 如果组织的免税认定被拒绝，可以再次申请吗？

当然可以。重点是要改正导致第一次申请被拒绝的内容。如果组织满足各类免税组织的法律标准，则具有免税资格。如果不能满足标准，则不再有免税资格。如果组织重新获得免税资格，则其免税待遇必须恢复。每年都会对组织免税资格进行分析。

对于免税认定被拒绝过的组织，如果发生实质性变化并满足申请要求，组织可以再次申请免税认定。例如，因过度游说活动（第八章）而被拒绝给予免税认定的某慈善组织可以在该纳税年之后的任意纳税年再次申请免税认定。一般来说，再次申请表格包含的信息必须说明组织在再次申请之前的一整个纳税年度遵守法律，且组织没有故意进行可能使其失去免税资格的运营行为。

3.44 裁定书或决定书的有效期是多久？

一般来说，如果组织的目的和活动在免税认定裁定书（3.19）或决定书（3.20）发出前满足免税要求，那么裁定书或决定书自组织成立之日生效。这条规定与以下概念一致，即一个组织可能本来就具有或不具有免税资格；不是所有类型的免税组织都需要向国税局申请免税认定；国税局作出此项规定的原因是，在这种情况下，国税局的职能是决定是否同意组织的免税认定（3.12）。

如果国税局要求组织改变其活动或对运营方式进行实质性的修正，免税认定裁定书或决定书中说明生效日期。如果组织根据国税局的要求进行了非实质性的修正，免税认定一般自组织成立之日生效。如果组织活动在裁定书或决定书发出前满足免税要求，非实质性修正包括改正运营方式中的笔误或增加解散条款（1.33）。

3.45 组织可以在多大程度上依赖裁定书或决定书？

一般来说，组织可以依赖美国国税局的免税认定裁定书（3.19）或决定书（3.20）。但如果组织的目的或运营方式的本质发生实质性改变，使其与免税要求不符，裁定书或决定书则无效。如果裁定书或决定书所基于的事实不准确，则裁定书或决定书也无效。

3.46 组织如何维持免税身份？

简单来说，组织想要维持免税身份，就要遵守该免税组织类型的管理规定。这些规定是对私立学院和大学以及其他慈善组织最有利的依据。

因此，如果一个慈善组织想要维持免税身份，必须不断进行各种测试，包括组织性测试（1.33）、禁止私人分配和私人牟利（第六章）、游说限制（第八章）、禁止政治竞选活动（第九章）以及避免过多的不相关营业活动（第十四章）。

3.47 组织的免税身份在什么情况下会被撤销？

一般来说，如果美国国税局发出裁定书，认为组织在实质上没有满足免税资格要求，组织的免税身份将被撤销。例如，如果国税局认为某慈善组织参与了私人分配交易（第六章）或政治竞选活动（第九章），那么它的免税裁定书将被撤销。

免税裁定书（3.19）或决定书（3.20）被撤销（或被修改）的方式包括：（1）向获得裁定书或决定书的实体发出通知；（2）颁布税收协定法规或批准书；（3）美国最高法院作出裁决；（4）颁布暂行或最终法规；（5）国税局国内税收通告颁布税收裁定、税收程序或其他声明。

国税局通过各种形式获得撤销免税裁定书的理由。

国税局可以通过审计获得这些信息，个人可以向国税局提供不法行为信息，它还经常从媒体获得撤销裁定书的信息。

如果裁定书或决定书被撤销（或修正），上诉程序与免税认定被拒绝（3.39）的程序相同。

3.48 免税身份撤销有追溯力吗？

有。美国国税局不但有权力撤销组织的免税身份，在某些情况下，撤销还具有追溯力。一般规定，如果组织遗漏或谎报实质性事实，运营方式在实质上与最初所呈现的方式不一致，或（如适用）参与某些禁止交易，则免税认定裁定书或决定书的撤销（或修改）具有追溯力。国税局在进行有追溯力的撤销方面有很大的自由裁量权。[12]

例如，国税局在 1970 年开始实施禁止免税学校使用种族歧视政策的规定（4.5），但发现一所 1959 年获得免税认定的学校有种族歧视行为，因此在1976 年开始实施撤销该校免税身份的程序；最终法院判决该校失去免税组织身份。国税局努力想要撤销该校自 1959 年起的免税资格，但法院判决撤销自1970 年的免税资格。[13]

但在另一个案件中，法院认为国税局试图对免税认定进行有追溯力的撤销超出了"自由裁量权允许的界限"。在这个过程中事实并未被改变，组织在年度信息反馈文件中对导致撤销的事实进行了充分披露，没有对事实的歪曲或欺骗，所提出的税收评估"过大，以至于会抹去组织的存在"。法院认为它"意识到国税局局长在发现自己在相关事实和法律方面犯错误之后改变了主意"。法院继续写道："但是国税局局长一旦改变主意就可以任意或无限制地追溯到多年以前，那时组织还根据之前的规定运营，这又是另外一件事"。法院拒绝维持所提出的"严厉的结果"，因此拒绝了免税撤销申请追溯。[14]

但近几年国税局偶尔会突然根据裁决政策改变立场，对免税认定撤销进行追溯。例如，国税局先是对信用咨询组织和首期付款帮助组织进行了免税认定，但后来认为这些组织不应该免税，因此提出了免税撤销追溯，追溯到组织成立之日。但法院认为国税局的免税撤销没有追溯力，因为虽然这样做可能有一定的基础，但是免税组织的目的和运营方式没有发生实质性的改变。[15]组织可以请求国税局撤回拟免税撤销追溯书。[16]

如果组织的目的和运营方式本质上发生了改变，使其与免税要求不符，资格撤销（或修改）一般追溯到发生改变之日起。如果裁定书或决定书有错误或"不再与国税局的立场一致"，且国税局同意让步，撤销（或修改）生效时间一般不早于国税局撤销（或修改）裁定书或决定书之日。

3.49 免税组织应如何考虑成立相关基金会的问题？

一般来说，免税组织为了使一系列活动享受免税，会成立一个独立的基金会。在多数情况下，成立相关基金会的免税组织都是非慈善免税组织。虽然几乎每种类型的免税组织都可以成立相关基金会，但成立相关基金会的一般都是社会福利组织和商业联盟。基金会的目的是使独立的实体进行慈善、教育或其他类似活动，从而使这些活动获得补助金或免税捐赠。非慈善免税"母体"的另一种慈善和类似项目的运营模式是利用基金会作为主要的筹款工具。

所以，成立相关基金会的主要原因是利用联邦税法的不同，但母组织也可能有其他原因。例如，另一个原因就是使具有自己管理委员会和银行账户的独立实体进行筹款活动。因为筹款项目通过这种方法可以得到更好的管理，许多学院、大学、医院和其他公共慈善组织（4.1）都成立了独立的筹款（或发展）基金会。

第三个原因是基金会的公共慈善免税身份对母组织是有利的。例如，母体慈善组织可能没有管理收益基金池的资格，但是它的慈善基金会有这个资格（12.82）。但这些都不是学院和大学考虑的因素，因为作为免税高等教育机构，它们可以管理这些基金。

3.50 不提交年度信息反馈文件对组织的免税身份有影响吗？

有。根据法律规定，组织连续 3 年不提交年度信息反馈文件可能会失去免税身份。[17]这条规定自 2006 年 8 月 17 日之后的纳税年开始实施；美国国税局将 3 年提交的截止日期延长至 2010 年 10 月 15 日。第一个因为这个原因失去免税身份的记录在 2011 年初。因为这个原因失去免税身份的组织可以申请或再次申请免税认定。

申请表 1023

3.51 表 1023 第 1 部分的要求是什么？

表 1023 第 1 部分要求填写申请组织和组织代表的基本信息。组织需提供名称、地址、雇佣者的身份证件号码、成立日期、网址和会计期。如果组织是根据外国法律成立的，必须说明是哪个国家。

还必须提供申请组织主要联系人的姓名和电话号码。如果组织授权他人代表（例如律师或会计），必须提供该代表的姓名以及该代表所属公司的名称和地址。如果组织想要美国国税局能与代表联系，必须提供委托书（表2848）。

如果组织向个人（信托人、董事、管理人员、员工或组织授权的代表）支付或承诺支付报酬，委托该人对组织的结构、活动或财政税务问题进行计划、管理或提出建议，则必须提供该人的姓名、其所属公司的名称和地址、支付或承诺支付的金额以及对此人角色的描述。

最后一条要求可能会带来问题。准备免税认定申请的人对申请不是非常熟悉（或对这方面的法律不熟悉），所以向相关领域的律师或会计求助，这种情况并不鲜见。但准备申请的人可能不想让客户（所服务的申请组织）知道自己使用外部帮助。面对这种问题，准备申请的人就会很挫败——这不是委托的目的，反而会导致许多营销者不择手段完成免税组织的税务计划。

3.52 表1023第2部分的要求是什么？

表1023第2部分要求填写申请组织的构成信息。组织必须是法人、非法人团体、信托或有限责任公司。必须附上组织的章程副本（法人注册章程、组织章程、章程、信托协议或其他类似文件），包括所有修订文件。如果组织使用了规章制度，也必须提供规章制度的副本。

如果私立学院或大学或相关慈善实体申请者属于非营利法人，则必须提供州颁发的法人成立证明副本。

3.53 表1023第3部分的要求是什么？

表1023第3部分的目的是保证申请组织的成立文件包含必要条款。这部分表格的重点是需要正确合理地填写目的陈述（1.33）以及说明条款，即如果组织解散其净资产将用于慈善目的（1.33）。虽然解散条款可能被州法代替，但组织必须在成立文件中体现这些条款（例如在某些部分或段落中体现）。

3.54 表1023第4部分的要求是什么？

表1023第4部分要求添加附件，说明申请组织过去、现在及未来计划的活动。组织可以添加有代表性的简报、小册子和其他有支持性细节的文件。因为申请是公开的（18.1），提醒组织这些活动陈述应"完整、准确"。国税局一般会验证问题的回答与申请组织网站上发布的内容是否一致。

学院或大学应大体描述其教育活动，重点是校园设施、课程设置、教学人员以及学生群体（2.25~2.27），还要详细说明学院或大学构成（例如大学的学院）。其他需要说明的内容还包括学院或大学的奖学金和研究奖金项目、科研活动以及体育项目。

3. 55 表 1023 第 5 部分的要求是什么？

表 1023 第 5 部分要求填写申请组织支付给信托人、董事、管理人员、员工和独立合同方的薪酬及财政安排。

组织应将信托人、董事和管理人员的姓名、头衔和邮寄地址一一列出，必须说明这些人为组织提供服务的总年薪或计划总年薪。

组织还必须列出前五位年薪超过（或者可能超过）50 000 美元员工的姓名、头衔、邮寄地址和薪酬金额以及前五位年薪超过（或者可能超过）50 000美元的独立合作方的姓名、商业名称、邮寄地址和薪酬金额。

组织必须提供所有信托人、董事和管理人员的家庭或商业关系信息。组织必须说明自己与信托人、董事及管理人员除职位之外的商业关系。组织必须说明信托人、董事及管理人员与薪资最高的员工或独立合作方是否有家庭或商业关系。

组织必须提供信托人、董事、管理人员、薪资最高的员工以及薪资最高的独立合作方的姓名、资历、平均工作时间和职责。如果信托人、董事、管理人员、薪资最高的员工和薪资最高的独立合作方接受其他通过共同控制与原组织相关的免税或非免税组织的报酬，必须给出解释。例如，学院或大学从事发展工作的员工可能收到相关筹款基金会的工资，大学的体育教练可能收到相关"促进"组织的工资。

组织需说明信托人、董事、管理人员、薪资最高的员工以及薪资最高的独立合作方的工资惯例。推荐使用以下六种惯例：

1. 遵守利益冲突政策。
2. 在支付工资前同意工资安排。
3. 记录工资安排条款。
4. 保存同意工资安排的书面档案。
5. 使用类似合适组织的工资调查或书面提议。
6. 保存作为工资决定基础的书面文件。

如果组织不使用以上这些惯例，需说明如何为员工发放薪资。

组织必须说明是否采用利益冲突政策（国税局会提供并推荐一种政策作为例子）。如果采用了利益冲突政策，组织必须说明遵循的程序，保证发生利益冲突的个人在自行解决薪资和/或相关商业协定时不会对组织有所影响。

组织需说明所有薪资安排，包括支付给所有信托人、董事、管理人员、薪资最高的员工和薪资最高的独立合作方非固定工资。如果有薪资安排，组织必须提供如何确定金额、谁有资格接受薪资、总薪资是否有限制以及薪资合理性是如何确认的等信息。组织必须提供年均非固定薪资超过 50 000 美元的员工信息。

组织必须提供与信托人、董事、管理人员、薪资最高的员工和薪资最高的独立合作方相关的所有物品、服务和资产购买或出售信息。必须说明交易条款、交易方以及组织如何确定相关财产的公平市价。

另外，组织必须提供这些人、他们的利益相关组织以及他们作为董事或管理人员的组织的所有租赁、其他合同、贷款或其他安排信息。必须说明安排条款、交易方以及组织如何确定相关财产的公平市价。

3.56 表 1023 第 6 部分的要求是什么？

表 1023 第 6 部分要求申请组织（1）说明向个人或组织提供物品、服务或资金的所有项目；（2）说明项目对向某些个人或个人组织提供物品、服务或资金是否有限制，如有，如何限制；（3）说明通过组织项目接受物品、服务或资金的个人与信托人、董事、管理人员、薪资最高的员工和薪资最高的独立合作方是否有商业关系，如有，是怎样的关系。

3.57 表 1023 第 7 部分的要求是什么？

表 1023 的第 7 部分与申请组织的历史有关。组织必须说明是否接管了其他组织的活动，是否至少接收了其他组织净资产公平市场价值的 25%，其成立是否从营利组织转变为非营利组织。如果有以上情况，需要提交表 G。

如果组织在合法成立 27 个月之后提交申请，需要提交表 E。

3.58 表 1023 第 8 部分的要求是什么？

申请组织需提交以下各类活动信息，包括过去、现在和未来计划：
- 支持或反对参加政治竞选的候选人（第九章）。
- 试图影响立法（第八章）。
- 运营宾果或其他博彩活动（14.23）。
- 筹集资金（第十三章），包括通过邮件鼓动；捐赠车辆、船、飞机或其他交通工具（12.41）；基金会或政府资助金。

- 网络捐款。
- 使用捐赠者建议的基金（4.48~4.50）。
- 附属于政府部门（1.41~1.43）。
- 参与经济发展。
- 发展组织设备。
- 管理组织活动或设备。
- 参与任何的合资公司（第十六章）。
- 知识财产的出版、拥有和权力。
- 接受不动产、保护地役权、知识产权（12.37~12.40）、交通工具（12.41~12.45）或收藏品的捐赠。
- 在国外运营。
- 向其他组织提供资助金、贷款或分配资金，例如外国实体。
- 与其他组织有紧密联系。
- 作为学校运营（需提交目录B）（3.63~3.67）。
- 作为医院或其他医疗设施运营（需提交表C）。
- 为低收入者、老人或残疾人提供住所（需提交表F）。
- 提供奖学金、研究奖金、教育贷款等（第十一章）（需提交表H）。

3.59 表1023第9部分的要求是什么？

表1023第9部分是关于申请组织的财政数据（包括收入和支出报告）。如果组织成立时间超过4年，需要提交最近4年的信息。如果组织成立的时间大于1年小于4年，需要对每一年的信息以及其他年份（最多3年）财务进行真实的估计。如果组织成立的时间少于1年，则必须提供当年以及未来2年真实的财务预算，还需要提交最近1年的资产负债表。

3.60 表1023第10部分的要求是什么？

表1023第10部分是关于组织公共慈善组织的身份（第四章）。申请组织必须确定它所申请的公共慈善组织的类型，如果它是标准的私人基金会或私立运营基金会，则需要回答问题。

私立学院或大学申请者会声称自己的身份是学校（2.13，2.14），并且附上准备好的目录B（3.63~3.67）。附属于免税学院或大学的实体可能是公共支持组织（4.11）或支持型组织（4.18）。

3.61 表1023第11部分的要求是什么？

表1023第11部分是关于提交申请（3.35）必须支付的使用费。

美国国税局开发了一个表1023网上填写系统，组织填写后打印并邮寄给国税局。系统会提示如何（从国税局的角度）正确完整地填写申请；网络助手会提供指导（或方向）。如果填写表1023时不使用网络助手，使用费会低一点。

3.62 如果没有获得免税资格认定决定书怎么办？

如果组织收到拒绝裁定书（3.19）或决定书（3.20），可以按照美国国税局规定的程序规则处理。程序包括抗议和上诉的权利、召开讨论会、向国税局国家办公室寻求专业建议，有时还可以要求国家办公室对结果进行审议。除了这些，也可以诉诸法院；组织可以向美国税务法院（没有律师）、美国地方法院或美国联邦索赔法院上诉。上诉将由相关的美国巡回上诉法院处理；在极少数的情况下，免税组织案件由最高法院处理。对于慈善组织，免税身份、私人基金会/公共慈善身份和/或慈善受赠者身份诉讼案件要遵从宣告式判决程序。[18]

表1023目录B

3.63 什么样的组织需提交表1023中的目录B？

身份为学校（包括私立学院或大学）的非政府组织在提交表1023时需同时提交目录B。其中，问题包括申请组织在正常情况下是否定期安排课程、是否具有稳定的有资格的教学人员、是否定期招生、是否拥有稳定进行教育活动的设施（2.14）。如果组织对这些问题的回答是否定的，可能就不用提交目录B。

表1023还有一个问题：组织的主要职能是进行正式的指导吗？如果答案是"否"的话，组织就不用提交目录B；如果答案是"是"的话，组织必须说明学校类型，例如学院或大学。

3.64 政府运营的学校要提交目录 B 吗？

一般来说，政府运营的学校（即公立学校）（2.16）不用提交目录 B，因为它作为政府部门获得免税资格。但目录 B 中有一个问题是：申请组织是由州或州的分支机构运营而成为公立学校的吗？如果答案为"是"，必须说明运营方并完成目录 B 剩下的内容。

目录 B 中另一个问题是：申请组织是因为全部或主要由政府基金或财产运营而成立的公立学校吗？如果答案为"是"，必须说明运营方，在表中附上基金协议副本并完成目录 B 剩下的内容。

3.65 目录 B 还有其他关于学校一般性运营的问题吗？

目录 B 还会涉及申请组织所在的学区、县和州。其中一个问题是：申请组织接受政府机构经济资助或帮助的权利是否曾被驳回或怀疑过？如果这个问题的答案为"是"，则组织必须作出解释。

申请组织是否与其他实体签订过发展、成立、营销、筹资或相关计划的协议。如果答案为"是"，组织需说明（将）如何挑选合作实体、（将）如何公平协商协议条款、组织是（将）如何决定所支付的服务费用不高于公平市场价格。

对于以上问题，申请组织应保证其回答与申请的答案一致（3.58，第 8 项）。

申请组织还需要回答是否（将）使用自己的员工或志愿者管理活动和设施。如果组织参与或计划参与独立的组织或独立合作方进行这项活动，则答案为"否"。如果答案为"否"，组织需要（1）说明将由其他实体管理的活动、管理或将要管理活动和设施的人名以及如何挑选管理人员；（2）提交活动或设施管理服务相关的合同副本或拟定的合同副本；（3）说明如何或将要如何协商协议条款；（4）说明组织如何确定（将）支付的费用且不高于平均市场价格。

对于以上问题，申请组织应保证其回答与申请的答案一致（3.58，第 9 项）。

另外，还有一个问题是免税学院和大学以及其他学校（3.66）是否有种族歧视行为。

3.66 关于学校和种族歧视的问题有哪些?

目录 B 中有两个与申请学校和种族歧视相关的问题,这两个问题都是从运营的角度提出的。一个问题是组织是否在所在学区或县推行公立学校废除种族歧视政策期间成立,或在此期间是否有实质性的扩大。另一个问题是州或联邦行政机构或法院是否认为申请组织有种族歧视行为。如果第二个问题的答案为"是",组织需作出解释。关于反种族歧视政策(3.67)的制定有一系列问题。

3.67 反种族歧视政策的制定涉及哪些问题?

反种族歧视政策的制定涉及许多问题(这些问题与 4.5 中讨论的法律相关)。

目录 B 中的问题包括,申请学校在管理层(1.33)制定的成立文件、规章制度或决议中是否对其学生实施了反种族歧视政策。如果"是",组织必须说明是什么政策,或提供政策副本。如果"否",申请组织必须在提交免税认定申请之前实施此政策。

与组织招生、项目和奖学金相关的小册子、申请表格、广告和说明目录中是否包含反种族歧视政策(4.5)说明。如果"是",组织在申请时必须提交可代表这些文件的样本。如果"否",组织必须同意(通过在表中询问)将来所有印发的材料(包括网络内容)都包含反种族歧视政策内容。

组织是否在社区内所有种族群体中都广泛流传的报纸上发表反种族歧视政策的说明。如果"否",组织需作出解释。组织(或组织的部门或分支)在招生、设施使用、学生特权行使、教学人员或管理人员、奖学金或贷款项目中(将)有种族歧视行为。如果任意一项的答案为"是",组织必须作出解释。

申请组织需填写本学年及下个学年的种族构成表格(人数而不是百分比),包括民族、学生群体、教学人员和行政人员。如果组织不是运营性的,应提交对此信息的估计报告。组织还必须按照种族分类填写录取学生奖学金和贷款的人数和数量表格。

申请组织需附上发起人、创办人、董事会成员以及土地或教学楼捐赠者和委托人的名单。目录 B 还会问这些人是否"想要维持种族隔离的公立或私立学校教育"。如果第二个问题的答案为"是",组织需作出解释。组织是否保留非种族歧视的必要档案；如果答案为"否"，需作出解释。

集体免税

3.68 集体免税程序是怎样的？

美国国税局制定集体免税程序[19]的目的是减轻相同类型组织申请决定书带来的行政负担，相同类型的组织有很多（可能有几百个），而且相互有关联。集体免税程序适用于被某一组织一般性监督或控制的关联性实体，比如分支机构、地方性组织或部门，它们通常是国家、地区或州的实体。

监督组织也称核心组织；附属于核心组织的被称为下级组织。国税局根据下级组织与核心组织的关系对其免税资格进行认定。这就是免税集体认定。

根据集体免税程序，核心组织作为国税局的代理机构发挥职能，应按照所适用的组织性测试和运营性测试，负责独立地对下级组织的免税资格进行评估。

有意思的是，集体免税程序没有对"附属"这个词下定义。一般来说，必要的附属都包括在组织的管理结构中，例如分支机构的协会、包括许多单独教会的教会教派，或有房产的退伍军人组织或兄弟会。有时，附属关系被默认包括财务关系，例如费用分享。一般来说，国税局接受任何对"附属"的合理解释。

3.69 集体免税最初是如何形成的？

首先，想要成为核心组织的实体必须从国税局获得免税身份，然后向国税局申请作为核心组织。

申请（奇怪的是，美国国税局没有提供相关表格）必须满足以下条件：集体免税文件包含的所有下级组织都附属于核心组织（3.68）、都受到核心组织的一般性监督或控制、具有相同的免税资格、不属于私人基金会、不属于外国组织、如果不包括在集体反馈文件（3.71）中，应与核心组织的会计期相同，慈善实体应于提交集体免税申请前 27 个月内成立。

核心组织必须代表下级组织向国税局提交以下信息：

1. 证实以上提及的关系和其他要求的信息。
2. 说明下级组织主要目的和主要活动的信息，包括财政信息。

3. 下级组织采用的管理方式文件副本或代表性副本。

4. 核心组织主要管理人员证明下级组织与其所声明的运营目的一致并确认。

5. 证明所有下级组织都具有必要的书面授权的声明。

6. 拥有国税局颁发的免税资格认定裁定书（3.19）或决定书（3.20）的下级组织列表。

7. 如有关联，需要一份证明所有下级组织均不属于私人基金会（4.2）的确认书。

8. 集体免税申请中所有下级组织的名称、地址和雇佣者身份证件列表（或符合要求的名单目录）。

如果下级组织属于免税学校，必须向国税局提交该校种族歧视行为（4.5）方面的政策信息。

3.70 如何维持集体免税身份？

集体免税一般通过核心组织向美国国税局提交年度报告维持。核心组织想要维持集体免税身份，每年都必须向国税局提交固定信息（每年的会计期结束后90天内）。

信息包括：

- 下级组织的目的、本质和运营方式的变化。
- 前一年更改名称和地址的下级组织列表。
- 不再属于集体免税组织的下级组织列表。
- 前一年新加入集体免税组织的下级组织列表。
- 前一年加入该集体的下级组织信息汇总。

3.71 如何满足年度信息反馈文件的报告要求？

一般来说，核心组织必须提交年度信息反馈文件（第十七章），所以下级组织也必须提交该文件。但许多下级组织都很小，所以可以使用特例，即年总收入不超过50 000美元的小型组织（17.5）不必提交该文件。

下级组织可以选择提交自己的年度信息反馈文件（如果不属于特例组织），或向中心组织提交年度集体反馈文件。

3.72 核心组织和下级组织必须具有同样的免税身份吗？

不用。这些实体属于不同的免税组织类别。例如，核心组织可以作为商业联盟获得免税，下级组织作为慈善组织获得免税。另外，核心组织可以作为慈善组织获得免税，下级组织作为社会福利组织获得免税。

3.73 属于同一集体的下级组织需要具有同样的免税身份吗？

需要。但下级组织不必与核心组织（3.68）具有相同的免税身份。另外，一个组织可以作为多个集体的核心组织。例如，一个核心组织可以管理两种类型的集体免税组织。

3.74 同一个组织可以属于不同的集体吗？

可以。例如，一个州的组织可以通过州作为一个下级集体组织的核心组织，同时它又可以作为联邦中央组织管理下的一个下级组织。

3.75 如果一个下级组织因为未提交年度信息反馈文件而失去了免税身份，核心组织可以恢复其身份吗？

不能。在这种情况下，核心组织没有权力恢复下级组织的免税身份。免税身份是依据法律撤销的（3.50），只有国税局才有权对下级组织的免税资格进行认定。

3.76 集体免税何时终止？

集体免税终止的情况有很多。一种是核心组织解散或不再存在。其他还包括核心组织失去免税资格、未提交必要信息或未达到报告要求。

3.77 集体免税的好处是什么？

从美国国税局的角度来说，集体免税程序是有利的，因为可以减少成千上万的免税认定申请。

集体免税对于附属非营利组织也是有利的。通过集体免税程序，集体中的成员组织不必提交单独的免税认定申请，节省了时间、精力和金钱。所以，这是一个相关组织免税资格认定的流水线程序。

3.78 集体免税有不利的方面吗？

当然有，包括以下几条：有人担心集体内的成员组织并非都具有免税裁定书。对于慈善组织来说，这可能给捐赠人和委托人带来问题。也就是说，大型捐赠的捐赠人可能希望有裁定书的保障，作为该组织属于慈善实体的必要基础。私人基金会的委托人也希望得到类似保证，确定所捐赠资金构成合格的分配（4.2）、不是支出责任拨款（4.2），不需要纳税（4.2）。

这对慈善下级组织也不利。根据规定，在集体免税处理过程中，国税局不对组织的公共慈善身份进行审核。经验比较丰富的捐赠人或委托人知道他们一般不认为某下级组织是公共慈善组织，他们需要保证。但国税局在最终决定书的基础上自动授予下级组织与核心组织同样的公共慈善身份认定，这加重了这一困境。

第三个不利方面是州免税身份。如果组织不能提供免税身份（或同等身份）的联邦裁定书副本，一般州政府不认可其免税身份。显而易见，如果是通过集体免税，下级组织不能提供该证明，这就使得州免税认可过程变得很难。

另外，如果集体免税的成员组织有破坏行为，由于集体免税的原因，其责任可能会"上升"至核心组织。

3.79 高等教育机构如何使用集体免税政策？

集体免税程序在高等教育机构中的应用不像在医疗保健领域那么频繁，医院系统一般都使用集体免税。但免税学院或大学也可能作为核心组织（3.68）或下级组织。对于前者，国税局认为集体免税对那些在形式和功能基本相同的核心组织有一定的限制（虽然这条政策没有写入正式程序中）。所以，如果免税学院想要将筹款基金会、独立的捐赠基金、健康中心等机构作为自己的下级组织，就会很困难。

参考文献

1. IRC § 5000B.
2. Reg. § 1. 501（c）(3) −1 (d)(2).
3. IRC § 501（c）(7).
4. Priv. Ltr. Rul. 201017067.

5. Bob Jones University v. United States, 461 U. S. 574 (1983).

6. IRC § 508 (a).

7. IRC § 505 (c)(1).

8. IRC § 501 (q)(3).

9. 税收程序 2011-9, 2011-2 I. R. B. 283 规定了当前使用的申请程序。

10. Rev. Proc. 2011-8, 2011-1 I. R. B. 237.

11. Rev. Proc. 2011-5, 2011-1 I. R. B. 167.

12. IRC § 7805 (b)(8).

13. Prince Edward School Foundation v. United States, 478 F. Supp. 107 (D. D. C. 1979),

aff'd without published opinion (D. C. Cir. 1980), cert. den. , 450 U. S. 944 (1981).

14. The Lesavoy Foundation v. Commissioner, 238 F. 2d 589, 591, 594 (3rd Cir. 1956).

15. Democratic Leadership Council, Inc. v. United States, 542 F. Supp. 2d 63 (D. D. C. 2008).

16. Rev. Proc. 2011-4, 2011-1 I. R. B. 123.

17. IRC § 6033 (j).

18. IRC § 7428.

19. Rev. Proc. 80-27, 1980-1 C. B. 677.

4 ◀◀
获得并保持公共慈善组织地位

联邦税法将慈善组织分为两类：公共型及私人型。前者被称为公共慈善组织，后者被称为私人基金会。尽管法律假定所有的慈善组织都是私人基金会，但大多数慈善实体（包括私立学院和大学在内）都属于公共慈善组织。在联邦税法中，公立学院和大学并非慈善组织［例如美国国内税收法 501（c）（3）规定的组织］，它们享有免税来自于其政府实体的地位（尽管它们不属于公共慈善组织的任何类型）。

公共慈善组织有三种基本分类，但每一类别下又包含了多种类型。因为在联邦税法的所有主体中，私人基金会所要承担的税务是十分繁重的，所以对慈善组织而言，获得并保持公共慈善组织的地位十分重要。

本章讨论了以下几个问题：公共慈善组织和私人基金会的区别、如何获得并保持公共慈善组织的地位、私立学校如何保持其公共慈善组织的地位以及如何评定和运转常被误解的支持型组织。本章中在提出这些问题的同时也给出了这些问题的解答。

公共慈善法律概况

4.1 什么是公共慈善组织？

免税慈善组织既可以是公共慈善组织，也可以是私人基金会。所有免税慈善组织，无论是国内还是国外的，都被假设为私人基金会；[1] 然而这种假设可能会被国税局（IRS）的说明所驳回，即它们其实是公共慈善组织。公共慈善组织有三种基本分类，但每一类别下又包含了多种类型（4.3）。

4.2 什么是私人基金会？

对私人基金会这一术语并无准确的定义，只有一个默认的定义。这一定义描述的是公共慈善组织。如果一个慈善组织不符合公共慈善组织的定义，那么它就是私人基金会。

一个典型的私人基金会拥有以下四个特征：（1）它是一个慈善组织。（2）它的最初资金来自于单一源头（通常是个体、家庭或企业）。（3）它持续的收入来自于投资（本质上是捐赠基金）。（4）它给其他慈善组织拨款，而不仅仅运行自己的项目。拨款的性质，有时候加之以管理的性质（例如紧密的以家庭为导向的受托人董事会），都是将这类慈善组织私有化的特点。

联邦税法规定了多种与私人基金会有关的禁止性行为，包括禁止自我交易[2]、符合慈善目的的强制性支出[3]、超额商业控制[4]、危害性（投机的）投资[5]和税收支出[6]。组织违反这些规定会受到制裁，需缴纳消费税。在很大程度上，公共慈善组织（4.1）并不需要遵守这些规则，虽然中间制裁原则（第六章）在某种程度上与自我交易规则相似，超额商业控制规则有时也适用于支持型组织（4.18）。

4.3 公共慈善组织的类型有哪些？

基本上，公共慈善组织类型有以下三种：（1）社会福利机构；（2）公众支持的机构；（3）支持型组织。此外，仅为测试公众安全而组织和运转的实体，也是公共慈善组织。[7]

社会福利机构依法属于慈善组织而非私人基金会，它只是简单借用了私人基金会的项目和构成。社会福利机构包括教堂、协会、教堂集会、综合性辅助教堂、学院、大学、学校、医院、某些医疗服务人员、医学研究组织，某些支持公立学院和大学的基金会和各种政府部门，包括公立学院和大学。不管他们的财政资助是何种资源，这些社会福利机构都是公共慈善组织。

公众支持的慈善组织（4.11）拥有来自公众广泛的捐赠基础，通常相对于私人基金会而存在。支持型组织（4.18）属于公共慈善组织，因为它们也帮助其他团体，尤其是公共慈善组织。

4.4 学院和大学是公共慈善组织吗？

是的。公立学院或大学属于公共慈善组织，它们是政府实体。[8]它们因为其政府地位得以免税。[9]

私立学院和大学是公共慈善组织，因为它们是公共慈善组织（4.3）定义中的一类机构。该类机构指教育机构，它通常保持常规的教学人员和课程设置，通常有固定的已注册儿童或学生出席定期举办的教育活动（例如学校）（2.13）。为了被国税局（3.12）认定为公共慈善组织，私立学院或大学必须向国税局申请认证其慈善地位，同时也必须遵守反种族歧视的政策（4.5）。

4.5 私立学院或大学怎样才能符合私立学校的资质？

认定一所私立学校，抛开联邦所得税不谈，组织的主要职能必须能展现正式的指令。它通常必须保持常规的教学人员和课程设置，通常有固定的已注册儿童或学生参加定期举办的教育活动（2.13）。一般来说，学院或大学都较容易达到这一标准。

此外，学院或大学在其章程细则、其他管理办法，或者管理主体的决议中必须要有一条声明，对于学生实施反种族歧视政策，不歧视申请人和学生的人种、肤色、国籍或原属种族。

一个典型的公告声明如下：某大学承认任何人种、肤色、国籍和原属种族的学生享有学校为学生设立的所有权利、优待、项目和活动。在学校的教育政策、入学政策、奖学金和贷款项目、体育竞技和其他的学校管理项目上，都不会歧视学生的人种、肤色、国籍和原属种族。[10]

学院或大学必须以某种方式公布和披露这一信息，以满足特定的公开要求（18.33~18.35）。一所学院或大学可能有其他活动，例如运营一个博物馆或赞助一场音乐会，只要这些活动附属于符合规定的教育活动，它仍然被认定为私立学校（1.35）。[11]

4.6 学院和大学的附属组织也是公共慈善组织吗？

这要视情况而定。学院或大学可能会建立一个附属组织，为了实行与其相关的教学任务或其他慈善目的。类似这样的组织很有可能以非营利的免税实体形式被建立，这样就能被认定为公共慈善组织，要么因为它获得了公共支持（4.11），要么因为它是学院或大学（4.18）的支持型组织。

如果组织参与商业活动，它们就应该被定义为营利组织（第十六章）。

4.7 学院或大学的基金会是公共慈善组织吗？

通常来说，是的。学院和大学基金会通常都能满足条件，被认定为慈善捐赠的公众支持组织（4.12），或者如果基金会的投资收益妨碍了其满足公共支持测试，则可以被认定为支持型组织（4.18）。

此外，对公立（政府的）学院和大学有一项特定的支持型组织的政府身份分类。[12]为了取得公共慈善组织的地位，组织必须得到相当大的一部分支持，可能来自联邦，也可能来自任何一个州，还可能来自某个行政辖区，或者可能来自一般公众直接或间接的捐赠（这种目的的支持并不包括大量来自免税功能的实践或表现）。

此外，组织的安排和运转必须专为获取、保存、投资以及管理财产和支出，或者是为了公立学院或大学的利益。被允许的支出包括对某一或多所学院和大学正常功能的偿付，例如校园区域内不动产的获取和维护，学院或大学建筑物的改造，为了学院和学校正常运转所需的设备和设施的获取和维护，还可能是奖学金、图书馆和学生贷款。

4.8 一个组织如何获取公共慈善组织地位？

一般来说，一个组织获得了公共慈善组织地位的同时也就意味着它获得了作为慈善组织的免税地位（3.12）认定。[13]作为组织提出免税认定申请的一部分，它能选择希望成为的公共慈善组织类型。

如果国税局评定该组织为公共慈善组织的某一类型，那么就包括了决定书的分类或者它所涉及的裁定［这就是慈善组织推翻其是私人基金会（4.1）这一假设的过程］。

4.9 组织如何维持其公共慈善组织地位？

维持公共慈善组织地位的方法在很大程度上取决于该公共慈善组织的类型。如果该组织与私立学院、大学（4.3）或支持型组织（4.18）有关联，只要它继续满足原有分类的程序或结构标准，它就能保持其公共慈善组织地位。如果它是公共支持的慈善组织（4.11），它必须每年向国税局提供其获得公共支持的信息。这就是年度信息反馈文件的部分工作（990 表格），慈善捐赠的公共支持组织及其支持机构都需要提交一份 5 年期限（17.35）内的支持信息表单（表 A：税收管辖地和分支机构信息）。每年，组织都必须证明自己被认定为某一分类，但不限于一种分类，即来自国税局的决定书。

4.10 为什么被认证为公共慈善组织而不是私人基金会这点很重要？

总的来说，成为公共慈善组织没有坏处，所有不利的方面都存在于私人基金会之中。此外，一些私人基金会的不便之处已经延伸至支持型组织（4.18）中。这些不便之处由于组织性质不同而多种多样。对一些组织来说，所有的不便之处都很重要。

对私人基金会的地位而言，其中一个基本的劣势就是，私人基金会必须从它们所获得的留本捐赠基金（4.2）中支出 5%，同时还必须为它们的投资收益支付 2%的消费税，这是一个实际的问题。[14]此外，私人基金会仅仅向公共慈善组织拨款，因为与捐赠有关的规则仅仅适用于公共慈善组织。私人基金会的捐赠人必须将支出责任看作是非慈善捐赠的一部分，大部分私人基金会并无资源可以承担，或者不想冒险承担支出责任的捐赠。况且，在某些情况下，这种类型的捐赠并不符合强制性支出的要求。任何一个与私人基金会结构相仿的慈善组织基本上都不愿意利用来自私人基金会的资金。

私人基金会还必须服从禁止自我交易的禁令，这基本上否认了所有与不符合条件的人之间的交易，他们大部分是基金会高级主管、实际捐赠人及其家庭成员和特定实体（4.2）。

相比较于公共慈善组织收到的捐赠，私人基金会的另一个劣势是捐赠扣除受到更大的限制。比如，在某一个纳税年度，个体扣除赠与给公共慈善组织的资金总计可能高达其调整后总收入的 50%，然而赠与私人基金会的资金却仅能扣除 30%（12.15）。同样地，对公共慈善组织增值财产的捐赠扣除上限最高为 30%，但对私人基金会而言上限通常是 20%（12.18）。

对私人基金会而言，其性质还有其他劣势，包括必须遵守联邦税法中关于私人基金会行为的规范，对其控股投资有更多限制，以及必须提交一份复杂的年度信息报告。

4.11 什么是公共支持慈善组织？

通常来说，公共支持慈善组织是一个从公共资源中获得一定程度支持的组织。有两种公共支持慈善组织：捐赠型公共支持慈善组织（4.12）和服务型公共支持慈善组织（4.14）。

4.12 什么是捐赠型公共支持的慈善组织？

捐赠型公共支持的慈善组织是一种接受公众或政府、州、行政辖区的大量捐赠捐款的公共慈善组织。[15]在这一定义中，"大量"的含义通常指的是至少占到捐赠金额的1/3。为了计算组织的公共支持，创造了一种公共支持的分数。这个分数的分子包含了赠与、拨款和赠款，分母则是总支持数，也包括了投资收益。但是分母和分子均不包含劳务收入的费用。[16]这个算式建立在5年滑动平均数基础之上（一般来说，这种支持的平衡来源与此无关。）

任一来源的公众支持不能超过分母的2%。例如，如果一个组织在最近5年收到60万美元，那么它的每一种来源的公众支持，即捐赠金额不能超过12 000美元（0.02×60万美元）。如果该组织能够证明，60万美元中至少有20万美元来自公众支持，那么它就能被考虑列为捐赠型公共支持的组织。非常规拨款，是指被公共支持型组织本质所吸引而作出的拨款和捐赠，它们的数额通常非比寻常或无法预测，由于组织规模的大小将对公共慈善组织的地位产生负面影响，所以不计入算式中。

其他适用于计算捐赠型公共支持组织所受支持的规则如下：（1）来自其他捐赠型公共支持组织或者政府实体的金额被全部当作公众支持（也就是说他们不受2%限制）。（2）超过2%限制的赠与和拨款被当作达到2%限额的公众支持（也就是说最高只能到2%）。（3）在判定支持来源方时遵守归属原则（例如，来自丈夫或妻子的礼物只会被考虑来源于一方）。这里举例说明第2条附加规则，如果上述例子中的某组织收到了来自一方合计15 000美元的捐献，其中12 000美元将作为公共支持。剩下的3000美元不会计入公共支持比例中的分子，因此不会计入满足1/3公共支持的要求。

另外两种类型的公共支持组织能够通过：（1）基于事实和情形的价值测试（4.13）；（2）由于组织是一个社区基金会而得到确认。社区基金会是一个从分散的社区中获取资金和赠款的慈善组织。

4.13 对于捐赠性公共慈善组织而言，什么是"事实和情形的测试"？

慈善组织只有满足了基于事实和情形的测试[17]才能被认定为公共支持慈善组织，一般必须（1）从政府部门或一般公众获得至少占总支持数额10%的支持，（2）为了吸引新的额外的公众或政府支持，组织保持连续的治理和运营，（3）一般被认定为公共支持组织基于以下讨论的几点事实。

第一个评判标准，组织一般必须从政府部门和公众至少获得包括捐赠、拨款和捐款在内的总支持的 10%。从公众或政府资源获得的支持比例越高，那么通过其他事实满足公众支持组织的实质性要求的压力就越少，反之亦然。

第二个评判标准，满足基于事实和情形的测试，就是一个组织需要在连续运转和实施政策的基础上吸引新的额外的公众或政府支持。如果组织维持了一个持续且真实的项目，旨在募集来自公众、社区或成员小组的资金，或者组织开展为了吸引政府部门或其他公共支持组织支持的活动，就算满足了以上要求。决定一个组织是否维持了一个持续且真实的项目，旨在募集来自公众、社区或成员小组的资金，鉴于其筹资活动的范围相对于其慈善活动是否合理。同时也会考虑，在早期建设中，组织可能限制了面向部分人群的募集范围，这些人被认定最有可能提供充足数额的种子基金，能够让组织着手慈善活动并扩展其征集项目。

第三个评判是否满足事实和形势的测试标准，一般来说，组织被认定为公共支持组织是基于几点考量因素。当组织获得的支持来自大众群体中的代表人物而不是单一家庭的成员时，能够成为公共支持组织的证据。决定代表人物数量需要考虑以下几个方面，组织的类型、存在时长以及是否将其活动面限制在特定群体或地区，或只面向特定领域的少数人群。

不论组织是否有能代表大众利益而非仅代表私人或少数捐赠人利益的主管部门，都需要考虑其是否属于公共支持组织。进一步来说，一个组织若能被认定满足该要求，其主管部门必须满足以下几个条件：（1）公职人员或者从公职人员中挑选出来的个人需要尽其所能。（2）组织运行中需要某人有特殊才能或在某一领域有所专长。（3）群体领导例如被选举或被任命的行政人员、神职人员、教育家、民间领袖或（4）其他人需要具备广阔的多角度视野，能够代表群体的利益。

国税局在决定一个组织是否是公共支持组织时，考虑的是组织是否在连续的基础上提供了直接对公众有益的设备设施，例如向公众分配教育材料等提供教育服务的举措。国税局在决定一个组织是否为公共支持组织时，还会考虑以下几点因素：（1）参与组织活动、捐赠、项目的大众成员或者是公职人员及公民社区领袖具备专业知识技能。（2）组织坚持进行一个明确的项目，旨在完成其在社区中的慈善工作。（3）收到来自公共慈善组织或政府部门的一部分重要资金，在某种程度上力争将其变为拨款、合同或捐赠的条件。

4.14 什么是服务型公共支持慈善组织？

服务型公共支持慈善组织是公共支持慈善组织的另一种基本类型。[18]这类慈善组织获得的捐赠、拨款和来自公众免税收益至少是所获支持的 1/3。典型的服务型公共支持慈善组织包括博物馆和动物园，它们收到门票的支持。此外，组织必须从它总投资收益和不相关营业税（少于适用税）中获得不超过 1/3 的支持。[19]对于服务型公共支持慈善组织而言，比例计算建立在 5 年的移动平均数基础之上。比例的分母包括了来自公共的多种支持、不相关营业收入、投资收益、为组织利益征收的税收以及政府部门提供的某些服务或设备的价值。在某种程度上说，只要不是来自于不适格的人，任何来源的捐赠和拨款都属于公共支持。特殊拨款不列入计算。

不适格的人包括了组织的董事、受托人、高管、与工作人员责任相似的核心雇员、重要捐赠人以及这些个人的家庭成员和与这些人存在关系或关联的特定实体。重要捐赠人就是向慈善组织捐赠或拨款超过 5000 美元的人，在组织存续期间，捐赠数额占比超过 2%。几乎在所有案例中，一旦某个人被认定为重要捐赠人，那么这种认定是不会由于慈善组织规模壮大而发生改变的。

对服务型公共支持慈善组织的公共支持可以包括免税收益。这种收益的存在形式有：入会费的总收入、商品的销售、服务的效益以及不相关营业中活动所提供的设备。这种收益的本质不是公共支持，然而在某种程度上，在纳税年收到来自任何人或办事处或政府部门中类似部门的收入，能够超过 5000 美元或者比重超过当年组织支持的 1%。同样，来自不适格的人的这种支持也不算公共支持。

运用上述例子（4.13）的数据，一个组织若是希望被认定为服务型公共支持慈善组织，就需要在 5 年测试周期内获取至少 20 万美元的公共支持，这种支持的形式可以为捐赠、拨款以及免税收益。然而，所有的这些收入，都不能通过重要捐赠人、董事会成员或其他不适格的人来获取。此外，组织能够从总投资收益和不相关营业的总和中获取不超过 20 万美元的数额，比收入税要少。

服务型公共支持慈善组织不能获取从总投资收益中获取超过 1/3 的支持。因此，一般来说，收到大额捐款的组织，不能被定义为服务型公共支持慈善组织。

4.15 组织如何维持其公共支持慈善组织的地位?

为了维持其公共支持慈善组织的地位,组织必须保持通过数个公共支持测试当中的一个。这些测试每隔 5 年进行一次。

4.16 公共支持慈善组织的分类重要吗?

一旦慈善组织满足了两类公共支持组织(捐赠性或服务提供者)中任何一类的标准,就会发现它的公共支持逐年发生变化,因为它最初在国税局裁决书中陈述的公共支持组织分类变化了。然而,组织并不一定需要获取一份新的裁决书来认定其新的公共支持慈善组织地位,因为如果要让国税局认定公共支持慈善组织地位的任何变化,组织必须获取一份新的裁决书。[20]

一般来说,如果可以的话,慈善组织最好是被归类到捐赠型公共支持组织。相比较于捐赠型公共支持组织,被归类为服务型公共支持组织并没有什么优势,政策制定者和监管者更倾向于对收到捐赠和拨款的慈善组织留下好印象。此外,与以商业方式运作相比,收到巨额服务费收入对慈善组织而言是更容易令人感动的。

4.17 当组织不再成为公共支持慈善组织时,会发生什么?

如果慈善组织不再被认定为公共支持慈善组织,按照规定,它自动成为私人基金会,除非它可被归入其他公共慈善组织的分类当中。有一种可以继续保持公共慈善组织地位的可能性,就是组织(临时性或非临时性)因为事实与情形测试(4.13)被认定为公共支持组织。另外一种可能,组织可以被重建为支持型组织(4.18)。还有一种可能,组织能够成为公共慈善组织机构的一员,例如将教育类组织建设为学校(4.3)。

如果慈善组织在这种情形下不能避免成为私人基金会,也不意味着就此终止了。组织有可能成为一个混合实体(公共慈善组织和私人基金会的结合),通常是一个私人运作型基金会或者免税的运作型基金会。被认定为私人基金会的慈善组织在任何时候只要能证明符合公共慈善组织地位的基础之一,就可以终止其私人基金会地位。虽然从技术上说,完成这一过程需要 60 个月,且需要预先通知国税局。

支持型组织概论

4.18 什么是支持型组织？

支持型组织就是一个相当于私人基金会的慈善组织，但它与其他单个或多个慈善组织的结构或运作关系要么是公立机构（4.3），要么是公众支持的组织（4.11）。支持型组织必须首先被组织起来，在那以后始终进行运作，至少代表着某个属于被支持组织的公共慈善组织的利益，履行它的职责，实现它的目的。[21] 同时，它需要在一个或多个被支持的组织下运作、监管和控制。一个支持型组织不能直接或间接地被一个或多个不适格的人控制，但基金会经理人与其被支持的组织可以如此。[22]

4.19 学院或大学能够从被支持组织转变为支持型组织吗？与它们相关的实体情况如何？

一般来说，学院或大学能够从被支持组织转变为支持型组织。公立和私立大学都可以被认定为公共慈善组织（4.4），它们都是获得准许的被支持实体。大体上，公共慈善组织除了支持型组织以外，都是获得准许的被支持实体。学院或大学相关实体是否能被认定为被支持组织，取决于相关实体能否被认定为被支持组织的公共慈善组织。通常而言，如果相关实体可以被认定为公共慈善组织仅仅是因为它是支持型组织，那么它就不能成为一个被支持实体。

4.20 有多少种支持型组织？哪种类型最常见？

有三种支持型组织（4.24）：第一种支持型组织，第二种综合性的支持型组织，第三种非综合性的支持型组织。第一种支持型组织最常见。

4.21 有哪些测试能够认定支持型组织？

支持型组织必须通过组织性测试（4.22）、运营性测试（4.23）、关系测试（4.24）和控制测试（4.30）。

4.22 支持型组织的组织性测试是什么？

组织性测试基本上要求支持型组织的章程必须限制它对其他支持型实体的目的，也不允许组织支持其他任何组织或者使它们受益，除了组织本身的被支持实体以外。被支持组织必须详述其章程，虽然具体的方法取决于与被支持组织（4.32）关系的本质。为了说明支持型组织的目的，只要组织陈述其成立是为了使一个或多个特定的慈善组织受益就足矣。

4.23 支持型组织的运营性测试是什么？

运营性测试要求支持型组织只参与一种活动，即对一个或多个被支持组织提供支持或使其受益，这就包括代表被支持组织筹集资金。

4.24 支持型组织如何与它的被支持实体通过关系测试？

三种关系能够通过关系测试，定义如下：与一个或多个被支持实体存在（1）被运营、被监督或被控制，（2）被监督或被控制，（3）被运营的关系。根据这三种结果，支持型组织被分为类型Ⅰ、类型Ⅱ或类型Ⅲ的支持型组织。不论关系如何，支持型组织必须响应一个或多个被支持组织的需求，并且在一个或多个被支持组织的运营中构成一个完整的部分或维持一种重要的参与。

关系测试类型Ⅰ支持型组织，包括了被运营、被监督或被控制，在很大程度上直接被一个或多个支持型组织通过政策、项目和活动完全掌控。这种关系基本上是父母与附属体之间，建立在这一基础上，至少支持型组织的大多数董事或高管组成了被支持组织的代表或被任命或经选举成为管理主体，管理层或被支持组织的成员。

关系测试类型Ⅱ支持型组织，通过两者被监督或被控制得以展现关系，考虑普遍监管和双方监管控制人的操控，以确保支持型组织能够满足被支持组织的需求。这种"兄妹关系"的实体要求支持型组织的管理控制者与被支持组织的管理控制者为同一人。

关系测试类型Ⅲ支持型组织，是一个与被支持组织存在关联运营的实体，它要考虑的是支持型组织对被支持组织的响应，并在较大程度上参与到它的运营之中。总而言之，类型Ⅲ支持型组织必须符合通知要求、响应性测试和主要部分测试。类型Ⅲ支持型组织通过主要部分测试的方法，决定了实体是功能完整的支持型组织还是功能不完整的支持型组织。

类型Ⅲ支持型组织

4.25 什么是功能完整的类型Ⅲ支持型组织？

一个功能完整的类型Ⅲ支持型组织，就是满足主要部分的功能完整的类型Ⅲ支持型组织（4.29）。

4.26 什么是功能不完整的类型Ⅲ支持型组织？

功能不完整的类型Ⅲ支持型组织就是一种无法满足主要部分测试的功能性类型Ⅲ支持型组织，但它满足功能不完整的类型Ⅲ支持型组织的条件。

4.27 什么是"通知要求"？

所有类型Ⅲ支持型组织都必须通过通知要求，它们每年需提交有关被支持组织的以下材料：（1）一份说明上一年度获得支持的类型和数量的手写公告，（2）一份最近领域年度信息反馈（如990表格）的副本，（3）一份目前管理文件的副本（除非之前已提供）。这份材料必须在组织年底后5个月的最后一天前提交，可以通过网络进行提交。

4.28 什么是"响应性测试"？

所有类型Ⅲ支持型组织必须通过响应性测试，要求支持型组织满足一个或多个被支持组织的需求。当支持型组织和被支持组织在操作上有紧密结合时，测试得以通过。有几种可以展现这种关系的途径：（1）将一个或多个支持型组织的高管或董事选举或任命为被支持组织的高管或董事。（2）在被支持组织中有一个或多个管理部门的成员，同时兼任支持型组织的受托人、董事或主管，或者掌握重权。（3）支持型组织的董事或高管与被支持组织的董事和高管保持紧密且不中断的工作关系。被支持组织中的高管和董事必须在支持型组织的以下几个方面占有重要的一席之地：（1）支持型组织的投资政策；（2）作出捐赠的时间和方式，以及选择支持型组织的捐赠受益人；（3）支持型组织收入或资产的直接使用。

对信托有一条特殊的规则，即在1970年11月20日前支持或使被支持组织受益。对于这些信托，其他的事实和情形也会考虑，以此决定它们是否满足响应性测试，例如它们与其他组织之间过去与持续的关系。

4. 29 什么是"主要部分测试"?

所有类型Ⅲ支持型组织都必须通过主要部分测试。有两种满足功能完整的类型Ⅲ支持型组织的方法，也有两种满足功能不完整的类型Ⅲ支持型组织的方法。[23]

支持型组织有两种通过测试成为功能完整的类型Ⅲ支持型组织的方法。一种是参与活动（1）所有活动实质上直接推进被支持组织的免税目的，通过执行或实施被支持组织的目的；（2）但涉及支持型组织，通常被支持组织也参与其中。筹款、投资、管理非免税财产、捐赠（给被支持组织或其他），这些都不是满足直接推进标准的活动。对支持型组织而言这条规则有一个例外，支持特定的政府实体和支持型组织全部活动的实质部分直接推进支持型组织的免税目的，除了筹款、投资、管理非免税财产和捐赠以外。

另外一种让支持型组织满足测试的方法就是，使它成为所有被支持组织的母组织。这个关系存在于以下情况：（1）支持型组织在控制政策、项目和被支持组织的活动中"导向的实质程度"；（2）大部分被支持组织的受托人、董事或高管由支持型组织任命或选举产生。这种支持型组织的结构在医疗体系中最为常见，支持型组织在系统中扮演着母公司的角色。

支持型组织也有两种通过测试成为功能不完整的类型Ⅲ支持型组织的方法。其中一个通过这种测试的方法，就是满足分配要求和专注要求。

根据分配要求，支持型组织必须每年给一个或多个被支持组织分配资金，分配的数额等于或超过每年分配的数额或者在当年的最后一天之前。一般来说，年度分配数额超过该组织收购负债的非免税资产市场公平价值的5%。这个数额将随着所收数额或是偿还数额中所得的增加而增加，他们都是先前满足分配要求需要考虑的因素。优先考虑到满足分配要求，这个数额会随着收到或偿还的数额而增加。该数额也会随着财产处置中收到或应计的数额而增加，以便满足该要求。分配数额会由于支持型组织任何收入税的数额而减少。

根据专注要求，支持型组织必须至少将其年度分配数额的1/3分配给一个或多个被支持组织，它们服从于支持型组织的运作规则并响应支持型组织的号召。通常，如果支持型组织每年给被支持组织分配的数额是被支持组织所获总支持的"主要部分"，那么被支持组织就会服从于支持型组织的运作。共有三种办法能够证明这种专注性。然而，如果被支持组织收到的来自于被支持组织的任何数额以捐赠人限制的资金形式所控制，捐赠人那么被支持组织就无须听从于支持型组织的运作规则。

第二种通过测试成为功能不完整的类型Ⅲ支持型组织的方法，就是成为信托方。如果在1970年11月20日达到要求并继续维持符合特定要求，从1972年10月16日起，受托人就要向被支持组织提交纸质版年度报告并保留特定信息。

4.30 什么是"控制测试"？这个测试是否限制了支持型组织董事会的构成？

所有的支持型组织都受控制测试的支配。一般的定义是支持型组织会被一个或多个符合条件的公共组织通过结构性或项目式关系所控制。此外，一个支持型组织也许不会被一个或多个不适格的人直接或间接控制，但基金会经理人和一个或多个被支持组织除外。基于这一目的，不适格的人包括了组织的重要捐赠人、高管和董事，以及与高管和董事拥有类似职权的个人，和上述人的家庭成员和所有实体。重要捐赠人就是向慈善组织捐赠超过了5000美元的人，在该组织存续期间，捐赠的数额占该组织获得捐赠的比例超过2%。

如果支持型组织被一个或多个不适格的人通过投票表决和权力地位的方式控制，他们也许会要求组织执行能够显著影响组织操作的措施，或者阻止支持型组织有所作为。通常，支持型组织被认定为以此种方式受到限制，即受到组织董事会投票权的限制，以及一个或多个不适格的人有权对组织行为投出反对票。所有相关的事实和情况都会被纳入考虑，不适格的人是否间接地控制了该组织。

与支持型组织相关的不适格个体（例如重要捐赠人）并未失去其地位，因为被支持组织可以委派或指定他/她成为支持型组织的基金会经理人（例如董事），也就是被支持组织的代表。

举个例子，国税局推断一个支持型组织的董事会被不适格的人间接地控制了。组织的董事会由重要捐赠人组成，有2名企业法人的雇员，超过35%的表决权都在重要捐赠人手中（将法人看作不适格的人），还有一个从被支持组织中选出来的个人。所有的董事对组织行为都无否决权。如果承认支持型组织并未直接被不适格的人控制，国税局声称："有一个情况必须被考虑到，不适格的人的地位是否影响了本身并非不适格的人的组织管理部门成员的决定。"国税局承认，两个不适格的个体，应该被考虑不适格的人是否为了影响50%的控制规则。这导致了对组织是否被不适格的人间接控制的判断，因此不能被认定为支持型组织。这个控制因素与认定为支持型组织（不受不适格的人控制）和认定为私人基金会（允许不适格的人控制）的因素存在区别。捐赠人指定组织捐赠受益人的权力，能够构成起对组织的控制。支持型组织的分类被排除，因为控制因素取决于重要捐赠人。

支持型组织问题概论

4.31 支持型组织的功能是什么？

需要强调的是财政支援，支持型组织最常见的功能就是为被支持组织筹款或其他筹资机制。在某些情况中，支持型组织为一个或多个受益组织提供捐赠基金。在公共慈善组织将其部分或全部投资资产转变为新创造的支持型实体的过程中，捐赠机制就被建立起来了。学院和大学的捐赠基金（第十章）通常属于支持型组织。由于它们庞大的投资资产，学院和大学捐赠基金通常不能通过数个公共支持测试，就不能被认定为公共支持的慈善组织。因此，为了避免陷入私人基金会的身份，这些实体通常被塑造或转换为支持型组织（4.7）。

这方面的法律也为被支持组织提供了好处。除了向被支持组织提供钱财，组织也能够通过运营自身的项目或活动让被支持组织获得支持或从中受益。例如，支持型组织通过教学、科研、学员实践计划的服务项目等方式赞助了大学里的一座医学院。另外一个例子，因为与公共慈善组织的部分关系能为心理或生理上存在缺陷的成年人提供住宿服务，支持型组织为残障人士创建并运行了一个就业机制以及有关各种残障条件的信息中心。

支持型组织也许会涉及筹资活动，例如慈善募捐、特殊事项（如晚宴和戏剧）以及不相关的商业活动，将资金交给被支持组织或其他获得准许的受益人。然而，类型Ⅲ支持型组织受限于有关筹款活动的规定（4.29）。

4.32 被支持组织是否需要在支持型组织的组织文件中得到认证？

通常需要，但并不总是这样。一般来说，支持型组织的组织章程中会标明每一个被支持组织的名称。规范的方式取决于被支持和支持型组织（4.24）

两者之间关系的本质。

如果一方被运营、被监督、被控制或者受另一方监管和控制（如类型Ⅰ和类型Ⅱ支持型组织），只要符合下面两条规则，就不要求一定标明被支持组织的名称：

1. 组织章程必须要求它的运营是为一个或多个被支持组织提供支持或使之受益，这些组织依照等级或目的进行分类。

2. 等级或目的必须包括与一个或多个被支持组织之间的关系，或者任一与组织目的和功能有紧密联系的被支持组织的关系。

如果关系是类型Ⅲ支持型组织（与运营相关），通常来说，支持型组织的章程必须详细标明被支持组织的名称。

当组织间关系并非与运营相关，支持型组织的章程也许存在以下三种情况：（1）允许一个等级内的符合条件的组织与其他组织互相替换，在章程中要么标明为同一等级，要么为不同等级。（2）允许支持型组织为新的或其他组织运营提供支持，在章程中要么标明为同一等级或不同等级。（3）允许支持型组织改变其在章程标明的组织等级中不同的合格组织中的支持数额。

与一个或多个被支持组织运营有关的组织，如果能够满足这个详细的要求，即使其章程允许标出等级或目的的组织替代另一个在章程标明的组织，但只允许替代组织在某一活动中有条件地不被支持型组织所控制。这种活动可能造成免税的损失、重大的失败、放弃运营或者章程中标明的被支持组织解体。在某个例子中，慈善实体并未被认定为支持型组织，因为其章程对替代组织的要求过于随意。无论何时，在受托人的判定下，替代组织也允许存在，即使被支持组织的慈善承诺是"不必要的、不受欢迎的、不切实际的、在任何情况下都无法适合公众需求的"。[24]

4.33 一个支持型组织可以支持多少个被支持组织？

法律没有明确限制支持型组织所服务的被支持组织数量。无论数量如何，支持型组织和各个被支持组织之间必须存在要求的关系。作为实践问题，这种关系的要求在某种程度上限制了支持型组织所服务的被支持组织数量。

4.34 除了一个或多个特定的被支持组织以外，支持型组织能够对其他非慈善组织或其他人提供支持或使之受益吗？

可以，虽然这样的机会有限。约束来自于以下事实，法律要求支持型组织仅对认定的一个或多个公共实体提供支持或使之受益。限制也同样来源于必要关系和特别规则（4.24，4.22）的要求。一般来说，支持型组织只参与一种活动，即对一个或多个被支持组织提供支持或使之受益。在限制情况下，支持型组织能让社会福利组织[25]、劳作农业或园艺组织[26]、商业联盟、商会或贸易协会[27]受益，运用服务提供者规则（4.14）为这些组织提供公共支持。[28]

支持型组织可能会为慈善组织个体成员支付费用，或提供服务或者设备，该组织受益于特定的被支持组织。同样，支持型组织还有可能通过其他不相关的非慈善组织，为受益于特定的被支持组织的慈善组织会员付款，但付款只构成对个体的捐赠并非对组织的捐赠。同时，如果支持型组织与被支持组织之间存在着直接的被运营、被监督、被控制或与之有关联时，支持型组织可以为慈善组织（并非私人基金会）提供支持或使之受益。然而，如果支持型组织追求其他目的，并非对一个或多个被支持组织提供支持和使之受益，支持型组织就会失去它的地位。

支持型组织能独立开展活动，这将作为其支持功能的一部分。如上文所述，这种类型的支持局限于受益人。

然而，在实际操作中很常见的是，支持型组织把向非慈善组织的支出看作是它们支持活动的一部分。例如，为了被支持组织的利益，支持型组织可以为其服务获取或支付金额。支持型组织也可以参加募捐活动，例如为了被支持组织利益的特别活动。在这种程度下，支持型组织能够承包并支持例如广告、餐饮、装饰和娱乐等服务的费用。

4.35 支持型组织可以支持其他支持型组织吗？

虽然法律没有明确阐述这个问题，但是从总体上来说，答案是否定的。法律从大体上要求支持型组织对一个或多个公共机构或公共支持组织的利益而运营，展现其功能以及实现其目的。只从表面对这一法律进行解读就会得出这样一个结论，由于支持型组织并非公共机构或公共支持组织，所以它不能以这种方式获得支持。尽管如此，法律要求只有被支持组织才能被列入公共支持组织或公共机构的范畴。因此，只有在被支持实体也满足某种分类的机构（例如教堂或学校）以及公共支持的慈善组织测试时，支持型组织似乎才被允许支持另外一个支持型组织。然而，国税局似乎认为在任何情况下，都不允许一个支持型组织支持另外一个支持型组织。因此，如果没有从国税局获得第一手决定书，就不能以这种方式行事。

4.36 支持型组织需要分别合并吗？

法律没有规定支持型组织需要被合并。然而在大多数情况下，支持型组织都被合并了，基于同一原因，大部分非营利法人采用了法人形式（2.41）。信托方式在以下这种情况下是可取的，即它被当作满足响应性测试（4.28）的一种方式。

4.37 支持型组织需要规章制度吗？

这个问题的答案取决于支持型组织的组织类型。如果它是一个法人或非法人社团，那么它应该制定规章制度。慈善信托通常没有规章制度，虽然信托形式也为支持型组织所用，但建议设置规章制度或类似文件。

4.38 谁能够选举或任命支持型组织的董事？

董事的选举取决于支持型组织的类型，即支持型组织和被支持组织（4.24）之间关系的本质。对于类型Ⅰ支持型组织而言，组织董事会的大部分成员都要接受被支持组织的选举或任命。支持型组织董事会的每个成员都可以通过这种方式被选择，或者少数成员被多数由被支持组织任命的成员所选择。

对于类型Ⅱ支持型组织而言，两个组织董事会的成员一般是重合的，因为类型Ⅱ支持型组织与其母组织的关系须满足以下条件：必须有共同监管，或能监督或控制两个实体的控制人。常见的是，类型Ⅱ支持型组织的董事会成员被同时任命控制支持型组织和被支持组织。

对类型Ⅲ支持型组织而言，董事会的成员很有可能完全独立于被支持组织的管理。因此，董事会可以被涉及其中的各方以任何方式组建，这就符合了类型3支持型组织的要求。也许需要被支持组织的董事从支持型组织中选举或任命一个或多个董事，从而满足响应测试（4.28）的要求。

4.39 支持型组织能够维持它本身的财务吗（例如使用独立的银行账号或独立投资）？

支持型组织不仅能够维持自身的财务，而且有义务这么做。支持型组织属于独立组织，其法律地位（包括免税）应以事实为基础。因此，独立财政资源本就（或者应该）如此。这对支持或使非慈善实体（4.34）受益的支持型组织而言尤为真实。

最关键的一个要求就是，被支持组织极大地参与到支持型组织（4.24）的运营中。这很可能意味着被支持组织的董事会对支持型组织的投资政策有引导作用。例如，为了满足响应性测试，受支持组织的高管和董事可能会在支持型组织投资政策、捐赠时间、制定政策的方式以及选择支持型组织受益人等方面提出观点，或者直接引导支持型组织（4.28）的收入或资产的使用。

4.40 支持型组织应该为被支持组织提供何种财务报告和公开信息？

这方面法律几乎是空白的。大多数情况，提供财务报告和公开信息并无法律要求，但却是一件需要去做的事。有一个适用于类型Ⅲ支持型组织的特例，它们的被支持组织（4.27）受限于通知要求。州法也许会要求特定的公开信息，尤其当支持型实体是慈善信托时。

在某种程度上，联邦条例解决了这个问题，这是被支持组织和支持型组织之间关系函数。总体而言，支持型组织必须回应被支持组织的需求。因此，法律通常要求支持型组织向被支持组织提供其"需要"的任何关于自身的财务信息。关系是受类型Ⅰ被运营、被监督或被控制或与类型Ⅱ被控制有关联的其中一种，被支持组织董事会的地位就是获取任何它想要的有关支持型组织财务或其他方面的信息。

当关系通过与类型Ⅲ有关的操作认定时，给被支持组织的财务公开信息会成为一大问题。在这种情况下，对支持型组织的董事会而言，提交给被支持组织的董事会的财务信息并非是现成的。此外，对满足类型Ⅲ支持型组织重要部分测试而言，仅对被支持组织提供财务报告并不能单独使支持型组织满足这一要求。被支持组织和类型Ⅲ支持型组织应该就共享财务信息达成共识。

4.41 被支持组织应该监管支持型组织的什么方面？

法律没有明确规定被支持组织的监管要求［除了从信托责任（5.11）中流露出的监管以及被支持实体在选择支持型组织高管和董事中所涉及的程度］。关系责任全都落到支持型组织上，作为其非私人基金会身份（4.1，4.3）的理由。支持型组织必须响应一个或多个被支持组织的需求，并在一个或多个被支持组织中是必要组成部分或者保持重要的运营参与。

良好的管理实践会规定被支持组织与支持型组织掌握的资源情形和本质

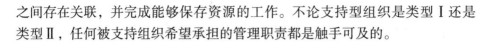

之间存在关联，并完成能够保存资源的工作。不论支持型组织是类型 I 还是类型 II，任何被支持组织希望承担的管理职责都是触手可及的。

4.42 支持型组织能够支持外国慈善组织吗？

只有特定的支持型组织能够支持外国慈善组织。类型 I 和类型 II 支持型组织可以支持外国慈善组织，但类型 III 支持型组织不可以。

4.43 支持型组织受限于强制性分配要求吗？

只有类型 III 功能不完整的支持型组织受限于强制性分配要求。其他类型的支持型组织并没有被要求进行分配。类型 III 功能不完整的支持型组织必须每年对其被支持组织进行分配，数额至少达到支持型组织非免税功能资产公平市价的 5%。计入分配要求的分配额包括以下几个方面：（1）为被支持组织支付，完成其免税目的。（2）支付收购资产（或持有）所需，实现被支持组织的免税目的的。（3）支付支持型组织合理且必要的管理费用。

一般而言，如果在特定的某一年产生了过量的分配额，超出部分将会用于缩减接下来 5 年内的分配额。当支持型组织对其被支持组织在 1 年内的总分配超过了支持型组织年度分配额，过量分配额就产生了。

4.44 支持型组织可以改变其被支持组织吗？

可以。只要代替的被支持组织能够被认定为被支持实体，支持型组织就可以修改其管理文件以改变其被支持组织。这一改变要向国税局报告，成为支持型组织年度信息反馈文件的一部分。

4.45 是否限制了什么人能向支持型组织提供捐赠？

是的。类型 I 和类型 II 的支持型组织不能接受来自任何人直接或间接控制的（除了公共慈善组织）、单独或与其家庭成员所共同拥有 35% 的实体的、被支持组织管理部门的捐赠。如果支持型组织接受了这些捐赠，它就变成了私人基金会。

4.46 支持型组织可以对其重要捐赠人提供捐赠、贷款或报酬补偿吗？

2016 年养老金保护法案产生的一个副作用就是很大程度上限制了支持型组织与其重要捐赠人（4.30）之间的可允许的交易。这个限制扩展到了重要捐赠人的捐赠、贷款和薪资（或相似份额）。如果支持型组织为重要捐赠人提供捐赠、贷款或给予薪资，那么捐赠、贷款和薪资将被视为自动超额收益交易。

自动超额收益交易扩展到了重要捐赠人的家庭成员，或重要捐赠人和/或家庭成员掌控35%的实体的捐赠、贷款和薪资。为此，重要捐赠人的配偶、祖辈、子女、孙辈、曾孙辈、兄妹以及这些亲属的配偶都属于家庭成员。举个例子，支持型组织的重要捐赠人的孩子，不能担任支持型组织执行主管。如果组织对重要捐赠人（或相关人士）进行捐赠、贷款、薪资或其他相似的支付，这个人就要返还给组织这些份额，并缴纳交易消费税（6.37）。

4.47 支持型组织可以报销重要捐赠人的费用吗？

因为组织的所有经费必须上报，所以支持型组织不能向重要捐赠人及其家人，或掌控35%的实体报销捐赠、贷款和薪资。费用报销的本质就是自动超额收益交易（6.37）。

因此，如果重要捐赠人是支持型组织的一位董事，他就不能以其董事身份报销他的旅游费用及其他实际开支。

4.48 什么是捐赠人建议基金？

捐赠人建议基金是一种基金或账户，由一位或多位捐赠人出资，被发起组织所有或控制，且捐赠人对其所捐赠资金的分配和投资享有或期望享有优先建议权。[29]捐赠人建议基金并非独立的慈善实体，但属于发起组织（4.49）赞助和控制的基金。

捐赠人建议基金并不包括只对单一认定为组织或政府实体进行分配的基金或数额，也不包括对个体旅游、学习或符合特定条件的相似目的的捐赠。国税局有规定，当捐赠人被委员会裁定没有慈善基金掌控权时，就将免除捐赠人建议基金。

4.49 什么是捐赠人建议基金的发起组织？

发起组织可以是保持了一个或多个捐赠人建议基金的公共慈善组织（或特定的其他类型的免税组织）。[30]因此，学院或大学可以算是发起组织。但发起组织并不包括私人基金会。

4.50 对捐赠人建议基金中的捐赠有何限制？

捐赠人建议基金中的捐赠作为慈善用途。捐赠人建议基金中的捐赠不能面向个体。因此，捐赠人建议基金并非奖学金的一个好方法，因为奖学金是直接授予个体的（虽然某些奖学金基金是从咨询捐赠人基金中扣除的）。[31]捐赠人建议基金可以向公共慈善组织捐赠，而不能面向功能不完整的类型Ⅲ支持型组织（4.46），或其他没有对捐赠进行监管的支持型组织，因为它们的捐赠人或捐赠咨询人实际上控制了被支持组织。捐赠人建议基金可以为慈善目的向其他组织捐赠，包括被支持组织的这些类型，只要发起组织对捐赠实施被称作"支出责任"的额外的调查和监管。

此外，咨询捐赠人建议基金不能对基金捐赠人、捐赠咨询人或与他们有关的人进行捐赠、贷款、薪资或其他相似的支付。这种交易被视为自动超额收益交易（6.37）。

参考文献

1. IRC § 508（b）.

2. IRC § 4941.

3. IRC § 4942.

4. IRC § 4943.

5. IRC § 4944.

6. IRC § 4955.

7. IRC § 509（a)(1) – (4) 详细描述了公共慈善组织的四种分类。

8. IRC §§ 170（b)(1)(A)(v), 509（a)(1).

9. IRC § 170（c)(1).

10. Rev. Rul 详细描述了这种语言。71-447, 1971-2 C. B. 230.

11. Reg. § 1.170A-9（b)(1).

12. IRC § 170（c)(1) 描述了这些组织。

13. 这个申请表来自于国税局的免税认定申请的 1023 表格。

14. IRC § 4940.

15. IRC §§ 170（b)(1)(A)(vi), 509（a)(1).

16. Reg. § 1.170A-9（f)(2) 详细描述了这些规则。

17. Reg. § 1.170A-9（f)(3) 详细描述了这个测试。

18. IRC § 509（a)(3).

19. Reg. § 1.509（a)-3详细描述了服务提供者公共受支持慈善组织的公共支持测试。

20. Rev. Proc. 2011-10, 2011-2 I. R. B. 294.

21. 除了公共慈善组织，只要满足特定条件，特定的非公共免税实体也能成为受支持组织。在写编本书之时，管理类型 3 支持型组织主要部分测试的规定只是被提出，还未成型。本章展现了这些被提议的规定。

22. IRC § 509（a）(3).

23. Reg. § 1. 509（a）-4 和 Prop. Reg. § 1. 509（a）-4 详细描述了支持型组织测试。

24. Quarrie Charitable Fund v. Commissioner, 7OT. C. 182（1978）.

25. IRC § 501（c）描述了这个组织。

26. IRC § 501（c）描述了这个组织。

27. IRC § 501（c）描述了这个组织。

28. IRC § 509（a）(last sentence).

29. IRC 4966（b）.

30. IRC § 4966（d）(1).

31. IRC §4966（d)(1)(B)(ii).

5
治　理

　　从法律角度讲，对于学院或大学的治理主要是国家事务，并不纳入联邦法律之中，尽管这一情况目前已发生了很大改变。非营利组织的治理近年来受到了联邦和国家层面的治理者、立法者和监督机构的重视。对非营利组织治理的关注点落在公共慈善组织，包括了大部分的教育机构。

　　与联邦法不同的是，州法为非营利组织提出了主要治理要求，例如规定了主管部门的规模、当选的主管部门成员的行为以及治理文件的修订意见。根据 2002 年颁布的《萨班斯-奥克斯利法》（Sarbanes-Oxley），许多团体就非营利组织的最佳做法提出了意见，随后出台了多种标准，包括：商业改进局给予联盟标准、教会理事会财务问责制标准、卓越机构标准、美国慈善组织标准以及非营利组织小组《33 条良好治理和道德实践准则》（以下简称 33 条准则）[1]等。随后，国税局（IRS）针对慈善组织发布了《良好治理实践》草案，但随后又撤销了该草案，更名为《治理及相关主题组织》的生命周期教育工具（国税局生命周期教育工具原则），可在国税局官方网站[2]上和修订版年度信息反馈文件（990 表格）上详细了解这些信息（详见第十八章）。2011 年，大学和学院治理委员会协会（AGB）发表了"机构治理董事会职责的声明"。[3]这些名目众多的最佳实践发行物并非法律要求，只是针对非营利组织、免税实体，尤其是公共慈善组织的治理指南。

　　以下是一些常见问题，涉及非营利组织治理的法律要求、最佳非营利实践的盛行观点、学院和大学的治理报告及信息公开要求等，同时附上了对这些问题的解答。

5.1 学院或大学由谁治理？

大部分学院和大学受董事会主管、董事会受托人、评议董事会和相似名称的管理主体治理。一个组织的主管部门也可能有其他名称。不论主管部门的名称如何，一个组织治理的最终权力和职责都属于这个部门。

5.2 学院或大学可以有成员吗？

非营利组织能够以会员制组织形式存在，会员享有多种权利，包括选举组织主管的权利。非营利组织也可以没有会员，或者有没有表决权的会员。一般来说，学院和大学不会以会员制实体形式存在，但可以有附属组织，例如校友会，这就是会员制实体。

鉴于国税局信息反馈报告的目的，只有当组织形式为非股份或非营利公司或协会时，并且拥有满足以下条件的会员时，组织才算是会员制实体：（1）参加组织活动并能从中获得益处的权利仅限于会员（与合作或互惠公司一样）。（2）会员选举主管部门成员（主管部门成员是组织唯一会员时则不允许）。（3）会员能够批准主管部门的决策。（4）组织解散时，会员可以获得组织盈利、超额会费或净资产份额。

5.3 学院或大学可以有股东吗？

个别州允许非营利组织以股份公司形式存在，股东可以选择公司的主管。[4]但是这种结构在教育类组织中较罕见。

5.4 学院或大学主管部门的成员是如何选出的？

学院或大学的组织文件以及公共机构和其他特定机构，州或当地的法律决定了主管部门的成员是如何选出的。例如，州法可能要求公共机构的主管部门由州长选取并经参议院批准。在特定的州，公共大学董事会成员由州的公民选择。

一般私立学院和大学并不受制于成文法关于如何选举主管部门成员的规定。但是，私人机构的治理文件，例如它的纲领、公司章程、规章制度和/或信托文件，阐述了选举或任命董事会成员的方法。然而，私立学院和大学有国家任命的董事会成员，否则有特定的董事会成员。这对于前身是公共机构、治理公共资金或州立大学课程的私人机构来说更为常见。

5.5 董事会的作用是什么？

董事会的作用之一是监督组织。在描述慈善组织管理部门的义务和责任时，非营利部门的独立部门小组这样说道：董事会主要负责确保慈善组织履行对法律、其捐助者、其工作人员、志愿者、客户和广大公众的义务。董事会必须保护组织的资产，以确保对其财务、人力和物质资源的治理，使它们得到合理使用以促进组织使命的完成。董事会还能制定组织的愿景和使命，并制定广泛的政策和战略方向，使组织能够实现其慈善宗旨。

大学和学院治理委员会协会在其"机构治理董事会责任声明"中指出，教育机构的董事会对该机构的治理负有最终责任，并对其使命、遗产和指导一切的价值观负责，它们能够引导和塑造高等教育。它进一步指出，董事会同样对公众及其机构成员负责，董事会应该保持最终的责任和完全的权力来确定机构的使命，并负责组织的战略方向。其指南如下：为了成为有效的治理委员会，大学和学院治理委员会协会声称公共机构董事会应当承认并接受十项基本责任：

1. 确保该机构的使命与时俱进并与公众的目的保持一致，在多学科系统的情况下，确保学校任务与系统的愿景和公共目的一致。

2. 选择一名首席执行官领导该机构。

3. 支持并定期评估首席执行官的业绩，建立并审查管理层补贴薪资。

4. 让首席执行官负责一项领导战略规划过程的任务，参与该过程，批准战略计划并监测其进展情况。

5. 确保机构的财政完整性，为后人保留并保护资产，从事筹款和慈善事业。

6. 确保机构的教学和学术项目的质量。

7. 保留并保护制度自主权，学术自由和高等教育的公共目的。

8. 确保机构政策和进程与时俱进并正确执行。

9. 与高级管理层一致，定期与机构的主要部门进行沟通。

10. 以典范的方式加以合适的透明度进行董事会的业务，坚持最高道德标准，并遵守适用的公开会议和公共记录的法规；确保董事会治理政策和做法的传播；并定期评估董事会、其委员会及其成员的业绩。

董事会的作用之一是监督组织。董事会成员必须小心，不要过多地参与组织的日常事务，这是组织管理层（高管和执行人员）的职责。在对他们施加财政责任基础上，董事会成员必须坚持履行自己的职责。

此外，董事会成员应该清楚他们负责的范围。例如，董事会是否负责国内所有公共高等教育机构的政策制定？又或者，董事会是否只对单一学校机构负责？多学科系统占公立学院和大学的 2/3，了解董事会管理的教育系统的范围对董事会理解其作用至关重要。大学和学院治理委员会协会在其"机构治理董事会职责声明"中提醒到，系统治理委员会应明确系统负责人、校长和任何机构准治理或咨询委员会的权责。系统委员会应确保治理文件能够解决各种制度、机构董事会和治理人员之间的关系和责任。

5.6 董事会的规模应当如何？

关于免税组织管理部门所要求的成员人数，州法通常要求至少有 3 个人组成一个非营利组织的管理部门，而一些州要求 1 人即可。美国税务法院认为，当一个组织只有 1 名主管时，它不能被认定为免税慈善实体。

公共机构很可能会受到国家法规有关董事会的规模大小或职责范围的限制。一些非营利组织有规模庞大的董事会；适用于非营利组织的州法通常不会限定非营利组织的董事会的人数。[5]

一些机构和组织在其优秀的治理指导方针中提出至少需要 3 名或 5 名主管，至少有一个组织建议最大限额为 15 人。[6]国税局在其生命周期教育工具原则中声明：

过小或过大的董事会可能都无法充分满足组织的需求。小董事会可能面临以下风险：无法充分发扬广泛公众利益，缺乏有效管理组织所需的技能和其他资源。另一方面，非常大的董事会在作出决策时可能会有更多的困难。

该文件进一步警告说，如果一个组织的"董事会的规模很大，那么组织就很可能希望成立一个具有授权责任或咨询委员会的执行委员会"。

一般而言，大多数评论非营利董事会规模的组织都同意下面这一点，一个组织的规模并不适用于所有管理部门。非营利部门小组在其 33 条准则中指出，一个慈善组织的董事会应该建立自己的规模和结构，并定期审查其规模，进一步说，董事会应该有足够的成员来允许充分的审议和治理思想多元化等组织事项。非营利部门小组，在 2005 年向国会提交的报告中声明："最终，每个慈善组织都必须确定董事会最合适的规模以及董事委员会合适的数量和责任，以此能够有责任地、有效地完成其信托和其他管理职责。"

5.7 董事会的组成应该是什么？

要确定董事会的组成要求，学院或大学应首先查阅其组织文件和治理法规，以确定对董事会组成的任何要求。国家法律通常规定公共机构管理部门的组成参数，其中可能包括组成机构的最少校友人数，确保董事会代表整个国家或地区的地理多样性要求，以及对州外董事会成员的要求。学院或大学也可能必须其董事会上拥有一名或多名学生成员。私营机构管理部门的组成要求通常在组织纲领、法人注册章程、信托文件、和/或规章制度中列出。这些文件可能会规定董事会成员，例如为董事会服务的校友、学生和教职人员的最小或最大数量等其他限制和要求。

除了确保成员遵守有关董事会组成的所有法律要求外，治理委员会还应评估其成员的多样性和技能，以确保董事会成员具有多方面经验、技能和专长以高效管理组织。在 33 条准则中，非营利部门小组声称，一个董事会"应该包括具有不同背景（包括但不限于民族、种族和一般观点）、经历以及促进组织使命所必需的组织和财务技能的成员。"此外，33 条准则说明，慈善董事会"通常会努力吸收在预算和财务治理、投资、人力、筹资、公关和市场营销、治理宣传和领导方面具有专业知识的成员，以及一些了解慈善组织的专业知识或项目领域的成员，或与其部门存在特殊联系的人士"。国税局表示，慈善组织的董事会应由了解情况和积极主管慈善机构运作和财务的人员组成；如果董事会容忍保密或怠慢的氛围，国税局担心慈善资产更有可能被挪作他用，以牺牲公众利益和慈善利益为代价来保全内部人的私人利益。根据国税局规定，成功的董事会中的个体，不仅有知识和参与度，而且被认为符合组织的需求（例如会计、财务、薪酬和道德）。

5.8 董事会成员是否可以互相有关系？

一般来说，无论在家庭关系还是商业关系中，学院或大学的董事会成员是否能相互关联这个问题都没有明确禁令。即使如此，董事会成员之间的相互独立性被认为更为可取。

在年度信息反馈文件中（第十八章），国税局会询问免税组织中的任何一位高管、董事、受托人或核心雇员是否与任何其他高管、董事、受托人或核心雇员有家庭关系或商业关系。这个问题旨在查明可能在决策过程中产生不公的关系（有时称为横向关系）。为此，个体的家属包括其配偶、父母、兄弟姐妹（无论是直系亲属还是表亲）、子女（无论亲生或收养）、孙辈，以及他们的配偶。两人之间的商业关系包括：

1. 一方被另一方独资企业雇用，或者被另一方担任受托人、董事、核心雇员或拥有超过35%所有者的组织雇用。

2. 一方与另一方直接或间接地进行一个或多个买卖合同、租赁、许可、贷款、服务绩效，或其他涉及现金或财产转让价值的交易且交易价值在总纳税年度中超过10 000美元（不同于一般情况下双方均面向公共的生意）。间接交易就是与一方作为受托人、董事、高管、核心雇员或拥有超过35%所有者的组织进行的交易。

3. 两人分别是同一企业或投资实体的董事、受托人、高管或拥有超过股份10%的所有者。

所有权由公司的股权所有权（投票权或价值）、合伙或有限责任公司的资本利益、对非营利组织的会员权益或对信托的有益利益所衡量。所有权包括间接所有权（例如，实体的所有权也有无法确定的情况）；可能通过多个实体获得所有权。

因为高管、董事、受托人和核心雇员之间的关系可能不会为组织机构所了解，因此免税组织应向这些人员分发一份问卷，要求提供有关家庭和商业关系的信息以完成990表格。此调查问卷可用作年度信息披露声明的一部分，确定组织利益冲突政策下的实际或潜在利益冲突。国税局表示，组织不需要作出过多合理的努力来获得解答家庭和商业关系问题所需的信息；该机构作为这种合理努力的一个例子，向组织主管机构的每个成员分发年度调查问卷，问卷包括姓名、职务、日期和签名等信息，并包含其它可用来回答该问题的相关信息。

5.9 董事会成员应该独立于学院或大学之外吗？

法律没有规定非营利组织中的独立董事会成员的确切数量。然而，非营利组织中有独立董事会被认为是一个良好的典范。独立董事的建议源自于，如果成员不受主管部门其他成员和组织本身的影响，董事会对于组织使命冲突更少、思考更多。通过家庭和商业关系相关，或由其他董事确定薪酬的董事，可能不太愿意在决策中行使独立性。

非营利部门小组在其33条准则中指出，慈善机构董事会2/3的成员应由独立成员组成，他们具备以下条件：（1）非组织雇员或不为独立承包商提供薪资。（2）薪资不由组织赔偿的个体进行。（3）不得直接或间接收到该组织的物质财务利益，但为该组织所服务的慈善组织的成员除外。（4）不与上述三类中描述的任何人有关，或与所述人居住在一起。

该建议代表了独立董事会成员在小组先前建议中增加的比例。非营利部门小组在 2005 年向国会提交的报告中建议，法律应该要求公共慈善机构拥有独立的董事会成员，并且建议为独立董事会成员提出 1/3 的最低限度。

大学和学院治理委员会协会在"机构治理董事会职责的声明"中提出，学院或大学的教职工和学生"通常不应该作为机构治理董事会中有投票权的成员"，承认这种参与"违背了董事会成员判断的独立原则"。大学和学院治理委员会协会提出教职工可以明显感觉到董事会成员和就业状况之间的冲突。

国税局代理人在审查免税认定申请时，经常试图对董事会成员施加自己的看法，例如要求增加独立董事；这些看法并非来自联邦税法的断言。

管理部门的独立成员通常是与该组织没有财务或家庭关系的成员。根据国税局年度信息反馈文件报告（第十八章），只有在组织的纳税年度内符合以下所有条件的情况下，管理部门的成员才能被认定为独立：

1. 除了下文讨论的宗教例外情况，成员不能因作为高管或组织的其他雇员而获得薪资。

2. 除了收到作为提供服务的管理部门成员报销费用或合理薪资以外，成员没有从组织或作为独立合作方的相关组织处得到超过 10 000 美元的全部赔偿或其他费用。例如，作为组织的董事收到合理的费用报销和合理薪资，不会仅因为从组织其他的安排中收取 7500 美元的付款而不再独立。

3. 成员或其家庭成员均不得直接或间接地通过与另一组织的亲密关系与本组织进行交易，这一要求在 990 表格种呈现，L 表（与利害关系人交易）中要求组织作出报告，或者如果相关组织被要求提交报告，则在 990 表格，L 表中提交值得报告的与相关组织交易的类型和数量。

董事会成员不会仅因为以下情况而被认为缺乏独立性：成员是组织的主要捐赠者，不论其贡献数额如何。成员也作出了郑重的宣誓，要么只在个体没有领取应纳税所得额时，作为宗教团体的代理人或宗教和使徒组织的代理人获得赔偿时；要么从属于从组织处获得赞助或付款的宗教组织，同时组织不构成成员的应纳税所得额。

成员只有在成为慈善组织一员后，或在为组织履行免税职能其他类别的能力下获得经济收益，例如作为贸易协会的成员，其经济利益须符合组织会员条款。

国税局表示，根据 990 表格报告的目的，组织不需要付出超出合理的努力来获得必要的信息以确定管理部门成员的独立性，并且可以依赖其董事和受托人提供给组织的信息。

国税局表示，举例来说，组织可以依赖发送给管理部门每个成员的年度问卷获得的信息，其中包括每个报告信息人的姓名、职务、日期和签名，并提供相关的指示和定义以确定管理部门成员是否是独立的。

5. 10 学院或大学可以向董事会成员或以其他身份提供薪资吗？

传统意义上讲，向服务于非营利组织董事会的个体提供薪资，尤其是向公共慈善组织提供薪资是不被允许的，因为这与慈善政策不符。出现以下情况成立：董事会援引 2007 年度“非营利治理指数”报告中说，只有 3% 的非营利组织向董事会成员支付服务费用或酬金。许多学院和大学都有董事会成员不得得到薪资的政策（在它们的章程中提出）。由于非营利董事会成员职责和责任逐渐繁重，且个人责任的潜力也增大了，少数派的一个观点被重视，即非营利董事会的成员应得到其服务的薪资。

正如福音派协会在财政问责标准中所陈述的那样，董事会成员“一般应对董事会进行无偿服务”。但是，如果向董事会成员支付薪资，“慈善组织应根据要求提供薪资信息，以便对薪酬的合理性进行评估”。卓越研究院的标准也禁止对董事会成员提供薪资。

非营利部门小组在其 33 条准则中指出，董事会成员“在普遍预期下不会得到薪资”。然而，小组进一步说明，当组织“由于工作中的性质、花费的时间或专业能力”而适合为董事会成员提供薪资时，必须准备提供详细的文件和薪资理由。事实上，慈善组织的董事会成员负责“确定他们所获得的任何赔偿不超过相似责任和性质的组织中为该职位提供的薪资”。

美国财政部慈善机构最佳实践、国税局生命周期教育工具原则以及美国慈善机构标准，[7]都没有提到董事会成员薪资问题。唯一涉及董事薪资的法律或标准是关于免税信用咨询组织董事会规则中提及的两项“合理管理费”。[8]

董事会成员可否合法获得补偿是国家问题，而不属于联邦法律的范畴。一般来说，根据联邦法，对学院和大学校董事会薪资的唯一合法要求就是薪资必须合理，不能超出限度。

5.11 董事会成员的信托职责是什么？

法律上有一条存在已久的原则，慈善信托的受托人被认为对信托的资产与其个人资源有同样的义务（注意义务）。他们的责任是谨慎处理非营利组织的收入和资产。受托人是受信托者；法律（现在很大程度上是州法，见上文）强加了行为和管理标准，它们共同构成了信托责任原则。大多数州法，无论是法规还是法院意见，对非营利组织的董事、组织是否为信托机构、是否属于慈善机构都规定了信托责任标准。

同时期的一般标准是，非营利组织的董事会成员必须竭尽所能地履行职责，付出与谨慎人在类似的情况下通常行事的一样，在一定程度上，董事会合理地认为这符合组织的使命、目标和宗旨的最大利益。

因此，非营利董事会成员的主要职责之一就是维护财政问责，对其所服务的组织进行有效监督。信托责任要求董事会成员对组织保持客观、无私、负责、诚实、值得信赖和有效率的关系。董事会成员是实体的管理人员，并希望为组织的利益行事，而不是为了扩大个人权势。他们需要在所有决策过程中合理谨慎，不能将非营利组织置于不必要的风险中。

非营利组织的董事会成员的职责可以概括为"三个义务"：注意义务、忠诚义务和服从义务。这些是对董事采取的一切行动进行测试的法律标准。这些是全体董事会的集体责任，需要全体董事会成员的积极参与。通过显示这些职责的有效排除可以证明责任所在。

管理部门职责的一个来源是 2007 年出台的《美国红十字现代化法》。该法案的目的是修改美国红十字会的国会章程，使其结构更加现代化，提高董事会支持红十字会的能力。完成了对美国红十字会的调查之后法案被通过，适逢卡特里娜飓风来袭，这引发了一个难以控制且富有争议的 50 人董事会由于结构无效和治理变革的需要。虽然美国红十字会是以公司形式运作的，但它是一个具有特许权限的组织，必须经过国会批准修改其章程。

法案的主要功能是缩小红十字委员会的规模，推行董事会交错任期制，对董事会成员权力施加限制，授权执行委员会，成立咨询委员会，不允许董事行使代理投票。此外，法案概述了董事会的职责，具体如下，可作为所有慈善董事会的责任清单：

● 审查和批准组织的使命宣言。

● 批准和监督公司的战略计划，并维持对业务事项的战略监督。

- 选择、评估和确定组织首席执行官的薪酬水平。
- 评估绩效，制定高层领导班子的薪酬标准，为管理延续做准备。
- 监督财务报告和审计流程，内部控制和合规性。
- 负责管理绩效评价。
- 监督公司的财务稳定。
- 确保公司的包容性和多样性。
- 确保组织的章程在地域和地区上有所不同。
- 监督公司品牌的预测。
- 代表组织筹集资金。

5.12 什么是注意义务？

注意义务要求：非营利组织的董事必须合理地了解组织的活动，参与决策过程，行事须与谨慎人在类似的情况下通常行事方式相类似。因此，这项义务要求各个董事会成员注意实体的活动和运作。

这项义务是通过这些行为进行的：
- 出席董事会和委员会会议。
- 准备董事会会议，例如审查议程和报告。
- 在投票前获取信息，作出合适的决定。
- 独立判断。
- 定期检查为组织服务的人员的资质和绩效。
- 经常审查组织的财务和财务政策。
- 监督遵守重要的信息要求，例如年度信息反馈文件（第十八章）。

5.13 什么是忠诚义务？

忠诚义务要求董事会成员在组织利益约束下行使权力，而不能代表其个人利益或其他实体的利益，特别是与其有正式关系的实体。当代表组织行事时，董事会成员必须将实体的利益放在个人和专业利益之上。

这项义务是通过这些行为进行的：
- 揭露任何利益冲突。
- 坚持组织的利益冲突政策。
- 避免利用公司机会为个人牟利。
- 不公开组织相关信息。

虽然利益冲突本质上是合法的并且在实际中可能很普遍，但因为董事会成员往往与社群中的其他不同实体有所不同——董事会对其进行评估和衡量是十分重要的。利益冲突政策可以帮助保护组织和董事会成员，在发生情况时建立披露和投票的程序，董事会成员实际上或可能从组织的活动中获得个人或专业利益。

5.14 什么是服从义务？

服从义务要求非营利组织的董事遵守相关联邦法、州法和当地法律，遵守实体的组织条款和章程，并保护监护人的使命。

这项义务是通过这些行为进行的：

• 遵守所有管理和报告要求，例如年度信息反馈文件（第十八章）和支付就业税。

• 审查和理解有关组织及其运作的所有文件，如章程。

• 所作出的决定属于组织使命和管理文件的范围。

5.15 组织能否对另一个组织承担信托义务？

在有限的情况下，可以。在该种情况下，可以有一个正式的信托关系，例如将金融机构作为信托实体，组织作为有限合伙关系中的一般合伙人，委托人和代理人之间的安排，以及一个合资公司中的实体。非正式信托关系可源于信仰或信任的道德或个人关系；这种关系可以通过长期的共同努力、共同获得和积累财产等共同目标建立起来。然而，非正式信托关系很少被认可，因为信托义务是非同一般的，不是轻率地创造出来的。

5.16 董事会成员的责任风险是什么？

董事会成员不能被免于起诉。起诉学院或大学的人也可以起诉董事会成员。此外，诉讼也可以单独针对学院或大学的管理部门而提起。例如，当一个大学校长起诉董事会，要求终止其工作时，这种情况就出现了。针对学院或大学管理部门的诉讼，通常宣称违反董事或受托人的一项或多项信托义务。

5.17 如何限制个体董事会成员的责任？

一般来说，如果董事忠实履行职责，并遵守"三个义务"，他将不会对佣金或不作为负责。当非营利组织的受托人或董事违反信托责任标准时，可能会形成个人责任。

不过，毫无疑问，对法律责任的最重要的保护是对违背责任的行为采取行动。有许多方法可以避免个人责任，同时充分发挥发扬信托责任的精神和规则。方法如下：

●了解组织的法律形式及其结构。例如，如果组织是公司，请获取并阅读公司规章制度，将组织的操作方法与这些文档中反映的结构和过程进行比较。

●了解组织运作的方式和原因——其计划目的、数量、可能交叉的领域以及其成员性质和/或其他支持。

●委员会、子公司、董事的"宠物项目"、成员的个人利益或联系方式以及社区需求可能会引入未以正常方式授权的活动（和相应的预算支出）。有些人可能得到更多的认可和支持，而其他人可能（尽管是无辜的）会危及组织的免税地位。了解组织正在做什么。

●董事永远不要害怕询问任何不清楚的安排或信息。具有信托责任的个体不应该担心在其他董事面前询问在他们看来很愚蠢的问题；他们中的许多人可能会有相同的问题。

●阅读非营利组织董事和高管正常角色的文章和书籍，将有助于将个体知识更新为可操作且具创新性的实践。高管和董事应定期参加研讨会或者其他会议，以进一步增进对他们角色的理解和有效性。

●以下这条最简单同时也是最难的规则：董事或高管应始终采取行动，防止（或至少最小化）个人责任的可能性，即使组织本身被追究责任。作为受托人的个体，有责任谨慎地采取行动。不断意识到这一责任对自我保护会产生很大的影响。

5.18 组织如何保护董事会免于承担责任？

基本上有四种保护手段。其中一个办法是将该组织合并。法律将公司视为独立的法人实体，而公司形式通常是对个人责任的屏障。对于公司来说，责任通常被纳入组织，不会扩展到治理它的人。在极端的情况下该规则是例外，术语就是"刺破法人面纱"。

如今，当一个非营利组织形成时，所产生的实体通常是一个公司。非公司实体例如信托，不能向其受托人和主管提供企业责任保护。

第二种形式的保护是赔偿。非营利组织应在其条款或章程中规定，它将支付董事和高管（或其他人员）产生的判决和相关费用（包括法律费用），当这些费用是在为组织服务期间由于支付这些人的佣金或他们的不作为造成的。赔偿不能扩大到犯罪行为，也不能涵盖违反民法的某些故意行为。

赔偿通常容易与保险混淆，而后者是第三种形式的保护。然而，保险公司不必将责任风险从个人转移到组织，而是将责任风险转移给独立的第三方。承保人的资源，而不是被保人的资源，是被用来解决争端的。一些风险，如违反刑法引起的风险，不能转移给承保人。

这里有一个警告：高管和董事的责任保险合同很可能会包含大量违反法律规定的民法违规行为。这些可能包括造谣和诽谤罪、雇员歧视和垄断活动等罪行——非营利组织中最普遍的责任类型。因此，虽然审查似乎提供了必要保险的潜在保险合同，应仔细审查"例外"条例。

非营利组织购买高管和董事的责任保险是至关重要的。不幸的是，由于我们整个社会的诉讼程序漏洞百出，任何不受这种保护的组织的责任风险往往太大了。这种保险的保费只能算作业务成本。

第四种保护方式是最新的保护措施：免疫力。这种形式的保护适用于州法规定。在某些情况下，一类个人不对特定行为或一套行为负责，或不对某一行为或一组行为承担责任。

许多州已经为慈善组织的高管和董事制定了免责法，在发生民事侵权行为的情况下对他们保护，特别是在该个体担任志愿者的情况下。另外，联邦志愿者保护法规将免除慈善组织的志愿者责任。因此，无偿服务学院或大学的人可以利用这种保护。

5.19《萨班斯-奥克斯利法案》是什么？

《萨班斯-奥克斯利法案》[9]在 2002 年颁布。该法案主要为公开上市交易公司和大型会计机构而制定，并对这些实体施加了许多标准和要求，旨在扩大董事会在监督公司财务交易和审计程序中的作用。除了两个显著的案例外，免税组织不受该法的约束。

5.20《萨班斯-奥克斯利法案》是否适用于学院和大学？

《萨班斯-奥克斯利法案》的两项条款适用于所有组织，包括免税组织。这些是关于保护举报人的法律规定和关于旨在阻碍、妨碍或影响联邦调查或事项的破坏文件的刑法。因此，所有免税组织被建议制定举报政策以及文件保留和销毁政策。除了这两个例外，《萨班斯-奥克斯利法案》不适用于免税组织。即使如此，许多非营利组织也选择自愿采用该法案的一些规定，即使其并非特别适用于免税组织。此外，许多"萨班斯-奥克斯利法案"原则已经为不同组织和机构发布的非营利组织提供了良好的治理指导。这些原则包括循环审计、分离审计和会计职能，建立审计和薪酬委员会。

5.21 非营利良好治理准则的来源是什么？

近年来，许多团体已经为非营利组织起草了自己的"最佳实践"指导方针。一个典型的组织是 BBB 智慧捐赠联盟，其制定了《慈善责任标准》，以协助捐赠者作出"合理的决定并加强慈善组织公信力"。这些慈善责任标准包括至少有 5 名董事会成员，只有 1 名或 10% 的董事会成员得到薪资，当董事会或工作人员由于任何关系或业务不利与该慈善组织有重大的利益冲突时不涉及任何交易，项目活动至少占总支出的 65%，在筹款方面花费不超过捐赠的 35%，避免积累可用于项目活动的资金。

独立部门在参议院财务委员会的鼓励下组织的非营利部门小组自 2004 年成立以来已经发表了许多报告和出版物。小组于 2004 年向国会发布了第一份报告，并于 2005 年发布了最新报告。这些报告包含许多建议，修改适用于免税组织的联邦法律。这些建议中的一些但并非全部是通过 2006 年《养恤金保障法》颁布的，例如有关支持型组织和捐赠者建议资金的法律的变化。小组已把对于 990 表格许多披露建议的内容纳入修订版 990 表格中，例如披露独立的管理部门成员，并披露组织是否具有利益冲突政策。

最近，非营利部门小组发表了 33 条准则，以推进治理和自律状况。根据小组意见，每个慈善组织都应该考虑这些原则，作为加强其有效运转和问责制的指南。33 条准则分为四个主要类别：合法遵守和公开披露，有效治理，强有力的财务监督和负责任的筹资活动。在有效治理原则中，建议董事会主管至少要有 5 名成员（除了非常小的组织）；2/3 的董事会是独立的；具有带薪工作人员的组织确保公司总参事、董事会主席和董事会财务主管的职位由不同的个体担任。

独立部门出版了"责任清单"，作为慈善组织的自查。责任清单在许多建议中鼓励慈善机构发展问责制和透明文化，采取价值观和伦理守则声明，采取利益冲突和举报政策，进行财务审查和审计，并与法律保持一致。该清单可以为包括学院和大学在内的所有非营利组织提供指导。2010 年，大学和学院治理委员会协会发布了"机构治理董事会职责声明"，为学院和大学提供了指导。

5.22 国税局对良好治理的看法是什么？

2007 年初，国税局向慈善组织发布了机构"良好治理实践"的初步讨论稿。2008 年 2 月，国税局用"生命周期教育工具原则"取代了其文件草案。国税局表示，目前非营利治理方面的地位最好地反映了新 990 表格的报告要求，以及其网站上发布的国税局生命周期教育工具原则。在后一份文件中国税局表示，慈善组织的董事会"应由知情并积极参与慈善机构运作和财务的人员组成"。如果董事会"容忍保密或怠慢的行为，国税局担心慈善资产更有可能被挪用，以牺牲公众利益和慈善利益为代价来保全内部人的私人利益"。根据国税局规定，成功的董事会个体，不仅具有知识和参与度，而且被认为符合组织的需求（例如会计、财务、薪酬和道德）。在国税局生命教育工具原理中，国税局重点关注六个方面：使命、组织文件、治理部门、治理和治理政策、财务报表和 990 表格以及透明度和会计。国税局表示，虽然美国国内税收法不要求慈善机构实行治理政策，但国税局将审查组织的免税申请和 990 表格，以确定该组织是否"实施了有关管助层薪资、利益冲突、投资、筹款、记录治理决定、文件保存和销毁以及举报人的索赔的政策"。

非营利组织中的许多人质疑国税局有权规范非营利组织的管理方式。大多数人认为，国税局有效地通过向新 990 表格和免税组织申请程序试图提出问题来制定法律。然而，国税局表示，它没有意图摆脱非营利治理的问题，并将继续在非利治理领域"教育、参与和激发"。

5.23 学院或大学的董事会需要多久举行一次会议？

一般来说，除了举行年会外，对于董事会每年举行会议必须达到的次数没有作出明确规定。

组织的规章或其他治理文件应规定董事会每年必须举行的会议次数。

最佳的非营利治理法通常表明，非营利治理董事会每年需要举行至少 3 到 4 次。大学和学院治理委员会协会在其关于有效董事会的出版物中指出，"大部分学院和大学董事会的会议频率比每年 3 到 4 次会议的私营部门会议频率更高（某些董事会每月 1 次）。"商业改进局给予联盟标准规定，董事会应该有"管理部门大多数成员每年至少需要面对面参加至少 3 次平均会议次数", 但进一步指出, "全体董事参与的电话会议可以代替其中某一次董事会会议。"在 33 条准则中, 非营利部门小组建议董事会"应定期举行会议, 开展业务并履行职责", 定期举办董事会会议提供了"董事会成员审查本组织财务状况和项目活动的主要场所, 制定并监督关键组织政策和程序的遵守情况, 处理影响组织履行其慈善任务的能力的问题。"然而它进一步指出, 虽然许多慈善董事会每年至少要有 3 次会晤, 但一些具有强大委员会结构的组织, 包括董事会成员大都呈分散状态的组织, 每年只有 1 次或 2 次全体会议。

国税局创建了一个治理检查表供审计代理人使用; 检查表要求提供有关慈善机构全体董事会在审查年度期间会晤频率的信息。2007 年非营利治理指数报道, 董事会每年开会次数平均达到 6.9 次, 大型组织每年平均开会 6.6 次, 小型董事会每年平均开会达到 7.2 次。

5.24 董事会成员有期限吗?

根据大学和学院治理委员会协会《高等教育治理调查》显示, 私立院校治理委员会的任职期限可能比公立院校的两倍还多。在公共院校中, 公立大学系统委员会的任职期限 (46%) 比非系统董事会 (39%) 更长。

有关组织期限的问题并没有法定要求。期限问题由每个组织自行决定。即使是非营利部门小组也不能决定慈善组织是否应该有期限。33 条准则之一就是, 组织应通过限制个人可能在其董事会上服务的时间长度 (即项数) 来确定其最大利益是否能得以实现。

期限的存在可能是有益的, 因为它们可以确保为董事会提供新能量、新想法和新发现。它们还可以用于防止由于多年任职而导致的个体权力的集中。然而与此同时, 期限也可能剥夺董事会的制度知识、长期技能和连续性。没有任何法规强制要求期限, 学院或大学应评估自己的情况, 以确定限制的设立是否有利于机构, 并在其治理文件中表明其决定。具有期限限制的组织通常会发现分期分级董事会条款对于新成员的分阶段有益, 这会导致与更多经验丰富的董事会成员重叠。

5.25 董事会应有哪些委员会?

除了有限制的例外情况, 非营利组织不需要委员会。然而, 许多慈善组织为董事会成员成立了委员会。委员会可以帮助委托并关注董事会活动, 但不能代替全体董事会成员的行动和决策。

许多组织都有一个执行委员会，当召集全体董事会召开会议不实际时，或由于召开这样一次会议的时间和后勤会对组织产生不利影响时，在这些紧急情况下执行委员会被授权采取行动。其他普遍的教育机构委员会有财务委员会、审计委员会、投资委员会、治理和提名委员会、薪酬委员会以及筹款/机构发展委员会。委员会可以成为"常务委员会"，这意味着它们是永久性的委员会，也可以是为特定项目或事项而设立的特设委员会，但不属于永久性的委员会。非董事会成员也可以在委员会任职；但这些委员会由于成员由非董事会成员组成，这些委员会不应拥有董事会授权。

5.26 执行委员会如何运作？

执行委员会通常由董事会主席、董事会副主席（如果组织有的话）以及组织的高管例如总裁、副总裁、秘书和司库组成。

执行委员会可能还有其他成员，如某些委员会主席或其他执行高管。执行委员会通常比组织的董事会有更频繁的会议，并处理更多的常规事务。此外，执行委员会在紧急情况下可以开会，而召开董事会全体会议则是不切实际的。执行委员会通常有权力代替全体董事会，但他们应该在下一次董事会会议上争取采取行动。

董事会在 2007 年"非营利治理指数"中报告说，大型董事会比小董事会更有可能拥有一个执行委员会，但是警告说，如果执行委员会被运作为"董事会内的董事会"，那么就会出现问题。它还指出，有执行委员会有关的非营利董事会不太可能有 100% 的治理部门成员出席董事会会议。

5.27 学院或大学是否被要求有审计委员会？

加利福尼亚州是唯一需要非营利组织设立审计委员会的州；只有当非营利组织的总收入超过 200 万美元才需要。国税局在 990 表格上询问组织是否设有一个委员会，负责监督财务报表的审计、审查或汇编以及对独立会计师的选择，这些通常都是审计委员会的义务。在 33 条准则中，非营利部门小组建议，每个设有独立审计师编制或审查财务报表的慈善组织都应考虑建立一个由具有适当财务专长的独立董事会成员组成的审计委员会。小组认为，审计委员会可以向董事会提供更多的担保，以便对审计进行适当的评估，并提出，如果州法允许，非营利委员会可以为审计委员会任命无表决权无职务人员。

根据国税局规定，审计委员会一般负责监督组织的财务流程、会计政策和原则的选择、内部控制流程以及任何外部审计师的聘用和履行情况。大学和学院治理委员会协会有关高等教育治理报告的调查指出，在 2008 年，有超过一半的公共和私人董事会设有审计委员会（占总体 54.4%）。调查指出，年度预算较大的机构董事会更有可能有独立的审计和财务委员会。有独立的审计和财务委员会通常被认为是一个良好的实践。董事会援引 2007 年"非营利治理指数"中的说法，更多的大型组织（66%）和大型董事会（63%）采用了将审计委员会与财务委员会分开的做法，以确保更完善的监督和独立权。

5.28 董事会在审查学院或大学的年度信息反馈文件方面应发挥什么作用？

私立学院和大学通常需要每年向国税局递交 990 表格（第十八章）。公立学院和大学不受这一要求的约束。

2008 年，国税局将 990 表格转为关于免税组织的详细报告，内容包括组织使命、活动、治理办法、政策、赔偿办法和相关交易。在 990 表格中，应询问免税组织是否向该组织管理部门的每位投票成员，在表格交与国税局之前提供了最终递交给国税局的 990 表格的副本（包括所需的附表）——无论以纸质或电子版形式。这个问题没有询问治理部门在提交清单之前是否对 990 表格进行审查，而是询问了在提交反馈信息之前是否向管理部门的每位有投票权的成员提供了表格。组织回答"有"，即使没有一个董事会成员对表格进行审查，无论在递交表格之前或之后，只要组织向每个董事会成员提供了副本即可。此外，组织需要描述过程，如果有的话，它们用于审查 990 表格，无论是在把表格递交给国税局之前还是之后，具体细节包括何人进行审查、何时实施以及审查的范围。

虽然没有联邦税法要求，管理部门在接受或审查 990 表格之前，根据详细的信息和报告的形式要求，免税组织要明智地作出一个程序来审查其 990 表格，其中大部分内容是向公众公开的。该审查可由学院或大学的执行委员会或审计委员会进行。此外，每个董事会成员在递交文件之前都可收到一份 990 表格，以确保恰当监督学院或大学的财务事宜。

5.29 学院或大学需要有利益冲突政策吗？

非营利组织新兴治理实践（以及国税局最为坚持的）所采取的政策最令人敬服的是利益冲突政策。长期以来，这一领域一直存在固有的紧张局面，存在两个观点，应该禁止利益冲突（完全不切实际的概念）和要求报告（以及必要的解决方案）一个或多个利益冲突的方法。利益冲突政策体现的是后一种观点。

990 表格的操作指南表示，利益冲突政策应界定利益冲突的概念，确定政策覆盖的组织内的个人类别，便于披露可能有助于确定利益冲突的信息，并规定在治理利益冲突中需要遵循的程序。为报告 990 表格的目的，如果某人担任其组织权力机构职位，如高管、董事或经理时，可能从其作出的决定中谋取利益，这时就会出现利益冲突，包括家庭成员以及有密切联系的商业伙伴获得的间接利益。基于此目的，利益冲突不包括涉及个人对本组织和其他组织的竞争或各自职责问题，例如在两个组织的董事会任职，不涉及重大财务利益或受益人。修订版的 990 表格还要求报告组织描述他们监测目标意图的拟议或持续交易的做法，并处理潜在或实际的冲突，无论是在交易发生之前或之后发现的。

非营利部门小组在 33 条准则中指出，组织应"通过并执行政策和程序，以确保所有出现在组织内和董事会内部的利益冲突得到适当处理，尽管可能被披露、被取消资格或遭遇其他"。利益冲突政策"必须符合非营利组织所在州的州法，并应根据具体的组织需要和特点进行调整"。这一政策"要求充分报告组织内所有潜在的利益冲突"，并且"应适用于具有影响组织决策能力的每一个人，包括董事会和工作人员以及与之有关的各方"。

利益冲突本身并不是非法或不道德的，但应妥善处理。具有实际或潜在利益冲突的人应披露冲突，然后自己放弃进一步参与涉及冲突的任何决策。非营利组织应保存记录，例如会议记录，记录任何已注明的冲突，以及处理冲突的方法，以证明冲突得到妥善处理。

披露实际或潜在的利益冲突，对董事会成员履行其忠诚于组织的义务是必要的。利益冲突政策的一个重要内容是每个董事会成员、高管和关键员工签署的年度披露声明将披露所有关系，包括家庭和企业，这可能会引起冲突。国税局在其"生命周期教育工具原则"中鼓励组织获取利益冲突政策所涵盖的个人周期，书面披露个人或个人家庭成员在实体中的任何已知的财务利益，以及与非营利组织开展的交易业务。这些声明应由组织定期审查，以确定潜在的冲突情况。修订版的 990 表格询问免税组织的员工、董事、受托人和核心雇员是否必须至少每年披露或更新其可能引起的利益冲突，例如家庭成员名单、大量业务或投资控股以及与企业和其他组织或家庭成员的其他交易或影响。

大学和学院治理委员会协会高等教育治理调查报告指出，89%的董事会有利益冲突政策，94%的私人机构报告说他们有利益冲突政策，80%的公共机构有利益冲突政策。调查报告显示，72%的私人机构和50%的公共机构要求董事会成员每年签署利益冲突声明。

在《合规性项目调查中期报告》中，国税局报告指出81%的小型企业，85%的中型企业和100%的大型私立学院和大学编写了适用于管理部门和高级管理人员的利益冲突政策。报告还指出，58%的小型企业，83%的中型企业和100%的大型私立学院和大学都对管理全职教师采取利益冲突政策。[10]

5.30 学院或大学是否要有伦理守则？

大学和学院治理委员会协会高等教育治理调查报告显示，65.5%的公共机构和仅32.5%的私营机构有伦理守则。在"生命周期教育工具原理"中，国税局并没有非常重视伦理守则，而是指出"伦理守则将有助于向所有与组织相关的人员传达遵守法律和道德诚信的强有力文化"。990表格不询问有关伦理守则的问题。然而，大学和学院治理委员会协会在其有效治理委员会的出版物中列出了"行为准则和伦理守则"作为基本治理政策之一。

非营利部门小组建议，组织应该有一个"正式通过的书面的伦理守则"，并且其所有董事或受托人、员工和志愿者都熟悉并遵守这套伦理守则。这一原则基于以下思想："对法律的依从性为组织的行为提供了最低限度的标准"。伦理守则的应用"有助于表明组织承诺有道德地有效地履行职责"。准则应该"建立在组织所建立的价值观之上，并且应该强调对与组织合作的人将如何在许多领域进行自我的期望，例如应该给予客户、消费者、捐助者、志愿者、董事会工作人员认可和尊重"。

5.31 学院和大学应该有举报政策和文件保留政策吗？

所有组织包括免税实体，均受《萨班斯-奥克斯利法案》的有关文件销毁和举报人保护的规定的约束。此外，大多数版本的良好治理原则都推荐这些类型的政策。修订版990表格询问一个文件组织是否有书面文件保留和销毁政策，并描述了一种"确定员工、志愿者、董事会成员和外部人员对保存记录组织的文件以及破坏组织文件记录的政策"。此外，990表格还指出，文件保留和销毁政策"应该考虑到文件特定类型必须保留的时长，以及何时允许或要求销毁某些类型的文件"，而且"政策应该包含具体的进程，以确保如果有任何对组织的调查正在进行或准备开始，文件的销毁可以立即停止"。

非营利部门小组在其原则之一中表示，慈善组织应该"制定和实施保护和维护组织重要文件和业务记录的政策和程序"。小组认为，文件保留政策"对于保护组织的治理和行政管理记录以及证明合法遵守所需的业务记录至关重要。"这种政策"也有助于保护组织及其主管避免经历不当行为的指控"。

根据《萨班斯-奥克斯利法案》，所有组织包括非营利组织，都受到该法案对举报人的保护。举报政策表明组织应努力遵守这些规定。在"生命周期教育工具原理"中，国税局鼓励董事会采取这种政策。

修订版990表格会询问报告机构是否存在书面的举报政策，它被描述为这样一种政策，"鼓励员工和志愿者提出有关非法行为或违反组织规则的政策的可靠信息，具体来说组织将保护个人免受报复，并确定工作人员或董事会成员或外部各方可以向何人报告这些信息"。非营利部门小组指出，组织"应该制定和执行政策和程序，使个人能够提出有关非法行为或违反组织政策的信息"。这个举报政策"应该规定该组织不会受到报复，并保护提供诚信报告的个人的信誉"。小组建议"关于这些政策的资料应广泛分发给工作人员，志愿者和客户，并应纳入新的员工方向和针对员工和财务人员的持续培训计划"。这些政策"可以帮助董事会和高级管理人员在对组织造成严重损害之前意识到并解决问题，还可以协助遵守法律规定，保护在慈善组织工作的从事某些举报活动的个人免受报复"。

5.32 学院或大学需要有投资政策吗？

大学和学院治理委员会协会在其有效治理理事会出版物中列出了投资和支出政策，作为学院或大学应该具有的"基本治理政策"之一。奇怪的是，没有一个发布和倡导善政原则的其他组织集中在非慈善机构投资政策的条款上。在这方面最接近的是非营利部门小组原则，该原则规定，慈善组织的董事会"必须制定政策和程序，以确保组织负责任地（如果适用于其子公司）治理和投资其资金，并符合所有法律要求"。

国税局在其"生命周期教育工具原则"中的重点关注仅是投资某些类型的投资，特别是合资公司、独立实体以及需要财务和投资专长的繁复的金融产品或投资政策，以及某些情况下否决外部投资顾问的建议。国税局进一步鼓励慈善机构进行这些投资，"采取书面政策和程序，要求慈善机构评估其参与这些投资，并采取措施保护组织的资产和免税待遇，如果受到投资安排的影响，则取消其免税地位"。国税局表示，它将审查与投资顾问的赔偿安排，以了解它们是否符合联邦税法。

大学和学院治理委员会协会报告说，78%的私营机构和56%的公共机构都有投资和支出政策。合规性项目调查中期报告指出，94%小型院校，94%的中型院校和96%的大型学院和学校为其捐赠基金提供投资政策。

投资政策主要涉及两个要素。一个关注组织投资组合的性质，说明组织将考虑投资（或在某些情况下不会投资）的车辆和财产。财产包括股票、债券、不动产、合伙和有限责任公司的红利，以及对共同基金的投资。另一个因素是投资组合的一般余额，其中规定了股权投资、有息工具、外商投资物业等的投资比例。该政策还可以通过顾问提出的建议，为投资经理解决组织资产选择和持续审查决策的问题。教育机构的投资政策通常针对组织捐赠的相关事项，包括捐赠主体的有针对性的支出率。

5.33 学院或大学需要有筹款政策吗？

从事筹款活动的组织应考虑制定筹款政策。大多数良好治理原则强调筹款资料的准确性、可信度和完整性。此外，这些标准强调了陈述捐赠者的愿望和使用捐赠者的捐款筹集资金方面的准确性的重要性。应当坚持学院或大学就投资使用的募捐申诉所作的一切声明。该机构应遵守捐赠者对捐赠资金使用意图，并应尊重捐赠者的隐私。已颁布的良好治理标准通常涉及筹款人补偿的主题，包括根据所涉及金额的百分比或其他佣金制度，并规定慈善组织应仅与管理机构正确注册的人员进行合约约定。

在"生命周期教育工具原则"中，国税局"鼓励慈善机构采纳和监督政策，以确保筹款招标符合联邦和州法要求，招标材料需要准确、真实、坦诚"。鼓励慈善机构保持筹资成本合理，并向捐赠者和公众通报筹款成本和途径。福音派理事会在财务问责标准里要求，在筹资材料过程中，对事实的陈述和对组织的财务状况的描述以及关于事件的叙述性信息须是"即时的，完整的和准确的"。"事实上的重大遗漏或夸张"是不允许的。会员组织被谴责为"不会对捐赠人的捐赠将会为实现捐赠者的期望而作出不切实际的投入"。

非营利部门小组在33条准则中的立场是，向潜在捐赠者和公众发出的招标材料和其他信息必须明确说明组织的准确性和真实性。小组指出，潜在捐赠者有权知道任何人征集捐款的名称、接受捐款的组织的名称和地点、其活动的详细说明、募集资金的预期用途、通过联系以获取更多信息以及"请求缴款的个人是否作为志愿者、组织的雇员或雇用的律师"。（这个权利的延伸，表面上由潜在的捐赠者拥有，实则是为了知道所有征求意见的人的名字。）

小组认为，捐赠必须用于符合捐赠者意图之处，无论是在有关招标材料中描述的，还是由捐赠者具体指定的。小组指出，征求意见应"表明他们产生的资金是否将用于进一步推动该组织的一般方案和业务，或支持具体方案或类型的方案"。小组建议慈善组织"在接受捐赠之前，仔细检查任何合约或捐赠协议的条款"。

根据小组的规定，组织必须根据联邦税法的要求向捐助者提供特定的慈善捐款承诺，以及促进捐赠者遵守税法要求的信息。小组提出，法律不仅普遍要求这种类型，"而且还有助于建立捐赠者对于其资助活动的信心和支持。"

学院或大学采取的筹款政策，对募集资料的陈述应当具备准确性和真实性、捐赠者信息应具有确定性、组织遵守国家和地方慈善招标登记法，以及遵守联邦税法的捐赠者要求用于慈善捐款的扣除。

5.34 学院或大学需要有合资公司政策吗？

非营利组织越来越多地参与和其他非营利组织（通常是实体）的合资公司安排。有时，这些合资公司组织为独立的法人实体（通常作为合伙企业或有限责任公司作为合伙企业征税），或者作为联合企业正式组织。制定良好治理原则的大多数机构没有涉及合资公司政策的问题。这项政策主要是联邦税法考虑的主题。合资公司政策应使组织评估其参与拟议的合营安排，并采取必要步骤维护其免税待遇。

通常，学院或大学的合资公司与一个具有相同的免税待遇非营利实体不关乎组织自身的免税待遇，因为双方将需要以保护每个成员免税待遇的方式经营合营公司。通过学院或大学与营利实体或个体公司的合资，双方不一定要关心经营合资企业，促进教育机构的宗旨。如果学院或大学没有认真计划，这些安排可能会因为放弃控制权并转让给其他合伙人而影响学院或大学的免税地位，或者有其他轻微影响，如导致学院或大学被认为具有不相关营业收入（第十四章）。最近的法院裁决和国税局在这方面规定，非营利组织可以通过维持合资公司的控制职位，并采取措施确保合资公司仅仅是为了促进非营利组织的免税目的而保护其免税状态。[11]同样，与非慈善免税组织（如社会福利机构）进行合资的学院和大学必须确保其慈善地位得到保障。

修订版990表格要求提供关于免税组织是否参与合资公司的信息，如果是，是否采用了书面政策或程序，要求组织根据适用的联邦税法来评估其参与合资安排，并采取措施维护组织在这种安排方面的免税地位。保障措施的一些例子包括：控制风险或安排足以确保企业进一步实现组织的免税目的；要求风险或安排优先获得免税，最大限度利用其他参与者的资源；要求不从事危害组织免税的活动；以及与组织签订的所有合同的条件是按照公司的正常交易或对组织更有利的条件。

5.35 学院或大学需要有管理层薪资政策吗？

教育机构董事会的重要职责之一是选择、监督、治理和确定机构客户执行机构高管的薪酬。免税组织采取管理层薪资政策正在成为普遍的做法，规定了组织的管理层薪资理念，建立薪资的责任和机制。管理层薪资政策可以规定机构打算支付的可比薪金范围、可以授予的奖励酬金类型、参与建立薪资的委员会或董事会成员以及在某种程度上薪资顾问或其他顾问也可能参与此过程。在《合规性项目调查中期报告》中，国税局声明，34%的小型高校，61%的中型高校和63%的大型学院和大学都有正式的书面薪资政策。

管理层薪资政策应提及可推翻的合理性推定，这是适用于公共慈善组织和社会福利组织的中级法律程序。如果能满足可推翻推定的三个要素，公益慈善组织或者社会福利组织之间的薪资或其他交易的支付被推定为合理的，举证责任转移到国税局，以证明薪资是不合理的。虽然有可能会遇到可推翻的推定是不切实可行的，但如果可能的话，机构应该援引可辩解的推定合理性来保护其提供给其管理层和确定其薪资的人。即使公共机构也可以采用可推翻的推定程序，公共机构不必向国税局报告管理层薪资。[12]

学院或大学不妨设立一个薪资委员会来评定、估价和推荐组织最高职位的薪资。薪资委员会应该是独立的，这意味着它应该由没有被委员会评估薪资或者没有薪资安排的利益冲突的个体组成。

5.36 教育机构是否应该有免税债券合规政策？

学院和大学能够免税进行债券融资的好处可能是希望制定一项政策，要求该机构遵守免税债券融资的条款和条件，并制定相关政策和程序确保这些条款和条件得到满足。这项政策应努力确保遵守免税债券融资所涉及的私人用途和套利条款。例如，由第三方使用学院或大学的融资设施可能导致设施的私人业务用途，违反了免税债券的规则。

在修订版 990 表格中，国税局询问组织是否已采取治理措施和程序，以确保其发行后履行免税债券负债。拥有优秀免税债券融资信誉记录的学院和大学有明确的治理做法和程序。

5.37 学院和大学还应当有哪些其他政策？

学院或大学还可以采取的治理政策和程序并不少。更难的问题是机构应采取何种治理政策和程序。各种已出版的治理指南推荐了许多其他政策。福音派理事会的财务问责标准建议采用有关董事会信任、捐赠者信誉和知识产权所有权的政策。委员会还建议通过治理和行政薪资的哲学陈述和愿景声明，为组织的未来展现出令人信服和鼓舞人心的希望。一些良好治理原则规定，非营利组织应该遵守所有适用的联邦，州立和当地法律的政策。即使组织对所有适用的法律都很了解，这种政策也可能出现问题。例如，一个参与全国筹款的慈善组织是按照国家每个城市和县的征收条例进行登记的，这点毋庸置疑。

大学和学院治理委员会协会在其有效治理董事会出版物中指出，董事会成员职责陈述是学院或大学最有用的政策陈述之一。诸如此类的陈述规定了对董事会成员绩效进行评估的期望，并可根据此评定他或她加入董事会的意愿。通常，这一声明有时称为董事会合同，规定了出席率、贡献水平、委员会任务以及董事会成员期望的其他承诺的要求。

学院和大学应该对他们的政策有所选择，只采用对机构有意义的政策，以此来反映组织将参与和实施的做法和程序。至少，高校应该考虑采取一些"核心"治理政策，例如利益冲突政策、举报政策、文件保留和销毁政策以及旅行和报销政策。此外，学院或大学应该保留其管理部门和委员会的会议纪要，在提交表格之前有一个审查其信息反馈（990 表格）的过程（如果是文件），在递交给国税局之前，要给管理部门分发其年度信息反馈副本，其中有董事会通过的职责陈述，并考虑引入可合理推定的管理层薪资设定。在确定是否采用其他建议的治理政策时，学院和大学应关注其计划和具体报告要求，密切关注任何有关国税局组织信息反馈文件和需要采用和实施的政策，便能对相关问题采取有力的方式回应，同时采用允许其治理委员会和机构更有效行动的政策。例如，学院和大学通常会有筹款政策、捐赠接受政策，它们对捐赠的招标和接收作出规定。

5.38 学院或大学需要有使命宣言吗?

需要。非营利部门小组 33 条准则之一是,董事会建立并定期审查组织的使命和目标,并且至少每 5 年需要对组织的计划、目标和活动进行评估,以确保其能够推进组织职责的完成并审慎利用其资源。"卓越标准"指出,非营利组织应该有一个明确的任务,其方案应该有效地实现这一使命。标准还规定,董事会定义并批准的组织目的应该是正式的,并具体说明组织活动符合此目的。此外,标准还指出董事会从事长期和短期规划活动,"有必要确定组织的使命,确定与任务相关的具体目标和客体,并评估组织成功实现目的任务"。

在国税局生命周期教育工具原理中,国税局鼓励慈善机构建立并定期审查组织的职责。根据国税局规定,组织董事会通过明确使命宣言来解释和普及慈善事业的目的并以此指导组织工作。国税局年度信息反馈文件要求组织将其使命描述为"在其使命宣言中阐明或由管理机构批准"。如果一个组织没有董事会通过的使命宣言,在描述其使命时就要回答"没有"。因此,如果报告的学院或大学没有董事会通过的使命宣言,就不能在其年度信息反馈文件上列出使命宣言。

针对公立大学,大学和学院治理委员会协会指出,大学职责宣言的批准和宣传是董事会的责任,即使州法可能"对这一过程产生实质性影响"。同样,私立学院或大学的董事会应确保该机构的任命说明准确地反映了该组织的使命。任务声明通常是许多类型的教育机构及其各个学院的初始认证和认证更新过程的重要组成部分。

5.39 如果教育机构修改了组织文件,是否需要通知国税局?

视情况而定。如果学院或大学属于公共机构且不向国税局提交信息反馈,则不需要向国税局说明其组织文件的变更情况。需要遵守国税局文件要求的私立机构应当每年在其年度信息反馈文件中描述其管理所发生的重要变更情况。虽然对不报告重大变更情况并没有自动惩罚机制,但如果组织的特征、目的或运作方式发生了实质性变化,则该组织的免税身份也许不能依据裁定书或决定书而得到确认。同样有人认为,如果没有发生任何重大变更,国税局将受其裁定书条目所约束,因而可能不去追究撤销免税待遇。国税局提供了免税组织对国税局可报告的重大变更的管理文件示例，例如：

- 组织高管或关键雇员的数量、组成、质量、权威或职责。
- 股东或成员在管理中的作用。
- 解散时资产的分配。
- 修改组织或授权文件或章程的规定。
- 管理部门成员或组织股东或会员的法定人数、投票权或表决许可的要求。
- 组织的免税目的或任务。
- 组织文件中包含的政策或程序，对高管、董事、受托人或关键雇员的薪资、利益冲突、举报人或文件保留和销毁。
- 组织文件或审计委员会章程中的组成或程序。

组织启用文件或章程的不重要变更不需要进行报告。例如组织的州内注册代理人、所需或允许的数量或董事会成员会议的频率。组织不需要报告组织、启用文件和章程之外的政策变更，例如通过或改变治理机构决议所通过的政策，不需要对组织进行文件或章程的更改并进行报告。例如，如果组织通过董事会决议修改其书面的利益冲突政策，并且政策不在组织的公司章程或章程内，则不需要向国税局报告变更。

如果一个组织改变其形式，国税局一般认为这种变化是创立一个新的法律实体。这包括将信托组织转为公司、并入非法人团体，以及在其他司法管辖区成立非营利公司。在这些情况下，如果组织需要或希望获得国税局的免税待遇，组织机构必须向国税局提交新的免税认定申请。

5.40 教育机构管理部门会议纪要的要求是什么？

公立和私立学院和大学都应该保留管理部门会议纪要。有的必须向国税局提交年度信息报告，以说明该组织是否属于法定的类型、管理部门每年进行的召开会议或书面活动是否得到实施，以及每个委员会是否有权代表管理部门行事。文件可能包括纪要、电子邮件或类似的产品，可以解释所采取的行动、何时被采用以及何人作出了决定。为此，同期的意思就是在这两个条件之后：（1）下一届管理部门或委员会会议，（2）会议日期或书面动议后60天。

公共机构通常会受到国家公开记录行为的约束，通常被称为阳光法。这些行为要求公共实体授予公众访问某些记录的权利，包括董事会会议记录。

5.41 董事会会议是否需要向公众开放？

公立的、非私立的学院和/或大学通常受到各自州的公开会议行为的约束，这就要求董事会会议向公众开放。这些行为通常要求发布会议的预先通知。通知的要求因州而异。州公开会议通常允许董事会在行政或非公开会议期间举行会议，而不是在公开场合的某些情况下，例如在讨论合同或投标时公众对此事情的了解会影响定价、讨论执行或雇员的资质和绩效，或与律师讨论潜在的诉讼事宜。

5.42 行政会议是什么意思，董事会应该在什么时候举行此类会议？

一般来说，行政会议是由管理层和工作人员进行的董事会会议。当董事会需要公开讨论一件特别敏感或有意义的事情时，例如治理层薪资或未决诉讼时，行政会议将会很有帮助。对于受限于州公开会议要求的公共学院和大学，执行会议有更明确的条款。董事会在行政会议上可能会遇到的行为和条件，在适用的州公开会议行为中已列出。

大学和学院治理委员会协会在"高等教育治理调查"中报告说，57%的私人机构受访者和27%的公共机构受访者在每次董事会会议上都举行了行政会议。对于公立和私立学院和大学而言，每届会议举行的执行会议比例都显著高于年度预算较高的机构。调查进一步说明，公共机构和公立大学系统的首席执行官比私立机构更有可能被列入所有行政会议；即使如此，大约60%的私人机构受访者声称，主席至少被列入董事会每一个行政会议的一个环节内。

5.43 学院或大学的高管是如何被选出的？

公立学院或大学选择高管可能是州法涉及的问题。如果不是这样的话，学院或大学则在治理文件中确定了选择高管的方式。通常，学院或大学的董事会选择该机构的主要高管。大学和学院治理委员会协会在其"机构治理董事会责任声明"中指出，董事会最终有责任任命和评估主席的业绩，"确实，主席的选拔、评估和支持是董事会战略责任的最重要工作"。有关管理层薪资的更多信息，请参见第七章。

5.44 董事会主席可以担任学院或大学校长吗？

从法律的角度来说，这个问题是由学院或大学所处的州的法律和/或组织的治理文件决定的。州法可能会避免同一人担任两职。即使学院或大学的执政法律或文件允许其董事长担任该机构主席，但出于良好治理的考虑，这两个职位应由不同的个人担任，除非该机构还另有一个独立的机构，则由除主席外的另一人填补职位空缺。其结果是一个人担任董事会长和主席，另一个人担任该机构的首席执行官。

5.45 学院和大学认证标准是否会影响治理？

会。认可标准可以规定董事会的职责（如学位候选人的批准）；对各项目、部门和教学人员进行监督的执行长官的要求；对法律、医药和商业等专业学校的治理和监督的要求；以及可能影响机构治理的其他要求。此外，董事会通常会参与重新认证过程，校园采访也是过程的一部分。各教育机构须要注意适用于机构、院校及部门的认定标准，以确定其治理结构或文件是否受到标准的影响。

5.46 是否有一套适用于学院和大学的最佳治理实践？

虽然没有适合学院和学校的一套最佳实践指南，但下面这几本出版物可能对高等院校治理有帮助。

2010 年，大学和学院治理委员会协会发布了《有效的董事会》《公立学院大学系统董事会成员指南》《董事会责任声明制度》。在前一年，大学和学院治理委员会协会公布了大学和学院治理委员会协会"高等教育治理调查"，调查提供了有关公立和私立大学治理实践的数据和信息。2005 年出版的《非营利小组 33 条良好治理与道德规范准则》也是如此。

参考文献

1. The 33 Principles are available at www. nonprofi tpanel. org/Report/principles/Principles_Guide. pdf.

2. www. irs. gov/pub/irs-tege/governance_ practices. pdf.

3. Available at www. agb. org/statement-board-responsibility-institutional-governance.

4. 例如，特拉华州、堪萨斯州和密歇根州的公司法允许非营利公司拥有股东。

5. Ohio Disability Association v. Comm'r, T. C. Memo. 2009-261（2009）.

6. 参见例如"卓越机构管理标准"，其中规定非营利组织董事会应拥有不少于 5 名无关主管，且 7 名或更多主管是最好的。另见福音派理事会财务责任标准，其中规定，其成员"由不少于 5 个人的董事会管理"。

7. Available at www. ustreas. gov/press/releases/docs/tocc. pdf.

8. 这些规则可以在 IRC §501（q）中找到。

9. PL 107-204, 116 Stat 745, codifi ed in United States Code Sections 11，15，18，28，and29（July 2002）.

10. 只有当公立大学受制于国家法规管理利益冲突时，组织会被询问有关管理部门、高级管理人员和全职教学人员的事宜。

11. See, for example, St. David's Health Care System v. United States, 349 F. 3d 232（5thCir. 2003）; Redlands Surgical Services v. Comm'r, 113 T. C. 47（1999），aff'd, 242 F. 3d904（9th Cir. 2001）; Rev. Rul. 98-15, 1998-1 C. B. 17.

12. 参见大学和学院管理委员会协会"高等教育管理调查"，其中建议公共机构遵守国税局的规定，将首席执行官的薪资规定作为"良好管理和审慎的问题"。

6

私人分配、私人收益和超额交易行为

禁止私人分配原则是非营利组织所适用的最基本的法律原则。这条原则的本质存在于非营利组织（1.1）的定义中。禁止私人分配原则是为了防止非营利组织将收入或资产用于私人目的。从字面上讲（6.1），该原则是防止"净收益"（利润）的分配，但实际上它的应用范围更广泛。私人分配交易行为必须涉及组织内部人员，它在教育机构、慈善组织和其他免税组织中应用最多。

私人获利禁止原则比禁止私人分配原则更模糊，也更宽泛。事实上，任何构成私人分配的交易或安排都属于私人获利行为；因此，至少在慈善组织方面，私人分配属于私人获利。[1]如果不涉及内部人员，则属于私人获利交易行为。税法会忽略偶然的私人获利行为，因为这在私人分配相关的案例中很少见。私人获利禁止原则适用于教育组织、慈善组织和其他免税组织。

联邦税法还包括中间制裁原则，对在免税公共慈善组织和其他免税组织中参与不允许的私人交易的个人进行收税，而不是撤销这些组织的免税资格。

税收制裁指消费税处罚，通过这种方式对从交易中获得非法利益的不适格的个人和明知交易非法仍参与其中的组织管理人员进行税收制裁。虽然制裁方式不同，但中间制裁原则是对禁止私人分配原则这一同期术语的重申。中间制裁原则有希望能够转变禁止私人分配原则和私人获利禁止原则，并对许多受托人管理委员会和董事会造成影响。

以下内容为对禁止私人分配原则、私人获利原则和超额获利交易询问最多的问题，以及这些问题的答案。

介绍

6.1 什么是私人分配？

私人分配指以私人名义通过各种方式将部分或全部组织资源（包括收入和/或资产）转移给个人的行为。私人分配应该发生在营利组织中；在这些组织中，利润（净收益）从组织转移给私人（一般是组织的所有者）。相反，对于私立学院和大学等非营利组织，不允许参与私人分配行为；这就是"非营利"的本质。因此，禁止私人分配原则是非营利组织和营利组织最基本的边界（1.1）。该原则对于教育机构、慈善组织和其他组织获得并保持免税身份认定尤其重要。

禁止私人分配原则规定如下：服从禁止私人分配原则（6.3）的免税组织在运营方式上必须满足组织"净收益的任何一部分"都不能"为任何私人股东或个人获得"。[2]

在非营利组织中，禁止私人分配原则指净收益的转移。从表面上看，该术语表达的私人分配交易行为与分红类似，但事实并非如此。根据现在的法律，许多交易类型都被认为是私人分配行为，即使有些行为没有正式账户的净收益财务转移。另外，除个人外，个体参与的行为也可涉及禁止私人分配原则，例如法人、合作伙伴、有限责任公司、房地产和信托。免税组织很少有股东。

该原则的现代意义几乎不能通过该词的字面意义反映，实质上也已经超越了字面意义。禁止私人分配原则的现代意义是与组织有密切关系且对组织有重要控制权的个人或个体不得通过不正当手段直接或间接地接受服从该原则的免税组织的任何收入或财产。

法律确定是否存在私人分配行为的方式之一就是看组织的最终目的是什么。如果组织使个人以私人名义受益而不是通过免税职能运营，则属于私人分配行为。如果发生私人分配行为，组织就没有免税组织，也就是非营利组织的资格。

禁止私人分配原则要求内部人员或个体（6.2）的参与；它并不禁止与内部人员或个体的交易（但这些交易也应与美国国内税收法或法院更加详细的审查一致）。因此，包括私立学院或大学在内的非营利组织可以向内部人员或个体支付薪酬、房租、贷款利息和其他款项。同时，所支付的金额必须合理，也就是说，必须与商业模式下所支付的金额一致。

私人分配关注的是交易的类型（6.7）。虽然国税局认为禁止私人分配原则是绝对的，但有些法院建议该原则应设最低标准［但最低标准的界限不应像禁止私人获利原则（6.25）的非实质性测试那样宽泛］，偶然的私人分配行为会受到中间制裁原则的处罚，但不会撤销免税身份（6.72）。

6.2 个体何时属于内部人员？

如果个体与组织有特殊的关系，则其属于免税组织的内部人员（联邦税法从《联邦证券法》中借用了内部人员这个术语，禁止内部人员交易行为）。一般来说，特殊关系与管理安排相关；也就是说，组织的内部人员包括董事、受托人和管理人员。如果重要员工的职责和责任与管理人员相似，也属于内部人员。

与非营利组织有其他关系的个体也可能是内部人员。组织的创始人、实质性的捐赠者和服务供应商也可能是内部人员，尤其是如果因为其与组织的这种关系使其在组织政策制定和其他运营中有重大发言权。归属原则也适用于这一领域；因此被控制的商业和家庭成员也被视为内部人员。

但法律对"内部人员"没有作出定义。这就使国税局和法院可以从自己的角度出发，根据情况自由地应用这一原则。然而，中间制裁原则（6.53）定义的"不适格的人"与禁止私人分配原则定义的"内部人员"基本相同。

6.3 什么类型的免税组织应服从禁止私人分配原则？

根据联邦所得税法，服从禁止私人分配原则的免税组织包括慈善组织（包括教育性组织、宗教组织和科学组织）、社会福利组织、商业联盟（包括贸易协会、商业协会和职业协会）、社交俱乐部（包括乡村俱乐部、高尔夫俱乐部和网球俱乐部）、退伍军人组织和合格的医疗保险发行方。

因此，私立学院和大学及其附属的筹款基金会、捐赠和科研组织及类似组织应服从禁止私人分配原则。州立学院和大学以及其他政府类型所有和运营相关的机构不必服从禁止私人分配原则。但监管机构也有一些相当于州法和/或类似的原则。另外，也有人认为公立学院或大学如果获得国税局颁发的作为慈善组织或教育机构的免税决定书（2.65），也应服从禁止私人分配原则。

6.4 什么是私人获利？

私人获利与私人分配不同，它不是非营利组织范畴的术语（6.1），而是免税教育性组织、慈善组织和其他类似组织中使用的术语。私人获利是运营性测试的一部分，用于确定免税慈善组织的运营是否主要用于免税目的（1.34）。私人获利要求的本质是组织不应为了私人目的运营，除非该目的是非实质性的。

6.5 法律中私人分配和私人获利的区别是什么？

私人分配和私人获利有两个主要区别：

1. 私人分配要求参与交易或安排的一方必须是内部人员（6.2）。相反，私人获利交易包括所有人。因此，禁止私人获利原则的范围要比禁止私人分配原则的范围大得多。如上文中提到的，构成私人分配的交易或安排都属于私人获利行为。

2. 国税局认为禁止私人分配原则是绝对的；也就是说，没有最低标准界限。但法院建议禁止私人分配原则中应有最低界限，即使标准很低（6.1）。另外，在某些情况下，对于私人分配行为可应用中间制裁原则，而不是撤销免税身份（6.72）。相反，非实质性的私人获利（6.25）不会违反禁止私人获利原则。

6.6 私立学院或大学或其他非营利组织参与私人分配或私人获利的后果是什么？

如果应服从禁止私人分配原则（6.3）的教育性组织或其他免税组织参与了私人分配，该组织可能面临撤销免税身份的处罚。如果组织没有过分违背该原则，可能不会撤销其免税身份（6.72），而是实行中间制裁的处罚。更重要的是，组织如果违反了州法对非营利组织的定义，根据州法规定，可能会失去非营利的身份。

如果教育性组织或类似免税组织参与了实质性的私人获利行为（超出了非实质性的范畴），则该组织会失去作为慈善组织的免税身份，除非对其实行中间制裁原则的处罚。

私人分配

6.7 私人分配交易行为的主要类型是什么?

这些年来，国税局和法院规定了许多私人分配行为，最主要的是不合理的（超额的）薪酬、不合理的借贷安排以及不合理的租赁安排。这方面的重点是交易或安排的条件和情况是否合理（7.14）。

6.8 私人交易背景下的"薪酬"是什么意思?

决定个人总薪酬的因素（经济收益）有很多；"薪酬"的概念包括但不限于个人工资（7.9）。

6.9 在何种情况下薪酬属于私人分配?

这是被询问最多的问题之一。从法律上讲，答案很简单。如果支付给内部人员（6.2）的薪酬款项或总款项不合理或超额，则属于私人分配。关键因素在于确定合理性的过程（如有）以及评估合理性的考虑因素。对合理性的确定主要取决于事实和实际情况。但实行中间制裁原则是为了明确考虑因素，在某种程度上也是为了解决过程问题。这一事实体现在合理性的可驳回假设中（6.51）。

确定薪酬款项或总款项是否合理时经常考虑七个因素。但在列举这七个因素时必须首先说明一个前提。非营利组织个人薪酬必须包括薪酬总款项，不能只包括工资。除了基本工资，还应包括所有奖金和佣金、鼓励性薪酬、附加福利、咨询费、退休金和养老金金计划福利。

决定因素包括：

1. 相似情况下其他人收到的薪酬金额和类型。
2. 特定地区的薪酬水平。
3. 个人在这种情况下花费的时间总量。
4. 个人的专门知识和其他相关背景。
5. 相关组织的规模和复杂性。
6. 组织对特定个人提供服务的需求。
7. 薪酬总款项是否被独立董事会批准。

前两个因素基于共性：在类似地区的类似情况下，其他人是如何支付薪酬的？地理因素相对比较容易分离出来，其他方面就没这么容易。高等教育机构在考虑这些因素时可以进行调查，这是很有用的。而医疗卫生组织、私立基金会和协会可以进行类似调查。

第三个因素——在这种情况下花费的时间总量——非常重要。如果个人全职工作，薪酬安排可能是十分合理的，但如果他或她不是全职为组织工作，则薪酬可能超额。因此，在分析时必须考虑到个人是否接受其他来源的薪酬，如果是，要考虑所付出的时间。

第六个因素在很大程度上与国税局目前处理的一个话题相关。虽然不情愿，但国税局一般会批准鼓励性项目。对于免税医院向医生提供鼓励性措施使其减少私人行医业务而转向医院医务工作的情形，国税局采取的是强制惩罚措施，其实施的原则是超出其他非营利组织薪酬的范围。

第七个因素值得注意的原因有很多。该因素使国税局有机会在决定非营利组织董事会成员方面有更大的话语权。如果有独立董事会，组织的创始人或其他负责人就失去了控制。因此，这个因素在很大程度上导致了这种想法，被控制的董事会表面上是"高"薪酬，其实不然。

6.10 非营利组织向员工发奖金是合法的吗？

合法。法律没有禁止非营利组织向员工发奖金，唯一的要求是奖金金额应合理。在进行分析时，支付给员工的所有薪酬都应考虑在内。

6.11 应如何确定给员工的奖金薪酬项目？

不必正式制定任何计划。也就是说，组织的管理部门只能决定个人工作的成果能够保证额外的薪酬。

如果确定了奖金薪酬项目，董事会就允许组织的管理部门在某一具体时间支付额外薪酬，例如在年末。董事会可能会对这些奖金设置一些参数，例如绝对金额的幅度或总薪酬的百分比。

如果奖金按百分比计算，需要更加谨慎，特别是如果薪酬是某一成分的职能，而不是个人已有的薪酬。例如，筹款人的部分或全部薪酬可能就是在某一时期所筹款项的一部分。按百分比的方法可能导致特别审查，因为这种薪酬安排可能属于净收益分配，而这是禁止私人分配原则（6.1）所禁止的。这些补偿性项目通常更像是佣金，而不是奖金。

百分比安排产生的一个问题就是净收益流销售，近来在医疗卫生行业非常流行。国税局已经从根本上阻止了这种销售。免税医院会计算某一部门这一年的净收入（利润），然后将收益打包，卖给合作伙伴，合作伙伴包括属于医院医护人员并在该部门工作的医生。比例安排对医院的好处是：取悦医生，所以他们能继续待在医院；医院从部门运营获得的净收益也比其他方式更快。对医生的好处是：他们可以更高效地管理部门，获得的净收益比原来计算的更多，他们也能够因此获得额外收入。

国税局认为这种安排属于私人分配形式，因为医生作为内部人员（6.2）获得了医院的部分净收益。国税局从根本上强迫医院行业停止这种行为。比例安排被发现带有私人分配的特征，也被视为私人分配。国税局拒绝测试这种收益流是否符合合理性标准。

但这种形式的收益更多的是属于投资收益，而不是个人薪酬。对于使用百分比计算员工薪酬并不是绝对禁止的，即使该员工是内部人员。

6.12 董事会在员工奖金年度审批中应发挥什么作用？

随着联邦税法的发展，希望非营利组织董事会，尤其是教育性组织和慈善组织的董事会制定与所有薪酬项目相关的参数，不只是与奖金相关的参数。因此，这作为董事会信托责任（5.11）的一部分，应为组织薪酬计划的任一部分都制定政策。

比如私人分配问题，国税局和检察长经常指责董事会缺少参与，并会强制董事会为正在进行的组织薪酬行为检查制定政策。

6.13 如何向国税局报告红利补偿方案并向公众披露？

法律并没有明确要求应将奖金薪酬项目或其他类似项目详细报告给国税局或向公众披露。但公共慈善组织薪酬最高的前 5 名员工必须在组织提交给国税局的年度信息反馈文件中说明。年度信息反馈文件向公众披露（18.1）。当然，支付给这些员工的奖金或其他类似薪酬也应作为总薪酬的一部分写入报告。

6.14 是否允许基于百分比的薪酬？

关于百分比薪酬的法律规定并不清楚，也不一致。显然，一些薪酬不是以薪水、工资或奖金等固定付款的形式，但全部或部分薪酬是以免税组织收入的百分比为基础。在中间制裁原则中，这些在筹资方面最常见的薪酬形式通常是收入分配安排（6.42）。

在私人收购领域，这主要是判例法的问题。在某案件中，法院认定，免税机构的百分比薪酬安排属于私人分配，因为允许的薪酬总额没有上限。[3]因此，这些薪酬形式通常被限制在合理范围内。

后来法院认为没有发生私人分配行为，因为免税组织向该组织的主席支付的佣金是根据他所获得的捐赠百分比确定的，因此撤销了这一决定。在该案中，法院认为标准是薪酬是否合理，而不是薪酬确定的方式。法院认为"直接取决于成功采购资金"的筹款委员会是"非常适合新兴慈善组织预算的激励"。[4]在得出这一结论时——对薪酬水平上限没有作出规定——法院审查了各州针对专业律师付款的慈善招揽行为（13.45），法院将其特点总结为"对这些佣金进行了管理，并且在许多情况下认定的佣金百分比高于"该案中组织支付的佣金百分比。[5]

后来另一个法院在该问题上更为混乱，因为它裁定"佣金薪酬制度没有任何阴险或邪恶的地方"，因此，虽然没有绝对薪酬上限规定，但对于向慈善组织捐赠的个人，向其支付一定比例的捐赠金额的薪酬安排是"合理的"（尽管法律要求薪酬必须合理，而对确定薪酬所根据的百分比没有要求）。[6]

对于以奖励计划为基础的免税组织，国税局可能会仔细审查其薪酬计划。根据这些奖励计划，薪酬是组织获得收益的函数，是有保证的或者是不符合常规薪酬安排范围的。这些方案（有时称为收益安排）主要用于医疗保健领域。例如，国税局认为，虽然免税医院的薪酬是根据超出预算水平的收益百分比确定的，但建立这种奖励薪酬计划并不构成私人分配，因为奖励计划并不是向委托人分配利润的手段，也没有导致不合理的薪酬分配。[7]同理，国税局批准了最低年薪合同，根据该合同，医生获得工资补偿，从而吸引他们在医院工作。[8]国税局颁布了关于医生招聘激励措施的税法后果的指导意见。[9]

国税局已经探索了其他形式的生产力激励计划[10]和有条件薪酬[11]计划。除了医疗保健领域，国税局认为学校、学院和大学体育教练的薪酬分配，包括递延薪酬计划、人寿保险费、奖金和移动费用报销等一揽子计划不属于私人分配行为。[12]

值得注意的是，筹款专业人士的主要协会已经颁布了伦理守则，认为基于百分比的筹款薪酬是不道德的。例如，促进和支持教育委员会认为："它们不鼓励为会员机构的所有募款员工提供佣金补偿。建议所有筹款人员薪酬形式为工资、保费或其他费用，而不是佣金。薪酬应该预先确定，而不是以募集资金的百分比为基础。"[13]筹款人协会进一步表示，其成员"不得接受基于捐款百分比的薪酬或签订此类合同，也不得接受中间人报酬或额外费用"。[14]

因此，在学院和大学，包括附属筹款基金会，筹款薪酬不可能以捐赠百分比为基础。

6.15 判断薪酬合理性时是否只考虑上述七个因素？

不。上述七个因素（6.9）只是基本上所有情况都会涉及的因素，也会考虑其他因素，包括在计算薪酬时是否存在百分比因素（6.14）。从国家薪酬调查中获得的数据也非常重要。组织的地位（在薪酬方面）是同类组织争取个人服务书面报价的一个因素。

6.16 与中间制裁原则是如何相互影响的？

对于参与私人分配交易行为的组织，可以不撤销其免税身份，而是实行中间制裁原则（6.26）。

中间制裁原则对参与私人分配交易行为的组织征收消费税，而不是撤销其免税身份（多数情况下）。如果免税教育性或慈善组织（私立基金会除外）、免税慈善组织或某些类型的健康保险公司参与超额获利交易，使用该原则对其征收消费税，作为中间或替代制裁。在这种情况下，对从交易中获得非法利益的不适格个人和明知交易非法仍参与其中的组织管理人员进行税收制裁。

国税局对组织实行中间制裁原则代替撤销组织免税身份的惩罚或在撤销免税身份的基础上实行。如果多位不适格个人或管理人员受到消费税惩罚，所有人都负连带责任。如果证明对该原则的违反出于合理的原因且不是故意忽视该原则，或私人分配交易行为在修正期内改正，国税局有权减轻消费税惩罚。

6.17 在何种情况下贷款属于私人分配？

受禁止私人分配原则制约的非营利组织（如私立学院或大学）借给内部人员的贷款如果条件不合理，则属于私人分配。

评估贷款合理性时要考虑的因素包括与组织资源相关的贷款金额、贷款条件是否是书面的（例如便条）、抵押金额、利率、贷款期限以及贷方和借方的账簿和记录是如何反应该交易的。最后一个因素在确定双方意图方面非常重要，尤其是确定预计是否能够归还贷款（如果不能还款的话，"贷款"将被作为额外薪酬）。因此，如果贷方不能及时还款，另一个因素就是组织保证还款或没收抵押的积极性。

关于薪酬，测试通常有一个共性（6.9）。调查者会查看商业背景下类似贷款的因素。中间制裁原则也适用于不适格个人的贷款问题。

6.18 在何种情况下租赁安排属于私人分配？

由受禁止私人分配原则制约的非营利组织向内部人员租赁财产如果条件不合理，则属于私人分配。

评估租赁合理性时要考虑的因素包括租金、交易条件是否是书面的（例如租约）、租赁期限以及组织对特定财产的需求。关于最后一个因素，非营利组织从不相关方租赁类似财产的能力也是分析时要考虑的因素。

如果非营利组织将财产租给内部人员，也可能属于私人分配。前三个因素也与之相关。另一个要考虑的因素是如果借方（内部人员）未能交纳租金，组织在何种程度上继续租赁活动。

关于薪酬，测试通常有一个共性（6.9）。调查者会查看商业背景下类似租赁交易的因素。中间制裁原则也适用于不适格个人的租赁问题。

6.19 还有其他形式的私人分配行为吗？

有。私人分配还有一种形式是向内部人员提供服务。在这里，最重要的是区分免税目的和私人分配的可能性。例如，一个运营目的是发展艺术的组织属于慈善组织；如果这个组织是美术馆，展览并出售会员的作品，则该组织参与私人分配。同样，为低收入家庭提供住房帮助也属于慈善事业；如果住房是提供给慈善组织的重要员工，则该组织参与私人分配。

私人获利

6.20 在实际情况中如何确定私人利益？

这方面的法律非常模糊。禁止私人获利原则规定的交易范围不像禁止私人分配原则规定的那么明确。如上文所说，所有私人分配行为都属于私人获利行为（6.4）。

因为禁止私人获利原则没有要求有内部人员参与（6.5），因此该原则适用于所有情况和所有个体类型。正如国税局将禁止私人获利原则描述为，该原则适用于"各种个体和集体"。[15]这是一个非常可靠又包罗万象的概念，用来防止教育性组织、慈善组织和其他类似组织的资源被滥用——即用于非教育和非慈善目的。正如法院所言，禁止私人获利原则"存在慈善组织运营只能用于免税目的这个要求"。[16]

法院认为存在两种私人获利：首次私人获利和二次私人获利。

6.21 什么是私人获利？

首次和二次私人获利的概念可以通过非营利性学校的案例说明。[17]某校的目的是培养政治竞选的管理人员和顾问。让法院困扰的是该校的所有毕业生最后都为同一个政治党派的候选人服务。虽然学校的项目并不包括政治竞选活动（第九章），也没有违反当时的免税原则，但法院想要拒绝该校的免税身份。

法院想出了两个层面的私人获利，达到了这个目的。第一层面的私人受益人，即享有首次私人受益的个人，是学校的学生。但这种私人获利不能用于拒绝免税身份，因为它还属于免税教育性目的。为了阻止该校获得免税身份，法院转向二次私人获利。

6.22 什么是二次私人获利？

二次私人获利指由首次私人获利获得者流向一个或多个个体的私人受益。目前还不清楚的是如果首次私人获利在本质上可能使免税身份被拒绝或被撤销的话，是否考虑二次私人获利。

在上文描述的案例中（6.21），法院判定，虽然首次私人获利不能用于拒绝免税身份，但二次私人获利可以。二次私人获利获得者是接受该校毕业生服务的政治候选人。这种私人获利不是偶然性的。

6.23 禁止私人获利原则现在的适用情况如何？

法院和国税局近来对禁止私人获利原则的应用方式已经超出了个人获得不适当利益的情况。如果提供给营利性法人的收益没有获得许可，可以使用禁止私人获利原则。例如，在涉及全实体合资公司和附属合资公司的案例中

（第十六章）。

事实上，现在私人获利可以通过慈善组织引申至其他免税组织。例如，国税局规定通过免税社会福利组织为选美比赛选手提供奖学金的基金会不能获得免税身份，因为涉及社会福利组织获得的私人获利。在另一个案例中，法院拒绝了附属于某免税协会（商业联盟）的教育性基金会的免税身份，因为该协会的行为构成了私人获利。

非营利组织，尤其是教育性组织或慈善组织与合伙企业或合资公司合作，可能会产生私人获利的问题。国税局特别关心的一种情况是公共慈善组织为了私人利益进行商业活动（例如合作伙伴）。如果慈善组织是有限责任合伙公司的普通合伙人，或者部分或全部有限责任合伙人都是组织的内部人员，那么该组织会受到严格的审查。

在这种情况下，国税局对于公共慈善组织在有限责任合伙公司中的身份有以下规定：为了避免失去免税身份，组织在以发展慈善为目的的合伙公司中必须是普通合伙人，组织必须不负有合伙公司的日常管理责任，支付给有限责任合伙人的薪酬不能超额。

对于慈善组织参与的普通合伙企业和合资公司，国税局的规定更宽松。测试主要是关于组织是否为了免税目的运营。如果是这样，免税地位就不可能受到干扰。

6.24 捐赠者在向非营利组织捐赠时可能从捐赠中获得私人利益吗？

这类交易中不存在私人获利，即使捐赠者是内部人员。从捐赠者认定的形式流出的收益不属于私人获利，不会影响免税身份。例如，如果学院的捐赠项目或奖学金基金以捐赠者的名字命名，不涉及任何程度的私人获利行为，不会威胁受捐者免税身份。它既不会被当成私人获利，也不会因为其偶然性和脆弱性而被免税目的所忽视。

然而，捐赠者很可能通过捐赠获得商品或服务等私人利益（6.33，13.7）。例如，个人可以向慈善机捐款，建造一个慈善组织办公室大楼。如果捐赠者在大楼中得到免费办公空间，作为捐赠的回报，这就属于私人获利。如果私人获利不是偶然行为（6.25），可能导致慈善组织失去免税身份。

在这种情况下，捐赠者应该收到慈善受捐者的一项声明，说明因其捐赠情况（13.12），捐赠者从慈善受捐者那里获得商品或服务，这份声明是捐赠实体化过程的一部分。捐赠者应将所收取商品或服务的价值从慈善捐赠的免税部分中扣除。

6.25 如何确定偶然的私人获利行为？

并没有精确的测试能够评估私人获利行为是实质的还是偶然的。每个案例都要考虑事实情况。禁止私人获利原则是一个主观的法律概念，很容易受到影响。几乎在所有发生慈善组织或其他非营利组织资源滥用的案例中，国税局或法院都会强调私人获利。

例如，国税局认为一个为了免税学院的利益而运营的支持型组织（4.18）给予一个以发展企业孵化器项目为目的的资本基金捐助，然后该商业活动对学院教学项目有重大贡献。公司从孵化器投资中获得的利益对发展学院教育目的被认为是偶然性的。[18]

中间制裁原则

6.26 中间制裁原则是什么意思？

颁布中间制裁原则（6.28）之前，如果发现免税私立学院或大学、其他类型的公共慈善组织或社会福利组织在实质上违反了禁止私人分配原则，国税局只有两种正式的选择：不作为或者撤销组织的免税身份。但中间制裁原则给了国税局第三种选择，当然比不作为（可能也包括发出不正式的警告）更有力，又没有撤销免税身份那么严厉。因此，这是一种中间制裁。

在中间制裁原则（6.33）适用的案例中，对从交易中获得不正当利益的不适格个人（6.53）或明知交易不正当仍参与其中的组织管理人员（6.55）进行税收制裁。[19]

6.27 中间制裁原则的生效日期是哪天？

中间制裁原则的生效日期一般是 1995 年 9 月 14 日。[20]在条款没有实质性的改变的基础上，受此日期约束且在交易期间仍然有效的书面合同所产生的收益不适用于该制裁原则。[21]

6.28 中间制裁原则何时颁布？

中间制裁原则由《纳税人权利法案》制定。这项立法于 1996 年 7 月 30

日签署成为法律。

6.29 这项立法的记录是什么？

1996 年 7 月 11 日，参议院同意了众议院于 1996 年 4 月 16 日通过的立法，对其没有作出任何改变。众议院投票是 425：0；一致通过表决。没有参议院财政委员会的报告，也没有会议报告。因此，众议院筹款委员会 1996 年 3 月 28 日的报告（众议院报告）[22]是中间制裁原则的所有立法记录。

6.30 财政部和国税局版针对这些规定颁布过指引性文件吗？

有。2002 年 1 月 21 日颁布了中间制裁原则的最终条款——5 年半后该规则被签署成为法律。

6.31 中间制裁原则适用于哪些类别的免税组织？

中间制裁原则主要适用于公益慈善组织，包括私立学院和大学以及相关实体。也适用于免税社会福利组织[23]和某些免税医疗保险组织[24]。为此，这些实体被称为适用的免税组织。[25]

一般来说，公益慈善组织将收到国税局关于其免税地位（3.19，3.20）的决定书。然而，社会福利组织和医疗保险组织不需要获得国税局的裁决（1.41）。因此，如果社会福利组织或医疗保险组织向国税局申请免税认定（第三章）、作为社会福利组织或医疗保险组织向国税局提交年度信息反馈文件（第七章），或以其他方式确定自身社会福利组织或医疗保险组织的身份，则属于适用的免税组织。

适用的免税组织包括在以上在交易之日结束 5 年内的三种免税组织。[26]

6.32 中间制裁原则是否有例外？

没有。也就是说，所有公益慈善组织、社会福利组织和合格医疗保险组织都是适用的免税组织（6.31）。私人基金会（4.2）不属于适用的免税组织，因为另外一个涉及自我交易规则[27]的类似制度适用于他们。另外，从国外获取所有支持的外国组织也不属于适用的免税组织。

中间制裁原则不适用于政府实体。因此，公立（政府）学院和大学不受中间制裁原则约束。尽管如此，根据美国国内税收法第 501（c）（3）条，它们也会收到国税局的决定书，认定它们是适用的免税组织（2.65）。此外，公立学院和大学的附属组织也可能有资格作为适用的免税组织。

6.33 中间制裁原则适用于什么类型的交易？

这种税法制度的核心是超额获利交易。超额利益交易的定义是基于合同法的"考虑"概念。如果免税组织提供的经济收益超过了所考虑接受的收益价值（包括履行服务），那么它一般指适用的免税组织（6.31）直接或间接（6.38）向或使用（6.41）不适格个体（6.53）提供经济利益的任何交易。[28] 这种福利被称为超额利益。[29]

6.34 如何衡量"价值"？

标准是公平的市场价值。财产的公平市场价值，包括财产使用权，是指财产或财产使用权在买卖双方之间交换时的价格，不包括任何强制购买、出售或转让，并具有相关事实的合理知识。

6.35 可以将经济收益视为接受者薪酬的一部分吗？

可以，但有一些要求。经济收益不能考虑作为服务回报，除非适用免税组织明确计划提供此种收益并将服务作为薪酬支付。[30]这种性质的项目包括支付个人费用、将收益转移给不适格的人，以及从非公平市场价值的交易获益的个体。

在确定这种支付或交易实际上是否属于薪酬形式时，需要考虑的相关因素包括：（1）相关决策机构是否按照既定程序批准该薪酬转让（如在转让时或之前获得批准的书面劳动合同）。（2）组织提供书面证明（如在反馈文件或其他表格中说明将其作为薪酬）。[31]这些反馈文件或表格包括组织提交给国税局的年度信息反馈文件（第十七章）、组织向接收方提供的信息反馈文件（表W-2或表1099）以及个人所得税申报表（1040表格）。

除了免税附带收益和某些其他类型的免税转让（如雇主在合格养老金计划中提供的健康福利和捐赠）之外，组织不得在国税局审计期间仅仅通过声称经济收益是不适格人总薪酬的一部分就向其提供经济利益作为复位薪酬。相反，组织需要提供同时涉及经济收益转移的证据。

6.36 如果经济利益不能被视为接受者薪酬的一部分怎么办？

如果发生这种情况，就算所提供的收益在合理金额范围内，除了将其作为超额利益交易外，没有别的办法。这种情况被称为超额获利交易。对于适用的免税组织的不适格的人来说，这是一个很大的陷阱。有关各方应确定这些收益属于例外情况或可以作为薪酬。否则，需要缴纳消费税（6.59）并提出更正（6.60）。

6.37 什么类型的交易被认为是超额获利交易？

超额获利交易可以包括适用的免税组织（6.31）出于个人目的向不适格的人（6.53）提供的住宅不动产、车辆，免税组织收费账户、蜂窝电话和计算机。还包括无限期支付结婚旅行费用、无息贷款和偿还费用。

6.38 直接或间接是什么意思？

直接或间接指由适用的免税组织（6.31）直接提供经济利益，或间接通过受控实体（6.38，6.39）提供经济利益。因此，适用的免税组织不能通过使受控实体参与交易来避免参与超额获利交易。适用的免税组织也可以通过中间实体间接向不适格的人提供经济利益（6.40）。[32]

6.39 在这种情况下，控制是什么意思？

适用的免税组织（6.31）的"控制"意味着：
股份公司，超过公司股票的50%的所有权（以投票或价值）。
伙伴关系，拥有合伙企业利益或资本利益的50%以上。
非股份公司（即没有人拥有专有权益的实体），至少有50%的公司董事或受托人是适用的免税组织的代表（包括受托人，董事，代理人或雇员）或直接或间接受免税组织控制，在组织内拥有超过50%的收益。[33]
根据这一原则，与股本构成[34]相关的所有权构成规则适用于确定公司股票所有权。类似的原则适用于确定任何其他实体的利益的所有权。[35]

6.40 什么是中间人？

根据法律，中间人是与适用的免税组织（6.31）的一个或多个不适格的人（6.53）进行交易的任何个体（包括免税实体）。如果该适用的免税组织向中间人提供经济利益或接受中间人提供的经济利益，由中间人提供的经济利益也被视为由该适用的免税组织提供，除非：
有口头或书面协议或理解证明，中间人向不适格的人提供经济利益

（6.41）或可使用的利益；中间人向不适格的人提供经济利益或可使用的利益没有明显的商业目的或免税目的。[36]

6.41 "使用" 是什么意思？

即使是与合格个体交易，也可以向不适格的人提供利益。这种利益可能是声誉的提高，商誉的增加或某种形式的营销优势。虽然国税局私下里认为这一禁令是 "非常广泛的"，但是中间制裁原则对此并没有正式的法律。

但私人基金会自我交易原则有相似的规定。[37]例如，某律师是某私人基金会的唯一受托人。国税局规定，如果律师从该基金会向与律师有实质性交易的个人或公司提供的贷款中获得利益，这种利益不属于偶然的利益（6.25）。因为贷款提高了律师在客户眼中的形象，从而为他提供了经济利益；律师从贷款中获得的利益分配被认为是自我交易行为。

在另一个案例中有类似的结果，国税局发现，某银行向大型企业和免税组织提供贷款时，其中的票据卖给了该银行作为受托人的私人基金会（因此是一个不适格的人），则该银行实质上参与了提高自己声誉和商誉的交易，因此属于自我交易行为。在另一个案例中，国税局认为通过这种交易提供的营销收益可构成自我交易。

6.42 "超额获利交易" 还有其他定义吗？

有。"超额获利交易" 一词包括任何向不适格的人提供或供其使用的经济利益的金额（6.53）全部或部分取决于组织一项或多项活动收入，但仅限于交易导致不允许的私人分配。[38]这种情况下，超额获利指不允许的私人分配金额。这种安排被称为收益分配安排。

如果不适格的人获得的经济利益使其获得额外的薪酬且没有提供实现组织免税目的的收益比例，不管该经济利益是否超过反馈文件中考虑的公平市场价值，这种收益分配安排都可以构成超额利益交易。如果提供经济利益作为服务薪酬，相关事实和情况包括所提供的利益金额与所提供服务的质量和数量之间的关系，以及获得薪酬的一方控制产生该薪酬所根据的收益的活动的能力。

6.43 为了这些目的，是否有不被考虑在内的经济福利？

有。适用的免税组织为管理层成员合理支付参加组织管理会议的费用属于无关利益。但这种例外情况不包括奢侈旅行或配偶旅行。

根据法律规定，如果每年向公共组织会员提供的以代替会费的福利不超过 75 美元，那么提供给仅作为组织成员或不适格的人的经济福利不被考虑在内。例如，如果不适格人员也是组织的成员，并且在组织的礼品店收到会员利益，例如预先购票和折扣，通常将以每年 75 美元或更少的会员费换取会员费，会员福利被忽视。对于一名资质不足的人，经济利益被剥夺者完全作为慈善组织的成员，其适用的免税组织有意作为组织豁免目的的一部分而受益，这一点通常被忽略。

6.44 如何确定薪酬是否超额？

可以使用现行的税法标准（包括普通和必要的业务费用方面的法律标准）确定薪酬的合理性和公平的市场价值。这个概念与禁止私人分配原则（6.9）中的概念基本相同。

超额薪酬是一种超额获利交易的形式；超额的部分属于超额利益。

6.45 在确定赔偿合理性时使用的税法标准是什么？

在确定薪酬合理性方面有六个标准：
1. 相似情况下，免税和应税组织为职能相同的岗位提供的薪酬水平。
2. 组织的地位，包括在地区类似专业人才的可获得性。
3. 类似机构对于相关人员服务的书面竞价。
4. 个人背景（包括经验和教育）。
5. 组织对特定个人服务的需求。
6. 个人在此职位花费的时间。

中间制裁原则需要考虑的另外一个标准是薪酬是否得到独立董事会的批准。

关于需要考虑哪些情况，特别是需要考虑哪些时间点方面，法律中有一些有趣的规定。原则上讲，需要考虑的情况包括服务合同签订时的情况。如果在这种情况下仍不能确定薪酬是否合理，那么要考虑直至（并包括）支付日期时所有的事实情况进行判断。在这方面，最好的规定是：在判断薪酬和理性时，所有在合同被质疑时期存在的情况都不予考虑。

6.46 确定薪酬价值时包括哪些薪酬类别？

确定薪酬价值时，"薪酬"指适用的免税组织（6.31）为获得服务（7.9）所提供的所有薪酬类别。[39]

6.47 中间制裁原则是否适用于租赁交易？

适用。如果适用的免税组织向不适格的人出租财产，租金金额及交易的其他条款及条件必须合理。应包括该租赁类型一般应具有的租约、合理期限，可能还包括保证金和其他条款和条件（6.18）。

6.48 这些规定适用于贷款交易吗？

适用。如果适用的免税组织向不适格的人提供贷款，贷款金额和其他贷款条款和条件必须合理。应包括该贷款类型一般应具有的票据、合理期限、合理利率，可能还包括抵押形式和其他条款和条件（6.17）。

如免税组织向不适格的人借款，条款和条件也必须合理。

6.49 这些规定适用于销售交易吗？

适用。如果适用的免税组织向不适格的人出售财产，收到的金额以及交易的其他条款和条件必须合理。组织需要考虑的不只是金钱；允许财产交换，也允许使用一个或多个票据证明。

6.50 这些规则如何与奖学金和类似补助金相关联？

如果提供奖学金、科研奖金或其他补助金（第十一章）的个体是免税组织（6.31），并且接受方为不适格的人（6.53），那么这属于超额获利交易。与公共慈善组织向个人提供直接资助的法律很少；国税局表示，慈善组织可以向个人分配资金，条件是在慈善基础上为了免税目的进行资金分配，并且需要保留足够的记录和案例历史。[40]但私人基金会应税支出规定[41]在这方面也提供了一些指导。

对于私立基金会为教育机构提供科研奖金的情况，所提供的奖金必须以"客观和非歧视性"为依据，根据国税预先批准的程序进行。虽然公共慈善组织不受这些要求的约束，但国税局表示，"由公众慈善组织按照客观性和教育性标准授予奖学金的项目通常被认为促进免税目的"。[42]

在本着客观和非歧视原则授予资助的情况下，必须从一个能够构成慈善阶层（11.49）的广大群体中选择被资助人，其选择标准应与资助目的相关。另外，该群体必须足够大，这样向该群体提供资助才可被视为完成了慈善目的。考虑到资助目的，如果选择某人或某几个人的原因是他们特别符合获得此组织资助的资格，或者有证据证明该选择为了完成资助目的而不是为了让特定个人或特定阶级受益。

如上所述，选择受资助人的标准必须与资助目的相关。例如，在授予学术奖学金时，组织的选择标准可能包括以前的学习成绩、能力测试的表现、导师的建议、经济需求以及选拔委员会在个人面试中对其动机、性格、能力和潜力的总结。此外，选择接受资助者的个人或个人群体不能为了获得直接或间接的私人利益而选择某些人或不选择某些人。

国税局律师认为，如果在资助时偏向于慈善组织提供资金者的亲属，则该资助不符合客观和非歧视原则。[43]在这种情况下，国税局的律师参考了私人基金会应税支出规定的历史，称这并不是说"不能出于个人原因选择受捐赠者，而是说选择过程必须符合捐赠的'教育性'目的这一标准，包括决定受捐赠者'候选人'群体构成的准备条件"。

关于中间制裁原则，标准是奖学金资助是否属于超额利益交易。如果奖学金金额合理，那么他们的资助不属于超额利益交易（即使支付给或供不适格的人使用）。在奖学金制度中，国税局会根据客观性和非歧视性标准确定支付是否合理。

6.51 与国税局就是否涉及超额利益交易问题产生争议时，谁负责举证？

在与国税局的行政诉讼中，一般有参与交易的纳税人负责举证。在这方面，纳税人是不适格的人。但对于适用的免税组织和不适格的人的薪酬安排或其他交易中，可以使用可反驳的合理性推定原则。[44]

如果薪酬安排由以下董事会或受托委员会（或董事委员会）批准，则会产生可反驳的合理性推定：

1. 全部由与薪酬安排没有利益冲突（6.52）的个人组成。
2. 在确定薪酬之前获得适当的可比性数据并以此为依据。
3. 充分记录了决定的依据。

关于第 1 条标准，本质上是要求有一个独立董事会（与专属董事会相对），互惠审批安排不符合独立性要求，即个人批准不适格的人的薪酬，而不适格的人反过来批准个人薪酬。

关于第 2 条标准，适当的数据包括：相似情况下，免税和应税组织为职能相同的岗位提供的薪酬水平；组织的地位，包括在地区类似专业人才的可获得性；国家认定的独立公司所进行的独立薪酬调查；以及类似机构对不适格的人的服务所开出的书面竞价。

关于第 3 条标准，充分的记录包括个人薪酬评估以及确定个人薪酬合理性所依据的评估和数据基础。组织的书面或电子档案必须说明所批准的交易条款、批准的日期、在讨论是否批准交易或安排时在场以及投票的管理部门（或委员会）成员、管理部门（或委员会）获取并以此为依据的可比性数据以及获取方式、不属于管理部门（或委员会）成员但与交易或安排有利益冲突的任何个人就交易问题所采取的行动。

州或地方立法机关或机构可能授权或批准不适格的人获得一定的薪酬总额，但这并不能决定薪酬是否合理。同样，这种授权或批准不能决定收益分配交易是否违反了禁止私人分配原则（6.1）。

在三个标准都符合的条件下，国税局只有对交易方的证据提出充分的反对证据，才能对其施以消费税惩罚。例如，国税局可能认为交易方所依据的可比性数据对于该职位的职能没有可比性，或者不适格的人事实上没有实质履行该职位的责任。

国税局在"学院和大学合规性项目"结果中表示，担心免税学院和大学的高管薪酬可能超额，部分原因是申请可驳回的合理性推断必须使用组织的薪酬水平，而这些组织实际上并不符合相似情况的要求。国税局代表称会对这一问题进行调查。

关于对组织与不适格的人之间买卖或转移的财产的评估是否合理的问题，如果买卖或转移由独立董事会依据适当的可比性数据批准并充分记录了该决定，也会产生相似的可反驳的合理性推定。

6.52 利益冲突是什么意思？

法律定义了什么不是利益冲突。因此，管理部门（或其委员会）成员如果符合以下条件，则与薪酬安排或交易不存在利益冲突：

1. 不是不适格的人，且与参与薪酬安排或交易的不适格的人或从中获得经济利益的不适格的人无关。

2. 与参与薪酬安排或交易的不适格的人或从中获得经济利益的不适格的

人没有雇佣关系。

3. 没有接受需要参与薪酬安排或交易的不适格的人或从中获得经济利益的不适格的人批准的薪酬和其他报酬。

4. 没有受薪酬安排或交易影响的实质经济利益。

5. 不批准成员与参与薪酬安排或交易的不适格的人中间互相提供经济利益的交易。[45]

6.53 "不适格的人"是什么意思？

"不适格的人"指：

1. 在超额利益交易（6.33）之日终止前5年任何时间内，对适用的免税组织的事务（6.31）有重大影响（6.54）的个人［不管是作为组织的经理（6.55）或其他职位］。

2. 以上个人的家庭成员。

3. 上述两类个人拥有超过35％的利益的实体。[46]

6.54 这种重大影响规则的范围是什么？

如果个人独立或与他人共同担任适用的免税组织（6.31）的董事长、首席执行官或首席运营官等职位，则对组织的事务有重大影响。[47]不管是什么职务，如果个人拥有或与他人共同拥有执行管理部门决定或监督组织管理、行政或运营的终极责任，就属于以上职位范畴。

如果个人独立或与他人担任组织的财务主管或财务总监，也属于担任对组织实务有重大影响的职位。不管是什么职称，如果个人拥有或与他人共同拥有管理组织金融资产的终极责任以及签署草案、指导签署草案或从组织银行账户中电子转移基金的权利，就属于以上职位范畴。

如果某人满足以上条件，即使他/她不是免税组织的员工（不直接接受组织的薪酬），但是该母体免税组织控制的附属机构（包括应税分支机构）的正式员工（直接领取薪酬），也属于对免税组织事务有重大影响。

对组织独立部门有管理控制权的个体也属于对免税组织事务有重大影响。

因此，对于学院或大学来说，校长作为最高财务主管属于不适格的人。大学的独立学院院长（如法学院）当然也是不适格的人。高校的其他重要员工也是不适格的人。

不会对组织产生重大影响的个体有两类。一类是所有公共慈善组织。另一类是适用的免税组织的员工，他们收到的经济福利低于最高薪酬员工的工资、不是不适格的人（6.53）的家属、对组织没有重大影响且对组织没有重大贡献。

对组织有必要的重大影响的事实情况包括组织的成立者、对组织有重大贡献的个人、薪酬基于其所控制的组织活动收益的个人、有权控制或决定组织一大部分资本开支、业务预算或员工薪酬的个人、有管理权或作为管理人员的重要顾问的个人，或在不适格的人的公司、也做伙伴或信托中有控制股权的个人。

事实和情况往往表明，没有实质性影响的人是作为一名雇员、代理人或代表一个宗教组织，发出了真诚的誓言；有行动能力的独立合同方（如律师、会计、投资经理或顾问），除非该有行动能力的独立合同方涉及从中直接或间接获得经济利益的交易（通过提供专业服务获得的费用除外）；根据个人捐赠数量获得的优先待遇也提供给了其他作出重大捐赠的个体，其捐赠目的是吸引更大数量的捐赠。

6.55 组织管理者是什么意思？

组织管理者指适用的免税组织（6.31）的受托人、董事或管理人员，以及与上述人员具有相同权力或责任的个人，无论其头衔是什么。[48]

个人被视为组织管理者的条件是，（1）在组织的法人注册章程、规章制度或其他组织性文件中特别指派；（2）经常代表组行使管理或政策决定权利。仅仅有权对管理或政策决定提出建议但是在没有上级批准的情况下没有实施权利的个体不属于管理人员。

不是受托人、董事或管理人员，但在适用的免税组织的管理部门工作〔该组织基于组织委员会的行为请求应用可反驳的合理性推定（6.51）〕也属于组织管理者。

6.56 "家庭成员" 是什么意思？

"家庭成员" 包括：

1. 配偶、先辈、儿女、孙辈、重孙辈以及儿女、孙辈及重孙辈的配偶——也就是说，所有私人分配原则中的个体类别。[49]
2. 个人或其配偶的兄弟姐妹（包括同父同母、同父异母和同母异父）。[50]

6.57 "受控实体" 是什么意思？

由于一个或多个不适格的人拥有超过 35% 的权益而成为不适格的人的实体被称为 35% 受控实体。它们是：

1. 一个或多个不适格的人拥有超过 35% 总投票权总数的公司。
2. 一个或多个不适格的人拥有超过 35% 利益分红的合作伙伴。
3. 一个或多个不适格的人拥有超过 35% 收益权的信托或不动产。[51]

一般来说，所有权构成原则用于确定哪些实体是 35% 受控实体。[52]

6.58 免税组织可以是不适格的人吗？

可以。除公共慈善组织（4.1）外，其他免税组织都可以是不适格的人。必要条件是免税组织能对适用的免税组织（6.31）的事务产生重大影响（6.54）。

例如，一个设立相关基金会的协会对于该基金会而言可以是不适格的人。同样，一个设立相关教育性基金会的社会福利组织对该基金会而言也可以是不适格的人。

6.59 什么是制裁？

中间的制裁的形式是征收消费税。参与超额获利交易（6.33）的不适格的人（6.53）必须缴纳相当于超额收益金额 25% 的初始消费税。[53]超额收益指交易与公平市场价格之间的差异、超出合理薪酬的薪酬金额或（根据税务规定）对组织总收入或净收入交易进行的不允许的私人分配金额。

如初始消费税由不适格的人支付，明知（6.62）交易属于超额获利交易却仍然参加（6.61）的组织经理必须缴纳超额利益 10% 的初始消费税（最高税额为 1 万美元）。如果不是故意参与交易（6.63）或出于合理原因（6.64）参与，则免征初始税。[54]

在征收初始税款的情况下，如果在规定期限内没有对超额利益交易进行更正（6.60），则可以征收额外消费税。规定期限指纳税期，对于超额利益交易来说，指从交易发生日期开始到(1)初始消费税补税通知单邮寄日期或(2)初始消费税评估日期[55]之前。

在这种情况下，不适格的人须缴纳相当于所涉超额所得 20% 的税款。[56]

6.60 更正是什么意思？

更正指抵消超额利益（6.33）至可能的范围并采取必要的附加措施，使适用的免税组织（6.31）的财务状况不会比不适格的人根据最高受信标准交易的情况更差。[57]

如果不适格的人向适用的免税组织重新支付相当于超额利益的金额以及附加金额，以补偿组织在超额利益发生到更正期间组织损失的金钱或其他财产使用的权利。在某些情况下，更正也可以通过向组织归还财产并采取必要的附加措施使组织完整来完成。[58]

6.61 "参与"是什么意思？

一般来说，如果一个人在交易中作出了肯定行为则为参与该交易。在这种情况下，参与还包括在交易中有发言或行动责任的组织管理者（6.55）保持沉默或不作为，或作出任何肯定行为。但如果组织管理者在向适用的免税组织履行管理责任时对交易提出反对，则被认为没有参加超额利益交易。[59]

6.62 "明知"是什么意思？

组织管理者（6.55）参与（6.61）一项交易时，如果（1）实际上了解足够多的事实，仅基于这些事实，就可判断交易是否属于超额获利交易；（2）明知这种情况下的行为可能违反超额获利交易原则；（3）由于疏忽没有采取合理的措施确定交易是否属于超额利益交易或者事实上知悉该交易属于超额利益交易，则为明知交易属于超额利益交易。[60]

明知并不意味着有理由知道。证据表明，组织管理者在判断个人是否对事实或原具有实际只是时有理由知道某一特定事实或具体原则。例如，证据表明，个人有理由了解充足的事实。

规则与确定该人是否具有实际或事实知识有关。例如，证据表明一个人有理由了解足够的事实，在判断个人是否实际了解事实时，仅基于他所知道的事实就可判断交易属于超额获利交易。[61]

因此只有在这些事实的基础上，交易才是过剩的利益交易才能确定人是否真实了解事实。

6.63 "故意"是什么意思？

故意参与的一个必要条件是没有规避法律限制或税收的动机。但如果组织经理不知道（6.62）参加的交易是超额获利交易，则不属于"故意参与"。[62]

6.64 "合理的原因"是什么意思？

如果组织管理者代表组织谨慎小心地履行自己的职责，则为出于"合理的原因"参与交易。

6.65 可以共同承担税务吗？

可以。如果多个组织经理或不适格的人都需承担消费税，则所有人对消费税承担连带责任。

6.66 这种税收制度有减免吗？有什么依据可以免除这些处罚？

有，有一些减免形式。中间制裁原则中最引人注目的一个方面是初始合同例外。根据法律在这方面的规定——一般规定中有一个很大的例外情况——中间制裁原则不适用于适用的免税组织（6.33）根据初始合同对不适格的人（6.53）支付固定报酬。初始合同指对免税组织和在签订合同之前还不是不适格的人的个人有约束力的书面合同。固定报酬是指合同中规定或由合同规定的固定公式确定的金额或其他财产，这些金额或其他财产将被支付或转移以换取特定的服务或财产。如果双方对初始合同进行重大变更，则更改生效之日起，合同被视为新的合同——例外情况不再适用。否则，根据法律规定，最初的合同例外情况可以无限制继续下去。[63]

此外，国税局有权在某些情况下减少中间制裁消费税，主要适用情况包括应税交易出于合理原因而不是由于故意疏忽，且在具体纳税期内对交易进行了更正。

6.67 如何报告并支付税款？

根据中间制裁原则实施之前的法律，承担消费税的慈善组织和其他人员必须提交税款退回单，根据退回单计算并报告税款。这些税包括向参加过度游说和政治竞选活动的公共慈善组织和参与不允许活动的私立基金会和/或其他个体征收的税。退回单为表4720。

一般来说，承担超额利益交易消费税的不适格的人或组织经理必须在个人税收年结束后5个月当天或提前15天提交表4720退回单。

6.68 组织可以为不适格的人报销消费税吗？

可以。但适用的免税组织（6.33）为不适格的人（6.53）报销的其应承担的所有消费税都被视为超额利益，除非这些消费税被列入不适格的人当年的薪酬报销计划中（这一原则与以下概念相一致：只有明确说明组织计划并将付款作为服务薪酬时，支付给不适格的人的个人费用和其他福利才被视为薪酬），否则薪酬总额（包括报销在内）必须符合合理性要求。

6.69 适用的免税组织可以为不适格的人购买超额交易税保险吗？

可以。但是，适用的免税组织为不适格的人提供超额交易税责任保险的保险政策支付保险费本身就属于超额获利交易行为，除非保险费作为薪酬的一部分支付给不适格的人且总薪酬（包括保险费）是合理的。

6.70 支付中间制裁税对适用的免税组织有直接影响吗？

有。支付中间制裁税对适用的免税组织产生的影响（6.33）包括两个方面。主要影响是适用的免税组织必须在其年度信息反馈文件中披露由于参与超额获利交易而缴纳的消费税罚款金额、活动的性质和参与方。这可能导致媒体查询和其他形式的不利宣传，还会导致国税局对其进行审查。

另一个方面是缴纳消费税可能触发组织报销或者该消费税在组织购买的保险承保范围内（6.68，6.69）。

6.71 是否存在时效，即时效过后不能征税？

是的。除了欺诈的情形之外，法定时效为 3 年。

6.72 中间制裁是否优先于撤销免税身份的制裁？

基本上是。国税局会对适用的组织征收中间制裁税代替撤销其免税身份的制裁，或在撤销免税身份的基础上征税。一般来说，不管是慈善组织、社会福利组织还是有资格的健康保险机构，如果超额利益没有引起国税局的质疑这些制裁将是唯一的制裁。

税法例规定，国税局在判断是否继续授予参与超额获利交易（6.33）并违反禁止私人分配原则（6.1）的慈善组织以免税身份时考虑的相关事实情况包括：（1）发生超额获利交易之前和之后组织为了完成免税目的经常举行以及正在举行的活动规模，（2）与组织为了完成免税目的经常举行以及正在举行的活动相关的超额利益交易的规模，（3）组织是否涉及多重超额利益交易，（4）组织是否实施了合理计算的保障措施以预防违规行为，（5）超额利益交易是否得到更正（6.60），或者组织是否诚心诚意地从在超额获利交易中受益的不适格的人或个人（6.53）中寻求更正。[64]

如果组织自己发现超额获利交易行为并在国税局提出这一问题之前采取更正措施，那么第四和第五因素在决定组织是否继续获得免税身份方面"权重最大"。国税局发现超额利益交易之后组织自己对该交易进行更正并不是继续获得免税身份的充分基础。[65]

6.73 禁止私人分配原则不会对超额获利交易的定义产生影响吗？

当然不会。禁止私人分配原则和超额获利交易原则的概念基本相同。因此，许多关于私人分配构成的现行法律对确定什么是超额利益交易同样适用。虽然这在薪酬问题上尤其适用，但在贷款、借款、销售安排等方面也是如此。事实上，有些法律在立法中明确说明以禁止私人分配原则为基础，例如有关收益分配交易的规定（6.42）。

6.74 私人基金会原则对自我交易不会有类似的影响吗？

不会。法律对私人基金会自我交易的定义大部分适用于超额获利交易的判断。虽然自我交易的定义更具体，因此产生的许多法律（包括私人请示批复等）无疑对超额获利交易的概念有影响。另外，私人基金会领域的许多法律——例如不适格的人的定义（6.53）、不适格的人利益交易（6.41）、组织管理者的定义（6.55）、家庭成员的定义（6.56）以及更正的程序（6.60）——在中间制裁相关法律中都有应用。

6.75 超额获利的判决不会改变私人分配和自我交易的法律吗？

很可能会改变。正如这两个术语会影响超额获利交易的意义一样（几个月或几年之后发现什么才是超额获利交易），超额利益的判决也会改变私人分配和自我交易的含义。因此，这三个术语中的任意一个都将不断影响其他两个术语的范围和内容。在一定程度上，禁止私人分配原则（6.4）也将不断受到这些不同法律体系的影响。

6.76 是否存在关于中间制裁原则的诉讼？

有，在司法系统中存在关于中间制裁原则的诉讼。然而，这种案例非常少。在某案件中，初审法院认为，如果公益慈善组织转移给不适格的人的资产价值"远远超过"应支付给他们的薪酬，这种转移属于超额利益交易行为。但是由于国税局和初审法院出现了一些法律错误和事实错误，上诉法院驳回了这一案件。[66]在另一个案件中，其中一个合约的生效日期为1995年1月12日；法院认为在合同期间发生的交易"预先免除了超额利益税。"[67]

参考文献

1. The IRS so held in Priv. Ltr. Rul. 201044025.

2. E. g. , IRC § 501 (c)(3).

3. People of God Community v. Commissioner, 75 T. C. 1053 (1989).

4. World Family Corporation v. Commissioner, 81 T. C. 958, 970 (1983).

5. Id. at 969.

6. National Foundation, Inc. v. United States, 87-2 U. S. T. C. ¶ 9602 (Ct. Cl. 1987).

7. Gen. Couns. Mem. 39674.

8. Gen. Couns. Mem. 39498.

9. Rev. Rul. 97-21, 1997-1 C. B. 121.

10. E. g. , Gen. Couns. Mem. 36918.

11. E. g. , Gen. Couns. Mem. 32453.

12. Gen. Couns. Mem. 39670.

13. CASE Statements on Compensation for Fundraising Performance.

14. AFP Ethical Principles.

15. Priv. Ltr. Rul. 200635018.

16. Redlands Surgical Services v. Commissioner, 113 T. C. 47, 74 (1999), aff'd, 242 F. 3d 904 (9th Cir. 2001).

17. American Campaign Academy v. Commissioner, 92 T. C. 1053 (1989).

18. Priv. Ltr. Rul. 200614030.

19. IRC § 4958.

20. Reg. § 53. 4958-1 (f)(1).

21. Reg. § 53. 4958-1 (f)(2).

22. H. Rep. 104-506, 104th Cong. , 2d Sess. (1996).

23. That is, organizations that are tax-exempt by reason of IRC § 501 (c)(4).

24. That is, organizations that are tax-exempt by reason of IRC § 501 (c)(29).

25. IRC § 4958 (e)(1).

26. IRC § 4958 (e)(2).

27. IRC § 4941.

28. IRC § 4958 (c)(1)(A).

29. IRC § 4958 (c)(1)(B).

30. IRC § 4958 (c)(1)(A).

31. Reg. § 53.4958-4 (c)(1).

32. Reg. § 53.4958-4 (a)(2).

33. Reg. § 53.4958-4 (a)(2)(ii)(B)(1).

34. IRC § 318.

35. Reg. § 53.4958-4 (a)(2)(ii)(B)(2).

36. Reg. § 53.4958-4 (a)(2)(iii).

37. IRC § 4941.

38. IRC § 4958 (c)(3).

39. Reg. § 53.4958-4 (b)(1)(ii)(B).

40. Rev. Rul. 56-304, 1956-2 C.B. 306.

41. IRC § 4945.

42. Priv. Ltr. Rul. 200332018.

43. Gen. Coun. Mem. 38954.

44. Reg. § 53.4958-6.

45. Reg. § 53.4958-6 (c).

46. IRC § 4958 (f)(1)(A) - (C).

47. Reg. § 53.4958-3 (c).

48. IRC § 4958 (f)(2).

49. IRC § 4946 (d).

50. IRC § 4958 (f)(4).

51. IRC § 4958 (f)(3)(A).

52. IRC § 4958 (f)(3)(B).

53. IRC § 4958 (a)(1).

54. IRC § 4958 (a)(2).

55. IRC § 4958 (f)(5).

56. IRC § 4958 (b).

57. IRC § 4958 (f)(6).

58. Reg. § 53.4958-7 (b)(1).

59. Reg. § 53. 4958-1 (d)(3).

60. Reg. § 53. 4958-1 (d)(4)(i).

61. Reg. § 53. 4058-1 (d)(4)(ii).

62. Reg. § 53. 4958-1 (d)(5).

63. Reg. § 53. 4958-4 (a)(3).

64. Reg. § 1. 501 (c)(3) −1 (f)(2)(ii).

65. Reg. § 1. 501 (c)(3) −1 (f)(2)(iii).

66. Caracci v. Commissioner, 118 T. C. 379, 415 (2002), rev'd, 456 F. 3d 444, 456 (5th Cir. 2006).

67. Dzina v. United States, 2004-2 U. S. T. C. ¶ 50, 133 (N. D. Ohio 2004).

7
行政人员薪酬

近年来，非营利组织支付的主管薪酬受到相当大的关注。媒体报道和参议院财务委员会的调查使人们对学院和大学（及其他公益慈善组织）支付给高层管理人员的薪酬金额和类型越来越感兴趣。有人认为，一些非营利组织支付的薪酬过高。主管薪酬也是大学合规性调查问卷重点关注的地方，主要是因为超额薪酬是最常见的禁止私人分配和超额获利交易形式（第六章）。这也是免税私立学院和大学年度信息反馈文件中的重点（第十七章）。

许多人认为，过去没有对薪酬水平进行适当的汇报，因为报告没有包括所有来源的一切形式的薪酬。因此，年度信息反馈文件和大学合规性调查问卷不仅要求详细披露支付给主管的基本工资，还要详细披露其他形式的薪酬，包括奖金、递延薪酬和所有其他福利。在大多数情况下，必须披露相关组织的主管薪酬。此外，大学合规性调查问卷和年度信息反馈文件鼓励高校实施政策和程序，避免矛盾，提高透明度，确保公平报酬。

在合规性项目调查中期报告中，大学合规性调查问卷结果显示，大多数高等院校都正确使用可比性数据来确定薪酬，或者已经制定了公平的薪酬政策和程序。总体而言，在大多数提交报告的学院和大学中，薪酬最高的主管是组织的总理事或主席。然而，在大型学院和大学中，大多数（43%）除主管之外获得最高薪酬的员工是体育教练。

主管的概念

7.1 在主管薪酬概念中，谁是主管？

学院和大学的主管通常是该机构的受薪高级人员，包括该机构的首席执行官和高级副校长。这些职位可能包括部门主管或具有高级管理职责的其他员工。大学合规性调查问卷列出的主管包括：首席执行官、校长、副校长、执行董事、财务总监、财务主管、重要员工，学院院长以及机构和个人受托人。

7.2 在禁止私人分配原则和超额获利交易原则中，主管属于内部人员和无资格个体吗？

禁止私人分配原则（6.2）中的主管一般是内部人员，超额获利交易原则（6.53）中的主管一般是无资格个体，但并不是所有的内部人员和无资格个体都是主管。相应的，大多数管理人员都会成为内部人员和无资格个体。这些人被挑选或指派管理组织的日常运营，例如校长、财务主管、首席财政官、首席运营官、副校长或秘书。组织的管理人员可以通过参考其组织文件、章程或管理层决议来确定，但在所有情况下都必须符合适用的州法律规定的要求。前任管理人员也被认为是无资格个体，因为在这方面有一个 5 年回顾期（同上）。因此，不属于无资格个体的管理人员或其他人员在辞职或遣返后的 5 年内将被视为无资格个体。当然，与学院或大学管理人员具有同等责任的个人以及那些虽然对学院或大学整体没有影响力但在某学院或院系中有职位的人也会被视为内部人员或无资格个体（6.54，7.3，7.4）。

7.3 谁是重要员工？

根据向国税局报告的年度信息反馈文件，组织的重要员工（管理人员、董事或受托人除外）指：（1）对整个组织的责任、权力或影响与管理人员、董事或受托人相当的员工；（2）与整个组织相比，所管理的独立部门或活动占组织活动、资产、收入或支出的 10%以上的员工；（3）有权控制或决定组织 10%的资本支出、经营预算或员工薪酬的员工。对于不属于组织员工的个人，只有当其作为组织无关实体的董事或类似的信托人，或者其满足重要员工的标准时，才可被视为重要员工。根据年度信息反馈文件，如果某个体从组织或相关组织获得的可报告薪酬不超过 15 万美元且只有前 20 名薪酬最高的重要员工在反馈文件中报告，则该个体不属于重要员工。作为独立合约人的管理公司和类似实体不被视为重要员工。

7.4 重要员工是无资格个体或内部人员吗？

在大多数情况下，年度信息回报指示中定义的重要员工都是无资格个体和内部人员。例如，在超额获利交易规则中，与管理人员具有同等身份的个体被视为无资格个体，同样，在院系中对实质性活动进行管理或预算控制的教授也被视为无资格个体。根据年度信息反馈文件中的披露原则，使用 10% 的标准来确定员工进行的活动是否是实质性的。但在超额获利交易原则中，并没有确定的百分比用于确定什么是实质性活动（6.54）。此外，根据年度信息反馈文件的报告，确定员工为重要员工的薪酬金额门槛是 15 万美元。超额获利交易原则所要求的最低薪酬金额标准与合格养老金计划中高薪酬员工的标准相同。[1]由于通货膨胀，这一数字每年都在变化。例如，在 2010 年，员工至少获得 11 万薪酬才被视为高薪酬员工。因此，根据 2010 年的事实情况测试，如果员工想要成为无资格个体，他必须获得 11 万美元（或相当）的薪酬。[2]如果某个体为私立学院或大学的无资格个体，那么在大多数情况下，他/她在禁止私人分配原则中也将被视为内部人员（6.2，6.53）。

7.5 学院或大学管理机构的成员是否属于主管？

学院和大学的董事或受托人通常无薪酬。[3]即使他们有薪酬，这些董事或受托人一般也不被视为主管。因为就薪酬报告而言，他们属于学院或大学的独立合约人，而不是员工。如果他们同时作为学院或大学的管理人员，或者在某些情况下作为重要员工，那么他们将被视为主管。即便如此，学院或大学在所提交的年度信息反馈文件中也必须披露付给董事或受托人的薪酬（如有）。

7.6 学院或大学管理机构的成员是否被视为无资格个体和内部人员？

董事或受托人一般被视为内部人员（6.2）和无资格个体（6.53），因为他们能够控制学院或大学。对组织无任何管理权的咨询委员会成员不被视为董事或受托人。

7.7 作为无资格个体的主管，其待遇是否有例外？

主管在任职期间一般不会被视为无资格个体。［有可能因为某人的配偶是无资格个体，所以他/她也被视为组织的无资格个体（6.56）］。如果是这种情况，初始合同例外原则（6.66）将包括补偿安排。即使某人因签订初始合同而成为无资格个体，根据该合同，超额获利交易原则也不适于此人的固定薪酬（同上）。主管获得的薪酬总额（包括固定和非固定薪酬）在某种程度上受初始合同例外原则的保护；例如，根据初始合同例外原则，个人可以有固定基础工资，根据超额获利交易原则，他/她还可以有年度绩效奖金。

7.8 为什么国税局和其他部门要对免税学院和大学的主管薪酬进行审查？

由于学院或大学一般是政府组织或慈善组织，因此媒体、监督机构和公众经常对其所支付的薪酬进行严格审查。此外，超额薪酬是禁止私人分配和超额获利交易最常见的形式（第六章）。私立学院和大学的主管几乎都是内部人员和无资格个体，对其薪酬进行审查以判断是否存在超额获利交易行为和禁止私人分配行为。如果发生超额获利交易，则必须进行报告并更正（6.67，6.60）。

合理薪酬

7.9 根据禁止私人分配原则和超额获利交易原则，什么是薪酬？

根据禁止私人分配原则和超额获利交易原则（第六章），薪酬一般包括个人由于担任学院或大学的职位而获得的所有福利（6.8）。因此，薪酬包括工资、奖金、递延薪酬，应纳税和免税福利［除了一些例外（7.13）］和其他形式的酬劳。在大学合规性调查问卷中，国税局要求高校报告以下几类薪酬金额：
- 个人的基本工资。
- 奖金。
- 员工福利计划的福利（例如健康福利）。
- 奖励（包括短期和长期）。
- 人身福利、残疾福利和/或长期护理保险福利。

- 分拆人寿保险（组织支付的保费）。
- 贷款/信用额度（放弃利息或债务减免）。
- 股票或股票期权——基于股权的薪酬。
- 薪资干预或变更。
- 个人使用组织信用卡（不由人员报销）。
- 个人使用组织所有的或租赁的车辆。
- 个人旅行或配偶/家庭成员的个人旅行（不由个人报销）。
- 费用报销（不可计算的计划）。
- 组织提供的住房和设备。
- 组织提供的度假屋。
- 私人住所提供的个人服务（例如管家、草坪服务、维护或维修服务）。
- 其他个人服务（例如法律、财务、退休）。
- 健康/社会俱乐部会费。
- 个人使用组织所有的飞机或船。
- 旅行时乘坐头等舱。[4]
- 奖学金和研究金资助（应纳税）。
- 其他附带主管福利［某些附带福利（7.13）除外］。
- 其他薪酬（以上没有列举的）。

以上内容表明国税局认为超额获利交易和禁止私人分配原则应包括以上各类薪酬。

7.10 根据超额获利交易原则，薪酬是否包括健康保险等免税酬劳？

薪酬总额不仅包括需要交税的报酬，还包括免税福利，例如健康保险。即便如此，在使用超额获利交易原则（7.13）确定薪酬合理性时，某些免税福利仍会排除在外。

7.11 根据禁止私人分配原则和超额获利交易原则，薪酬是否包括递延薪酬和非现金薪酬？

包括。薪酬包括应付给主管的递延薪酬，即使该薪酬目前不征收所得税。在超额获利交易中，国税局将所有因服务获得的经济利益［某些无关利益（7.13）除外］都考虑在内，包括递延和非现金薪酬。这包括根据合格养老金、利润分配或股票红利计划提供的福利，具有重大没收风险的福利（比如说某主管任职结束时避讳偿还的薪酬）和不合格递延薪酬计划的福利。[5]

7.12 根据禁止私人分配原则和超额获利交易原则，薪酬是否包括相关实体支付的薪酬？

在某些情况下，主管可能从多个实体获得薪酬。例如，某主管可能为某学院或大学及其附属机构服务，并从每个实体都获得薪酬。根据禁止私人分配禁止原则和超额获利交易原则，相关实体付给主管的薪酬属于总的主管薪酬。由普通薪酬主管支付的为相关组织服务的薪酬与相关组织直接支付的薪酬一样，都包含在内。

《合规性项目调查中期报告》指出，4%小型机构（2.34）、6%的中型机构（2.35）和21%的大型机构（2.36）报告称，他们5位最高薪的员工之中，至少有一位员工从相关组织中获得薪酬。

7.13 根据禁止私人分配原则和超额获利交易原则，是否有酬劳不被包括在薪酬之中？

视情况而定。一般来说，使用禁止私人分配禁止原则和超额获利交易原则判断薪酬合理性时，不包括某些附加福利，如：

- 无额外费用的服务。
- 优质员工折扣。
- 工作条件附加福利。
- 最低标准附加福利。
- 符合条件的交通附加福利。
- 符合条件的移动费用报销。
- 符合条件的退休计划服务。
- 符合条件的军事基地重新调整附加福利。

最低标准附加福利指（在考虑到雇主向员工提供形式附加福利的频率之后）价值非常小的财产或服务，如果将其考虑在内是不合理的，或者在管理上是不现实的。

工作条件附加福利指向员工提供的财产或服务，如果员工自己支付费用，可作为普通必要的业务费用[6]或折旧费用予以免税[7]。在某些情况下，提供给员工的财产部分用于商业的，部分用于个人目的，如汽车。在这种情况下，个人使用部分属于应税薪酬，商业用途部分属于工作条件附加福利。[8]

此外，通过问责计划（7.28）偿还费用不需要被征税，这种费用包括提供给组织志愿者的经济福利，条件是该福利提供给公众，替代会员费，或者提供给组织会员或捐赠人的经济福利，前提是满足一定条件。[9]薪酬也不包括免税组织为了达到部分免税目的提供给慈善阶级成员（11.49）的经济福利。

7.14 根据禁止私人分配原则和超额获利交易原则，什么是合理薪酬？

合理薪酬指在相同情况下企业（不论是否征税）对相同的服务支付的一般费用。[10]除了某些排除在外的福利（7.13），在判断薪酬合理性时，薪酬包括免税组织因接受服务而提供的所有经济福利，包括工资、费用、奖金、遣散费、递延薪酬、非现金薪酬、不可排除的附加福利以及所有其他补偿福利，例如福利计划的费用，问责计划（7.28）的偿还费用以及低于市场的贷款（7.29）等经济福利。

经济福利不被视为履行服务的考虑因素，除非提供该福利的组织明确表示在支付该费用时计划将其视为薪酬。除了免税福利，免税组织不被认为明确说明计划将提供经济福利作为服务薪酬，除非组织对该福利提供同期书面证明。如果组织不能提供同期证明，在判断薪酬合理性（6.35，6.36）时，无资格个体提供的所有服务都将作为经济福利考虑在内。

如上所述，学院、大学或其他免税组织提供的薪酬是否合理这个问题要根据每个案例的背景判断。一般来说，通过比较在相同或类似社区（6.9）中支付给具有类似职责和专业知识的个人的服务补偿，可比类型和规模的组织（6.9）来确定合理薪酬。因此，为免税慈善组织和其他免税组织服务的个人（和其他人员）可以获得公平的工作薪酬。法院认为，"法律不要求慈善组织运营者负责捐赠，他们有权凭借自己的服务得到合理的薪酬。"[11]

7.15 学院或大学的主管可以获得非固定薪酬吗？例如奖金或其他奖励？

虽然国税局详细审查，但是只要非固定薪酬，如奖金（6.10）或奖励补偿（6.14）是合理的且不是基于不正确的收入（7.16），则是允许的。在判断薪酬合理性时，非固定薪酬应包括在主管薪酬中。

可反驳的合理推定（7.18）有一个特殊规则，用于确定推论是否符合有限制的非固定付款。根据这一规则，如果授权机构同意与主管签订就业合同，其中包括有具体上限的非固定薪酬（如自由裁量奖金），在以下条件满足的基础上，授权机构可以针对非固定薪酬确定可撤回的推定：

其一，在批准合同之前，授权机构获得适当的可比性数据，表明对特定主管支付的固定金额的费用属于合理薪酬。

其二，根据合同所支付的最高薪酬（包括固定和非固定费用）不超过此金额。

其三，满足其他关于合理性的可撤回推定要求。

7.16 学院或大学允许主管获得收益分配吗？例如从某院系获得一定百分比的总收入或纯收入？

关于收益分配和其他非固定薪酬的判例法并不清晰，也不一致。这些分配本身是合法的，尤其是对于有上限规定的薪酬（6.14）。

学院或大学收益分配的一个例子是院系教授的薪酬与该院系的业绩相关。在各种裁决中，国税局发现，如果薪酬分配不是内部人员分配利益的工具，或长期议价的结果，或不会产生不合理薪酬，那么部分薪酬按照部门超出预算的收益百分比确定，不会违反禁止私人分配原则。同理，国税局批准最低年薪保证合同，根据该合同，对薪酬进行补贴，以引导员工就业。此外，国税局批准了一项薪酬计划，根据该计划，重要员工可获得该部门一定百分比的总收入。在分析中证明，总体薪酬是合理的，且员工绩效对收入流有直接影响。国税局并未批准收入分配在所有情况下都适用。国税局认为，医院和医生合作的合资企业涉及医院收入净流量的分配，这就违反了禁止私人分配原则。国税局认为无论收入来源在数额上是否合理，这本身就属于禁止私人分配行为。

属于部门总收入或净收入的薪酬应与属于组织整体净收入的薪酬区分。此外，基于整体组织总收入的薪酬与基于整体组织的净收入或净收益的薪酬不同。在许多情况下，基于整个组织净收入的薪酬将违反禁止私人分配原则。在将薪酬作为业绩衡量因素的情况下，尤其是如果薪酬具有上限，那么，部分基于部门总收入与内部人员业绩的薪酬比基于全部总收入的薪酬在审查时更安全。以这些收入为基础的薪酬类型要在年度信息反馈文件中（7.32）报告。

7.17 学院或大学如何确定所支付的薪酬是否合理？

对于受超额获利交易原则（6.33）约束的私立学院和大学来说，通过一个三项程序得到可反驳的推论，证明薪酬是合理的。这个程序被称为可反驳的合理性推论（7.18）。公立学院和大学虽然不受超额获利交易原则的制约，但也希望能遵从此程序。

7.18 什么是可反驳的合理性推论？

可反驳的合理性推论是根据超额获利交易原则制定的，根据该推论，假定薪酬是合理的。根据该程序，举证责任转移到国税局，国税局需证明转移的不合理性（6.51）。因此，如果可能，私立学院和大学、其他公共慈善机构和其他适用的免税组织（6.31）希望使用该可反驳的合理性推论。国税局在《合规性项目调查中期报告》中指出，学院和大学的合规性项目的主要重点是"更好地了解组织如何使用可反驳的合理性推定程序以及组织在设定薪酬时如果进行管理"。报告进一步指出一半以上的学院和大学使用了这一程序，旨在满足可反驳的合理性推论要求，为其 6 名最高薪酬主管中的至少 1 名设定薪酬。

7.19 学院和大学在确定主管薪酬时应使用哪些可比性数据？

超额获利交易规则规定，可比性数据的相关信息包括由类似的组织向具有类似功能的职位支付的薪酬水平，包括应税和免税薪酬；在适用的免税组织的地理区域提供类似的服务；独立公司制定的现行薪酬调查；和类似机构在争取主管服务的实际书面报价（6.51）。

对于小型组织（年度总收入低于 100 万美元），如果独立机构审查薪酬具有由相同或类似社区中三个类似组织为类似服务支付的薪酬数据，则可反驳推定的可比性数据符合标准。但是，请注意，如果组织由另一个实体控制或控制其他实体（如学院或大学基金会或其他附属组织），则必须对组织的年度总收入进行汇总，以确定此规则是否适用。

超额获利交易规定区分了普通薪资调查和特定的薪资调查。该规定中有一个例子是这样的，一所大学受托执行委员会在设定校长的薪酬时仅根据国家对大学校长的薪酬调查，没有按照任何标准划分数据，例如学院服务的学生的数量、年收入、学术排名或地理位置。调查显示，大学校长每年收到的薪酬在 100 万至 700 万美元之间。执行委员会将校长的工资定为 600 万美元。这个例子说明，由于调查未能提供与本大学相当的具体信息，并且由于没有提供其他信息，执行委员会的决定不是基于有可比性的适当数据。

相比之下，在另一个例子中，一个完全依赖国家对大学校长薪酬调查的大学信托执行委员会根据大学的特定因素将薪酬数据分为不同类别，这些因素包括机构规模（例如所服务的学生数量和收入水平）和地理区域。调查数据显示，同等地理位置相同大学的校长每年的薪酬在 200 万美元至 300 万美元之间。执行委员会依据调查数据以及对校长的评估，该校长作为终身教授和高层管理人员为学校服务多面，将其薪酬定为 275 万美元。根据规定，执行委员会基于的数据构成了可比性的适当数据。[12]

在大学合规性调查问卷中，国税局要求报告机构说明在确定薪酬最高的 6 名主管的薪酬时是否考虑以下任一因素：

- 类似组织的薪酬水平。
- 人员教育水平和经验。
- 具体职位职责。
- 以前的工资或薪酬方案。
- 同一地域或城市的类似服务。
- 相似的员工人数。
- 相似的学生人数。
- 年度预算和/或总收入/资产。
- 课程性质（例如，2 年或 4 年，本科生或研究生）。
- 其他因素。

在大学合规性调查问卷中，国税局要求报告机构说明在确定薪酬最高的 6 名主管的薪酬时获得可比性数据的来源：

- 类似机构出版的薪酬调查。
- 类似机构对薪酬的网络调查。
- 类似机构对薪酬的电话调查。
- 特别聘请专家提供可比较薪酬数据和报告。
- 组织聘请的专业薪酬分析人员编写的报告。
- 类似机构书面提供的薪酬。
- 由其他学院和大学提交的表格 990。
- 年度预算或总收入/资产。
- 课程性质（例如 2 年或 4 年；本科生或研究生）。
- 其他因素。

7.20 可以聘请薪酬顾问来建立充分的可比性数据吗？

当然可以。学院和大学可以聘请薪酬顾问编写可比性数据，并提供关于薪酬合理性的报告。在大学合规性调查问卷中，国税局要求报告组织说明在确定学院或大学管理人员、董事、信托人或重要员工薪酬时是否雇用外部主管薪酬顾问提供可比较的薪酬数据。国税局在《合规性项目调查中期报告》中指出，20%的小型机构（2.34）、50%的中等规模（2.35）以及50%的大型机构（2.36）对这一问题的回答是肯定的。

7.21 学院和大学的主管需要签订就业协议吗？

一般来说，学院或大学通常是与其主管达成就业协议，说明各方的期望、将要支付给主管的薪酬、可能支付给主管的酌情款项以及确定方式、主管将会获得的利益以及主管终止合同的条件及终止的结果。

根据《合规性项目调查中期报告》，77%的小型院校（2.34）、86%的中型院校（2.35）和100%的大型院校（2.36）与6位最高薪主管中的至少1位签订了就业或独立协议。

7.22 哪些附加福利要接受美国国税局和其他机构更严格的审查？

许多附加福利都需要接受国税局和其他机构更加严格的审查，因为这些附加福利可能本身很奢侈或者可能构成超额薪酬。这些福利需要在年度信息反馈文件（17.34）中报告。

7.23 这是否意味着学院或大学不应该为其主管提供附加福利，例如支付乡村俱乐部会费？

不一定。但免税学院和大学应该意识到，国税局对这类福利很注意，而且需要额外披露这些福利。对于学院或大学来说，只提供附加货币薪酬比直接提供这些类型的福利更好。关于支付国家俱乐部会费的信息以及提供类似附加福利的信息需要在年度信息反馈文件（17.34）中报告。

7.24 学院或大学是否允许主管乘坐一等舱出行？

慈善组织是否应允许其主管乘坐一等舱出行是一个有争议的问题。虽然乘坐一等舱出行本身并没有不合适的地方（这当然不是非法的），但有些人认为慈善机构的资源不应该以这种方式花费。学院和大学的主管一般不乘坐一等舱出行。《合规性项目调查中期报告》指出，5%的中型机构（2.35）和4%的大型机构（2.36）允许其最高薪酬的员工乘坐一等舱出行。不到2%的小型机构（2.34）为最高薪酬的员工支付一等舱出行费用。

年度信息反馈文件要求披露报告机构提供给主管的某些福利，包括一等舱出行（17.34）。因此，高等院校要认真考虑是否允许主管乘坐一等舱出行，如果允许，应根据情况制定明确的政策，说明主管可以乘坐一等舱出行。

7.25 学院或大学可以支付主管个人旅行或其家属旅行的费用吗？

如果学院或大学为某主管支付人旅行费用，这些费用作为主管的应税收入必须报告给国税局并在年度信息反馈文件中单独报告（17.34）。主管家属的差旅费用也是个人费用，必须包括在行政部门的赔偿金中，主管家属的旅行花费也必须包括在主管的薪酬中，除非该家属是为了学院或大学出差。这些附加薪酬必须与其他薪酬相加，以判断薪酬是否合理（7.14）。

根据《合规性项目调查中期报告》，组织通常不会为主管或其家属的个人旅行支付费用。美国国税局报告显示，只有8%的小型机构（2.34）、5%的中型机构（2.35）和12%的大型机构（2.36）支付这种旅行费用。

非营利性部门小组在善政和道德规范原则中表示，慈善组织不应支付或报销陪同主管出差的配偶、家属或其他人的花费，除非这些人也参与公司业务。然而，小组进一步指出，如果组织在某些情况下认为应当支付配偶、家属或其他人的花费，则这些费用必须视为代表组织的个人旅行薪酬。

7.26 学院或大学是否允许主管以个人名义使用商业信用卡？

不允许。这种做法很容易为学院或大学带来问题。以个人名义使用商业信用卡可能在院校和主管之间形成贷款关系或者构成主管的附加薪酬，在无意中导致超额获利交易（6.33）。

《合规性项目调查中期报告》显示，这种做法并不常见，不到2%的小型机构（2.34），不到3%的大型机构（2.36）报告有此行为，所有中等机构（2.35）都不允许以个人名义使用商业信用卡。

7.27 如果学院或大学向其主管提供住房，这属于他们的收入吗？

视情况而定。可以通过两个测试确定大学提供的住房是否可以从收入中排除。第一个是三项测试。[13]

1. 学院或大学必须为其方便提供住房。

2. 学院或大学必须要求主管接受住房作为就业条件。

3. 住房必须位于学院或大学的办公场所。

测试前两项是否被满足完全取决于实施情况。

法院认为前两项在本质上是相同的，如果学院或大学为了让员工正常履行就业责任而要求他们接受住房，那么就满足这两项标准。反过来，如果提供住房的原因是要求员工全时待命，或者如果不提供房屋，员工就不能履行服务，那么该住房被视为是为了让员工正常履行就业责任而提供的。如果主管偶尔因业务需要而使用学院或大学提供的住房，那么在第一项测试中，房屋不太可能被排除在主管的收入之外。

如果提供给主管的住房不满足这三项测试，可以使用另一个测试，判断是否可以将学院或大学提供给主管的宿舍从应税收入中排除。根据这项测试，如果校园位于学院或大学校园内或附近且由机构或机构代表提供作为主管、其配偶或其家的住房使用，则属于合格的校园宿舍。如果想要将合格的宿舍从收入中排除，主管必须支付与市场公平价格同等或高于市场公平价格5%的房租。如果主管支付的房租低于房屋评估值的5%，那么主管应缴纳的租金与房屋的公平市场价值的5%之间的差额，或者与非学员或大学附属人员租赁该房屋时的平均租金之间的差额应缴纳税款。[14]

《合规性项目调查中期报告》显示，向校长和其他主管提供学院或大学住房的情况很普遍。报告指出，32%的小型机构（2.34）、55%的中型机构（2.35）和52%的大型机构（2.36）都向其6名最高薪酬主管中的至少1名提供住房和公用事业设施。然而，报告并没有说明报告机构是否将住房视为免税福利。

7.28 什么是问责计划？

如果机构的报销或其他预算拨款安排满足问责计划的要求，则其产生的费用可从员工总收入中排除。[15]如果报销或其他预算拨款满足业务连接、证明或超过实质性花费的报销金额等要求，则可通过问责计划。

如果报销或其他预算拨款包括预付款、津贴（包括每日津贴，仅膳食津贴和附带费用以及里程津贴）或只报销免税的业务费用，则满足业务连接要求。这些津贴等必须由机构员工支付或承担，且与其所履行的服务相关。费用包括通过信用卡或其他方式直接或间接向付款人收取的费用。

证明要求包括旅行、娱乐、乘车的费用以及某些其他业务费用。符合税法规定中业务费用金额的证明指问责计划中该费用金额的证明。例如，除了旅游、娱乐、使用个人车辆、礼品和所列财产（如电脑）以外的业务费用，员工必须提交足够的信息，以使雇主能够确认每项费用的具体性质，并得出该费用是由雇主的业务活动所致的结论。对于与旅游和娱乐有关的费用，员工必须证明金额、时间、地点、业务目的和（关于娱乐）与雇员接触的业务关系。

如果员工被要求在合理期限内退还给支付方超出证明费用的任何款项，则满足超额退款规则的要求。问责计划规定，在支付发生后 60 天内向支付人支付，或在支付发生后 120 天内将款项退还给付款人，都被视为在合理期限内。

不可统计的计划的报销安排有所不同。如果计划不属于问责计划，那么报销给员工的所有金额甚至营业费用都包含在员工的总收入中，必须作为工资或其他薪酬在员工表格 W-2 进行报告，并缴纳预扣税和就业税。如果员工可以证明费用为业务费用，则可将业务费用从中减去。但是员工只能在适当的限制条件下（例如膳食和娱乐的费用扣除限制和 2% 杂项扣除额的限制）以杂项扣除方式扣除。如果雇主提供的是不问责计划，收到付款的员工不能强制付款人按照问责计划付款，自愿确认支出，并向支付人退还超额款项。

国税局根据以上规定通过公司信用卡收费处理员工产生的费用。如果雇主有问责计划，则员工个人支付的费用应纳税，并应纳入工资。如果员工不需要证明公司信用卡支出的费用是营业费用，那么这笔款项被视为是在非问责计划下进行的，全部报销对员工征税且包括在工资里。

超额获利交易规则（6.33）涉及可统计和非问责计划。如果安排属于问责计划，则根据中间制裁原则，由无资格个体产生、免税组织支付给他们的费用不被视为员工薪酬。但是，如果计划不属于问责计划，那么免税组织向无资格个体支付的所有款项都可能受到超额获利交易规则的约束。此外，如果按照不问责计划支付金额，而不是作为员工补偿的同时证明，无论薪酬是否合理，无资格个体收到的其他薪酬是否合理，报销总额以及无资格个体收到的其他薪酬是否合理（6.37），报销的金额都将自动构成超额收益交易。

7.29 学院或大学可以贷款给主管吗?

慈善机构一般可以提供贷款,但如果其中一方是无资格个体(6.53)的话,则有一些限制。禁止私人分配原则(6.1)和超额获利交易原则(6.33)规定,如果放贷人或借款人为无资格个体(或内部人员),贷款必须对组织有利,条件必须合理(6.17)。此外,如果学院或大学提供这种贷款,它们必须确保是在联邦法和州法的许可下,且要根据联邦所得税妥善处理,以避免构成自动超额获利交易违规(6.36,6.33)。

某些慈善组织禁止向管理人员和董事提供贷款。自身交易原则一般禁止私立基金会参与与无资格个体(4.10)相关的贷款交易。禁止支持型组织(4.18)向任何组织的实质性捐助者、实质性捐助者的家庭成员或35%由实质性捐助者或其控制的实体提供贷款。此外,禁止支持型组织向在组织事务上发挥实质性影响的人员提供贷款,其中包括董事、受托人、首席执行官、财务总监以及与这些人有关的个人和实体。例如,禁止支持型组织向董事提供贷款或向该组织的首席执行官预支工资。如果某支持型组织提供此种贷款,这笔贷款被视为自动差额利益交易(4.46),全部贷款金额需缴纳超额收益交易消费税。由于学院和大学属于公共慈善组织,它既不是私人基金会,也不是志愿机构,所以不受这些限制(但是它们的捐赠基金有可能是支持型组织)。

涉及慈善组织的任何贷款条款都应有利于组织的经济且应符合其免税目的。如果学院或大学是借款人,主管是贷款人,利息费用、担保金额、还款期限、偿还期限等方面不应偏向于主管。主管从学院或大学贷款(假定州法律和组织文件允许此种交易),审查将会更加严格。如果学校或大学的贷款没有及时偿还或利率低于适用的联邦利率,[16]可能会产生禁止私人分配或超额获利交易的问题。联邦法院认为:"只要私人信贷源于(任何慈善)组织的收入,其本身就构成禁止利益分配。"[17]因此,对主管的贷款条件应合理(例如,不能有低利息贷款,除非贴现利息被视为薪酬;贴现利息,结合所有其他薪酬,导致整体合理薪酬)。

善政原则的普遍观点是免税组织不应该向有兴趣个体提供贷款,即使这种贷款不被禁止。美国国税局表示,向内部人士提供贷款虽然可能是允许的,但可能会伪装成薪酬或用于不当目的。

非营利性部门小组在其善政和道德操守原则中,规定慈善组织不得向董事、财务主管或受托人提供贷款（例如贷款担保，购买或转让居住地或所有权，或减免债务或租赁义务的贷款或贷款等同物）。该小组指出，尽管在一些情况下，慈善组织有必要向工作人员提供贷款，"没有理由向董事会成员提供贷款"。小组在 2005 年向大会提交的题为"加强慈善组织透明度、管理和责任"的报告，建议国会颁布立法禁止慈善机构向董事会成员贷款。虽然国会没有对其进行立法，但除了通过支持型机构和捐赠者建议的资金禁止某些贷款，国税局和非营利组织的监管机构不鼓励所有免税组织的这些类型的贷款。此外，许多国家已经禁止非营利组织向其实体、董事和其他人员提供贷款。

如果免税组织决定与主管进行贷款交易，则在批准贷款时应遵循利益冲突政策的程序。它还应在会议纪要中或通过其他方式提供贷款的文件，证明贷款条款是合理的，对免税组织是公平的，或者这些条款是已被列入其行政机构的额外补偿或为确定合理性而提供的全部补偿方案（7.14）中。此外，应确保这些类型的贷款是国家法律允许的。

如《合规性项目调查中期报告》所示，贷款或延期贷款在小型（2.34）和中型（2.35）学院和大学中并不普遍，其中9%的机构报告称提供这种福利。大型机构（2.36）向其主管提供贷款的比例稍微大一点，其中 10% 的大学报告称提供这种福利。

薪酬、超额获利交易和超额薪酬更正报告

7.30 学院或大学在年度信息反馈文件中必须披露哪些人的薪酬？

学院和大学在年度信息反馈文件（第十七章）中必须汇报以下个体的薪酬：

- 现任管理人员、董事和受托人（个人或组织），无论薪酬是多少。
- 薪酬超过 15 万美元的现任重要员工。
- 5 名目前最高薪酬的员工（除了管理人员、董事，受托人和重要员工以外），从报告组织和相关组织获得超过 10 万美元薪酬的个人。
- 以前的管理人员、重要员工或高薪人员，从组织或所有相关组织获得超过 10 万美元薪酬的个人。
- 前任董事或受托人，作为组织的前任董事或受托人从组织和所有相关组织获得超过 10 万美元的个人。

7.31 私立学院或大学在年度信息反馈文件中必须报告哪些主管的薪酬？

私立学院或大学在年度信息反馈文件中必须报告某些主管的薪酬。根据禁止私人分配原则和超额获利交易原则（6.2，6.53），这些人一般是内部人员和无资格个体，例外情况除外。根据禁止私人分配原则和超额获利交易原则，所有形式的薪酬都包括在内，包括基本工资、奖金、递延薪酬和各种福利以及相关组织的报酬（17.48）。对于相关组织，只从一个相关组织获得不得超过10万美元的薪酬不需汇报，组织的前任董事或前受托人除外。例如，如果某学院或大学的管理人员从三个不同的相关组织获得的薪酬分别为6000美元、15 000美元和50 000美元，那么该组织只需报告65 000美元。

对于不直接或间接受组织或其相关免税组织所有或控制的非营利性相关组织，不用报告支付给志愿管理人员、董事或受托人的薪酬。

7.32 对于非固定薪酬和基于收益薪酬，是否有特别的报告要求？

有。在年度信息反馈文件中，有一系列关于非固定薪酬（7.15）和基于收入的薪酬（7.16）的问题。年度信息反馈文件将基于收入的薪酬分为两类。一类是基于净收入的薪酬，即总收入减去某些固定花费。另一类是基于净收益的薪酬，相当于总收入减去组织活动的总支出。基于净收益的薪酬比较容易受到审查，特别是整个组织的净收益。这类薪酬更有可能产生禁止私人分配（7.16）。

7.33 年度信息反馈文件还必须报告哪些薪酬？附加福利也必须报告吗？

还必须披露薪酬政策和程序的信息，包括是否存在费用报销程序以及是否遵循可反驳的合理推定（7.18）。向主管提供的附带福利也需在年度信息反馈文件（17.34）中进行汇报。国税局在审查时认为可能有问题的附属福利也需要详细汇报。国税局在990表格中列出了八种需披露"额外收入"。这八类国税局特别审查的"额外收入"包括：一等舱出行或租赁出行；陪同出行；税收抵免和报税支付；自由裁量支出账户；住房津贴或个人使用住房；个人住房商用支出；健身或社交俱乐部会费或开办费；和个人服务（例如女佣、司机、厨师）。

一等舱出行指的是乘坐飞机、火车一等座席或卧铺的出行，包括名单中个人及陪同人员的一等舱卧铺及其组织支付的其他高于最低票价的费用。不包括免费提舱、常客福利及其他不会造成额外支出的福利。一等舱出行还包括乘坐组织所有的飞机或轮船出行。

租赁出行指包租或租用飞机、火车或轮船出行。

陪同出行指名单中个人的客户不是主要出于组织的真实商业目的的出行。也指名单中个人的家属出行，不管是否出于真实的商业目的。

税收抵免或包税支付指组织为注册个体支付或报销税款。

自由裁量支出账户指问责计划（7.28）由注册个体控制却无需向组织汇报的账户或支出，无论该账户实际是否用于个人目的。

住房津贴或个人住房使用指组织支付住房费用或提供住房。

个人住房商用支出指组织出于自身目的使用全部或部分注册个体的个人住房。

健身或社交俱乐部会费或启动费指组织为注册个体所支付的健身俱乐部、社交俱乐部或娱乐俱乐部会员费，无论这些俱乐部是否免税。不包括公益慈善机构（4.1）或免税企业或专业组织的会员资格，除非该组织提供可用于经常使用上市人员的健康，健康或娱乐设施。但不包括公共慈善组织（4.1）或免税商业或专业组织的会员费，除非这些组织为注册个体提供定期的健康、健身或娱乐设施服务。健身俱乐部会费不包括组织自带的运动设施或学校内供学生、教学人员和员工使用的体育设施。会费包括入场费、周期性费用和设施使用费。

个人服务指组织员工独立合同方（无论独立方式个人还是组织）定期（全职或兼职）或在必要时向注册个体或其家庭和朋友提供的个人福利服务。服务包括但不限于育儿保姆、保镖、管家、司机、厨师，门房或经常为注册个体（或其家人或朋友）办理差事的人、护卫人员、财务规划师、杂务工、律师、女佣、按摩师、保姆、私人教练、个人指导或顾问、宠物保姆、医生或其他医疗专家、报税师和非商业导师。个人服务不包括有资格员工福利计划中为所有员工提供的统一服务。

7.34 对于应该被视为薪酬的款项，如果学院或大学没有将其视为薪酬，会有什么影响？

如果受超额获利交易原则（6.31）约束的学院或大学没有将应纳税的福利作为薪酬进行报告，则该福利被视为自动超额获利交易（6.36，6.33）。即使将该福利加到其他薪酬中之后仍然在合理范围内，处理结果仍然相同。

7.35 学院或大学如何披露超额薪酬？

如果受年度信息反馈文件要求约束的学院或大学支付了超额报酬，则必须在年度信息反馈文件中将其作为超额获利交易进行报告。也必须更正该交易，以避免产生超额获利交易的额外消费税。更正包括抵消超额利益至可能的范围内并采取必要的附加措施，使私立学院或大学的财政状况不会比不发生超额获利交易的情况更糟糕（6.60）。

7.36 根据超额获利交易原则，如何更正超额薪酬？

更正超额获利交易的方式一般为使用现金或现金等价物支付超额薪酬。除非另有规定允许无资格个体可以使用现金或现金等价物向免税组织支付除去本票支付后剩余的与更正金额相当的款项。如果产生超额获利交易的全部原因或部分原因是无资格递延薪酬计划中提供了接受福利的权利，如果该福利还没提供给无资格个体，则该无资格个体可以放弃接受这部分未分配的递延薪酬（包括之后的收入）以更正由其造成的超额利益。

超额获利交易的更正金额指超额利益总额及其利息。利率按照超额获利交易发生当月的年复合联邦利率计算。

即使有超额获利交易行为的组织已经不存在或已经不再免税，也需对超额获利交易进行更正。对于慈善组织的超额获利交易行为，无资格个体必须根据该组织成立文件的解散条款向另一个免税慈善组织支付更正金额，前提是需要满足以下三个条件：

1. 接受更正金额的组织是公共慈善组织，并在更正日之前至少60个月的连续期间内在实际和书面描述中都一直存在。

2. 无资格个体对于接受更正金额的组织来说不是无资格个体。

3. 接受更正金额的组织不允许无资格个体（或无资格个体的家属或其控制的实体）（建议）拨款或分配。

7.37 学院或大学可以代表主管向国税局支付超额薪酬的消费税吗？

免税组织退还的所有消费税本身都被视为超额获利交易行为，除非这包括在退税当年无资格个体的薪酬之中。此外，必须对支付给主管的薪酬总额（包括退税金额）进行合理性测试分析。如果薪酬总额（包括退税金额）整体不合理，那么该薪酬属于超额获利交易。适用的免税组织为无资格个体提供责任保险的保险政策支付保险费本身属于超额获利交易行为，除非保险费金额不包括在最低标准附加福利中或保险金额作为支付给无资格个体的一部分且总薪酬（包括保险费）是合理的（6.71）。

主管薪酬与董事会

7.38 在确定主管薪酬时，管理部门有什么作用？

管理部门或独立委员会应确定学院或大学主管的薪酬。管理机构的基本职责之一就是评估和确定机构主管的薪酬。关于学院或大学管理部门是否确定除主管以外的其他员工的薪酬取决于部门政策。

虽然公立高等教育机构（2.16）不受超额获利交易规则（6.32）的约束，但公共和私人机构都应努力履行可反驳的合理性推定（7.18），为善政目的制定行政薪酬。可反驳的合理性推定程序提供了一个系统的程序，使薪酬的确定更合理，也反映了主管的职位和责任。

每个管理部门都应形成一个清晰的主管薪酬确定流程。薪酬委员会或行政委员会在确定主管的薪酬时应及时与整个委员会交流。

7.39 学院或大学管理部门应该设立薪酬委员会吗？

视情况而定。选择、评估和确定学院或大学首席执行官的薪酬是委员会的基本职责之一。设立一个薪酬委员会，致力于确定和审查首席执行官以及该机构的其他执行人员的薪酬，有助于董事会将精力集中在重要任务上。另外，整个委员会可以承担确定主管薪酬的责任。

如果学院或大学选择成立薪酬委员会，该委员会应由独立成员组成（即不是由接受学院或大学薪酬的成员或其他相关成员）。如果全体董事会负责确定薪酬，则在设定薪酬金额时应遵循利益冲突政策。董事会或者薪酬委员会在确定薪酬时应努力满足可反驳的合理性推定（7.18）要求，即使该主管为公立组织的员工且其薪酬不会受到国税局的审查。

董事会协会在"高等教育管理调查"[18]中称，提交报告的公立机构中，有82%的全体董事会负责确定机构校长的薪酬。提交报告的私立机构中，36%的机构称全体董事会负责确定薪酬，31%的机构称执行负责人确定薪酬。

7.40 学院或大学应该采取高管薪酬政策吗？

学院或大学应考虑采用高管薪酬政策（5.35）确立了组织的行政薪酬理念、设立负责确定薪酬的机构或者委员会并建立高管薪酬机制。该政策也可以考虑可反驳的合理性推定（7.18）。

7.41 管理部门在评估首席执行官绩效方面的作用是什么？

学院或大学管理机构最重要的职能之一是评估首席执行官的绩效。董事会或受托委员会在评估主管的绩效时可以以下四条原则作为指导：

1. 绩效审查的主要目的是协助首席执行官更有效地执行任务。为了使过程合理有效，薪酬和合同续订不应被视为绩效审查唯一或主要的目的。

2. 在审查过程中应向首席执行官咨询，并保证其对审查过程感到舒适。

3. 首席执行官和董事会的绩效是相互依赖的——一方不能完全独立于另一方进行评估。在这方面，董事会应该遵循评估自身业绩的做法。

4. 董事会的责任是评估首席执行官的绩效，首席执行官的责任是评估高级人员的绩效。[19]

董事会协会在高等教育管理调查中称，86%的私人机构和92%的公立机构和系统每年都会对校长进行年度绩效评估。在私人机构中，通常由执行委员会进行此项评估。在公立机构和系统中，通常由全体董事会进行此项评估。该报告还显示，每3~5年，通常会进行一次全面的评估，进行此项评估的机构比进行年度绩效评估的机构少，有61%的私人机构和53%的公立机构在报告中称会进行全面评估。国税局在《合规性项目调查中期报告》中称，大多数小型（2.34）和中型（2.35）的学院和大学在大学合规性调查问卷中表示，机构管理人员的薪酬由董事会确定，机构重要员工的薪酬由管理人员确定。国税局没有披露大型机构这方面的信息（2.36）。

7.42 如果学院或大学的主管接受自己认为不合理的薪酬，那么该主管应自愿减少薪酬还是等待国税局提出这个问题？

在这种情况下，主管不应该依赖自己的"直觉"判断薪酬是否合理。他们所采取的第一步措施应该是确定薪酬安排是否符合规定。如果薪酬是根据1995年前有效的不可更改合同确定的，则超额获利交易原则对此不适用（6.27）。此外，并不是每个主管都受到超额获利交易原则的约束。主管必须是无资格个体（6.53），支付薪酬的学院或大学也必须受该原则的约束（6.31）。

如果这些条件都满足，第二步是让组织对这个问题形成独立意见。结果可能是主管的判断有误。但如果发现薪酬的确超额，该主管应与提供工资的组织管理委员会共同将薪酬降低至最高合理水平，以避免以后的超额获利交易行为。

等待国税局行动并不是个好办法，因为这是一个自我报告系统（6.67）。如果等国税局意识到这个问题，延迟结果可能涉及利益问题，主管也可能会受到惩罚。因此，减少薪酬之后，谨慎的做法是对此进行更正（7.36），补交税并更正过去的超额获利交易薪酬。具体措施包括向组织退还超额利益以及当年的利息（6.60）。

7.43 如果国税局对主管的薪酬提出质疑，主管是否应该自动减少薪酬以将受到制裁的风险降至最低？

这通常不是一个好办法。如果薪酬受以上规则（7.42）约束，在面对国税局调查时减少薪酬就意味着承认薪酬过高。更好的办法是与雇主组织的董事会合作，取得外部咨询意见，然后再采取措施。

如果其他努力都失败了，而国税局发现薪酬过高，可以联系国税局寻找合理的减轻惩罚的方法（6.66）。

7.44 如果学院或大学的董事会后来发现之前与主管签订的合同中薪酬过高，该董事会在合同到期前应采取什么措施？

董事会可以采取和考虑的措施有很多。第一步：确定合同是否受生效日期原则（7.42）或初始合同例外原则（7.7）的保护。如果是，就可以解决这个问题（尽管仍然可能属于禁止私人分配）。如果不是，董事会应对薪酬水平进行外部评估，并确定超额的部分（如果有的话）。

如果该不合理薪酬合同受中间制裁原则约束，但属于约束合同。除非合同条款允许（非常好的主意），否则董事会不能单方面调整薪酬水平（这属于违约）。相反，董事会应该与个人共同按照之前讨论的方法采取措施（7.43），因为个人将承担所有惩罚（6.59）。

参考文献

1. Reg. § 53.4958-3（c）（3）（d）（3）（ii）.

2. IRC § 414（q）（1）（B）（i）.

3. 参见董事会来源，"非营利性管理指数2007"，第12页。

4. 尽管国税局认为飞机一等舱的费用不属于薪酬。

5. Reg. § § 53.4958-1（e）（2）and 53.4958-4（b）（1）（ii）（B）.

6. IRC § 162.

7. IRC § 167.

8. 根据IRC§32.9，这些金额一般从收入中扣除。

9. 一般来说，如果无资格的支付个体可以选择接受大体相同的好处或有资格个体（例如行政人员）和大量无资格个体支付了规定的金额（至少），那么为了支付会费而提供给会员的经济好处，或由于免税慈善赠的原因而提供给捐赠者的经济好处可以不考虑。

10. Reg. § 53.4958-6（c）（2）.

11. World Family Corporation v. Commissioner, 81 T.C.958（1983）.

12. Reg. § 53.4958-6（c）（iv）.

13. IRC § 119（a）.

14. IRC § 119（d）.

15. The accountable plan rules are found in IRC § 61（a）（2）（A）and Reg. § 1.62-2（c）.

16. 国税局公布的利率。如果利息低于此利率，则放弃利息会导致行政人员的额外薪酬。

17. Founding Church of Scientology v. United States, 412 F.2d 1197（Ct.Cl.1969）.

18. "Survey of Higher Education Governance", Association of Governing Boards of Universities and Colleges（2009）.

19. R. Ingram, Ten Basic Responsibilities of Nonprofi t Boards（BoardSource, 2009）.

8 ◄◄
立法活动

　　试图影响立法的行为称之为游说，这种行为受美国宪法保护，而且是向立法机关提供与听证和立法相关信息的必要手段。但是游说经常被认为是名声不好的行为，这个词也经常带有贬义。当非营利组织尤其是免税慈善组织进行游说活动时，这种对游说的不当理解有时会被放大。有些人认为不应允许免税组织进行游说。因为免税学院和大学促进公共政策事业的现象很普遍，所以他们经常参加立法活动，作为政府关系工作的一部分。

　　但联邦税法对哪些私立学院、大学、慈善组织和其他免税组织可以进行游说作出了限制。公立学院和大学不受联邦税法的限制，但是必须在类似州法的限制内运营。私立学院和大学属于公共慈善组织（4.4）。同样，它们只可以参与非实质性的游说活动。有时学院和大学与其他免税组织有关联，比起公共慈善组织，这些免税组织能够参与更实质性的游说活动。例如，免税社会福利组织（1.39）参与游说活动基本不受法律的限制。

　　以下为关于免税学院和大学参与游说以及试图影响立法方面的各种税收规定（包括手续费免税）提问最多的问题，以及这些问题的答案。

基本联邦税法规定

8.1 什么是游说？

"游说"这个词好像是在讽刺那些潜伏在大厅里，等待机会在立法者或其他政府官员耳边窃窃私语，想要影响官员的决定或投票的人。从最广义上讲，游说指试图影响监管机构、管理机构或立法机构公共政策制定和解决问题。但这个词一般用于表示影响立法机构中一个或多个成员的一项或多项立法行为。立法机构可能是联邦、州或地方立法机构，也可能是其他国家的立法机构。

虽然游说经常被认为是不受欢迎的行为，但是它也具有宪法基础：它是自由言论的一种形式，政府请求在法律上作出修正。美国最高法院注意到，"共和党政府的想法暗示了其公民和平地参与公共事务协商并请求在法律上作出修正的权利。"[1]

《联邦游说监管法案》将其定义为接受薪酬或出于其他考虑的个人试图影响立法成败的行为。联邦所得税法中关于私立学院和大学以及其他公共慈善组织评估其游说活动并在支出测试（8.16）中汇报的部分将"影响立法"定义为"任何通过影响公众或部门观点以试图影响立法的行为或任何通过与立法机构成员或职员或参与立法过程的政府官员或职员交流以试图影响立法的行为"。[2]从法律的角度来讲，有以上两种不同的游说活动（8.7）。

8.2 什么是立法？

一般来说，立法指立法机构出台的法案或决定；可能会被立法机构考虑，也可能不被考虑。联邦税法在支出测试（8.16）中将其定义为"国会、州立法机构、地方委员会、其他类似政府机构或公众在全民公决、倡议、宪法修订或其他类似程序中出台的法令、法案、决定或其他类似文件的行为"。[3]立法在实质性部分测试（8.4）中的定义与联邦税务法规中的定义相同。[4]

立法一般不包括政府行政部门的行为，例如颁布法律法规，也不包括独立监管机构行为。拨款法案属于联邦税法的立法行为。立法包括在国外提出制定法律的行为。[5]

8.3 游说是学院或大学的必要活动吗？它们进行游说合适吗？

对于许多学院和大学来说，游说不仅是必要的活动，还是非常重要的活动。至于它们参与游说活动是否合适，要视政策而定，尤其是对于免税组织。从本质上说，学院或大学参与游说活动并没有不合法的地方。事实上，宪法赋予这些组织向政府请愿的权利。但美国最高法院认为，由于慈善组织，包括免税学院和大学，参与实质性的游说活动而撤销其免税身份也并不有违宪法。[6]

许多决策者坚持认为慈善组织（包括免税学院和大学）参与游说并不合适。这一观点主要基于以下原则：对于捐赠给慈善组织用于发展个人立法观点的赠款，个人不应获得所得税免税资格。这被他人视为对个人观点的资助。因此，对公共慈善组织有限制，即在不丧失免税身份或免消费税身份（8.4，8.16）的前提下，可以在多大程度上参与游说活动。

8.4 联邦税法对于私立学院和大学参与游说活动有何规定？

主要规定是免税私立学院和大学以及其他公共慈善组织只能参与非实质性的游说活动。[7]实质性参与试图影响立法活动的公共慈善组织会被作为行动组织（8.5），其免税身份有可能被拒绝或撤销。除公共慈善组织外，有些免税组织可以将游说作为自己的主要职能，甚至唯一职能。这种组织包括社会福利组织和贸易商业协会（1.39）。但免税组织和一些社会福利组织的成员的免税会费可能会被作为组织的游说支出（8.28）。

8.5 什么是行动组织？

行动组织指实质上参与试图影响立法活动的实体。[8]行动组织没有成为免税慈善实体的资格。因此，作为免税资格的条件，免税慈善组织（包括免税学院或大学）不能参与实质性地游说活动。

8.6 学院、大学和其他公共慈善组织如何评估实质性？

一般来说，没有准确的公式可以评估游说活动的非实质性或实质性。但是，人们经常使用某一时期所花费总资金的比例或某一时期所使用总时间的比例对游说活动进行评估。有时，不考虑资金和时间的花费，而是根据组织对立法过程的影响对游说活动进行评估。判例法和国税局决定书明确表明，这要根据具体案例而定（与免税组织法律背景下使用的某些概念相同，例如合理性和实质性）。组织参与实质性游说活动的决定一般在立法程序完成之后才确定。确定过程与确定免税组织在不危及自身免税身份的前提下参与多少不相关营业活动（第十四章）的情况有所不同。

在联邦税法的其他领域，需要使用准确的百分比确定什么是实质性。例如，对于支持型组织（4.18）的规定是至少85%。85%的标准也应用于志愿者例外情况，也是不相关营业规定（14.26）的一部分。在业务支出免税方面，实质性要求至少90%（8.28）。因此，可以较为近似地说，实质性可定义为至少85%，偶然性定义为低于15%。联邦税法一般认为确定实质性需要根据事实情况进行测试。根据法庭案例，如果要保证满足非实质性标准的话，必须将游说活动限制在组织所有活动的5%以内。[9]但这个表面上的标准一般被认为不合实际，因为太严格。

由于实质性部分测试的变化太多，所以制定了支出测试（8.16），希望通过更加机械、更加准确的方式对可允许的游说活动界限进行评估。

支出测试仅仅在支出的基础上进行评估。实质性部分测试是以一年为评估期；支出测试的评估期是几年。支出测试适用于相关实体的花费；实质性部分测试没有特别应用到相关组织的游说活动中。例如，如果某公共慈善组织的分支机构（1.32）是独立的慈善组织，该分支机构的游说活动也属于该公共慈善组织。但公共慈善组织拨给其分支机构用于游说活动的款项作为该慈善组织的游说支出。

8.7 游说形式有多种吗？

是的。联邦法一般将游说活动分为两类：直接游说和基层游说。其区别在于游说交流方式的本质不同。直接游说指游说组织为了影响立法与游说机构成员、为成员工作的个人或者在立法机构委员会工作的个人交流。根据支出测试（8.16），只有交流涉及具体立法并反映立法观点时，才属于直接游说。如果某学院或大学设计了一个调查项目，并利用调查结果进行游说活动，那么这个调查活动本身就被认为是游说。该调查活动在其他情况下是否属于游说活动要根据具体事实情况而定。客观的调查和教育性活动一般与游说活动不同。

基层游说指游说组织为了影响立法与公众或公共部门交流，试图通过游说与立法机关相关的个体达到影响立法的目的。根据支出测试，只有当交流涉及具体立法、反映立法观点并鼓励交流方针对立法采取行动时才属于基层游说。最后一点被称为呼吁采取行动。

8.8 游说可以通过哪些方式完成？

游说是一种交流形式，人与人之间的交流可以通过各种方式完成。直接游说（8.7）的方式包括面对面交流、通信、电话、传真、电报、意见书、其他出版物、电子邮件和正式的证词。基层游说（同上）包括电视、有线电视、收音机、平面广告和网页帖子。

游说可以由机构员工和志愿者进行。也可由独立合作方进行，例如个人或公司。这些个体参与的政府相关活动可能不是游说（8.2），例如教育性活动和倡导活动。如果这些个体将费用报告发给公共慈善组织，那么应清楚地确定游说费用，这样慈善组织就可以正确计算出立法活动的花费。

8.9 除了联邦税法，还有其他关于学院和大学游说活动的法律吗？

有。除了联邦税法，《联邦游说监管法案》也是主要的法律。将游说作为主要个人活动并获得薪酬的个人必须向众议院议员和参议院秘书长注册并报告。《伯德修正案》禁止为了试图影响与联邦合同、补助金、贷款或合作性协议的奖励、获得或制定相关的政府机构的官员或职员使用所接受的联邦基金作为补助金、合同、贷款或合作性协议。美国行政管理和预算局颁布的法规规定，大多数游说活动形式的花费不能被联邦政府报销。大多数州也有针对非营利组织和其他组织的游说活动的法律。对于某些公立学院和大学，有具体的州法限制。

8.10 实质性部分测试对于禁止游说活动有没有例外情况？

在某种意义上说，有的。这样说是因为这些规定并不是真正意义上的例外情况。如果公共慈善组织受立法机构或立法委员会的邀请参与游说活动，则该慈善组织不会因此失去免税身份。另外，本质为教育性的活动（2.2~2.7）不被认为是游说活动。同样，仅仅对立法状态进行监视和汇报也不属于游说。但支出测试（8.18）中的法律例外情况一般不会应用于实质性部分测试。

8.11 游说属于政治竞选活动吗？

是的。一般来说，联邦税法对于游说和政治竞选活动（第九章）有不同的法律。但是，如果非营利组织在政治竞选背景下参与游说，特别是基层游说（8.7），且游说中倡导的问题与候选人的政治命运相关（例如现任立法者想要重新竞选），那么游说活动也被认为是政治竞选活动。具有这种性质的活动被称为公共政策倡导交流，具有双重性质。

8.12 如果学院、大学或其他公共慈善组织参与实质性游说会怎样?

如果受制于实质性部分测试的学院、大学或其他公共慈善组织〔例如还没有选择支出测试（8.16）的合格实体〕在一个纳税年里参与了实质性的立法活动，那么其免税身份可能被取消。组织有责任缴纳5%的游说支出消费税,[10]用来代替撤销免税身份的惩罚。也可以对组织的管理人员（8.13）征收此税，他们应该知道游说支出可能会导致组织失去免税身份。[11]征收消费税和撤销免税身份都有可能发生，但是慈善组织极可能与国税局达成协议，保证以后不再参加实质性的游说活动。国税局一般将这种协议称为最终协议。

如果组织由于参加立法活动使其免税身份被拒绝或失去免税身份，该活动必须是组织承担的行为。例如，国税局不会将学生报纸中反映的立法活动归因于赞助大学。[12]同样，反越战争期间在许多学院和大学校园进行的活动包括立法活动，根据所制定的规定，学生和教学人员参与的活动不作为机构的官方行为。

8.13 谁是组织的管理者?

组织的管理者指（1）组织的官员、董事或信托人（或与组织的官员、董事或信托人具有相同权力和责任的个人）；（2）对于支出而言，任何有权或有责任管理支出的组织员工。[13]

8.14 由于过度游说行为失去免税身份的慈善组织可以转变为其他类别的免税组织吗?

可以，条件是该组织属于实质性部分测试（8.4）的范畴。由于过度游说活动失去免税身份的公共慈善组织有可能成为免税社会福利组织（1.39）。这种转变不太可能发生在免税私立学院或大学中。更好的方法是将游说活动转移给相关的社会福利组织（8.27）。

8.15 需要进行实质性部分测试的私立学院或大学可以采取何种计划以避免因游说活动失去免税身份呢?

对于免税学院或大学，在这种情况下计划基本分为两种：（1）高等教育机构的教育性活动（项目）、仅仅对立法进行监视的活动以及其他倡议活动

［既不是游说也不是政治竞选活动(第九章)］；（2）真正的立法活动。机构应该适当、充分地记录其游说活动，并根据一般可接受的会计原则对游说活动和其他活动的花费进行分配。

如果使用志愿者进行游说，那么在评估组织一年内试图影响立法的总时间时必须加上支出。但这些预防措施不一定能成功阻止国税局认定游说活动是（过去或现在）是实质性活动。另外，由于个人不会因为与公共慈善组织相联系就失去自己的公民权，所以慈善组织（包括私立学院或大学）的信托人、董事、官员有权使用自己的名字在业余时间内参与游说活动。

如果免税学院或大学将要进行或正在进行大量的游说活动，应考虑选择支出测试规定（8.16），将游说活动交给免税游说附属机构（8.27）或者由另外的实体（相关实体除外）进行游说。但大多数免税学院和大学不需要采用这些措施；他们能够在实质性部分测试（8.4）允许的范围内进行游说活动。例如，支出测试（8.16）对于每年的立法活动支出有一个 100 万美元的上限，这个上限本身就促使免税学院和大学选择支出测试。

如果私立学院或大学与相关社会福利组织有关系，它必须在年度信息反馈文件（第十六、十七章）中汇报两者的关系及交易。

支出测试

8.16 什么是"支出测试"？

支出测试是国会制定的税法制度，通过应用精确的总支出百分比为公共慈善组织（包括免税私立学院和大学）提供一种方法，确定在不失去免税身份的前提下，可以允许多少游说活动。[14]这项测试必须经过选择（8.17），允许公共慈善组织将前 50 万美元的 20%、第二个 50 万美元的 15%、第三个 50 万美元的 10%以及剩余支出的 5%用于游说。每年游说支出的上限是 100 万美元。基层游说（8.7）不能超过可允许总游说花费的 25%。这些限制被称为直接游说可允许金额以及基层游说可允许金额。这些百分比适用于最近 4 个纳税年里组织的支出。[15]

不是所有的公共慈善组织都使用这项测试。为了获得支出津贴，某些附属组织的游说活动归于慈善组织。例如，这种归属原则可能应用于学院或大学的相关非营利性慈善分支机构（第十六章）。

8.17 学院或大学如何选择使用支出测试？

公共慈善组织必须选择支出测试。[16]通过向国税局提交表5768完成。组织可以在财政年度的任意时间提交。提交之后，支出测试从该年开始都适用于该组织，直至被撤销。

私立学院或大学一般会选择支出测试。教会、教会的综合附属机构以及免税组织的支持型组织（公共慈善组织除外）等公共慈善组织可能不会选择该测试。

8.18 支出测试对于禁止游说活动有没有例外情况？

有。根据支出测试，有五种活动不属于游说范畴：[17]

1. 提供无党派分析、研究或调查结果。

2. 根据政府机构或立法委员会的书面请求，为它们提供技术咨询或协助。

3. 与任何立法机关就其可能会影响组织存在的决定、权力和职责、免税地位或捐赠扣除进行沟通，或在此之前出现。这被称为自卫例外原则。

4. 实现组织与成员之间关于直接共同利益的立法问题的沟通。

5. 以常规方式与政府官员或员工沟通。

8.19 如果慈善组织在支出测试中进行过度游说怎么办？

如果免税慈善组织的支出超过直接游说允许金额或基层游说允许金额（8.16），则超支部分需缴纳25%的消费税。[18]如果组织的支出超过游说支出限制150%以上，应当撤销其免税身份。在这种情况下，对于参与质性立法活动的公共慈善组织不征收消费税。

如果公共慈善组织在这种情况下失去了免税身份，可以改变其游说行为，重新申请免税认可（第三章）。为了再次实现豁免，组织必须（1）将其预期的游说支出降低到符合实质性部分测试或支出测试；（2）重组游说方案，有效利用游说规则中的一个或多个例外情况（8.18）；（3）在免税附属机构（8.27）进行部分或全部游说活动；（4）使另一组织参与游说工作。

8.20 免税私立学院或大学可否转变为另一类免税组织？

实际上不能。如果受支出测试约束的免税公共慈善机构参与过度实质性的立法活动并使其免税身份被撤销，其后不能转变为免税社会福利组织。但

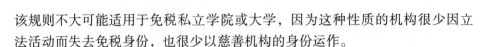

该规则不大可能适用于免税私立学院或大学，因为这种性质的机构很少因立法活动而失去免税身份，也很少以慈善机构的身份运作。

8.21 公益慈善机构进行的哪些类型的游说计划最适合支出测试？

支出测试最适合参与或想要参与实质性或将变为实质性游说活动的公共慈善组织，因为这一术语是根据实质部分测试（8.4）定义的。因此，对于慈善组织来说，这项测试通常是必要的，不然会被认为是行动组织（8.5）。假设游说活动不是如此广泛，不能在支出测试中被容忍，在这种情况下，公共慈善组织可以进行选择（8.16）。

由于对允许的游说金额的限制，比起基层游说，支出测试对直接游说更有利（8.7，8.16）。也就是说，对于主要或完全从事基层游说的组织来说，对基层游说的限制可能过于严格。这种性质的公共慈善组织几乎都会发现它在实质部分测试中是有利的，因为非实质性的测试更宽容，并且对两种类型的游说不作区分（8.4）。

8.22 公共慈善机构什么时候选择支出测试？

公共慈善机构不应选择支出测试，除非可以肯定选择支出测试的好处大于坏处。

支出测试的主要优点是，它可以相当确定地告诉公共慈善机构在不失去免税身份的前提下可以进行多大程度。测试的机械性质和消费税的警告性质（8.19）也放大了这一优点。其他优点包括（1）针对游说活动特别考虑免税的一系列活动（8.18），（2）如果公共慈善组织出现过度游说（8.19）的情况，可以免征消费税，（3）在计算游说量时，排除志愿者游说，因为支出只计算支出，不包括志愿者的时间。

然而，支出测试也有一些缺点，包括（1）对允许的基层游说活动有严格的限制（允许游说活动总量的25%），（2）要求大量记录，（3）要求广泛报告（8.35），（4）每年游说支出上限为100万美元，（5）如果游说活动过于广泛，无法转变为免税社会福利组织（8.20）。

因此，免税学院和大学不可能选择这一测试。在这方面，最大的阻碍力量是每年用于立法目的支出不能超过100万美元（8.16）。一个强有力的优势可能是支出例外规定，但高等教育机构一般不需要这种规定。

8.23 在什么情况下，组织会撤回支出测试的选择？

公共慈善组织选择进行支出测试后，只有当其直接游说或基层游说支出太广泛或将变得更广泛而不符合支出测试时，组织才能撤回该选择〔通过提交另一份表5768（8.17）〕。发生这种情况的例子是公共慈善组织的一般游说支出或将超出特定的25%限制，即使总游说支出并未超出总限制。在取消该选择是应注意：它将向国税局发出信号，组织正在进行或将要进行广泛的立法活动，可能会超过实质性部分测试的允许范围。

8.24 受支出测试约束的慈善组织可以参与什么计划，以避免由于游说而失去免税身份？

公共慈善机构应避免选择支出测试，除非确定应该选择该测试。换句话说，只有在评估选举所涉及的所有优缺点之后，公共慈善机构才能选择该测试（8.22）。例如，最初的20%的上限可能看起来很有吸引力，但是如果要进行大量的基层游说，这项规定就很虚幻。对于这个评估，所有的可适用例外情况都要考虑在内（8.18）。一些组织仅为了利用例外情况〔通常是自卫例外（8.18）〕而选择支出测试。

选择应该在足够的记录和会计程序的基础上进行，以便组织能够准确地知道其游说支出是什么或将是什么。在进行支出测试（17.38）时，组织应准备该测试要求公共慈善组织提交的年度反馈文件。组织应该对结果进行审查并确定是否能够在随后的几年内遵守这些报告要求。在分析时应考虑到这些事实，即附属组织的游说可能归因于该组织。

在选择之前，公共慈善组织应考虑到其他替代方案，如可以将游说计划置于附属免税社会福利组织（8.25）中、转变为这种组织（8.20，8.26）或由另一组织进行游说活动。

选择结束后，如果组织撤销选择，可能会产生不利后果（8.23）。如果组织因不能满足支出测试的界限而失去免税身份，则放弃了转为免税社会福利机构的机会（8.20）（再次，学院或大学不在考虑范围内）。

社会福利组织

8.25 免税社会福利组织的游说活动有限制吗？

有，但是很模糊。免税社会福利机构从事立法活动不受限制。唯一重要的限制是，其游说必须是为了促进免税目的，或至少不会妨碍组织主要从事免税活动的能力。

免税社会福利组织作为学院或大学等（8.27，16.27）公共慈善组织的附属机构，能够广泛进行游说活动，这让立法活动有了去处。关于营业费扣除（8.28）的规定适用于社会福利组织；然而，支付给这些实体的会费一般在任何情况下都不能作为业务费用扣除。

8.26 为什么不是所有游说慈善机构都转变为免税社会福利组织？

参加游说活动的公共慈善组织一般不想放弃免税慈善组织的身份而成为免税社会福利组织。这一决定的主要原因之一是社会福利组织的捐赠不能作为慈善捐赠获得免税。因此，尽管慈善组织和社会福利组织都是免税组织，但只有前者可以获得免税捐赠。此外，社会福利机构，特别是那些进行大量游说活动的社会福利组织，不太可能获得私人基金会的捐赠。因此，公共慈善组织转变为社会福利组织的情况只有以下几种：如果不转变为社会福利组织就会成为行动组织（8.5），不选择或不能选择支出测试（8.16），不想使用游说附属机构（8.27），或者没有提供给另一个组织游说活动。

这些考虑对高等教育机构没有吸引力，因为免税学院或大学不会以免税社会福利组织的身份运营。

8.27 公共慈善组织如何利用免税游说附属机构？

联邦税法中与免税组织相关的例子中，有几个与分岔原则有效应用相关。分岔指主要因为或仅仅因为税收原因，成为一个组织的职能分裂，被放到两个实体中。这个例子与公共慈善组织和实质性游说活动有关。

希望进行大量游说活动的公共慈善组织不得作为慈善实体获得免税。一种选择是成为免税社会福利组织（8.25）。另一种选择是建立相关免税组织并通过该组织进行游说活动。第二种选择的主要优点是，它保留了组织的慈善组织身份，可以参与其他计划，并保留了获得免税捐赠的能力。

公共慈善组织可以通过几种方法控制其游说附属机构（16.7）。这种情况下最常见的控制机制是连锁（或重叠的）董事会。以这种方式，社会福利组织整个董事会或部分（至少是多数）董事会由慈善组织的董事会挑选。其他控制方式包括使附属机构成为会员组织，公共慈善组织是唯一会员，或将其作为股票型非营利组织，公共慈善机构成为唯一股东（16.7）。

贸易、商业和专业协会

8.28 是否限制免税贸易协会和其他协会参与游说活动？

一般没有限制。免税贸易、商业和专业协会——严格意义上成为商业联盟——可以从事立法活动而不受限制，但是有两个约束。第一，游说活动必须是为了免税目的，或至少不会影响组织主要从事免税活动的能力。

第二，游说活动可能会对协会会员造成一些不利的税收影响。一般来说，会员向其中一个协会支付的会费属于商业费用，可以免税。然而，有些小的例外情况，以影响立法为目的的商业花费不能免税。[19]如果免税协会参与游说活动，通过流动性规则拨给游说活动会费不能免税。[20]这一规则也适用于政治竞选支出（9.21）。例如，如果某免税协会每年的会费是100美元，它每年将30%的资金用于游说，那么会员在当年只有70美元可以免税。

在这种情况下，协会必须计算其游说支出。在计算时，必须使用三种会计方法之一对多个职责的员工分配适当的工资。内部支出也应考虑在内。

8.29 会员如何知道计算免税会费的方法？

一般来说，协会必须计算出影响立法活动的各种支出，然后将支出比率报告给会员部门。报告在评估时或支付会费时完成。协会还必须在年度信息反馈文件中向国税局报告支出比率。

8.30 如果协会在计算会费免税比率时出现错误怎么办？

对于报告给会员与实际游说金额之间的差额，组织可能需要支付35%的代理税。当游说支出高于预期或者会费收入低于预期时可能发生这种情况。[21]

但在这种情况下，协会可以利用一个程序放弃向国税局报告，并在下一年调整数据，报告过度游说数量。

8.31 这些规定有例外情况吗？

有，这些规定有五项例外。

1. 协会可以支付所有游说支出的代理税，从而使会员获得全额免税。根据非正式调查，15%~20%的协会倾向于这种做法。

2. 如果几乎所有协会会员所参与的任何活动都不能获得商业非免税待遇，那么就不能应用披露原则和报告原则。这里的"几乎所有"指至少90%。第二个例外自动提供给联盟和其他劳工组织。它适用于贸易、商业和专业协会，它们能够向美国国税局证明，其大部分成员不能因为2%的杂项业务费限制或因为会费由免税组织支付而没有获得免税（在这种情况下可能需要国税局的裁决。）

3. 这些规定不适用于慈善组织，包括免税学院和大学。

4. 最低标准的内部支出属于例外情况，即组织年支出总额不超过2000美元。这个例外情况不适用于会费支出和向专业游说者支付费用。

5. 仅仅对立法进行监督所产生的费用不被视为游说费用。

8.32 这里的游说概念与公共慈善组织中的游说概念相同吗？

拒绝营业费免税规定中的"游说"概念更为广泛。在这种情况下，该术语不仅包括游说所有立法机构，还包括美国总统，副总统，副总统内阁及其执行人员以及白宫主要职员。这个术语还包括在游说工作中进行和随后使用的研究（不论有关各方是否有意启动研究工作）。[22]

报告要求

8.33 联邦税法对高校参与立法活动的报告要求是什么？

私立学院和大学与许多其他公共慈善组织（4.1）一样，必须向国税局提交年度信息反馈文件（第十七章）。某些报告必须依照《联邦游说监管法案》（8.8）规定。一些州的法律也有类似的要求。

8.34 实质性部分测试的报告要求是什么？

要求受实质性部分测试约束的私立学院和大学所提交的年度信息反馈文件包含志愿者和/或有酬工作人员或管理层使用情况的信息。组织必须报告通过媒体广告推动游说工作的费用；向成员、立法者或公众发送邮件的费用；出版物或出版或广播声明的费用；给其他组织的游说拨款；与立法者、工作人员、政府官员或立法机构直接接触；集会、示威、研讨会、会议、演讲和讲座；以及任何其他试图影响立法的手段。如果在实质性部分测试中发生过度游说，则需在年度信息反馈文件中汇报，组织必须在汇报中注明是否正确提交并支付税款（17.38）。[23]

8.35 支出测试的报告要求是什么？

选择支出测试的私立学院和大学高校必须报告直接游说支出总额、基层游客支出总额、免税目的支出、直接游说免税额［受适用百分比保护的金额（8.16）］和基层游说免税额（不超过上述金额的25%）。这些情况必须单独报告给组织和附属组织。

在这种情况下，组织必须每4年报一次（8.16）直接游说免税额、直接游说上限金额（不超过上述4年总额的150%）、直接游说支出总额、基层游说免税额、基层游说上限金额（不超过上述4年总额的150%）和基层游说支出总额。

如果游说支出超额，组织必须在年度信息反馈文件中报告超支金额，并说明是否正确提交报税表并缴纳税款（17.38）。[24]

参考文献

1. United States v. Cruikshank, 92 U. S. 542, 552 (1976).
2. IRC § 4911 (d).
3. IRC § 4911 (e)(2).
4. Reg. § 1.501 (c)(3) − 1 (c)(3)(ii).
5. Rev. Rul. 73‒ 440, 1973‒ 2 C. B. 177.
6. Taxation With Representation v. United States, 585 F. 2d 1219 (4th Cir. 1978), cert. den. , 441 U. S. 905 (1979).
7. IRC § 501 (c)(3).
8. Reg. § 1.501 (c)(3) − 1 (c)(3)(ii).

9. Seasongood v. Comm'r, 227 F. 2d 907 (6th Cir. 1955).

10. IRC § 4912 (a).

11. IRC § 4912 (b).

12. Rev. Rul. 72- 513, 1972- 2 C. B. 246.

13. IRC § 4912 (d)(2).

14. IRC § 501 (h).

15. IRC § 4911 (c).

16. This is known as the IRC § 501 (h) election.

17. IRC § 4911 (d)(2).

18. IRC § 4911.

19. IRC § 162 (e).

20. IRC § 162 (e)(3).

21. IRC § 6033 (e)(2)(A)(ii).

22. Reg. § 1. 162- 29 (b).

23. Form 4720 is fi led to report and pay the § 4912 tax.

24. Form 4720 is fi led to report and pay the § 4911 tax.

9 ◀◀
政治竞选活动

私立学院和大学作为公共慈善组织，被禁止参与政治竞选活动。虽然国税局官方称这种禁止是绝对的，但法院至少有一个最低标准，可以容忍公共慈善组织参与少量政治竞选活动。国税局在这方面的管理也相当宽容。如果私立学院或大学参与政治竞选活动，国税局有权撤销组织的免税身份并征税，或者不撤销免税身份只征税。关于游说活动，联邦所得税法禁止参与政治竞选活动的规定并未禁止公立学院和大学参与游说活动，但州法可能对此有所限制。

近年来，政治竞选活动成为国税局的一大关注点。国税局在 2004 年发出政治活动合规倡议，并在 2007 年发布综合指南，解释该倡议在各种政治活动中的地位。[1]该政治活动合规倡议分别在 2004 年、2006 年、2008 年和 2010 年选举年中实施。有许多违反该倡议的例子，这也证实了国税局的观点，这些例子实质上违反了倡议。由于违反该倡议，有 250 个组织被审查，7 个组织撤销免税身份。

学院或大学作为教育机构会进行许多选民教育或公共政策教育项目以推进自己的教育目的。如果这些活动在实施过程中公正无偏见，则不属于政治竞选活动。但如果这些活动公开或暗示对某公职候选人的认可或批评，则很快就发展为政治竞选活动。

以下为关于学院和大学参与政治竞选活动、政治竞选及其他活动的税收规定以及政治行动委员会的使用方面询问最多的问题，以及这些问题的答案。

基本联邦税法规定

9.1 什么是政治竞选活动？

政治竞选活动指支持或反对公职候选人（9.3）参与或干涉政治竞选。广义上指政治活动（9.2）。

9.2 什么是政治活动？

政治活动分为两类，两类活动有从属关系。广义上指一般性政治活动，即所有以影响政府结构和其他事务为目的的政治活动。狭义上指政治竞选活动（9.1）。

例如，在司法参议院委员会呈上最高法院院长提名者的证词就是政治活动，但不属于政治竞选活动，因为这不是竞选公职（9.9）。相反，个人向竞选组织捐助，帮助他或她在美国参议院、众议院或立法机构中赢得选举属于政治竞选活动。

9.3 联邦税法中适用于免税私立学院和大学参加政治竞选活动的规定有哪些？

联邦税法中适用于免税私立学院和大学参加政治竞选活动的规定有很多，但是其中有一项非常重要，即不允许私立学院或大学参与或干涉任何支持或反对公职候选人的政治竞选活动。[2] 这一约束涉及政治竞选活动；如果违反该规定，组织被归为行动组织（9.4），还可能被撤销免税身份。这些规定一般不会应用于公立学院和大学。

9.4 什么是行动组织？

行动组织包括直接或间接参与或干涉任何支持或反对公职候选人的政治竞选活动的组织。[3] 行动组织没有资格成为免税慈善组织。因此，包括免税学院或大学在内的免税慈善组织可以免税的一个条件是：不能向政治派别或公职候选人提供捐助，不能支持或反对政治候选人，也不能支持政治候选资格。

9.5 "参与"和"干涉"是什么意思？

本质上来讲，"参与"和"干涉"的意义相同：个人或组织通过某种方式介入政治竞选。介入活动包括向政治竞选捐款或教唆捐款、使用组织资源支持或反对参加政治竞选的个人候选人、资源服务或反对公职候选人以及出版或传播支持或反对公职候选人的传单。

传统上讲，国税局对这些规定的定义很广泛，有时候组织活动没有出现所禁止的内容，也被认为是违反了禁止参加或干涉政治竞选活动的规定。例如，某慈善组织的免税身份被拒绝，其原因是该组织的目的是在官员选举到就职期间帮助当选的州长通过最高效经济的方式实现行政管理的有序转变。[4]在这个例子中，虽然参与并/或干涉了政府事务，但并没有候选人（9.8）或竞选（9.9）。但国税局认为，该组织的"主要目的是完成政府政策和人事的变动，这将使其与被选官员及其所代表的政治派别的党派政治利益一致"。

另一个例子与语言禁止更加一致——国税局规定，慈善组织不得在学校董事会选举中评估潜在候选人的资格或在竞选中支持某一方。[5]但现在，如果某组织的活动仅限于评估职能，则可能有资格成为免税慈善组织。

在这种情况下，国税局在倡导组织参与政治问题方面一直持明确观点。如果这些组织的目的只能通过政治转变实现，那么从政府的观点来看，他们不属于慈善组织。为了支持这一观点，法院规定，主要目的是尽快带来世界政府的组织没有资格成为免税慈善组织。[6]但很难将这种方式在现代法律中合理化，因为组织没有参与支持或反对公职候选人的竞选活动（9.8~9.10）。

9.6 学院或大学可以将教育大众在政治竞选中如何对待竞选人和相关问题作为一项使命吗？

可以。国税局提供了许多可接受的教育活动的例子。[7]但参与政治竞选活动与从事竞选和/或竞选人公共教育之间的界限很细微。在这方面，学院和大学作为教育组织比其他公共慈善组织更有利，因为它们的免税目的就是进行教育性项目。例如，在过去几十年里，学院和大学为了进行选举人教育就举行了许多政治辩论。另外，现代观点认为，学院或大学以及其他公共慈善组织在中立存在或实质性存在的前提下，可以传播政治竞选中候选人的观点、投票记录和其他类似信息，作为教育性过程的一部分。关键因素是事件的呈现和结构，但问题不能以偏向某党派的方式呈现。常见的方式包括编纂或传播投票记录，或回答立法机构关于各种话题的调查问卷。[8]另一种流行的方式是发布"报告卡"，即对挑选的问题进行投票，如果被调查者的投票与机构观点相同，则立法机构记为"+"，如果不同，记为"-"。

国税局在判定组织是否参与政治竞选活动时考虑的因素包括：是否对个人胜任公职的整体资格进行评价？是否有公开或暗示支持或反对现任候选人的言论？组织是否注意到选民除了投票还应考虑到其他问题，例如承诺服务及选举服务？是否向组织选民或公众分发材料？传播出版物是否与选举同时发生，尤其是在选举结束日？在某案例中，国税局认为：

如果组织没有对公职候选人表达支持或反对，可以发布投票记录和利益问题观点的简报，前提是在选举期间投票记录没有广泛分发给大众，或根据所有事实和环境情况，投票记录不会影响任何选举。[9]

从这一点向外延伸，什么是参与或干涉政治竞选活动，这源自许多年前的联邦上诉法院的观点。[10]因此，某宗教部门组织的免税身份被拒绝的部分原因是其表面上参与了政治竞选活动。该组织通过出版物和广播攻击他们认为太自由和保守的候选官员和现任官员（总统和国会议员）。法院对这一攻击总结道："这些试图选择或打败某些政治领导的行为反映了组织想要改变联邦政府构成的目的。"但是对于获选的公共官员，包括获得再选资格的官员进行公开批评，被认为是违反了禁止规定，即使该行为不是发生在政治竞选的背景下。但现在法院不太可能重复这方面的观点。

联邦和国家政治竞选资助的法律法规应用于私立学院和大学和其他慈善组织，因此可以作为对这些组织参与政治竞选能力的附加限制。例如，禁止法人对竞选进行直接捐助的规定适用于学院和大学，虽然美国最高法院最近规定，非营利性法人和其他法人在实行宪法赋予的自由言论权时可以自由地发行一般国债，一直支持或反对政治候选。[11]

9.7 法律关于组织的政治地位和与组织相关的个人政治地位有区分吗？

是的。个人不会因为只是参与政治竞选活动的学院或大学的员工或代表而失去自己的公民权。但国税局希望处于这一职位的个人都明确，在适当的情况下，所表达的政治观点是个人的，而不是组织的。国税局有这样一个例子，某大学校长于选举前1个月在校友简报中发表了"我的观点"专栏。该大学校长写道："我个人认为某候选人应重选。"该校长使用个人基金支付了简报"我的观点"专栏这部分费用。国税局在决定书中表示，虽然该大学校长支付了简报的部分费用，但这个简报还是大学的官方出版物。因为同意该专栏出现在大学的官方出版物中，所以属于大学对竞选的干涉。[12]

9.8 个人何时作为候选人？

根据禁止参与政治竞选活动这项规定的适用要求，学院或大学必须参与了个人候选人的公职竞选才算违反了此项规定。联邦税务法规将"公职候选人"定义为"个人自荐或由他人推荐作为国家、州或地方公职竞选者的个人"。[13]比较明确的例子是个人宣称作为该职位的候选人。但是如果个人是著名的政治人物，就不能自动成为候选人。虽然在这个案例中没有考虑媒体或个人计划或公开嘲讽公职竞选。被提名的候选人一般也有后见之明。

国税局在这方面拒绝采纳任何具体的规定，更喜欢使用一般性的实施情况测试处理问题；一般会在官方宣布之前声明个人候选资格。媒体考虑的个人可能参加职位竞选的情况是国税局坚持个人成为候选人的基础。

9.9 竞选什么时候开始？

联邦税法没有对"竞选"一词作出定义。根据禁止参与政治竞选活动这项规定的适用要求，学院或大学必须参与个人候选人的公职竞选才算违反了此项规定。联邦税法对于政治竞选是何时开始的问题没有提及；另外，国税局也习惯应用事实情况测试。大家都知道，国税局在确定竞选开始之后很久才会正式宣布候选资格。

法院认为，"公共选举中的公职竞选仅仅是对该职位的竞争，或该职位的候选资格，正如该词的通俗说法以及普通人所理解的含义"。[14]联邦选举法也没有对"竞选"作出定义；但一般来说，根据该法，对于特定个人，他/她一旦成为候选人，竞选就开始了，成为候选人指接受必要水平的捐赠或作出必要水平的支出（9.8）。

9.10 什么是公职部门？

根据禁止参与政治竞选活动这项规定的适用要求，学院或大学必须参与个人候选人的公职竞选才算违反了此项规定。这个术语在联邦税务法规的两部分中作了详细的定义，指政府执行部门、立法部门和司法部门中制定政策的职位；不仅指公共职业。[15]（这些法规与定义私立基金会不合格个人以及政治组织免税功能时所用的术语相关。）

有时候，国税局会公开拒绝这一定义。例如，党内职位，例如选举代表，很明显不是公职，但国税局想要撤销公共慈善组织的免税身份，因为它影响了选举代表这一职位的个人竞选，其理由是这也属于"公职"类型。

9.11 关于学院或大学的政治竞选活动，有实质性测试吗？

大多数情况下没有。国税局在这方面的立场是，禁止慈善组织（包括学院和大学）参与政治竞选活动的规定是绝对的。该项规定认为，禁止参与政治竞选活动的规定与禁止参与立法活动（第八章）的规定不同，它不包含实质性测试。

但司法部门愿意在任何情况下都有一个最低标准测试。某法院注意到，"虽然'组织在某种程度上超过了最低标准'，但法院也认同它的免税目的，组织不会失去免税身份"。[16]另一个法院写道："稍微偏离或没有严重偏离税法允许的活动不会产生严重后果。"[17]所以，如果某公共慈善组织不小心将1美元花费到政治竞选活动中，也不太可能被作为违反规定处理，虽然这种行为从表面上看属于违反法规条文。

9.12 如果学院或大学参与政治竞选活动会怎样？

实际情况经常与所适用法律的规定不同。学院或大学参与政治竞选是撤销其免税身份的一个原因。另外，组织政治开支10%的消费起征税和每位组织管理人员2.5%的税是评估的基础。如果政治开支没有改正，会对组织的政治开支征收100%附加税，并对管理人员的政治开支征收50%的附加税。[18]只有组织管理人员知道花费属于政治开支的情况下才对他们征税，组织人员并非自愿同意或出于正当理由同意该项支出的情况除外。[19]在某些情况下，国税局有权减少起征税。[20]

政治竞选活动应写入学院或大学的年度信息反馈文件。如果组织报告参与了政治竞选活动，也必须报告是否提交了正确的税收申报单并支付了消费税（17.37）。但国税局在评估税收时，很少将其公布于众。有时候甚至有这种情况，组织与国税局协商最终协议，承认违反规定，但承诺不会再犯，并将协商结果公布于众。在这种情况下，国税局收回撤销免税身份的决定。但需要注意的是，国税局将撤销七类组织的免税身份作为政治活动合规倡议的一部分。

9.13 什么是政治开支?

一般来说,政治开支指慈善组织为了支持或反对公职候选人参与或干涉(包括出版或散布言论)政治竞选而支付或产生的花费。

为了从表面上阻止教育性组织与政治竞选合作,"政治开支"也适用于"成立的主要目的是促进个人竞选(或可能竞选)公职候选资格的组织(或被候选人或可能的候选人有效控制,主要用于此种目的的组织)"。[21]

9.14 国税局在这方面还有附加的实施手段吗?

国税局在这方面有另外两种手段。

1. 如果发现组织违反了禁止公共慈善组织参与政治竞选活动的规定,则会触发税收评估加速规定。根据该程序,国税局不用等到组织税收年结束后才对其开始审计;可以提前终止组织的税收年并立即开始审计程序。[22]

2. 在某些情况下,公共慈善组织有特权要求法院禁令,停止政治竞选活动。[23]

9.15 这些规定适用于公立学院和大学吗?

视情况而定。一般来说,公立学院和大学(主要由州运营)从政府政治部门和机构的相关法律中获得联邦免税身份。[24]也就是说,它们的免税身份不是由成文法赋予的,而几乎所有其他类别的免税组织的免税身份都由成文法赋予。因此,这些组织一般不受联邦税法禁止参与政治竞选活动规定的管制,但可能受制于州法的限制规定。但有些公立学院和大学从国税局获得决定书,说明传统的联邦税法(2.65)赋予它们免税身份。这些组织希望获得免税慈善或教育性组织的认定。[25]获得这些决定书可以向未来的捐赠者保证捐款可以免税。国税局认为,如果政府的学院和大学自愿申请并获得传统的免税决定书,那么这些机构就要遵守免税规定,包括联邦税法禁止参与政治竞选活动的规定。因此,这类公立学院和大学需遵守对政治竞选活动的限制。

9.16 什么是政治组织?

学院和大学有时候希望附属于政治组织。政治组织属于免税组织。[26]它指主要为了直接或间接接受捐赠或为了免税目的进行支出而成立和运营的党派、委员会、协会、基金会或其他组织。政治组织的主要免税目的是影响或试图影响联邦、州、地方公职或政治组织内职位个人候选人的选择、提名、选举或指派具有这种性质的组织也可用于影响总统选举或副总统选举中的选民。政治组织包括政治党派、政治行动委员会、个人候选人竞选基金以及现任简报基金。政治组织可以参与其他活动，但是不能偏离这一主要目的。例如，所有目的都是参与立法活动的组织没有资格成为政治组织。

除了免税目的的收入外，政治组织其他所有收入都要纳税，包括捐赠、会员费、筹款活动资金以及通过销售政治竞选材料获得的收益。包括投资收入在内的所有其他收入也要纳税。

《联邦选举法》在这方面并非一直与《联邦税法》平行，它有时将政治行动委员会等组织作为独立保本基金。政治团体一般不是法人，因为《联邦选举法》对法人的政治捐赠和参与其他政治竞选活动有限制。

9.17 学院或大学可以在自身免税身份不受影响的情况下利用政治行动委员会吗？

一般来说，政治行动委员会的职能是帮助个人或多人成功竞选某政治职位——学院或大学禁止参与这种政治竞选活动（9.1）。如果学院或大学附属于某政治行动委员会，则该委员会参与的政治活动也被认为是学院或大学参与的活动，可能会使学员或大学失去免税身份并/或缴纳政治开支（9.12）的消费税。

9.18 政治行动委员会可以附属于除公共慈善组织以外的免税组织吗？

这种情况很常见，但也不是全部。具有政治行动委员会的免税组织一般为社会福利组织、商业联盟（例如贸易或商业协会）和劳动组织（例如工会）（1.39）。这些组织的会员制度是政治实体未来捐赠者的基础。

9.19 对政治组织征税局限于哪些组织吗？

没有局限。除慈善组织以外的免税组织需要对政治竞选活动支出缴税。[27]组织需要在年度信息反馈文件中对政治竞选活动进行报告，并说明是否提交正确的纳税申报单及所缴纳税款。[28]

9.20 对于社会福利组织参与政治竞选活动有什么规定？

免税社会福利组织不受禁止学院和大学及其他慈善组织参与政治竞选活

动规定（9.1，9.3）的限制。社会福利组织可以参与政治竞选活动，只要这些活动不是该组织的主要活动。学院或大学的附属组织或相关姐妹组织可能属于社会福利组织（16.27）。例如涉及公共政策倡议的社会福利组织。与相关组织的互动必须谨慎安排，以保证组织的活动可以单独运营（16.11）。国税局正在对这些安排进行认真的审查，并宣布 2011 财政年的工作计划包括重点关注社会福利组织的政治活动。

如果社会福利组织参与政治竞选活动，就必须缴纳政治组织税（9.19）。另外，如果组织有会员制度且会员参与具有商业目的的活动，会员费免税可能会受到组织参加政治竞选活动（9.21）的影响。该规定同样适用于分配给游说开支的会员费（8.29）。社会福利组织还受联邦政治竞选法和州政治竞选法的限制。

9.21 对于贸易和商业联合会的政治竞选活动有什么规定？

从免税身份的角度讲，《联邦税法》对免税贸易协会参与政治竞选活动的问题基本保持沉默。除了规定组织不能广泛参加一般性政治活动而妨碍自己的免税目的外，没有明确的限制。另外，免税组织参与政治活动（9.19）时，需遵守政治组织税法，并受到联邦政治竞选法和州政治竞选法的限制。因此，免税组织的所有政治竞选活动几乎都通过政治行动委员会进行。用于游说和政治竞选活动支出的会员费免税也会受到限制。

9.22 学院和大学的游说活动属于政治竞选活动吗？

是的。一般来说，联邦税法对于游说（第八章）和政治竞选活动的联邦税法规定是不同的。但在某些情况下，免税组织的游说活动也被作为政治竞选活动（8.11）。另外，这种活动被称为公共政策倡导交流，具有双重性质。

9.23 除公共慈善组织以外的免税组织可以在何种程度上利用政治行动委员会？

几乎所有除公共慈善组织以外的免税组织都可以利用政治行动委员会。事实上，这样做一般是为了避免政治组织税（9.19）。

如果免税组织成立了政治组织并通过该政治组织而不是赞助组织进行政治活动，那么政治活动的免税目的（9.16）被视为该政治组织的活动，而非母体组织的活动。因为这是政治组织的免税目的，所以不对其征税。由于政治活动不属于母体免税组织，因此也不对母体免税组织征收政治活动税。

9.24 "硬通货"和"软通货"指什么？

在这一背景下，硬通货和软通货的区别对于政治组织免税非常重要；也就是说，免税的主要方法是将所有政治活动限制在所附属的政治组织上（9.16）。所有的硬通货开支只能通过政治组织运营；所附属的（母体）免税组织（慈善组织除外）可以由软通货开支。

硬通货指用于政治竞选捐赠和其他类似目的的通货。软通货指用于成立和管理政治组织的通货。例如，商业协会可能具有政治行动委员会。该商业协会用来成立并运营政治行动委员会的基金就是软通货基金；政治行动委员会用于支持政治候选人的基金就是硬通货基金。就这个例子继续讨论下去，该协会想要避免硬通货支出，这样就不用缴纳政治组织税（9.19），也不会违反联邦竞选筹资法律。这种二分法反过来要求母体免税组织（在本例中指协会）保留充分的记录以区别两种支出。在某案例中，国税局对某免税组织征收政治组织税，因为该组织的记录不够充分，不能区别软通货支出和硬通货支出。

国税局实施情况

9.25 国税局实施这项法律吗？

从历史上来讲，虽然违反这些规定的案例越来越多，但国税局很少使用这些规定。（这些规定于 1954 年写入美国国内税收法中）有少数判决和一些星星点点的诉讼，但仅此而已。在 2004 年，国税局在这方面的实施方法发生了非常大的改变。

9.26 国税局为什么改变实施方法？

事情恶化到国税局再也不能忽视越来越多的组织公然违反这条规定。真正推动政府作出决定的是教会和其他宗教组织广泛参与国家政治竞选活动。因此，国税局在 2004 年颁布了政治活动合规倡议（9.27）。

9.27 什么是政治活动合规倡议?

政治行动合规倡议包括教育公共慈善组织了解这部法律并对慈善组织声称的政治竞选活动进行审查。有些案例是由于投诉而被国税局获悉。国税局在每个选举周期后会发布这方面的工作报告。迄今为止,国税局已经发布了2004 年、2006 年和 2008 年的报告,还没有发布 2010 年的报告。2008 年中,免税组织部部长签发了一个备忘录,称国税局计划在这方面维持"有意义的实施"。可以认为是政治行动合规倡议在可预见的未来会继续存在。

《联邦选举法》

9.28《联邦选举法》与《联邦税法》有什么关系?

相关性不大。两部法律涉及许多同样的主题;《联邦选举法》对一些相关术语作出了定义,但是《联邦税法》没有。但是国税局并不采纳联邦选举委员会的解释。例如,国税局并不采纳联邦选举委员会对"候选人"(9.8)一词的定义。

9.29《跨党竞选改革法案》是如何影响这种关系的?

2002 年《跨党竞选改革法案》对《联邦竞选法案》作出重大修订之后,这个问题确实变得更加复杂了。《联邦竞选法案》对政治竞选捐款、支出和其他活动作出了一系列复杂的限制和禁止规定。美国最高法院在 2003 年总结到几乎所有的修订都是符合宪法的,之后联邦选举委员会开始考虑可能会废除这些规定。[29]

根据有些规定的反应,一些组织在政治竞选中筹集和使用软通货,其运营超出了《联邦竞选法案》的范围(对《联邦竞选法案》进行修订的主要目的是缩小不正规政治竞选筹资的范围,也就是说至少将《联邦竞选法案》中限制和禁止规定的适用性扩大到这些组织)。联邦选举委员会制定了一些规定,规定有几类免税组织受其管辖(要求向它汇报),但这些规定大多都被联邦上诉法院视为无效。[30]

9.30《跨党竞选改革法案》在法院中的表现如何？

从《跨党竞选改革法案》的制定者和联邦选举委员会的角度来看，表现并不好。虽然最高法院起初总结称《跨党竞选改革法案》中几乎所有的规定表面上都是符合宪法的（9.29），但最高法院和其他法院也发现该法案有许多内容在适用层面上与宪法不符。

迄今为止，最重要的决定是 2010 年最高法院作出的规定法人，包括非营利性法人，可以从一般性国债中支出公共交流的费用，以支持或反对政治候选人，从而增强自己的言论自由权。最高法院总结称，联邦竞选委员会的管理制度"对言论的政府干涉已经发展到史无前例的地步"。

最高法院写道："如果第一修正案有任何效力，那么它禁止国会仅仅因为公民或公民组织发表政治言论而对其进行罚款或拘留"。过去的观点认为，最高法院限制政治言论是为了政府利益：是一种"防扭曲利益"，防止（用这种观点的用词）"以法人形式积累的财富大量聚集而产生腐败的、扭曲的影响"。但在公民联盟中，这种防扭曲的理由被推翻了；最高法院称，如果接受这个理由，那么就会"允许政府仅仅因为发言者是一个法人形式的协会就禁止其发表政治言论"。法院写道："这种对政府权力的声明充满困扰，与第一修正案必须保证的公共话语信心与稳定不一致。"法院总结称，"包括法人支出在内的独立支出不会产生腐败或腐败现象"（只是选举法限制规定符合宪法且有效的唯一法律基础）。这一观点现在允许表达拥护，在类似州法限制中同样适用。[31]

这种发展从表面上看好像是废除法人独立支出的限制会使免税学院和大学使用一般性国债支持或反对政治候选人，但事实并非如此。联邦税法会继续禁止这种性质的支出（9.1）。美国最高法院认为这种类型的禁止具有合宪性。[32]因此，学院、大学和其他公共慈善组织不会因为这个决定在政治竞选领域获得比之前更多的自由。

9.31 法律是否仍然禁止企业对候选人进行直接捐款？

是的。法律仍然禁止企业向候选人（和政党）捐款。尽管如此，那些对捐赠（也许是支出费用）的限制性规定仍被期望在法庭中受到挑战。

报告要求

9.32 联邦税法对学院和大学的政治竞选活动报告有何要求？

私立学院和大学与许多其他公共慈善组织（4.1）一样，必须向国税局提交年度信息反馈文件（第十七章）。组织要在反馈文件中汇报政治活动，还必须说明是否提交正确的纳税申报单以及是否缴纳政治竞选活动支出（9.19）的税款。很少有私立学院或大学会汇报那些可能导致其失去免税身份（9.12）的政治竞选活动。

参考文献

1. Rev. Rul. 2007- 41, 2007- 25 I. R. B.

2. IRC § 501（c）(3).

3. Reg. § 1.501（c）(3) − 1（c）(3)(iii).

4. Rev. Rul. 74- 117, 1974- 1 C. B. 128.

5. Rev. Rul. 67- 71, 1967- 1 C. B. 125.

6. Estate of Blaine v. Commissioner, 22 T. C. 1195（1954）.

7. Rev. Rul 66- 256, 1966- 2, C. B. 210; Rev. Rul. 2007- 41, 2007- 25, I. R. B. 1421.

8. Rev. Rul. 80- 282, 1980- 2, C. B. 178.

9. Gen. Couns. Mem. 38444.

10. Christian Echoes National Ministry, Inc. v. United States, 470 F. 2d 849（10th Cir. 1972）, cert. den. , 414 U. S. 864（1973）.

11. Citizens United v. Federal Election Commission, 130 S. Ct. 876（2010）.

12. Rev. Rul. 2007- 41, 2007- 25 I. R. B. 1421, Situation 4.

13. Reg. § 1.501（c）(3) − 1（c）(3)(iii).

14. Norris v. United States, 86 F. 2d. 379（8th Cir. 1936）rev'd on other grounds, 300 U. S. 564（1937）.

15. IRC § § 4946（c）(1)(5), IRC § 527（e）(2).

16. Living Faith, Inc. v. Commissioner, 950 F. 2d 365（7th Cir. 1991）.

17. St. Louis Union Trust Co. , v. United States, 374 F. 2d. 427（8th Cir. 1967）.

18. IRC § 4955.

19. IRC § 4955（a）(2).

20. IRC § 4962.

21. Reg. § 53.4955-1（c）（2）（i），（ii）.

22. IRC § 6852.

23. IRC § 7409.

24. IRC § 115.

25. IRC § 501（c）（3）.

26. IRC § 527.

27. IRC § 527（f）. 这些组织需提交表1120POL，缴纳税款。

28. 表1120POL用于提交报告和缴纳税款。

29. McConnell v. Federal Election Commission, 540 U. S. 93（2003）.

30. EMILY's List v. Federal Election Commission, 581 F. 3d 1（D. C. Cir. 2009）.

31. Citizens United v. Federal Election Commission, 130 S. Ct. 876（2010）.

32. Regan v. Taxation With Representation of Washington, 461 U. S. 540（1983）.

10

捐赠基金

围绕维持捐赠基金或有利于学院、大学及其相关基金会和其他免税组织的联邦税法议题引起了人们广泛的兴趣。这种关注主要集中于这些基金的绝对规模与其支出、高等教育成本上涨和资助学生的有效性之间的相互关系。其他议题则包括投资政策与实践、管理基金者的薪酬水平，以及联邦税法是否应当强制规定学院和大学及其他捐赠基金的支出。

近期有四项研究围绕学院和大学捐赠基金相关问题召开，其中最突出的是国税局对捐赠基金的持续性分析，该数据通过向 400 家公立与私立学院和大学发放合规性调查问卷而获得；国税局于 2010 年初发布了一份中期报告（《合规性项目调查中期报告》）（第二章）。2007 年，国会研究服务部发布了一份关于税收议题与学院、大学捐赠基金的分析报告（CRS 大学捐赠基金分析）。在 2010 年和 2011 年年初，国家学院和大学商务办公室联合会（NACU-BO）和大众基金会研究院（Commonfund）公布了高等教育捐赠基金调查结果（2010 年捐赠基金报告和 2011 年捐赠基金报告）。与此同时，美国政府问责办公室（GAO）发布了一份关于学院和大学捐赠基金的报告。若要准确地描述当前学院和大学的捐赠状况，其中一个困难是保证数据的时效性。国税局的《合规性项目调查中期报告》的基础是高等教育机构 2006 年财年末期上报的捐赠基金信息。因此，这些数据并不能反映接踵而至的经济低迷状况。所以这份报告中关于捐赠基金的信息价值可能微乎其微（也许用于可追求的短期目标，这一情况可另作考虑）。

美国政府问责办公室的捐赠基金报告体现了其使命，即在高等教育机会法案的指导下，分析并报告与学院和大学捐赠基金有关的进展，以帮助政策制定者和其他人在考虑高等教育捐赠基金议题时对相关内容有所了解。该报告建立在 GAO 所收集的经教育部认可、免税的公立和私立 4 年制高等教育机构的信息基础之上，结合了对其他文件的综述和对选定的 10 所学院和大学官员的访谈。

以下是关于捐赠基金及其法律最常见的问题与解答。

捐赠基金概况

10.1 捐赠基金的法律定义是什么？

"捐赠基金"一词的一般定义是指投资资金或资金池的一种形式。金钱和财产（组织的捐赠基金通常源于捐赠和补贴或者从组织的资源中转移而来）用于投入和投资这一基金，部分或全部收入被组织用来满足运作成本的需要，包括资本支出和/或基金项目或组织的特殊项目。通常情况下，捐赠基金的条款要求本金保持不变，而只有收入或其部分被支出。

这些基金可能是免税组织的一部分，或者更可能属于一个单独的组织，例如一个支持型组织（4.18），它可以由该基金的受益组织支配或者独立于该组织。学院和大学经常控制着自己的捐赠基金，有些机构则间接地控制着基金使用情况，这是因为它们直接受控于关联基金会（2.68）。一个独立的捐赠基金属于免税组织，向其捐赠可作为慈善捐赠而扣除。为了学院、大学或关联基金会利益而设立的捐赠基金则属于公共慈善组织（4.1）。

GAO 将捐赠基金定义为"根据捐赠协议条款，机构不得将基金在现有基础上完全支出"。因此，捐赠基金通常是由捐赠者建立，其目的是"为机构创造稳定的收入来源，该机构将捐赠基金的本金或原始金额进行投资，并将收益用于支持其业务"。

10.2 国税局遵循该定义吗？

在大多数情况下是的。国税局将上述（10.1）定义作为合法的捐赠基金。稽查局（和 GAO）将一个合法的捐赠基金定义为一个捐赠基金池，包括捐赠（和补贴），其中只有投资本金后的回报可以被支出。通常情况下，本金投资被永久性地保留在机构的捐赠基金池中进行投资。国税局在其合规性调查问卷中使用了这一定义，该定义由财务会计准则委员会（FASB）建立。

10.3 国税局对捐赠基金使用其他定义吗？

是的。国税局（GAO 也是如此）区别了合法的捐赠基金（11.2）、附期限的捐赠基金和准捐赠基金。这些定义都已在合规性调查问卷中使用。

附期限的捐赠基金被国税局定义为一个投资的捐赠基金池，其本金可以在规定期限届满后被支出。GAO 使用了一个更宽泛的概念，即"在某一段时间或某一特定事件发生后，该基金的本金可被支出"。

真正的捐赠基金和附期限的捐赠基金都是捐赠人受限型基金。机构可以建立由董事会指定的捐赠基金，更严格地依据法律而言是准捐赠基金。一个准捐赠基金是投资的捐赠基金池，其本金可以由机构的受托人自行决定用于支出。这些定义也是由财务会计准则委员会制定的。当捐赠人建立捐赠基金时，他们可以限制特定用途的收入（例如奖学金或者教师补偿），或者允许机构为实现任何目的支出捐赠收入。准捐赠基金也是如此。

10.4 学院和大学拥有增值的真正捐赠基金的比例是多少？

根据美国国税局完成的《合规性项目调查中期报告》，94%的小型学院和大学（2.34）、98%的中型机构（2.35）以及 100%大型机构（2.26）拥有增值的捐赠基金（10.2）。

10.5 机构拥有可增值的附期限捐赠基金的比例是多少？

根据国税局的合规性项目调查中期报告，29%的小型学院和大学（2.34）以及中型机构（2.35）拥有可增值的附期限的捐赠基金（10.3）。大型机构（2.36）的比例为 49%。

10.6 机构拥有增值的准捐赠基金的比例是多少？

根据国税局合规性项目调查中期报告，78%的小型学院和大学（2.34）拥有可增值的准捐赠基金（10.3）。中型机构（2.35）的比例为 76%，大型机构（2.36）的比例为 89%。

10.7 捐赠基金如何体现在年度信息反馈表（990 表/ 享受所得税减免的组织税务表）中？

年度信息反馈（990 表/享受所得税减免的组织税务表）由学院和大学（以及其他类型的免税组织）（第十七章）提交，包括捐赠基金的部分（目录 D 中第五部分）。为满足要求，组织需要报告捐赠基金的年度伊始的收支平衡状况、期间所得到的捐赠、投资收益或损失、期间从基金支出的资助以及其他设施和项目支出、行政管理费用，以及年度结束时的收支平衡状况。

申报纳税的组织需要提供由董事会指定获准捐赠基金、永久性捐赠基金和/或附期限的捐赠基金的年度末收支平衡的预估比例。组织必须指明是否有不属于本组织的捐赠基金，这些基金是由相关或不相关组织所持有并管理的。此外，该组织必须描述其捐赠基金的"预期用途"。

10.8 学院或大学捐赠基金应是机构的一部分或被独立实体所持有吗？

这个问题本身并不容易回答。任何一种方式都是经法律允许的。最简单的模式是将捐赠基金作为机构的一部分；在这种情况下，捐赠基金因学院或大学的免税身份而获得减免。然而，可能存在管理或法律方面的原因（比如责任问题），机构决定由一个独立实体来维护捐赠基金。这个独立的实体可能是具有其他功能的关联基金会（2.68），或者是仅仅负责维护捐赠基金的组织（例如某个支持组织）。当然，学院或大学可以拥有一个以上的捐赠基金，这两种方法都可用于某一特定机构。一般来说，如果由独立的实体来管理捐赠基金，那么学院或大学必须控制该独立实体，以确保该基金被用于满足机构的目的。尽管如此，仍然存在某些情况，为学院或大学的利益而维持的捐赠基金并不能直接或间接地由机构控制。

人口统计资料

10.9 有多少学院和大学拥有捐赠基金？

根据国税局在《合规性项目调查中期报告》中的表述，83%的小型学院和大学（2.34），88%的中型机构（2.35）和 95%的大型机构（2.36）拥有捐赠基金。

10.10 学院和大学捐赠基金的公平市场价值是多少？

根据国税局发布的《合规性项目调查中期报告》，小型学院和大学（2.34）的捐赠基金资产的公平市场价值平均为 7400 万美元。中型机构（2.35）的数额为 2.93 亿美元，大型机构（2.36）的数额为 7.28 亿美元。

《GAO 捐赠基金报告》发现，美国学院和大学"拥有数千亿美元的捐赠基金"。据其分析，美国免税的学院和大学拥有超过 4000 亿美元的捐赠基金资产。捐赠基金的规模从几千美元到数百亿美元不等，中位数的捐赠基金规模略高于 2100 万美元。大多数机构持有不到 1 亿美元的捐赠基金，而在接受调查的近 2000 家机构中，有 70 家拥有至少 10 亿美元的捐赠基金。

《CRS 大学捐赠基金分析》评估了 765 所学院和大学的捐赠基金资产，发现其资产总计 3400 亿美元，收益为 520 亿美元，收益率 15.3%。研究人员发现捐赠基金资产集中于少数机构。捐赠基金规模最大的 5 家机构所持捐款数额占捐赠基金总数 25%，而它们在高等教育机构总数中所占的比例不到 1%。排名前 20 的大学几乎占了捐赠基金总额的一半，但它们还不到机构总数的 3%。同期，最大的大学捐赠基金（哈佛大学 2890 亿美元）占了 765 所大学捐赠基金总额的 8.5%。据这一分析，拥有最大捐赠基金的高等教育机构具有较高的回报和在对冲基金和私人股本基金不断增长的投资中所占比重较大的特点，但其支付率往往与捐赠基金规模较小的机构相同；平均支出率常常低于 5%。在拥有较多捐赠基金的前 20 个机构中，本科生的人均捐赠基金份额从 3.3 万美元到 280 万美元不等。私立学院和大学往往比公立高校拥有更多捐赠基金。《GAO 捐赠基金报告》指出，私立机构约占高等教育机构总数的 2/3，但它们在捐赠基金总资产中的占比超过 3/4。在私立学院和大学中，全日制学生的人均捐赠基金份额的中位数为 19 072 美元，而在公立高校则为 3105 美元。

10.11 学院和大学真正捐赠基金的平均公平市场价值是多少？

根据国税局发布的《合规性项目调查中期报告》，小型学院和大学（2.34）的平均公平市场价值是 4900 万美元，中型机构（2.35）是 105 亿美元，大型机构（2.36）是 309 亿美元。

10.12 学院和大学附期限捐赠基金的平均公平市场价值是多少？

根据国税局《合规性项目调查中期报告》，小型学院（2.34）的附期限捐赠基金（10.2）的平均公平市场价值为 1600 万美元，中型机构（2.35）为 1.82 亿美元，大型机构（2.36）则为 5.09 亿美元。

10.13 学院和大学准捐赠基金的平均公平市场价值是多少？

根据国税局《合规性项目调查中期报告》，准捐赠基金（10.3）在小型学院和大学（2.34）的平均公平市场价值为 2700 万美元，中型机构（2.35）为 1.12 亿美元，大型机构（2.36）为 1.66 亿美元。

10.14 学院和大学每位全职学生的捐赠基金资产是多少？

根据国税局《合规性项目调查中期报告》，小型学院和大学（2.34）的全日制学生的平均捐赠基金资产为 5.6 万美元，中型机构（2.35）为 3.4 万美元，大型机构（2.36）为 6.6 万美元。中位数分别为 1.4 万美元、5000 美元和 7000 美元。

10.15 学院和大学捐赠基金在增值吗？

根据《GAO 捐赠基金报告》，美国学院和大学的捐赠基金在 1989 年到 2008 年间呈现"大幅增长"。这些机构所持有的总捐赠基金资产经通货膨胀调整后，从 1989 年的 1000 多亿美元增长到 2007 年的约 4320 亿美元，而在 2008 年减少到约 4180 亿美元。

《NACUBO／Commonfund 2010 年捐赠基金报告》基于对 842 所学院、大学及其附属基金会 306 亿美元捐赠基金资产的调查，得出以下结论：截至 2009 年 6 月 30 日财政年度，高等教育捐赠基金平均下降了 18.7%。超过 10 亿美元捐赠基金的机构降幅更大（20.5%）。捐赠基金的平均支出比率为 4.4%。在该财政年度中，43% 的机构增加了支出比例。另类投资（表现不佳）、债务上升和慈善捐款减少是最为突出的原因。然而，截至 2010 年 6 月 30 日财政年度，这些问题得到了明显改善。根据《NACUBO／Commonfund 2010 年捐赠基金报告》，这些基金在该期间的平均回报率为 11.9%（净额），与《2009 财政年度报告》中 18.7% 的平均回报率相比是取得了显著改进。对于所有主要资产类别，除了房地产，捐赠基金的回报都是正值。该研究反映的最高回报来自美国国内股市，涨幅为 15.6%。所有机构的平均有效支出率为 4.5%，慈善捐赠水平有所提高。这项研究体现的数据来自 850 所学院、大学及其附属基金会。

捐赠基金管理

10.16 由另一个代表其利益的组织管理或维护捐赠基金的学院和大学所占比例是多少？

根据国税局发布的《合规性项目调查中期报告》，52% 的小型学院和大学（2.34）拥有由另一个代表其利益的组织管理或维护捐赠基金，中型机构（2.35）相应数据为 73%，大型机构（2.36）是 90%。

10.17 有多少学院和大学拥有捐赠基金且由另一个代表其利益的组织管理或维护捐赠基金？

根据国税局发布的《合规性项目调查中期报告》，47% 的小型学院和大学（2.34）拥有自己的捐赠基金，并拥有由另一个代表其利益的组织管理或维护的捐赠基金 65% 的中型机构（2.35），88% 的大型机构（2.36）。

10.18 学院和大学在多大程度上利用基金经理人来管理其捐赠基金？

最常见的方法是使用第三方外部经理人。国税局在《合规性项目调查中期报告》指出，79% 的小型学院和大学（2.34），89% 中型机构（2.35）以及 83% 的大型机构（2.36）采用了这种方法。一种不太常见的方法是内部管理。27% 的小型学院和大学在内部管理其捐赠基金，中型机构是 29%，大型机构是 33%。根据该分析，最少见的方法是使用关联实体，11% 的小型学院和大学报告采用了这一方法管理其捐赠基金。相比之下，中型机构的比例是 19%，大型机构的比例是 33%。但因为一些机构声称采用了不止一种捐赠基金管理方式，因此这些数字的准确性有待考证。

10.19 公立学院和大学捐赠基金由州政府机构管理的比例是多少？

根据国税局发布的《合规性项目调查中期报告》，20% 的小型公立学院和大学（2.34）捐赠基金由州政府机构管理，例如州财政局、中型机构（2.35）基本上没有，大型机构（2.36）的比例为10%。

10.20 学院和大学使用普通职员管理捐赠基金吗？

国税局的数据显示，对每一种类型的学院和大学来说，主要职责是对捐赠基金进行投资管理的职员的中位数是零。这表明大多数机构没有任何工作人员的主要工作是管理捐赠基金。就这一点而言，小型学院和大学（2.34）的平均有0所，中型机构（2.35）有1所，大型机构（2.36）有3所。

10.21 制定了捐赠基金的投资政策的各类型学院和大学的比例是多少？

根据国税局发布的《合规性项目调查中期报告》，94%的小型学院和大学（2.34）以及中型机构（2.35）为捐赠基金制定了投资政策，大型机构（2.36）的比例是96%。

10.22 学院和大学利用投资委员会监管捐赠基金资产吗？

国税局《合规性项目调查中期报告》指出，大多数学院和大学利用投资委员会来监管他们的捐赠资金资产。小型学院和大学（2.34）的比例是85%，中型机构（2.35）的比例是93%，大型机构（2.36）为94%。

10.23 有多少成员服务于投资委员会？

根据国税局发布的信息，高等教育机构的规模越大，投资委员会的规模也就越大。因此，小型学院和大学（2.34）的捐赠基金投资委员会的平均规模是7人，而中型机构（2.35）的平均人数是8人，大型机构（2.36）的平均人数则是12人。

10.24 有多少学院和大学雇用了外部顾问以指导投资？

根据国税局《合规性项目调查中期报告》，60%的小型学院和大学（2.34）雇用了外部顾问以指导投资，中型机构（2.35）的比例是74%，大型机构（2.36）的比例是84%。

10.25 投资委员会在多大程度上批准选择外部利益相关方参与管理捐赠基金投资？

在高等教育领域，机构投资委员会批准选择外部利益相关方参与管理捐赠基金投资的情况相当常见。根据国税局《合规性项目调查中期报告》，小型学院和大学（2.34）参与这一批准过程的占 94%，中型机构（2.35）和大型机构（2.36）均占 95%。

10.26 投资委员会接受外部顾问所提出的投资指导建议的可能性有多大？

根据国税局《合规性项目调查中期报告》，86% 的小型学院和大学（2.34）的投资委员会接受由外部顾问提出的投资指导建议，中型机构（2.35）的比例为 80%，大型机构为 91%。

10.27 投资委员会在多大程度上雇佣外部顾问以获得投资建议、批准选择外部相关利益方以及批准投资指导建议？

根据国税局发布的《合规性项目调查中期报告》，52% 的小型学院和大学（2.34）的投资委员会雇佣外部顾问、批准选择外部利益相关方以及批准投资指导建议。中型机构（2.35）的比例是 66%，大型机构（2.36）的比例是 71%。

10.28 学院和大学如何补偿内部的投资基金经理？

学院和大学补偿内部投资基金经理最常用的类型是薪水。根据国税局《合规性项目调查中期报告》，78% 的小型学院和大学（2.34）通过工资或薪水的方式补偿内部投资基金经理，中型机构（2.35）的比例是 96%，大型机构（2.36）的比例是 100%。其他类型的补偿，总体上占机构所有类型的 10%~15%，包括基于资产的费用、共同基金的费用和基于绩效的费用。

10.29 学院和大学如何补偿外部投资基金经理？

学院和大学支付给外部投资基金经理最常见的类型是基于资产的费用。小型学院和大学（2.34）中有 85% 以这种形式支付费用，中型机构（2.35）的比例是 89%，大型机构（2.36）的比例为 91%。共同基金费用的形式：小型学院和大学是 32%，中型机构是 31%，大型机构是 61%。小型学院和大学基于绩效支付的费用比例是 13%，中型机构是 26%，大型机构是 50%。还有 8% 的小型学院和大学，7% 的中型机构和 4% 的大型机构以"其他"种类支付。

10.30 内部投资经理的薪酬安排在多大程度上由董事会委员会或董事会全体成员审查和批准？

根据国税局的《合规项目调查中期报告》，38% 的小型学院和大学（2.34）报告其内部投资经理的薪酬安排由董事会委员会或董事会全体成员审查和批准，中型机构（2.35）的比例为 49%，大型机构（2.36）为 65%。

10.31 外部投资经理的薪酬安排在多大程度上由董事会委员会或董事会全体成员审查和批准？

根据国税局《合规性项目调查中期报告》中的数据，80% 的小型学院和大学（2.34）的外部投资经理的薪酬安排由董事会委员会或董事会全体成员审查和批准。中型机构（2.35）的比例为 93%，大型机构（2.36）的比例为 92%。

捐赠基金投资

10.32 学院和大学捐赠基金资产投资于另类投资的比例是多少？

国税局就此话题收集了信息并以此信息构成了《合规性项目调查中期报告》的部分内容，这些信息是基于 2006 年末的资产规模基础之上的。这一数据被分为五个类别。

平均 13% 的小型学院和大学（2.34），15% 的中型机构（2.35）和 14% 的大型机构（2.36）将捐赠基金投资于对冲基金。平均 5% 的小型学院和大学将捐赠基金投资于私人股本基金，中型机构为 8%，大型机构为 4%。至于风险投资基金，只有 3% 的中小型院校和 2% 的大型机构采用这种投资方式。自然资源投资吸引了 6% 的小型机构、5% 的中型机构和 4% 的大型机构。还有 4% 的小型机构投资其他另类投资，中型机构的比例是 14% 和大型机构的比例是 7%。如国税局所言，学院和大学总体上投资于某种特定形式的投资工具，占捐赠基金资产总和的平均和中位数比例与机构的规模类型"相当一致"。例外是，在那些投资于"其他投资"的学院和大学中，中型机构投资的平均比例是大型机构的 2 倍，比小型机构高出 3 倍以上。

10.33 学院和大学捐赠基金资产投资于固定收益基金的比例是多少？

根据国税局的《合规性项目调查中期报告》，平均 26% 的小型学院和大学（2.34）将其捐赠基金投资于固定收益基金。中型机构（2.35）的比例为 24%，大型机构（2.36）为 21%。因此，不仅投资于美国固定收益基金的比例在所有规模水平的学院和大学中最高，而且投资于此类基金占总捐赠基金资产的平均比例也是最高的。

平均 5% 的小型学院和大学将其捐赠基金投资于非美国固定收益基金。中型和大型机构的比例均为 3%。国税局报告了一种投资于"其他"固定收益基金的类别：小型学院和大学的比例是 8%，中型机构的比例是 7%，大型机构的比例是 5%。

10.34 学院和大学捐赠基金资产投资于股权基金的比例是多少？

根据国税局发布的《合规性项目调查中期报告》，平均 46% 的小型学院和大学（2.34）将其捐赠基金投资于美国的股权基金，中型机构（2.35）的比例为 42%，大型机构（2.36）为 41%。平均 14% 的中小型院校将其捐赠基金投资于非美国的股权基金，大型机构的比例为 17%。国税局报告了一种投资于"其他"股权基金的类别：小型学院和大学的比例是 16%，中型机构是 17%，大型机构是 9%。投资于国内固定收益基金和股权基金的比例不仅在所有规模水平的学院和大学中所占的比例最高，而且投资于这些类型基金占其总捐赠基金资产的比例也是最高的。学院和大学投资于国内股权基金的平均投资占其总捐赠基金资产的 25%~50%，那些投资于国内固定收益资产的平均投资占其总捐赠基金资产的 1/5~1/4。

10.35 学院和大学捐赠基金投资于其他投资的比例是多少？

国税局在其《合规性项目调查中期报告》中将学院和大学投资的其他捐赠基金资产归为五类。平均 4% 的小型学院和大学（2.34）和大型机构（2.36）将其捐赠基金投资于公共房地产，中型机构（2.35）的这一比例为 3%。平均 6% 的小型学院和大学将他们的捐赠基金投资于私人房地产，而中型机构的比例是5%，大型机构的比例是3%。平均13%的小型学院和大学将其捐赠基金资产投资于国际基金，而9%的中型院校和12%的大型院校这样做。平均12%的小型学院和大学将其捐赠基金资产投资于现金，而中型院校的比例为8%，大型院校的比例为4%。需要指出的是，大型学院和大学投资于现金的平均比例是中型机构的1/2和小型机构的1/3。平均14%的小型学院和大学将捐赠基金资产投资于"其他投资"，而11%的中型机构和4%的大型机构是这样做的。

10.36 机构通过一个投资实体将捐赠基金用于国外投资的比例是多少？

根据国税局《合规性项目调查年度报告》,34%的小型学院和大学(2.34)通过一个投资实体将捐赠基金用于国外投资，中型机构（2.35）的这一比例为47%，大型机构（2.36）为69%。

10.37 如果一所学院或大学通过一个投资实体进行捐赠基金的国外投资，那么其使用的投资实体是什么类型？

根据国税局《合规性项目调查报告》，49%的小型学院和大学（2.34）利用公司作为投资实体将捐赠基金用于国外投资，中型机构（2.35）的比例为55%，大型机构（2.36）为47%。该分析显示，42%的小型学院和大学将合伙企业作为投资实体用于捐赠基金的国外投资，中型机构的比例是43%，大型机构的比例是53%。该分析还发现，31%的小型院校将有限责任公司作为投资实体，用于捐赠基金的国外投资，中型机构的比例为45%，大型机构为41%。13%的小型学院和大学使用信托来达到这一目的，12%的中型机构和19%的大型机构采用这一做法。29%的小型机构、24%的中型机构和20%的大型机构使用其他实体。

应该指出的是，大型学院和大学比其他高等教育机构更多地使用合作企业做国外投资，中型机构和小型机构更偏爱公司。目前还不清楚为什么会出现这种情况。此外，在所有规模层次上，一些学院和大学报告用于捐赠基金资产国外投资的实体不止一种类型：小型机构的比例是36%，中型机构是48%，大型机构为47%。

10.38 学院和大学的主要投资目标是什么？

据国税局《合规性项目调查中期报告》显示，在所有规模的学院和大学中，大多数都报告了在未来 5 年~10 年投资组合的主要投资目标（投资费用实际回报的总净额）达到 5%~10%。小型学院和大学（2.34）的比例是 89%，中型机构（2.35）的比例是 94%，大型机构（2.36）的比例是 93%。

10.39 董事会或委员会成员会因为捐赠者的限制或其他特殊要求而限制购买或出售某些证券吗？

据国税局《合规性项目调查中期报告》显示，学院和大学董事会或委员会成员因为捐赠者的限制或者其他特殊要求而限制购买或出售某些证券的现象并不常见。反馈作出此种限制的各种类型机构的比例均为 15%。

捐赠基金分配

10.40 学院和大学报告其投资委员会或董事会采用捐赠基金目标支出率的比例有多少？

据国税局《合规性项目调查中期报告》显示，76% 的小型学院和大学（2.34）报告其投资委员会或董事会设定了捐赠基金的目标支出率，中型机构（2.35）的比例为 81%，大型机构（2.36）为 95%。

10.41 这一目标支出率是多少？

根据国税局的数据，小型学院和大学（2.34）捐赠基金的目标支出率平均为 4.9%，中型机构（2.35）和大型机构（2.36）均为 4.7%。

10.42 达到目标支出率的学院和大学比例有多少？

根据国税局的报告，89% 的小型学院和大学（2.34）达到了所采用的目标支出率，中型机构（2.35）的比例是 92%，大型机构（2.36）为 89%。

10.43 学院和大学从捐赠基金中作出分配的目的是什么？

国税局《合规性项目调查中期报告》显示，在学院和大学的捐赠基金分配中，最为常见的用途是奖学金、奖励和贷款。属于这种情况的小型机构（2.34）占 95%，中型机构（2.35）为 100%，大型机构（2.36）占比 97%。

第二个重要的用途是支持通识教育和/或图书馆，属于这一情况的小型机构占比 58%，中型机构是 71%，大型机构是 88%。另一个用途是为讲席和教授职位而服务：小型机构占比 50%，中型机构占比 55%，大型机构占比 80%。还有一个用途是支持研究：小型机构占比 14%，中型机构占比 23%，大型机构占比 64%。最后是公共服务：小型机构占比 11%，中型机构占比 19%，大型机构占比 34%。

有 59% 的小型院校、51% 的中型院校以及 51% 的大型院校将一般性运营列为原因。所报告的目标性行政性支持比例分别是小型学院和大学 19%、中型机构 31% 和大型机构 51%。"其他"目的的比例分别是小型机构 36%，中型机构 42%，大型机构 68%。

《GAO 分析报告》指出，来自案例研究的机构数据表明，其捐赠基金收入的大部分分配都受到了由捐赠者规定的条款限制。其中一些限制是"广义上的"（比如指定用于学生资助或者学院院系）。其他限制则是"相当具体的"（比如为某个社区的学生提供奖学金资助）。规制公立学院和大学的各州法律能够影响对捐赠的限制。

10.44 捐赠基金的分配政策是什么？

尽管捐赠基金的使用通常受到限制，但机构必须决定每年从捐赠基金中分配多少资金。案例研究院校的官员告诉 GAO，有两个重要的考虑因素会影响捐赠基金的分配政策：（1）"他们需要保护捐赠基金的购买力，使现今的学生和未来的学生都能从捐赠基金中受益"和（2）"他们需要避免分配出现年复一年的巨大波动。"在这些学院和大学中，建立机制的目的在于"消除市场波动的影响，并确保为使用捐赠基金的机构提供可靠的资金来源。"这有时需要在多年的捐赠基金市场价值的基础上制定分配政策。例如：（1）一所学校的政策是，未来 1 年的分配率应该是该捐赠基金 3 年平均市值的 5%；（2）另一项政策是前 3 年每季度的平均市场价值；（3）还有一项政策是根据过去 10 年的高等教育通货膨胀率计算出捐赠基金分配的增长比例。

10.45 学院和大学控制捐赠基金分配以确保它们服务于预期目的吗？

国税局在《合规性项目调查中期报告》中称，几乎所有的学院和大学对这一问题的反馈均是肯定的，即控制捐赠基金的分配以确保它们被用于预期目的。

10.46 学院和大学如何控制捐赠基金分配？

根据国税局《合规性项目调查中期报告》，学院和大学控制捐赠基金分配最常见的方式是通过报告（月报、季报或年报）。88%的小型机构（2.34）采用这一做法，中型机构（2.35）的比例是82%，大型机构（2.36）的比例是76%。另一种方法是对分配进行审计：小型机构占比53%，中型机构占比59%，大型机构占比62%。20%的小型机构、54%的中型机构和62%的大型机构报告称它们采用了其他方法。

10.47 当从捐赠基金中支出的部分在财政支出年度期间不被使用，学院和大学的政策是什么？

根据国税局《合规性项目调查中期报告》，当捐赠基金所支出的部分在当年财政年度中未得到使用时，学院和大学最常见的政策是申请将未使用的数额转移至下一年。有61%的小型学院和大学（2.34）存在这种情况，中型机构（2.35）为74%，大型机构（2.36）为83%。另一个常见的做法是将未使用的数额返回到捐赠基金，有42%的小型学院和大学采取了这一政策，中型机构的比例是47%，大型机构的比例是58%。在所有类型的机构中，有3%的机构将未使用的数额放入到其一般性运营账户之中。就这一点而言，报告采用"其他"政策的小型机构有16%，中型机构有13%，大型机构有10%。

捐赠基金评论

10.48 对学院和大学捐赠基金的主要批评是什么？

对学院和大学捐赠基金的主要批评是，尽管拥有免税地位和吸引免税捐赠的能力，但这些基金的支出率仍然很低。《GAO捐赠基金报告》写道，"有些人认为，一些学院和大学在捐赠基金并未实现大幅增长的情况下，使用捐赠基金促进降低就读这些学校的成本上实现同步增长"。在2007年一封致美国财政部长的信件中，参议院财政委员会的领导引用道，慈善组织维持捐赠基金"数十亿美元放在银行——或更常见，投资于海外比如开曼群岛——（提供）很低的价格用于组织的慈善目标"。这封信说，公众需要更清楚地了解慈善组织的捐赠基金用途（包括直接或间接由慈善机构控制的基金，例如支持型组织）；这些捐赠基金被用于哪些方面；捐赠基金支出的数额和百分比是多少；这些捐赠基金是如何投资的；捐赠基金的规模如何；哪些是被指定用于特定目的的捐赠基金及其目的是什么；以及捐赠基金管理的成本。在高等教育背景下，关于捐赠基金支出的批评必然与学费上涨有关。《大学捐赠基金分析》（The University Endowment Analysis）回顾了62家拥有超过10亿美元捐赠基金的机构，报告称，捐赠基金收益在支出"显著超过平均的学费增长和本科生助学金"之后得以维持。每一个机构加权平均的支出率为4.6%。

10.49 对捐赠基金提出支出要求所考虑的因素是什么？

近几个月来，对捐赠基金提出支出的要求并没有多少进展。《CRS 大学捐赠基金分析》得出结论，就62所超过10亿美元捐赠基金的机构而言，"增加的支出可以替代部分或全部学费上涨，并用于显著增加学生补助，然而捐赠基金继续赚取收益以维持其实际价值则超过了这些需要"。这一分析指出，有"一些方法可以用来鼓励或要求享有巨大税收优惠的捐赠基金进行分配"。一种方法是传播高等教育如何运营捐赠基金的"更好的信息"，从而告知"捐赠资源被用于何处和向高等教育机构施压，以回应公众所关注的诸如高学费率的议题"。需要指出的是，这一信息并不总是可获得的或者以一种容易的形式获得，这一分析建议要求的此种信息被报告给中央政府机构（例如国税局或教育部）和以易于访问的形式发布在互联网上。该分析讨论了另一种建议的政策选择，即采用"税收处罚"以替代或者增加除信息传播以外的方式，"要求高等教育机构分配更多的捐赠基金，或者限制学费的上涨，这也许可以从捐赠基金中拨付资金来完成"。就这一点而言，建议要求捐赠基金每年支出比率，类似于强加给私人基金会的要求（10.50），将其作为一项维持免税组织资格的标准，或者作为避免就捐赠基金征收消费税的条件；该比率可以建立在百分比或收益的基础之上。

另一个建议是，如果机构提高学费的幅度超过适当的比率，比如通货膨胀或消费价格指数，那么就对捐赠基金征税。还有另外一种政策选择（除了同时征收两套税之外）是将税收制度仅适用于每名本科生（2.28）和/或研究生（2.29）捐赠基金高于底线的机构，或将捐赠分配与本科生学费相关联。

10.50 私人基金会的支出要求是什么？

私人基金会必须受制于强制性的支付要求（4.2）。在每个纳税年度，要求它们向其它慈善组织［通常是公共慈善机构（4.1）］提供资助，以慈善为目的花费一定数额的钱（或许是财产）。这一强制性支出要求的总体目的是强迫私人基金会出于慈善目的每年必须将一定数额的钱和/或财产进行转移——恰好与倡导学院和大学捐赠基金强制性支出有着同样的目标需求。私人基金会强制性的分配要求主要是使用其非慈善用途资产的价值。这一实践需要确定不以慈善为目的而持有的资产，然后评估这些资产的价值。每年必须分配的数额按照私人基金会分配数额计算而确定，等于最小投资回报的总和加上某些额外数额，再减去基金会非相关商业收入税（第十四章）的总和以及基金会年度内净投资收益消费税。基金会最低投资收益基本上相当于非慈善目的资产价值的5%，减去任何未被偿还的债务。

这一数额通常必须以捐赠和其他用于慈善目的的形式分配，被称为"合格的分配"。这一要求的显著例外是，为特定的未来慈善项目预留的资金（预留），而不是当前的支付，可以被认定为私人基金会为强制性支出目的而作出的合格分配。一年为某个以慈善为目的设定的特殊项目的预留金额，若在不超过60个月内支付，则可被视为合格的分配。

这一理念是私人基金会相当于合理的投资经济回报的一定数额必须被花在、转移或用于慈善目的。

一个私人基金会若没有及时满足慈善支出要求，将缴纳未分配数额30%的消费税。若基金会问题未予纠正，该税收可强制实行1年或不完全年度。若该基金会在收到国税局关于该问题的通知后90天内未能弥补不足的分配，将另外增收100%的税金。

10.51 联邦税法规定了其他任何类型的支出要求吗？

还有另一项税法规定的支出要求。它适用于特定类型的非功能性的第三类支持型组织（4.29）。一个支持型组织主要通过满足一项专注性要求（同上）和分配要求而被视为一个非功能性的支持型组织而满足了一项整体的部分测试（同上）。根据这一分配要求，一个支持型组织必须在每年的最后一天或之前分配相当于或超出其年度分配数额的部分，将其用于一个或多个被支持组织。一般而言，年度分配数额是该组织免税资产公平市场总价值超过其收购负债（14.39）之上的5%的部分。由于为满足分配要求已预先考虑到的收到的或应计入偿还的数额，这一分配额将有所增加。该数额也会因为在为满足要求时在某种程度上考虑到获得财产而从财产处置中收到或应计入的数额而增加。这一数额会因强加给支持型组织的任何收入所得税的数额而减少。

为满足分配要求，被支持组织的分配金额是分配作出之日的财产公平市场价值。这一数额由使用现金收入和支出的会计方法所决定。根据分配要求计入分配包括：（1）向一个或多个被支持组织支付的数额，以使其实现免税的目的，（2）支付收购资产使用（或为使用而持有）以实现被支持组织的免税目的，（3）支持型组织为合理及必要的行政管理费用而支出的部分。

未能遵守这种分配要求的制裁（假定适用于某一特定情况）使慈善组织无法合法构成支持型组织。

对某些特定的支持型组织而言，这一提议的支付要求显然是以一种类似于私人基金会支出规则的方式而架构。值得注意的区别是，提议的支持型组织支出规则并不适用于预留。

10.52 若支出要求被强加给学院和大学捐赠基金，那么两种模式中哪一种可能会适用呢？

若国会决定为学院和大学捐赠基金设置一项强制性支出要求，那么它将很可能使用支持型组织的模式（10.51）。

10.53 对学院和大学捐赠基金有其他批评吗？

还存在一种非常严肃的批评。国会预算办公室在2010年4月30日公布了一份报告，声称一些免税的学院和大学通过发行免税债券从事着"间接的"税收套利行为。尽管前言中的声明指出国会预算办公室授权其提供"客观的"分析和"无建议"报告，但该报告仍巧妙地指出高等教育免税机构正直接参与着非法实践，并明确声称改变法律将降低联邦政府这一"税收优惠"的成本。

10.54 什么是套利行为？

一般而言，套利是同时买卖相同或等价的财产，通常是证券、商品或合同，因价格差异而产生利润。

10.55 套利是违法的吗？

一般来说，套利并不是固有的违法行为。然而，涉及其他合格的免税债券（10.56）的直接税收套利行为将通过拒绝将债券利息从总收入（10.57）

中排除而被劝阻，这一举措意义重大。

10.56 什么是税收套利？

一般来说，债券持有人的总收入中不包括州或当地债券的利息。[1]然而，这种排除在总收入之外的部分，在被归类为套利债券的情况下是不合用的。[2]

套利债券作为发行债券的一部分，其收益的任何部分（在债券发行之时）被直接或间接使用以获得高收益的投资或替代被使用的资金，从而直接或间接获得高收益投资，都是符合合理预期的。此外，若发行人有意以这两种用途中的一种或两种方式使用包含债券在内的发行物收益的任何部分，则将该债券视为套利债券。[3]高收益投资是指一种能产生远超过发行收益的投资财产。[4]投资财产可以是任何保险、债务、年金合同、投资类型财产和特定的租赁财产。[5]

10.57 税收套利是合法的吗？

重申一下，当使用较低成本的免税债券的收益直接购买高收益证券或其他财产进行融资时，便发生税收套利。严格来讲，这种做法并不违法。然而，由于对税收套利实施惩罚，该行为被有效禁止，这使得债券利益不计入总收入，对债券持有者而言是一种损失（或者否认）。

10.58 什么是间接的税收套利行为？

国会预算办公室报告指出间接的税收套利行为的特征是，当一个免税的借款人"通过债券收益（而非通过获取直接融资的投资资产利息）超过了同期免税借款所产生的利息成本"时，税收套利就产生了。也就是说，一个借款人可以出售资产为资本支出融资而非借款免除债务。国会预算办公室写道："在免税基础上借款而持有这些资产，实际上相当于使用免税收益来投资于那些高收益证券。"

10.59 关于间接税收套利行为的批评是什么？

国会预算办公室报告声称："目前实施的法律允许许多免税的学院和大学使用免税债务通过运营资产（建筑和设备）来进行金融投资，与此同时，它们持有投资资产（如证券）赚取更高的回报。"该报告还补充道："如果这一点被忽视，那么学院和大学的投资回报率比它们在免税债务上支付的利息要高得多，他们就会受益于一种'间接性'的税收套利。"国会预算办公室表示，它制定了"学院和大学实行的"税收套利措施，这一术语有着"宽泛的定义"，"涵盖了直接和间接的税收套利行为"。根据它的一种定义，几乎所有2003年发行的251个机构的免税债券均将被归类为从税收套利中赚取利润。若将一些投资资产放在准备金中，那么在另一个扩大的定义下，这些资产将不属于套利措施之列，套利所得的债务收益将更低；即便如此，在较宽泛的定义下，2003年发行的债券大约有75%仍将被归类为赚取套利利润。该报告指出："随着时间的推移，若立法者扩大税收套利的定义，从而消除免税融资的一些好处，非营利性机构可能会通过减少免税债券的发行来应对这一改变。"这种应对反过来会降低联邦政府税收优惠的成本。国会预算办公室的报告使用了税收联合委员会的数据，指出允许高等教育机构借用免除债务的"成本"——如果以这些机构借用免税债务所获得的收入计算的话——2010年约为55亿美元。

10.60 国会预算办公室的报告应该被认真对待吗？

国会预算办公室报告的严肃性不容置疑。就法律（税收和其他方面）范畴而言，一个人不应间接采取不得直接作出的行为。此外，与各种悬而未决的税收立法有关，国会正在寻求收入补偿，国会预算办公室报告（扩大了被禁止的税收套利概念）的准建议也将指向这一目的。

参考文献

1. IRC § 103（a）.
2. IRC § 103（b）(2).
3. IRC § 148（a）.
4. IRC § 148（b）(1).
5. IRC § 148（b）(2).

11
奖学金、助学金与其他学生资助

　　奖学金和助学金是提供给个人，帮助他们完成求学、科研等的津贴。由此产生了诸多法律问题，比如能够提供奖学金和助学金的实体类型，谁有资格获得奖学金和助学金，资助的基金应如何支出等问题。奖学金与助学金之间是存在差异的。

　　本章涉及最多的是联邦税法，主要因为无论是奖学金还是助学金的金额都无疑要计入受益人的总收入，因此涉及缴税的问题。法律关注的是奖学金或助学金基金的使用、受益人的资格、提供学习课程的教育机构的性质，以及受益人是否为学位候选人。

　　有些奖学金和助学金依法不计入受益人的总收入，被称之为"合格的奖学金"。其他支出被视为奖学金和助学金，尽管它们并不符合免税的资格。有些支出也许贴上了奖学金或助学金的标签，但实际上是有偿服务的形式，这些支出当然要计入总收入之中。

　　联邦税法也关注用于决定奖学金和助学金获得者的标准，以及这些标准是否建立在客观和非歧视的基础之上。对某些特定类型的免税组织而言，奖学金和助学金的设立可以成为免税的事由，这其中当然包括学院和大学。国税局经常担忧与这些奖项相关的潜在私人利益问题。事实上，在中间制裁原则之下，设立奖学金或助学金能够构成私人分配和/或超额获利交易。

　　法律基本上对授予奖学金和助学金所遵循的必要程序几乎不作规定。但是，私人基金会在向个人授予此类性质的奖金时，可能成为错综复杂的税法所规制的对象。这部分法律所关注的是私人基金会在设立资助项目时所适用的程序。然而，学院和大学、其他公共慈善组织以及其他组织在设立奖学金和助学金奖项时也可以遵照这些程序。

联邦税法对此还有其他一些要求，比如与扣缴税款有关的规则、利润提交备案、保留资助者的记录。各州法律可能也有与之相同或等效的规定。

下面是有关奖学金和助学金最常见的问题及其解答。

奖学金和助学金法

11.1 联邦税法对奖学金和助学金的表述是什么？

这一点稍显繁杂。联邦税法指明了奖学金和助学金的联邦个人所得税问题。[1]换句话说，联邦税法在主体部分规定了一种类型的奖学金，它不计入受助学生的总收入之中（11.5）。这项规定在1986年作出了实质性的修订，但是私人基金会的奖学金资助（11.44）仍然沿用1986年前奖学金和助学金的规定。现行的税收规则要先于法令的变化；其中一些是在1956年以最终形式颁布的。试行条例于1988年颁布；没有迹象表明国税局已经优先制定了该试行条例的最终版。法院就该领域也给出了一些问题的意见。

11.2 奖学金的法律定义是什么？

一般而言，奖学金的形式是以一笔现金支付的，或者为了资助学生完成一门或多门课程学习的奖励（2.27）。目前的定义也将研究行为包含在其中。奖学金补助的另一种形式是减免受益人应向教育机构缴纳的学费、食宿费或者其他任何费用（11.40）。依据联邦税法的目的，一项奖学金要么是合格的，要么是不合格的，要么是二者的结合（11.6）。据此，奖学金可以是全部或部分地以工资形式提供服务补偿（11.14）。奖学金这一术语起源于"门徒"一词，意指在学校上学（2.13，2.14）并在教师的引导和指引下学习的人。

奖学金的基金可能来自政府机构、学院或大学以及其他类型的公共慈善组织（4.1），比如私人基金会（4.2）、商业或行业协会、营利性企业或其他来源。奖学金的数额不需要正式地指定清楚。举个例子，一笔钱如果满足了奖学金这一术语的基本定义，就符合所谓"津贴"的资格。但是，奖学金并不包括捐赠者出于家庭或慈善的动机而提供用于帮助亲戚、朋友或其他人求学或研究的部分。

11.3 联邦税法是否包括奖学金以外的其他资助？

包括。依据 1944 年《退伍军人权利法案》的规定退伍军人的特殊教育和培训津贴就不属于奖学金。同样地，在公立高校或经政府授权的高校，比如美国海军学院和美国陆军学院，接受教育和培训的军队士兵所享受的学费和最低生活保障，也不属于奖学金。

11.4 助学金的法律定义是什么？

助学金的基本定义和奖学金（11.2）是一样的。然而，助学金通常是资助给学生（2.27）以促进学习和/或研究、创作等的一笔津贴。"助学金"这一术语起源于"同伴"，在这里通常是指在学院或大学从事某些形式的科研，准备攻读更高学位的，和/或承担一定教学职责的研究生。因此，助学金的接受者肯定是学生，大多情况下是研究生（2.29）。助学金可以提供给非正式意义上的学生个人；在这种情况下，资助的形式通常只能称为补助金（比如研究补助或旅费补助）。

11.5 这些奖金要纳入受益人的收入而缴税吗？

这个问题的答案需要考虑多方面的因素，主要是资助的范围（11.5，11.6）和受益人是否需要为此提供服务（11.14）。联邦税法将合格的奖学金或助学金（11.6）排除在个人总收入之外。

11.6 合格的奖学金是指什么？

合格的奖学金［也包括助学金（11.3）］，是个人作为合格教育机构的学位候选人所接受的一笔津贴，受益人应符合资助的条件，且资助的金额要用于指定的学费和其他相关费用。[2]

需要注意的是，这是一项使用测试。也就是说，一项奖学金是"待定是否合格的"，那么所受到的资助就不必严格遵守用于学费或相关支出的要求。在某种程度上，资助这一术语不包括任何特定的不用于学费或相关费用的资助比例，或者指定除学费或相关费用以外的资助比例，否则就不是合格的奖学金。

11.7 合格的学费和相关支出指的是什么？

"合格的学费和相关支出"这个词组是指（1）学生在一所符合资质的教育机构中为注册或入学所需缴纳的学费和杂费，（2）完成机构指定的课程所需的图书、日常用品、设备器材和杂费。同时，相关支出所指的杂费、图书、日常生活以及设备器材必须是学生在要求的特定课程中所必需的。举个例子，一个从大学获得奖学金的学生，注册了该校的一门写作课，这门课程所建议的设备包括笔记本电脑，这个学生要求获得一台电脑。任何用于购置"建议的设备"的数额都不属于合格的学费和相关支出。因此，这名学生不能合法地将笔记本电脑的花费计入他或她所获得的合格奖学金以内。类似的，一名法学院的学生用于购买法律词典的钱也不能算作相关支出，除非这名学生注册的某门课程中要求使用词典。另外，额外开支也不属于相关支出。

11.8 额外开支指的是什么？

额外开支包括食宿、旅行、研究和宗教以及设备器材，既不是注册或入学也不是指定课程所需的费用。

11.9 合格的教育机构指的是什么？

根据奖学金和助学金目的，教育机构必须是具备以下主要功能的一种机构，呈现正式的教育政策，通常有正规的教师、正式的课程以及一定规模的注册学生，以及开展日常教学活动的场地（2.21）。

例如，学生在学校获得奖学金以接收相应的课程学习。学生通过邮件接收并反馈所有的课程。学生不能在校园内经商。如果学生没有进入教育机构学习，那么奖学金的数额必须计入其个人总收入之中。

11.10 学位候选人指的是什么？

"学位候选人"这一术语是指在学院或大学里求学或从事科学研究以满足学术或专业学位要求的本科生或研究生。

这个定义也包含合格教育机构的（11.21）全日制学生或在职学生：（1）提供能够满足学士学位或更高学位全部学分的教学计划，或者提供为学生在公认的行业中找到一份收入可观的工作做准备的培训项目。（2）联邦法或州法授权其提供经由全国性认证机构认可的该类项目。

例如，一名技术学校的学生注册参加了一项数据程序员的培训且获得了奖学金。该校经所在州授权，并经全国性认证机构认可而提供该项目。这名学生是学位候选人；所接受的奖学金也是合格的奖学金，因此不计入他的个人总收入而免税（通过服务获取的报酬除外）。

再举一个例子，一名化学博士获得了由私人基金会提供的助学金，这名学生在助学金的支持下在一家研究机构从事化学研究。这名学生并不是基金会的雇员。由于他不是学位候选人，所以该助学金必须计入他或她的总收入。

在初级中学或中级中学学习并获得奖学金的学生也被认为是学位候选人。

学生可以在教育机构中求学或做科研而非攻读学位，只要学习或研究满足该教育机构授予学位的要求即可。

11.11 如果奖学金或助学金不合格，那么就计入受益人的总收入吗？

是的。一笔不合格的奖学金或助学金会被计入受助人年度应纳税的总收入。比如，一笔指定用于房租（食宿费）的资助要计入受助学生的总收入中。同样地，伙食补助或者旅行支出也都要计入总收入中。

此外，如果合格的奖学金或助学金依法从总收入中免除，那么就不能确定资助何时收到，因为合规的学费和相关费用（11.7）尚未发生，只要所收到的奖学金或助学金的任何部分没有用于学术阶段的合格学费和相关支出，那么该部分就要计入受益人在学术阶段结束时的纳税年度总收入。

11.12 受益人必须缴纳不合格奖学金的个人收入所得税吗？

个人不必就合格的奖学金部分缴纳联邦收入所得税（11.5），这一点很清楚。但是，法律要求将任何不合格的奖学金的数额计入个人总收入之中。决定奖学金或助学金的全部或者部分是否应缴税，是否属于不合格奖学金并计入受益人的总收入，这是受益人的义务。依据联邦个人收入所得税法，个人是否就不合格奖学金的数额缴纳联邦个人收入所得税取决于他或她的应纳所得税的总体水平。

11.13 提供服务的要求是什么？

一般而言，合格奖学金的概念不包括受益人因提供教学、研究或其他服务而获得的现金报酬，而这些服务是学生获得奖学金的条件。[3]几乎所有的学位候选人都必须提供服务，这已经成为一个事实。这些兼职服务的报酬，必

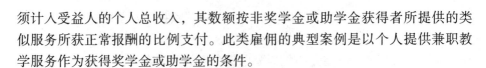

须计入受益人的个人总收入，其数额按非奖学金或助学金获得者所提供的类似服务所获正常报酬的比例支付。此类雇佣的典型案例是以个人提供兼职教学服务作为获得奖学金或助学金的条件。

11.14 奖学金或助学金何时代表服务报酬？

当资助者要求受益人以履行服务作为奖学金或者助学金的回报时，该奖学金或者助学金的资助就代表"有偿服务"。要求受益人主要为了资助者的利益而求学、科研或从事其他活动，被视为要求提供服务。奖学金或者助学金以受益人在过去、现在或将来提供教学、科研或其他服务为条件，均被视为服务报酬。

例如，某个人获得了一个联邦项目的合格奖学金，该项目要求其将来成为联邦雇员。这项奖学金就代表服务报酬，因此作为工资必须计入个人总收入中。

再如，某人从一个公司获得一笔奖学金；作为条件，他同意毕业后为该公司工作。此前，这个人与这个公司没有任何关系。这笔奖学金代表未来的服务报酬，因此这笔奖学金作为工资必须计入个人总收入中。

再比如，某人获得助学金以从事一项科学研究项目，这笔助学金的性质则由资助者——大学——来决定。他必须向大学提交论文阐述研究结果，而该论文并不满足任何课程的要求。根据资助的约定，大学可以出版他的研究结果或为其他目的使用研究结果。这个人被视为为大学提供服务，而助学金就是服务报酬，从而作为工资必须计入个人总收入中。

再举一个例子，某人从大学获得了一笔合格的奖学金。作为获得奖学金的条件，这个人为大学提供助教的服务。大学要求学位候选人提供这些服务。奖学金的数额与大学支付给非在校生的兼职雇员的助教报酬相当。该奖学金即是服务报酬；因此，该奖学金的全部金额都必须作为工资收入计入个人总收入中。

该领域的维度是决定在一个特别研究资助下，支付给博士后研究人员研究员的报酬是否构成服务报酬。这是固有的现实问题，要考虑参与者被赋予的责任的性质和程度，以及该项目的所有其他相关因素和环境（11.16~11.21）。

11. 15 有偿服务规则是如何发展起来的？

1987 年前该领域的州法（11.1）是由法院意见和国税局法规和条例组成的。实际上，美国最高法院也评议过该问题。[4]在该案中，美国西屋集团与美国原子能委员会订立合同，雇用了数名工程师在其运作的实验室工作。西屋集团设有"两个阶段"助学金项目。在第一阶段（工作—研究），个人在西屋集团有常规的工作，利用业余时间参与大学课程学习，学费和相关费用由公司支付。到了第二阶段，允许雇员有学术性休假以进行博士论文写作，只有经西屋集团和美国原子能委员会依据该论文与实验室工作具有一般性相关才能获得批准。在后一个阶段，雇员为博士论文投入全部时间达数月，在此期间，他或她会收到来自西屋集团的一笔助学金，在他或她先前工资的 70%~90% 间浮动，外加家庭补助。雇员可以保留年资学历、保险、股份选择权以及其他员工福利。雇员要履行的义务是在离开时提交研究进度报告，最重要的是，一旦论文完成，雇员要回到西屋集团工作至少 2 年。随后发生的诉讼围绕学术性休假的助学金是否属于免税的奖学金而展开。美国最高法院坚持认为这些费用并不是奖学金（或者助学金）。

美国最高法院对当时有效的税法规则进行了述评，结论是税法规则对奖学金和助学金的"一般性理解"（11.2，11.4）是一致的，是"相对公正的，'不带任何附加'教育资助，对受益人没有任何实质性的交换条件的要求"。最高法院表示其"勉强"认为，条例将奖学金排除在外，"是基于对所有奖金免税的设计，无论金额多大或是来自于哪里，都是用于对'恰好是学生'的支持"。

毫无疑问的是，最高法院认为这些助学金是应纳税的报酬，而不是免税的奖学金。该案中的雇佣关系显然是对补偿性协议的"立刻暗示"（immediately suggestive），即与雇员先前工资与助学金的金额和持续性的雇员福利之间是"紧密相关"的。论文的主题也要求至少一般与实验室的工作相关。前期的工作报告必须提交。"最重要的是，西屋集团无疑提取一种交换条件"，要求工程师保留公司职位直到该项目的工作学习阶段结束，并在学术性休假完成后返回岗位工作相当长的一段时间。

最高法院观点的核心即是"报酬的讨价还价，仅以补偿性的服务作为对价——无论过去、现在或将来——都不应作为奖学金从收入中免税"。最高法院还解释到，该项目作为一项吸引潜在雇员的福利是西屋集团招聘工作的特征。因此，最高法院写道，这些资助"完全是报酬的性质"。

最高法院决定给奖学金税法定下未来几十年的基调。因此，基本原则在今天的法律中仍然适用：如果一项支付本质上是报酬，那么就不能算作是奖学金或助学金。

11.16 什么样的事实和情况表明一项支付的目的是让受益人为了捐赠者的利益而求学或研究？

法院认为大量的事实和情况表明，一项支付的目的是让受益人为了捐赠人的利益而求学或研究，包括：（1）捐赠人将研究经费授予研究机构而不是学生；（2）受益人如果没有继续履行所要求的服务，就不能继续接受支付；（3）学院或者大学要求或者限制受助人在该机构已经在开展的领域内研究某些主题；（4）受益人对机构研究项目的成功承担很大程度的责任；（5）对受助人的研究培训支出是支出的附带利益而非主要目的。

11.17 什么样的事实和情况表明一笔金额代表的是过去、现在或将来服务的报酬？

法院和国税局认为大量事实和情况表明一笔金额代表的是过去、现在或将来服务的报酬。例如：（1）机构要求受益人执行分离的任务；（2）报酬与受益人提供服务的能力相匹配，而不是受益人的经济需求；（3）机构保留对受益人研究成果以及随之产生的知识产权的优先权利；（4）受益人通常获得与雇佣关系有关的附加福利。

11.18 什么样的事实和情况表明一项支付的主要目的是让受益人求学或研究，而不是主要为了捐赠人的利益？

法院认为下列事实和情况表明了一项支付的主要目的是让受助人求学或科研，而不是为了捐赠人的利益，包括：（1）支付附带的情况所关注的是受助人获得的经验，而不是捐赠人的利益；（2）该项目鼓励机构向受助人提供宽广多样的真实经历；（3）机构事实上并未限制受助人的研究计划实质。

11. 19 什么样的事实和情况表明捐赠者提供的捐赠不是对过去、现在或将来服务的报酬？

法院认为大量的事实和情况表明捐赠者提供的捐赠不是对过去、现在或将来服务的报酬，包括以下事实：（1）机构并未要求受助人提供特定的过去、现在或将来的服务；（2）受助人帮助界定他或她的研究问题。

11. 20 请提供一类不属于联邦社保法案征税对象的捐赠案例

国家研究服务奖励基金由国家卫生与人力资源服务部设立，目的是让博士后研究人员从事科研和科研训练，该奖项不属于服务报酬（11.17），也不属于联邦社会保险法案所规定的工资。国税局认为，这些捐赠资助博士后研究人员的培训和发展，而不是为了执行特别研究或者达成特别的研究目的。

国税局认为国家研究服务奖的主要目的是通过对受益人的培训促进其个人能力的发展。申请和奖励过程要求每一项资助都是为了个人的培训和发展而量身定做的，而不是为了学院或者大学的项目或者国家卫生与人力资源服务部的研究目标。申请特别要求潜在的捐赠者概述他们的培训计划和明确下属人员的数量，这些下属人员在被分散后会去帮助申请人发展他们的研究能力。

国家研究服务奖的捐赠不以博士后研究人员向学院、大学或其他机构提供任何特定数量或质量的研究服务为条件。进展报告和捐赠者所持续和主要关注的是受益人对研究训练机会质量和数量的诉求。尽管不符合监管者设置的实质性目标，受益人仍能继续获得国家研究服务奖的资助。国家卫生与人力资源服务部禁止学院或者大学向国家研究服务奖的获得者提供退休福利。

11. 21 请提供一类属于联邦社会保险法案征税对象的捐赠案例

国税局在评议国家研究服务奖项目时（11.20），检查了其他由大学管理的非国家研究服务奖助学金项目，这些项目资助博士后研究人员（以非国家研究服务奖学金的形式支付）。国税局得出的结论是这些非国家研究服务奖是服务报酬，大学与接受服务报酬的博士后研究人员之间存在雇佣关系，因此这些报酬属于联邦社会保险法案征税的对象。

至于前面提到的服务则由大学通过教师的捐赠者来决定。它们不同于国家研究服务奖的资助，包括如何选拔获得捐赠而工作的研究人员，如何决定工作分配，研究人员是否可以决定做何种工作，研究人员的工作如何评价，奖学金的数额如何确定，以及研究人员的工作何时终止。至于后面的一点，对于"大学与接受服务报酬的博士后研究人员之间存在雇佣关系"的说法，一些因素表明，大学对博士后研究人员进行行为控制，大学对他们的工作人员进行财务控制；大量实质性证据表明大学与这些非国家研究服务奖博士后研究人员的关系是一种雇佣关系。

11.22 体育奖学金是指什么？

如果一项为运动员进入学院或者大学而提供的奖学金是合格奖学金（11.6），那么这项奖学金是不用缴税的。奖学金的金额不能超过学杂费、食宿费、书本费以及学生学习必需品的开支。如果该类型奖学金由学院或者大学授予学生是不用缴税的，机构希望但是不能要求学生参加特别的体育活动，并且不能因为学生不能参加比赛而取消奖学金。

参加校际体育比赛的资格以及获取体育奖学金的资格，要遵守以下几点准则：

1. 学生必须被大学接受，招生规则对所有在校生并且必须是全日制学生适用。

2. 体育奖学金由学校的机构授予，一般而言，该机构负责向学生授予奖学金。

3. 一旦体育奖学金在一个给定的学年授予后，在学生不能参加体育项目的情况下奖学金不可以被终止，不论是因为损伤，还是因为学生单方面决定不参加比赛。

4. 学生不被要求参加任何活动以替代参加比赛。[5]

11.23 住院医师支出是指什么？

联邦税法[6]规定，住院医师必须缴纳雇佣税，为的是和联邦社会保险法（13.29）保持一致，因为住院医师不是学生，因此，没有资格享有联邦社会保险法免除学生税收的规定[7]。这些规定得到了美国最高法院的支持通过。[8]

这些规则认为，为了确定一个人是否是为此目的的学生，雇佣者的服务必须是他学习之外的附属，并且只存在于雇佣关系中的教育部分发生时，这是主要部分，对比于雇佣关系中的服务部分而言。这些规则也规定了，"服务需是全职"——包括任何雇佣者一般来讲每周 40 小时及以上的工作安排——

不存在课余时间的工作，或者工作是为了勤工俭学（来自全职工作条例）。

在最高法院一针见血地对标准的评论下，全职工作条例可以说是"容易地"符合要求，规则是对法规的"合理解释"。在规则中，法院就像立法一样，"经常要求画出条条框框"。规则"关注个人的工作时间以及个人花在学习上的时间，是否是完美明智的办法"，这与"工人学习和学生工作"之间是不同的。

最高法院表示，财政部"不会区分课堂教育和临床训练的不同，却会区分教育与服务的不同"，并会理性地总结，全职工作条例将会"提升管理能力"。因此，财政部"已经避免诉讼成本和持续的不确定性，这将不可避免地伴随纯粹的逐条审核法"，这也是雇主提倡的。

最高法院还发现，财政部"合情合理地决定了，依照联邦社会保险法纳税的居民可以进一步达成社会保障法所规定的目的，并且与最高法院的前例保持一致"。条例中"考虑"社会保障局"关注免税居民，包括联邦社会保险法剥夺的居民和他们重度障碍的家庭以及享有社会保障部门提供生活津贴的人"。

最高法院决定，对此部分的分析被写为"我们相信，梅奥地区的居民从事着一份有教育价值的工作，他们学习手艺"。但是，这个例子中的问题是，这些住院医师是否是联邦社会保险法制度下的学生——这是一个"不一样的概念"。

11. 24 奖学金或者助学金部分用于服务费用的情况

若果奖学金或者助学金拨款的一部分用于支付服务，捐赠者必须同意奖学金或者助学金拨款的金额（包括学费和相关支出的任何减少部分）分配给支付服务。分配需要考虑的因素包括对以下部分的薪金支付：（1）捐赠者，履行相似服务的有资格证书的学生，对比于那些是奖学金接受者，但是没有接受奖学金或者助学金拨款；（2）捐赠者，为履行相似服务的全职或兼职工作者，对比不是学生或者非学生的捐赠者；（3）教育机构，除了奖学金或助学金的捐赠者，对履行相似服务的学生或是雇员支付薪金。

11. 25 奖学金或助学金的余下部分构成有效奖学金

如果接受者将奖金中捐赠者分配出来用于支付服务报酬的部分和合理性服务酬劳的部分，都计入总收入，这时，来自同一捐赠者的奖学金或者助学金的额外金额，鉴于合格奖学金的规定，则不需要计入总收入中。

例一，某人从大学获得了 6000 美元的奖学金。作为接受奖学金的条件，这个人需要以研究者身份为大学履行服务。其他的研究者，所履行服务相似，但不是奖学金获得者，所以薪酬为 2000 美元。因此，大学从奖学金中分配出的 2000 美元，就是为个人服务支付的报酬金额。鉴于此，奖学金的这部分，也即对服务支付的报酬部分，作为工资需要计入个人的总收入当中。当然，如果个人设定 4000 美元的支出作为合格的学费和相关支出（11.7），这时，这 4000 美元的奖学金就不算入个人总收入中，而是作为合格奖学金。

例二，某人受雇用于科研助理，作为大学教师的一员。大学给他支付工资，构成该职位的合理报酬。另外，这个人还可以获得来自大学的合格学费减除金额（11.40），以用作注册该校的本科课程。这个人就要将工作计入总收入中。合格学费的减除金额并不是服务报酬，因此，不需要被计入个人的总收入。

11.26 服务报酬如何以联邦税法目的为特征？

奖学金或者助学金的拨款表示为服务报酬时，将被看作是工资，这是为了符合扣留所得税、信息反馈备案以及雇员工资申报的要求。申请联邦社会保险法或者联邦失业税法取决于雇佣的性质以及组织的性质。

11.27 对奖学金获得者提交定期报告的要求是否有改变？

对奖学金获得者提交定期报告的要求没有改变。个人要向奖学金或者助学金的捐赠者准备定期报告，目的是保持捐赠者获知个人的总体进展情况，总体进展情况与教育经历相联系，不包括兼职工作服务表现的介绍。

11.28 提供服务条款的两处特例

提供服务条款的两处特例情况。该规则不适用于个人在国家卫生服务集团奖学金项目或武装部队卫生医疗奖学金和财政支援项目中接受的奖金。

11.29 联邦社保法的征税是指什么？

联邦社会保险法对个人收入征税，价值相当于雇员（11.31）[9]工资收入的百分之几（11.30）；对每位雇主征收消费税，价值相当于雇主工资收入的百分之几[10]。这些税收用于资助联邦的老年人、幸存者、残障人士以及医疗保险项目。

11.30 工资的定义是什么？

作为工资的支出要缴纳联邦社会保险法税（11.29）。一般来讲，工资是对所做工作支付的报酬，包括附加福利。[11]因此，如果奖学金和助学金拨款构成了工资的一部分就要缴纳联邦社会保险法税；如果奖学金或者助学金拨款是合格的（11.6）则不需要缴纳联邦社会保险法税。[12]相比之下，对教学、科研及服务的支出要计入总收入，这部分工资是为缴纳所得税和联邦社会保险法。

11.31 雇佣关系的定义是什么？

雇佣本质上是指，雇员为雇主执行服务。[13]学院、大学或其他机构、组织与个人之间是否存在雇佣关系，取决于各种因素和情况。在雇佣关系中，一方从奖金中划拨资金支付报酬，另一方接受服务报酬（11.32）。

11.32 雇员的定义是什么？

雇员是指，在法律法规下确定雇主—雇员关系，这时个人的角色就是雇员。[14]这种关系的确定要考虑特殊情况下的各种因素和情况。

特别是，一些相关的因素和情况为组织对其工作者实施管理，提供了不同控制程度的证据（有时，工作者与雇员是不同的，工作者是指独立的合同方）。提供证据的因素可分为以下三类：

行为控制。组织对工作者执行的行为控制越多，工作者就越等同于雇员。组织对工作者的行为控制涉及如下：（1）工作的时间和地点，（2）工具或设备的使用，（3）工作者的雇佣，（4）物品和服务的采购地点，（5）由专人操作的工作类型，（6）要遵守的序列或排序。

财务控制。组织对工作者实施的财务控制越多，工作者就越等同于雇员。组织对工作者的财务控制包括：（1）工作者不对资产或工具有重要投资，（2）工作完成与否，工作者都有工资，（3）对于影响工作者最低限度的商业决策，工作者不能决定。

雇佣关系的类型。组织—工作者关系承担的传统雇主、雇员关系标记越多，工作者就越等同于雇员。这些标记包括：（1）雇佣合同，（2）附加福利，（3）关系的持久性。

如果雇主和雇员之间存在关系，对两方的任何指定或者描述，除了雇主和雇员之外，其他都是非实质性的。

11.33 在联邦税法中，有效奖学金的提供者为奖学金接受者和国税局提供审核表的要求

A 1098-T 表（T 代表学费说明）必须由教育机构为其每一名注册学生并在可报告的业务中准备。如果其他人代表机构接受或者收集合格奖学金，这个人必须准备审核表。遵照报告要求，如果他人没有体现这一必要信息，那么教育机构必须要满足这一要求。

复制 1098-T 表的 A 部分必须由国税局在下一年的 2 月 28 日前归档。如果教育机构以电子版形式归档审核表，截止日期是 3 月 31 日。复制审核表 B 部分必须在下一年的 1 月 31 日前寄送给学生。

11.34 联邦税法中，非合格性奖学金的提供者不需要为接受者和国税局提供审核表

国税局提议，非合格性奖学金的提供者需要以书面形式正式地建议奖学金接受者如果拨款金额超出学杂费，则该部分按应纳税收入来缴税。如果奖学金中含有一部分合格性奖学金，则要准备 1098-T 表（11.33），并将该合格性奖学金部分归档。

11.35 联邦税法中，奖学金包含的工资部分需要为接受者和国税局提供审核表

该审核表是 W-2 表，以支付雇员薪酬形式提交。

11.36 学院或大学代扣奖学金税款的说明

合格奖学金不需要扣缴税款。非合格性奖学金，且不是服务报酬，也不需要扣缴税款（虽然学生收入需要纳税）。学生收入（以工资形式）来自支付服务报酬的奖学金，这时学院或者大学要求扣缴收入税款。不同的扣缴规则适用于非居民外国人所获的奖学金。

11.37 作为赠予的奖学金或助学金需要计入总收入

在联邦税法规定下，赠予不是一类总收入。[15]但是，有关奖学金和助学金不计入总收入的规定，只接受联邦税法条款的约束（11.1）。

11.38 作为比赛奖金的奖学金或助学金需要计入总收入

确有一些奖金是不计入接受者的总收入的。[16]但是，再次强调，有关奖学金和助学金不计入总收入的规定，只受联邦税法条款的约束（11.14）。

11.39 奖学金或助学金的获取资格

授予奖学金或者助学金是一项慈善活动，因为这可以促进教育（1.38，2.2，3.6）。因此，任何接受教育的人都是潜在的奖学金或者助学金的接受者。当然，最具代表性的是，奖学金的获得者是学院、大学或者学校的学生。奖学金的获得者也可以是研究者、作家、旅行家等等。面向承担独立项目的个人设立的奖学金越多，越有可能变成助学金的性质（11.4）。需要再次强调的是，只有合格奖学金可以不计入个人总收入中。

11.40 合格的学费减免是指什么？

合格的学费减免是为符合资格的教育机构（2.21）雇员提供的学费减免，该类教育机构提供（研究生水平之下）教育。有资格获得学费减免也提供给其他机构的雇员，或被作为雇员对待的人。

11.41 关于上述学费减免的特殊规定说明

有两条这样的规定。第一条规定是，如果合格的学费减少提供给高额补偿的雇员，那么，在实质上，学费减少必须同样适用于同组的其他雇员，也就是说，雇主设立了一个合理的分类，在此界定下，不存在对高额补偿雇员的偏袒。

第二条规定适用于合法教育机构的研究生（2.29）。如果这个研究生在机构中从事教学或者科研，上面提到的条款"研究生水平之下"，可以忽视。

11.42 高额补偿雇员是指哪些人？

一个人如果是高额补偿雇员，则会从雇主那里每年都获得一笔由国税局设立的补偿款。比如，2011 年补偿款的额度是 11 万美元。

11.43 联邦所得税对合格的学费减免的规定

一笔合格的学费减少的金额或者价值，不会计入接受者的总收入。

11.44 私人基金会奖学金或助学金的拨款规定

正如前面所讲（11.2），私人基金会（4.2）可以设立奖学金或助学金。但是，不同于机构奖金设立的形式，私人基金会的奖金设立计划须由国税局批准。奖金设置计划有不同的类别，包括私人基金会为个人设立的奖金涉及旅行、学习以及其他目的，都需要先经国税局批准。因此，显然奖学金和助学金需要符合这些要求，除非这些奖助学金包括对服务支付的薪酬（11.14）。奖金设立如果没有预先批准计划，则支出部分需要缴税（4.2）。

奖金的设立必须要有一个授予的目标，并且要基于非歧视性，一视同仁。在符合资格的教育机构中，奖金的目的是用于学习（2.21）。来自私人基金会的授予者必须采取一个适当的计划，也就是说，奖金设立的活动是否是整个基金会活动中的一个适当组成部分，该活动还要与基金会的免税身份相符合，扣除的个人津贴算是为该活动作出的贡献，此外，还有三个附加要求，即奖金候选人，潜在接受者的选拔以及由谁来选拔。

关于计划，必须包括选择授予者的方法，以确保授予者是慈善阶层的成员，还包括选拔标准、选拔委员会的组成以及接受者报告收集的一套制度。私人基金会在为个人设立奖金时，要遵守关于记录保存的一些要求。这些规定含有拨款的步骤，即资金恢复、对未来支付的扣款以及可能的法律诉讼。

11.45 私人基金会的奖学金范围大于一般的奖学金和助学金

这是因为相比于 1986 年私人基金会修订的奖学金定义，原来的私人基金会语境下的奖学金定义依据的是 1986 年联邦税法修订的定义（11.1），这个定义的使用范围更广泛。

因此，在私人基金会法律目的下，对奖学金的定义包括对学费、杂费、生活费的支付，以及旅行津贴、研究津贴、牧师的帮助，以及/或器材仪器设备费用。所以，在此目的下，奖学金可以用于支付食宿、旅行、牧师帮助——这些支出不计入有效奖学金的范畴（11.6）。

11.46 私人基金会支付个人劳务报酬的说明

在私人基金会语境下，捐赠一词并不包括对个人服务的支出，比如工资、咨询费、旅行报销，以及以基金会的名义为个人和在基金会项目中工作的人支付的其他支出。这表明奖学金和助学金（特别是后者）必须要计入接受者的总收入中，因为接受者希望通过提供服务以获取奖金。在该类型奖学金下的交换条件是，支付首要基于私人基金会捐款人的利益，因而，预先批准规则（11.44）在此不适用。

11.47 公共慈善机构和其他免税机构不需要遵守私人基金会的个人奖金设立规则

实际上，在联邦税法语境下对免税组织的个人奖金计划进行管理的法律条文很少，这不同于私人基金会。但话说回来，值得注意的是，国税局规定奖学金计划"由公共慈善机构产生的，在客观上和教育特色上要符合私人基金会的标准，这通常被认为是促成了免税的目的"。这是国税局在一封私人信件中裁决的。

尽管如此，有许多对私人基金会程序上的规定是关于个人奖金事宜，在奖学金和助学金奖项设立的过程中，这些法律条文对公共慈善机构和其他非营利组织是很有用的。相关的因素包括：申请表的使用、建立并公布标准、一个公正的选拔委员会的使用、防止各类型的歧视和个人利益以及如果捐赠者不正常捐资该采用何种行动的相关规定。

11.48 选拔过程的详细说明

私人基金会对奖学金的奖金设立模型确定后，授予者需要采取并坚持适当的计划。这类计划的一个重要因素是，授予者要在客观的、非歧视性的基础上授予奖金（11.50）。这需要确保，选拔出的接受奖学金群体的范围足够广泛到包含慈善阶层（11.49）。恰当标准的使用参见11.47。

11.49 慈善阶层是指什么？

有一点很重要，需要我们注意，在早前，奖学金和助学金的授予被认为是一种慈善活动，是慈善事业的一种传统形式，该活动以教育进步为目的。然而，一个批判性的发现是，奖学金及类似奖项设立的慈善性质决定他们向慈善阶层授予奖金。通常而讲，这并不困难，因为学生本身就因享有慈善阶层的成员资格而成为合适的候选人。在此语境下的测试，通常是测试潜在奖学金接受者的数量。

对于慈善阶层不存在精确的定义。核心因素体现在"足够的广泛性"（sufficiently broad）上。一般而言，一个慈善阶层由不确定数量的个人组成。比如，要组织一个奖学金计划，那么潜在的奖学金获得者就是在某一城市的学生或者州的优秀毕业。少数民族作为一个具有资格的群体，使用其他办法来定义。

如果奖金是用于科研，那么该群体范围要小于一般奖学金的情况。大范围的选拔并非必要的，鉴于奖金设立的目的，一个或多个不等的人入选，是因为他、她或者他们是符合捐款人目的的资格人选。另外，可以明显看出，选拔是特别为实现奖金目的而算得，而不是为特殊的人或者特殊的群体谋利。举个例子，选拔1名符合某一特定奖学金的研究人员，捐款者可以从3名该领域专家中选出1人，这是许可的。

国税局的两条规则中解释了哪些不是慈善阶层。一是，要求一组人员至少1/4是芬兰血统，生活在两个州，这被认为是缺乏足够的广泛性。二是，一个为进入2所大学的学生设立的奖学金计划，不符合遗产税慈善捐款扣除资格，因为有一个附加条件是奖学金获得者要与已故者的姓氏一样；要知道在美国只有约600户人是同一姓氏，国税局认为，潜在的奖学金获得者并未构成慈善阶层（因为这个群体太小了）。

此外，选拔奖学金获得者的规则要与奖金的目的相联系。进一步讲，如果某一潜在奖学金获得群体先于他人入选，该入选的奖学金获得者或获得群体，直接地或者间接地，都不应谋取私利。

11.50 客观和非歧视性原则是指什么？

奖金授予要考虑客观的和非歧视性的原则。奖学金获得者是从一群体中选拔而出，选择这一群体所依据的标准与奖金的目的合理地联系在一起，这个群体还要在总体上有足够的广泛性以涵盖到慈善阶层（11.49）。

"客观的"主要关注制定奖学金和助学金奖金中涉及的标准（11.47）。非歧视性在此语境中考察潜在奖学金获得者的私人利益。举一个例子，国税局规定，在实质上资格证书都一样的前提下，基金会创立者家庭成员及其相关人员在奖学金计划中享有优先权，就是一种歧视。因此，在该语境下的歧视一词，并不能用于通常意义上。

因而，私人基金会提议以享有免税资格的学校这一名义来管理奖学金项目。不考虑种族、信仰和国别，所有的奖学金生都将得到资助。国税局批准基金会的奖学金授予过程要遵守以上条款，即使在事实上这所学校是男校。

再举一个例子，私人基金会与营利性公司建立联系，该公司有雇员 10 万人，其中 1000 人是高级管理层。基金会为公司雇员的子女提供奖学金，在公司工作 2 年及以上的雇员（不包括基金会方面认为不符合资格的人）有资格申请奖学金。奖学金申请者每年平均 2000 人。选拔委员会有 3 名著名教育家组成，且与该公司雇员没有任何联系。选拔基于申请者的先前学术表现，在学院工作能力和资质测试中的表现，以及学院的需求这三点。没有不成比例的奖学金数量授予相关的公司管理层。该奖学金项目的执行与基金会免税慈善性的本质相符，利用客观的和非歧视性的标准从申请者中选拔奖学金获得者，利用选拔委员会发挥对选拔的客观性和非歧视性作用。

11.51 私人基金会要遵守的国税局认可标准

在国税局条款中，标准设有财务需要、学术表现、能力和资质测试表现、导师推荐信、领导力、社区服务、公民身份，以及选拔委员会通过面试得出的个人潜能与个性结论。

11.52 奖学金生需要提交哪些报告？

私人基金会的捐赠者必须在文件中体现奖金接受者是通过非歧视性的方式选拔的，适当的后续工作也已完成。文件要供国税局随时检查。记录中要有以下信息：评估潜在接受者合格的证明信息、与捐赠者/管理者的关系报告、每一笔奖金的具体金额和目的、等级报告以及转移调查报告。

无论奖学金还是助学金，奖学金/助学金获得者必须向私人基金会寄送每一个学术阶段的工作报告。奖学金生要提供年度所学课程以及每一个学术阶段的学分报告，报告内容要得到教育机构的证实。对于未参加课程，只准备研究论文或研究项目，比如博士论文的奖学金生，要向基金会提交经教师核实的年度报告，这个教师要是奖学金生的管理者或者学校工作人员。奖学金生完成学习课程后，要提交最终报告。

11.53 监测要求是指什么？

按要求提交的报告或者其他信息（包括未提交的报告），可以反映奖学金或者助学金的哪一部分没有用于促进奖金目标的实现，对此，私人基金会有责任进行调查。在进行调查的同时，基金会有权保留可能地下一步的支付，直到收到未提交的报告为止。比如，基金会一旦确定某一部分拨款并未用于正确的目的，并且奖金获得者并未按照之前文件中指明目的，而是将奖金另作他用，在此情况下，基金会的操作不会被视为单方面地违反规定：

基金会是否采用合理的、适当的步骤来重新获得奖金或者确保已经转移基金的恢复，是否决定任何奖学金基金保留在奖金接受者手中，作为奖金的来源。

在奖学金授予者意识到奖金已经发生转移之前，保留对奖金获得者的下一步支出，直到收到奖金获得者的保证，下一步的转移不会发生，采取特别的防范措施来阻止下一步转移的发生。

合理的、适当的步骤包括适当的法律行动，但不必提起法律诉讼。如果提起法律诉讼，在判决的赔偿中不会发生奖金赔偿。

11.54 奖学金或者助学金对禁止私人分配的影响

如果奖金获得者是捐赠者的知情人员（6.2），奖学金或者助学金奖金的设立会影响禁止私人分配（第六章）。如果奖金接受者是无资格个体，并且奖金的设立不是基于客观的和非歧视性的原则（11.50），以及/或奖金的金额（以及其他条款和条件）是不合格的，也将影响私人分配机制。事实上，如果奖金是基于客观的和非歧视性的原则，奖金接受者是慈善阶层（11.49）的一员，而且奖金的金额是合理的，奖金获得者是知情人士，但并不会引起奖金设立对禁止私人分配的影响。

需要注意的是，如果存在禁止私人分配交易或者安排，国税局有权使用禁止私人分配原则或是中间制裁原则（6.72）。中间制裁原则的立法史规定，国税局通常情况下可以使用这些原则，除非事件恶劣，在此事件中需要使用禁止私人分配规定（或者两法都用）。这是因为国会宁愿处罚引起此不合法交易或安排的知情人士，而不是取消授予者的免税资格。因此，如果学院或者大学授予个人奖学金，而这个人是机构的知情人士，在此情况下，授予奖学金就是一次禁止私人分配交易（比如奖金金额是不合理的），但是国税局取消学院或者大学免税资格的情况少有发生。通常情况下，国税局会认定奖学金的设立是超额利润行为，并采取中间制裁处罚。

11.55 奖学金或者助学金对超额利润交易的影响

如果捐赠者是符合资格的免税组织（6.31），奖金获得者不符合资格（6.53），未基于客观的和非歧视性的原则进行授奖（11.50），以及/或者奖金的金额（及其他条款和条件）是不合理的，那么奖学金或者助学金的设立会对超额利润交易产生影响（6.33）。事实上，奖金接受者不符合资格并不会引起奖金设立对超额利润交易产生影响，前提是基于客观的和非歧视性的原则进行授奖，奖金获得者是慈善阶层的一员（13.49）以及奖金的金额是合理的。但是，这些前提条件会交叉重叠，比如，在奖学金授予中，国税局会在确定支付是否合理的同时，也确定支付是否基于客观的和非歧视性的原则。

因此，如果大学校长为大学受托人的孩子授予奖学金，因为缺乏正式的程序或者客观的标准，那么奖学金的设立就是不合理的。类似情况，就像奖学金在非歧视性原则下不能授予是一样的。因此，教育机构应该有一系列的标准或程序，以避免奖学金不恰当地授予知情人士或是不符合资格的人。如果奖学金没有依照设计的指导方针进行授予，该指导方针设计的目的就是避免不符合资格的人利用其职位在选拔奖学金获得者时谋私利，这样超额利润交易规则（6.33）的相关例外情况就不会出现，这是因为经济利益不会单独地提供给个人，因为这些人只是慈善阶层的一员，大学希望奖励慈善阶层，作为实现其奖金的慈善性和教育性而免税的目的。

上述表明，虽然国税局几乎总是使用中间制裁原则（11.54），但是如果不合理的奖金设立普遍化后，仍将存在禁止私人分配。税法条例提供了关于中间制裁交易过程中，国税局什么时候撤销组织的免税资格的条件，比如，撤销免税组织免税资格的原因如下：（1）所有超额利益交易的规模和范围与组织免税活动的规模和范围密切相关；（2）组织涉入多种超额利润交易；（3）组织没有执行任何防护措施，该措施可以合理地计算以阻止下一步转移；（4）超额利润交易没有得到修正（6.60），组织未尽全力寻找不符合资格人员的修正措施。

11.56 奖学金获得者遵守的保持记录规定

为符合有效奖学金（11.6）不计入总收入的条件，奖学金获得者必须对使用有效学费和相关费用的金额（11.7）以及有效学费和相关费用的总金额建立记录。按照要求，需建立以下记录提供给国税局，包括相关账单、收据、注销支票或者其他清楚反映支出情况的文件、记录的复印件。按照要求，奖金获得者必须提交建立对奖金发票、知道奖金获得结果的日期、奖金条件和要求记录的文件。有效奖学金的金额不计入总收入，没有必要跟踪有效学费和相关费用的每一笔钱的具体支出。

11.57 雇主提供的奖学金是否需要计入总收入？

视情况而定。如果是在教育援助项目下的所得利益，雇员收到来自一个或多个雇主的年度教育援助金为 5250 美元以下的可以不计入总收入。[17]教育援助项目中，雇员的每一笔获利必须来自单独的书面计划，雇主支付的教育援助费用是为了帮助雇员完成教育。这些费用包括学费、杂费、相关支出、书费、生活费和器材费。教育援助还包括雇主提供的课程费用。雇主必须通过"教育援助项目"为所有雇员或者符合雇主分类资格的雇员提供资助，雇主对高额补偿雇员的支持并不是一种歧视行为。一项符合资格的教育援助项目仅为雇员提供资助，但是"雇员"包括自雇或者合伙，合伙就是工资来自合伙人的生意或者合伙关系。只有获利达到 5% 后，可以支付给雇主中拥有 5% 以上股权或者资产或者绩效分红的股东或者业主（或者他们的配偶和家属）。

11.58 可用于高等教育成本税收抵扣的类型是什么？

有三种类型的税收抵扣，可供纳税人抵消高等教育成本，这三种类型是美国教育机会信用抵税，希望奖学金信贷，终身学习信贷。

11.59 纳税人可申请的税收抵扣类型是什么？

只有一种税收抵扣可供学生在任意一年使用。纳税人可以使用终身学习信贷资助一个学生，使用美国教育机会信用抵税或者希望奖学金信贷资助另一个学生。无论希望奖学金信贷还是美国教育机会信用抵税，都仅资助符合资格的学生。

11.60 美国教育机会信用抵税的申请资格

美国教育机会信用抵税适用于没有申请希望奖学金信贷的纳税人，用于支付合格的教育费用支出，申请人可以是纳税人，可以是纳税人的配偶，也可以是纳税人的家属。[18]

11.61 美国教育机会信用抵税的额度是多少？

个人可以申请的美国教育机会信用抵税最大额度是每名学生 2500 美元（首次支付有效费用的全款，2000 美元；第二次支付 2000 美元的 25%）。然而，美国机会信贷资格正在逐步淘汰调整后的个人总收入在 8 万~9 万美元之间的个人（个人不单独报告结婚的情况）。美国机会信贷资格扣减将于 2012 年底到期。

11.62 美国教育机会信用抵税的符合资格费用有哪些？

符合资格的费用包括注册或者入学的学杂费，纳税人、纳税人的配偶或是在符合资格机构（2.21）中的其他家属。某些课堂材料也包含在符合资格的费用内。

11.63 美国教育机会信用抵税对学生资格要求是什么？

符合美国教育机会信用抵税资格的学生，必须（1）在符合资格的教育机构（2.21），注册攻读学位、证书或者其他认可的教育证书项目；（2）在所学专业课程中，承担的工作量至少是全日制工作量的一半；（3）尚没有完成高等教育前 4 年的学习；（4）信用要求的纳税年度结束前，在控制型实体中没有因占有或者分配而被认定犯有联邦或者州的重罪。

11.64 美国教育机会信用抵税是否可退款？

对于某些纳税人，此项抵税的 40% 是可以退款的。以下纳税人不具有退款资格（1）18 岁以下的纳税人，或 18 岁且收入低于纳税人资助的一半，或超过 18 岁、小于 24 岁收入低于纳税人资助的一半的在校生，（2）纳税人的父母至少一方健在，（3）未提交联合纳税申报表。如果纳税人不具有退款资格，允许的信贷可用作减少纳税人的税款，就像非退款信贷一样。

11.65 希望奖学金信贷的申请资格

希望奖学金信贷适用于未申请美国教育机会信用抵税的纳税人，纳税人、纳税人的配偶或家属可使用该信贷为符合资格的学生支付有效的教育开支。[19]纳税人不能声明其是否单独填报的身份符合结婚备案。

11.66 希望奖学金信贷的额度是多少？

个人可申请的希望奖学金信贷的最大额度是 1500 美元（首次，1000 美元的有效支出全款；第二次是 1000 美元的 50%），额度随每年的通货膨胀而调整。（2011 年的额度是，首次是全款的 1200 美元的有效费用支出；第二次是 1200 美元的 50%。）2011 年，个人希望奖学金的信贷资格是调整后总收入在 5 万~6 万美元之间（夫妻合并申报则是 10 万~12 万美元之间）。

11.67 哪些支出是符合希望奖学金信贷要求的？

符合资格的支出包括纳税人、纳税人配偶、纳税人家属为在合法机构中的个人注册或入学所交纳的学杂费，不同于美国教育机会信用抵税（11.58），课程材料的支出不属于合法支出。

11.68 希望奖学金贷款的评选资格是什么？

符合希望奖学金信贷要求的学生，需要满足：（1）两个纳税年前，未有费用用于支付希望奖学金信贷；（2）在符合资格的教育机构注册学位、证书或其他认可的教育证书项目；（3）在所学专业课程中，承担的工作量至少是全日制工作量的一半；（4）尚没有完成高等教育前 4 年的学习；（5）在申请贷款的纳税年度结束前，在控制型实体中没有因占有或者分配而被认定犯有联邦或者州的重罪。

11.69 希望奖学金贷款如何申请？

申请该贷款需要完成 8863 表的第 2、3 部分，并随纳税人的 1040 表和 1040A 表一同提交。贷款金额可以在 1040 表 49 栏或 1040A 表 31 栏中输入。

11.70 终身教育信贷的额度是多少？

如果没有申请希望奖学金贷款或者美国教育机会信用抵税的资格，则有资格申请终身学习贷款，该贷款的额度约为 2000 美元。[20] 每一位纳税人在任何一个纳税年度中的终身学习贷款相当于纳税人有效费用支出的 20%，该费用在纳税年度开始或被视为开始时不超过 1 万美元。

11.71 纳税人申请终身学习贷款的年限为多久?

同一学生申请终身学习贷款不受年限的限制。

11.72 申请终身学习贷款的资格

个人用于支付高等教育中的有效教育费用,符合资格的学生所支付的教育费用,都可以申请贷款。符合资格的学生,可以是纳税人,或是纳税人配偶,抑或是纳税人家属,可在纳税人申报单申请免税。已婚但单独申报的纳税人不能申请终身学习贷款。总收入为 6 万美元或更多的纳税人,不能申请终身学习贷款。调整后总收入为 6 万美元以上(或 12 万美元以上)的纳税人也不能申请终生学习贷款。

11.73 哪些支出符合终身学习贷款的要求?

合格的教育支出,用于终身学习贷款,包括学费和在符合资格的机构注册课程的相关支出。

11.74 终身学习贷款的资格人选

在符合资格的机构,注册一门或多门课程的学生是终身学习贷款的资格人选。

11.75 合格的学费项目是什么?

合格的学费项目须遵守税法条款。[21] 众所周知的 529 计划,是教育存储计划,旨在帮助家庭节省对于合格的高等教育费用的支出(11.77)。

合格的学费项目旨在允许一人或者多人通过预先支付或者捐款来支付学生在符合资格的教育机构的合格教育支出(11.80)。合格的学费项目可以由州(或者代理机构或者州的某些部门)和符合资格的教育机构来建立并维系。

11.76 合格的学费项目类型有哪些?

有两种合格的学费项目类型:预先支付或者存款计划。个人可以购买学费贷款或者证书给指定的受益人(11.78),授权受益人可以免付合格的高等教育支出(11.77),再或者,由州或者代理机构或者州的某些部门建立并维系的计划中,形成一笔捐款,用于支付指定受益人的合格的高等教育支出。

11.77 合格的教育支出是指什么？

合格的教育支出包括（1）学费、杂费、书费、生活费和器材费，这些费用是指定受益人（11.78）在符合资格的教育机构注册或入学是需要缴纳的费用；（2）对特殊需求的服务的支出，对于特殊需求的受益人来说，就是在注册或入学中的相应支出。

11.78 指定受益人是指什么？

通常来讲，指定受益人是指在合格学费项目中获益的学生（或未来的学生）。如果州或者当地政府或者某些免税组织从合格学费项目中购买利益，作为奖学金项目的一部分，那么指定受益人就是以奖学金形式获得该项利益的人。

11.79 指定受益人可以变更吗？

一旦参与合格学费项目开始后，指定受益人（11.78）可以变更。

11.80 符合资格的教育机构是指什么？

符合资格的教育机构通常是指学院、大学、职业学校或其他高等教育机构（2.21），这些机构有资格参与由教育部管理的学生资助项目。

11.81 上述计划的捐赠金额是多少？

用于合格学费项目捐赠的金额不能高于指定受益人（11.78）的合格教育支出（11.77）的必要金额。对个人捐赠没有收入限制。

11.82 对合格学费项目的分配部分是否需要缴税？

分配的部分是指支出的费用或者合格学费项目的捐赠，故不必计入受益人总收入。这是对相关项目计划投资的回报。被指定的受益人（11.78）通常不需要包括从一个合格的学费计划中分配的任何收入，如果总分配低于或等于合格的教育费用（11.77）。

11.83 上述三种类型的税收抵扣可以一次性全部申请吗？

是的。指定受益人（11.78）可以在一年内申请有关信贷，同时也可以接受合格学费计划的分配。但是，学生通过：（1）教育支出的金额决定信贷金额,(2)任何支出的支付或偿还通过免税的奖学金（11.2）或助学金(11.4），而减少合格教育支出的其他免税的金额时必须避免"2次受薪"（或者"3次受薪"）。

11.84 合格的学费项目中的资金可以转存为其他吗？

是的。资金可以转存或转换，从一种合格的学费项目转为另一种。转存必须在分配期内60天完成。另外，在不转换账户的情况下，可以变更指定受益人（11.79）。

11.85 教育储蓄账户是什么？

教育储蓄账户（ESA）可以理解为是信托账户或保管账户，美国开发建立该账户目的仅为指定受益人（11.86）支付合格的教育支出（11.93，11.94）。

11.86 教育储蓄账户的指定受益人是哪些人？

18岁以下或者具有特殊需要受益人资格的人都是教育储蓄账户的指定受益人。

11.87 哪些人可以为教育储蓄账户捐款？

调整后总收入低于11万美金（联合报税22万美元）的个人，可以为教育储蓄账户捐款。

11.88 教育储蓄账户是否有额度限制？

建立教育储蓄账户额度限制。但是，受益人获得的总捐款年度内不能超过2千美元。

11.89 教育储蓄账户的分配是否免税？

如果分配部分不多于年度内受益人调整后的合格教育支出，则税收免费。

11.90 在这一语境中，符合资格的教育机构是指哪些？

基于教育储蓄账户的设立目的，符合资格的教育机构可以是符合资格的高等学校（11.91），也可以是符合资格的小学或者中学（11.92）。

11.91 符合资格的高等院校有哪些？

依据教育储蓄规则的条款，符合资格的高等学校可以是任何的学院、大学、职业学校或者其他高等教育机构（2.21），这些机构有资格参与由国家教育部管理的学生援助项目。事实上，包括了所有认可的、公立的、非营利的以及所有权（营利性质的）高等教育机构。一些教育机构并不设立在美国本土，也参与了美国教育部的联邦学生援助（FSA）项目。

11.92 符合资格的小学或者中学是指哪些？

依据教育储蓄规则的条款，符合资格的小学或者中学是指任何公立学校（2.16）或私立学校（2.15）（包括教会学校），这些学校提供小学教育（2.18）或者中学教育（2.19）。

11.93 合格的高等教育支出是指什么？

依据教育储蓄规则的条款，合格的高等教育支出是指（1）指定受益人在符合资格的教育机构，注册或入学时缴纳的学费、杂费、书费、生活费以及器材费；（2）特殊需求的受益人对特殊需要支付的服务费用，该项费用在注册和入学时产生；（3）在注册学期中期，学生需要支付产生的食宿费用。

11.94 合格的初等教育和中等教育支出是指什么？

依据教育储蓄规则的条款，合格的初等教育和中等教育支出包括（1）指定受益人在符合资格的教育机构，注册或入学时的学费、杂费、书费、生活费、器材费以及学术指导费用；（2）特殊需求的受益人对特殊需要支付的服务费用，该项费用在注册和入学时产生。

另外，在入学或注册时，以下费用要求支付：食宿费、校服费、交通费和附加物品和服务费（包括延长日项目）。

购买电脑技术、设备或网络接入及相关服务也属于符合资格的初等教育和中等教育支出。受益人和受益人家庭可以在受益人小学或者中学的任意一年使用。

11.95 超额捐款的附加税是指什么？

每年年底前，受益人需为教育储蓄账户超额捐款部分支付6%的特许权税。超额捐款是以下两部分奖金的总额。

指定受益人的年度教育储蓄账户，捐款超过 2000 美元，或者少于每个捐款者的年度最低限（11.88）。

上一年度的超额捐款，降低为如下两笔金额的总和：捐赠［并非当年延缓付款（11.96）］和当年捐赠限额减去捐赠数额。

11.96 资产可以转存为教育储蓄账户吗？

资产可以从一个教育储蓄账户转存到另一账户，或者改变指定受益人（11.86）。受益人的利息可以转移给其配偶或者前任配偶。

参考文献

1. IRC § 117.

2. IRC § 117 (b).

3. IRC § 117 (c).

4. Bingler v. Johnson, 394 U. S. 741 (1969).

5. Rev. Rul. 77-263, 1977-2 C. B. 47.

6. Reg. § 31. 3121 (B)(10) -2 (d)(3).

7. IRC § 3121 (b)(10).

8. Mayo Foundation for Medical Education and Research v. United States, No. 09-837, decided Jan. 11, 2011.

9. IRC § 3101.

10. IRC § 3111.

11. IRC § 3121 (a).

12. IRC § 3121 (a)(20).

13. IRC § 3121 (b).

14. IRC § 3121 (d)(2).

15. IRC § 102.

16. IRC § 74 (b).

17. IRC § 127.

18. IRC § 25A (i).

19. IRC § 25A (a)(1).

20. IRC § 25A (a)(2).

21. IRC § 529.

12◀◀
慈善捐赠规则

慈善捐赠免税规则对于免税学院和大学相关的法律至关重要。捐赠者通常以捐赠意图为主要动机，但慈善免税的经济刺激是不能忽视的。免税经常规定了捐赠的形式和时限，以使捐赠者捐赠出比原本意图更多的金额。

高等教育机构依赖于慈善捐赠。捐赠经常直接给予私立或公立学院或大学。很多情况下，受赠人是相关的筹款/发展基金会或者捐赠基金。其他慈善驱动包括奖学金和研究基金，其他目的的支持型组织有慈善剩余信托和收益基金池。

慈善捐赠并不比计划捐赠更神秘或引起更多的困惑。与此种类型的捐赠有关的规则在某种程度上，尤其与那些维持慈善剩余信托有关。然而，计划机会源于复杂性。计划者并不总是以符合捐赠社区意愿的方式使用这些机会，换言之，权力滥用现象有可能发生。国会和国税局最近发现有必要在计划捐赠领域制定其他规则。这些发展很好地促进了法律规则的完善。

计划捐赠是支持高等教育的慈善捐赠中的一个组成部分。国税局《合规性调查项目中期报告》称，56%的小型机构（2.34），51%的中型机构（2.35）和81%的大型机构（2.36）是慈善剩余信托的受益人。使用慈善捐赠年金计划则更为普遍，比例分别是61%、58%和84%。收益基金池在实际应用中比重下降，比例分别是15%、24%和41%。

计划捐赠方案也应用于学院和大学捐赠基金中。国税局中期报告称，平均有5.5%的小型机构捐赠基金，3.2%的中型机构捐赠基金和4.9%的大型机构捐赠基金承认使用了慈善剩余信托。相比之下，慈善捐赠年金的比例分别是

3. 5%、1. 2%和1. 3%，收益基金池的比例分别是19. 4%、38. 1%和11. 9%。

下面是关于慈善捐赠免税，包括计划捐赠规则，经常涉及的问题及其解答。

慈善捐赠基本规则

12. 1 免税组织有权获得免税的捐赠吗？

没有。有权豁免联邦收入所得税的组织清单要比有权接受捐赠（依据联邦所得税法作为慈善捐赠免税）的组织清单更长。

根据慈善捐赠规则，以下五类免税组织是慈善受赠人：

1. 慈善（包括教育、宗教和科研）组织。

2. 州、联邦政府机构和政治附属机构，联邦政府自己和哥伦比亚特区，只要捐赠以公共为目的。

3. 退伍军人及其附属组织或者退伍军人组织的基金会。

4. 在集会体系下运作的兄弟会，只要捐赠被用于慈善目的。

5. 会员制墓地公司和章程以埋葬为目的的法人。[1]

总之，捐赠给其他类型的免税组织是不能减免的。

12. 2 捐赠给免税的学院和大学是可减免的

这是正确的，有各种监管慈善捐赠免税程度的规则，例如比例限制（12. 15~12. 18）和实体化规则（13. 6）。捐赠是可减免的，比如捐赠给私立学院和大学（12. 1，第一类）以及政府主体拥有和运营的学院和大学（12. 1，第二类）。对许多附属于学院和大学的实体同理（第一类），比如筹款基金会、研究院和捐赠基金。

12. 3 在高等教育领域里，何种捐赠减免是可能的？

在联邦法层面，捐赠给学院和大学及其附属实体可获得慈善减免，包括收入税、遗产税和捐赠税。[2]州法层面也可以获得慈善减免，比如与州收入税有关的情况下。

12.4 构成捐赠的成分？

一般来讲，"捐赠"一词含有两层意义：钱或财产的转移，捐赠者的自愿，它出于非期待的回报利益刺激。后者被界定为"报酬"，即得到商品或服务而交换的对价。因此，税收规则规定的转移并不是捐赠，当合理的期待经济回报与捐赠数量相当的时候。[3]规则也声称捐赠是志愿转移钱或财产，它并不期待获得经济收益与转移数量相当。[4]

国税局附加了另一项法律规则："在考虑到持续性特权形式或与筹款活动赞助人支付有关的获得收益的地方，推断该支付不是捐赠。"[5]这些规则推论下一项单一的交易的性质可能部分为捐赠，部分为交易，因此当一个慈善组织是支付者（12.5）时，仅仅捐赠部分是可以减免的；这种分叉形式的例子是讨价还价的销售（12.13），慈善捐赠年金交易（12.93）以及交换条件捐赠（13.18）。

在一篇经常被引用的文章里，联邦最高法院发现捐赠是被"距离疏远或不感兴趣的慷慨大方"所造成的钱或财产的转移。[6]顺着这条线，法院指出，一项捐赠是转移，出于同情、尊重、羡慕、慈善或类似的情感。[7]这些因素聚焦到了围绕交易的极端情况。

第三个因素也是在这些引证中反映出来的，在这一背景下被考虑的是捐赠目的。这方面的定义是三个因素中最有问题的，因为它经常是困难的，需要确定捐赠者在作出捐赠行为的时候在想什么（如果，事实上，那是交易是什么）。也许慈善捐赠缺乏捐赠目的（或者，在那种情况下，也许根本没什么目的，事实证明一个或更多现金障碍构成了一个学校拍卖成功的一部分）。

法律反映了关于捐赠目的因素的申请的不一致。例如，慈善法规定的立法历史声称慈善捐赠的概念（12.5）"一般是意味着一笔自愿的钱款或其他财产的转移，没有实际收益的考虑，也不带有捐赠目的"。[8]相比之下，法院写道，在决定一项交易是否表面上包括了捐赠是进入所涉及慈善组织的"任何对价形式的期待"，"我们应该关注与交易相关的外部特征"。[9]

然而，在此点上并没有与预期数量相符的法律。某联邦上诉法院相当明显地指出这一事实，简明地指出捐赠一词的定义是个"特别困惑的联邦税收议题"。[10]与这个发现无关的，这个上诉法院继续认为现有的国内税收法结构在这个主题下是含义模糊的，在起诉书中，"国会和法院都没有提供关于捐赠这一术语任何令人满意的定义"。[11]

12.5 什么构成了慈善捐赠？

慈善捐赠是赠与受赠人的一项捐赠（12.4）。然而，正如所指出的那样（12.1），根据联邦所得税法的目的，慈善受赠人包含免税组织的类别要比那些通常被认为的慈善组织更加广泛。在任何情况下，私立学院和大学（2.15）与公立学院和大学（2.16）以及关联实体，如筹款基金会和捐赠基金，都构成慈善受赠人。

12.6 这与慈善承诺有什么关系？

一项慈善承诺是承诺作出慈善捐赠（12.5）。承诺不是捐赠（12.4）。因此，作出承诺不会产生联邦所得税的慈善捐赠扣减。如有可能的话，扣减的发生取决于承诺兑现的时候。慈善承诺的可执行性是州法的问题。有些州将其考虑（12.4）为一项可强制执行承诺的先决条件。这意味着承诺必须具有可执行性，达到合同的水平。其他州执行承诺的概念更为广泛，通常依据诚信理论。例如，一个人可以承诺出资建造一所冠以其姓名的大学宿舍；如果大学开始建造宿舍，而承诺人随后拒绝为承诺提供资金，那么这一承诺可能因收到承诺而开工建设而变成可强制执行的。

作为一件实际的事情，对于学院、大学或其他慈善被承诺人来说，通过提起诉讼来执行一项承诺是件很尴尬的事。这可能是一场很难打赢的官司，而且诉讼一般会对捐赠人关系产生不利的影响。然而，近年来一些引人关注的法庭案件中，慈善承诺成了执法诉讼的主体。

12.7 慈善捐赠是否必须被正式接受？

是的，如果要获得慈善减免，就必须正式接受慈善捐赠。接受的形式取决于所提供的财产类型；接受的范围从简单的支票存款到一份必须适当准备的契约。接受被要求完成一项捐赠，也就是说，证明捐赠者与所捐赠财产的所有权利和利益相分离的事实。

关于财产转让是否完全适用于联邦税法这一事实问题，是通过对所有相关事实和情况的审查来解决的。从本质上讲，这一问题是考虑到表面上转移的财产所有权的"利益和负担"从捐赠者转移到受赠人。

12.8 什么是捐赠接受政策？

"捐赠接受政策"这个短语有许多定义。其中最好的一个是在基金会中心网上指导慈善组织对其将接受的所有类型捐赠的政策（仅仅是政策而非法律），教育组织的董事会成员和雇员对特定类型捐赠可能引发的批评性议题。根据这一来源，一项捐赠接受政策声明了组织将接受（也许不会接受）的捐赠类型，所接受捐赠的环境，大额捐赠（比如证券、房地产和人寿保险政策）的处理，确认捐赠的过程以及追踪捐赠的使用过程。学院和大学希望确定它们的捐赠接受政策以解决诸如知识产权（12.37）和计划捐赠（12.60）等问题。提交年度信息反馈 990 表（第十七章）的组织会被问及是否有一项要求审查任何非标准捐赠的捐赠接受政策。[12]

12.9 什么是非标准捐赠？

国税局将非标准捐赠定义为某一项条款的捐赠，该条款被"不合理地应用于期望满足或增进（受赠人）组织的免税目的（除非这样的组织需要收入或资金）以及没有现成的市场供该组织可能去偿付捐赠和将之转换为现金，该项目的价值是高度投机或难以确定的"。[13]

12.10 捐赠或服务可以获得慈善扣减吗？

不能。联邦所得税的慈善减免不适用于服务捐赠。[14] 因为捐赠者很少将服务的价值考虑纳入估算收入，允许对慈善组织的捐赠服务进行慈善减免将造成双重扣除。

此外，国税局认为，与服务估值有关的困难是它本身的政策原因，即不允许此种类型的扣减——更不用说对联邦税收造成的收入损失。

12.11 慈善扣减是否适用于使用财产的捐赠？

不能。联邦所得税的慈善减免不适用于使用财产的捐赠。[15] 这是因为扣减捐赠的本质在于捐赠的是财产的部分利益，而不是产生慈善扣减的捐赠利益（12.61）。此外，由于赠与人使用财产的权利很少会将财产的使用价值转化为收入（如估算租金），因此，允许慈善扣减对财产使用的慈善扣除将会导致双重扣除。

12. 12 什么是步骤交易原则?

一般规则是,向公共慈善组织捐赠可增值的财产,该捐赠基于财产的公允市场价值是可抵扣的,而财产中固有的资本增益因素不应向捐赠者征税。但是,如果捐赠者在向慈善组织捐赠后不久就出售了该财产,依据联邦所得税的目的,捐赠者可能会被置于不得不承认资本增益元素的位置。在围绕着捐赠交易的事实和环境下,当受赠人在法律上有义务将捐赠的财产卖给由捐赠人预先安排的购买者时,这种情况可能会发生。在这种情况下,联邦税法将该交易视为"受赠人"向第三方购买者出售财产,并将销售所得赠予慈善组织。这一法律包含在步骤交易原则中,在这一原则下,两个或两个以上表面上独立的交易——或者说是步骤——(在这里是捐赠和随后的销售)是分割的,而这个问题被重新构建并依据联邦税的目的被视为两个相关的交易。

12. 13 什么是廉价出售?

廉价出售是指将财产转让给慈善组织,在那里一部分交易是出售或交换财产,一部分是慈善捐赠的财产。基本上,廉价出售是指以低于市场公允价值的价格向慈善组织出售一项财产。该数额等于这份财产的公允市场价值,销售价格要低于该数额,一般属于可扣减的慈善捐赠。

如果这种可能性不能被忽略,则一旦发生,且慈善转移生效,那么慈善减免在条件被满足或消除之时就产生了。

必须有被分配给捐赠部分的财产,该财产调整基数因素与总体调整基数的比率,与财产捐赠部分公允市场价值与整个财产的公允市场价值的比率相同。进一步说,基于这些目的,必须有被分配给捐赠部分的财产,获得的数额在廉价销售中不被承认,但如果捐赠部分的财产被受赠人在捐赠给慈善组织之时以其公允市场价值销售,则将被承认。

廉价销售可能产生慈善减免,但是却少于被转移的捐赠部分财产。这是因为扣减减少规则潜在地适用于廉价销售的捐赠。这项扣减减少原则要求,在一定的条件下,相当于财产公允市场价值的数额被财产的日常收入或资本收益元素所减少。对于一项交易是廉价出售还是以财产公允市场价值出售,可能会产生争议。这些案例之一,法院认为对于限制土地开发的土地地役权进行转让,即产生了廉价出售以及慈善捐赠减免,尽管国税局认为该项为转移支付的金额是其公允市场价值。捐赠者支付了 30. 9 万美元。法院发现,地役权的价值为 51.8 万美元，由此产生的慈善扣减额为 20.9 万美元。国税局断言，地役权只值 30.9 万美元。由于买卖交易的结果而产生的收益，必须在销售年度内得到确认。廉价出售所产生的捐赠因素受到了百分比限制（12.15~12.18）。

12.14 什么是委托人信托规则？

委托人是将财产转让给受托人的人。委托人信托规则适用于委托人和符合联邦税法目的的其他人以及信托财产的实质所有者；有些人与信托有关系，他们保留着实质性的支配和控制（所谓委托人信托）。[16]这些规则要求向委托人信托的收入征税；以技术上讲，信托的收入（加上适当的税收减免和信贷）归委托人所有。有五种情况，委托人被认为是信托某部分的所有权人（因此信托收入应征税）：

1. 如果在信托部分一开始，收入的价值超过该部分价值的 5%，而委托人对信托的主体或收益存在可复归权利时，委托人被视为该信托部分的所有权人。[17]

2. 在主体或收入的收益使用权是处置权的对象，由委托人或并非相对方的第三方（非相对方）或者两者加以运用，未经任何相对方批准或同意的情况下，委托人被视为信托人一部分的所有权人。[18]然而，这一规则并不适用于决定主体或收入的收益处置权的权力，如果主体收入是不可挽回的慈善目的支出。[19]在慈善受益人之间作出选择或影响他们收益使用的权力并不会导致委托人被视为信托部分的所有权人。

3. 在信托存续期间有特殊的管理权力以及委托人可以或的确在这些权力下受益，委托人被视为信托人一部分的所有权人。[20]这些权力有：未经充分考虑的交易权；没有足够利息或担保而借款的权力；借贷信托资金的权力以及一般管理权。

4. 委托人被视为信托人一部分的所有权人，如果委托人或非相对方有权撤销信托或将信托的主体部分归还给委托人。[21]

5. 委托人被视为信托人一部分的所有权人，如果委托人或非相对方有权分配收入为了委托人或其配偶的利益而分配收入。[22]

比例限制

12.15 金钱捐赠可抵扣的联邦税收规则是什么？

慈善捐赠经常表现为金钱。一些人更愿意用现金一词。尽管这种捐赠形式通常是全额抵扣，特别是在高等教育领域，但联邦收入所得税法规定了在任何一个纳税年度慈善捐赠可抵扣的限制。设置这些限制的功能在于设定个人捐赠者的捐赠基数。即比例限制被用于确定慈善捐赠适用的抵扣，在个人情况下，该数额等于捐赠者捐赠的基数。[23]

12.16 个人捐赠基数的定义是什么？

从技术上讲，个人捐赠基数是他或她调整后的总收入，不考虑纳税年度之前的任何净经营损失。[24]因此，对大多数个人而言，构成调整后总收入的数额和捐赠基数是一样的。

12.17 可能限制金钱捐赠可抵扣性的联邦税法规则是什么？

对个人而言，以金钱形式的慈善捐赠和慈善受赠人是一个公共慈善组织（4.1），比如学院或大学，或者私人基金会的一种选择类型（4.2），每年依据联邦收入税法慈善抵扣的程度不能超过相当于捐赠者捐赠基数（12.16）50%的数额。[25]向慈善组织捐赠的其他金钱（比如大多数私人基金会和兄弟会组织）的限制通常是30%。[26]在任何一种情况下，超出部分可以在随后的五年内得以延续并扣除。[27]

因此，例如某人一年的捐赠基数是10万美元，当年以金钱的形式给免税大学捐赠了4万美元，该捐赠在当年将全额减免（除非有其他限制）。如果所有捐赠是给一个典型的私人基金会，那么当年捐赠的扣减额是3万美元，超出的1万美元将向后延续一年或更多年进行扣减。

一个营利性公司可以给出金钱捐赠。该捐赠在任何一个纳税年度都不可以超过该公司应税收入的10%。[28]移行规则是可适用的。[29]

12.18 可能限制捐赠财产可抵扣性的联邦税收规则是什么？

对财产慈善捐赠的联邦税收规则要比那些涉及金钱捐赠（12.5）的规则

复杂得多。这种类型的捐赠——被称为年度信息反馈报告内容（第十八章）的非现金捐赠——通常是可以减免的，但是仍有在任一纳税年度可抵扣情况的几项限制。

这些限制中的一组列出了百分比的最大值，其适用与金钱捐赠（12.5）一样广泛。就个人而言，在慈善捐赠是财产和慈善受赠人是公共慈善组织（4.1）的地方，例如学院或大学，或者私人基金会（4.2）的一种选择类型，依据联邦收入所得税法，慈善扣减的程度不能超过相当于捐赠者调整后总收入的30%。[30]对慈善受赠人其他类型的限制一般是20%。[31]

例如，如果某人一年的捐赠基数（12.16）数额是 10 万美元，当年向一个免税大学捐赠财产价值为 2.5 万美元，捐赠将全额扣减（除非适用其他限制）。如果代之以向一个典型的私人基金会捐赠，则当年捐赠抵扣额将是 2 万美元。另外一个例子，超过部分可以被延续到未来 5 年进行扣减。[32]在这种情形下，联邦所得税法一个吸引人的特征就是，增值的慈善捐赠财产经常是基于该财产的全部公允市场价值而被抵扣。[33]（从本质上讲，要达到这个结果，受赠人必须是一个公共慈善组织）。如果该财产被出售，则增值财产中固有的资本收益将被征税。举个例子，某人花 2 万美元购买一项财产，现在它值 4 万美元，他或她将这一财产捐赠给免税学院并接受慈善捐赠抵扣 4 万美元。2 万美元的资本收益属于逃税。（因为比例限制，这一捐赠在当年享受 3 万美元的慈善抵扣和向后延续 1 万美元）。

一个营利性公司可以进行财产慈善捐赠。在任何一个纳税年度里，这种类型捐赠的抵扣不得超过公司应纳税所得额的 10%。[34]适用向后结转规则。[35]对公司而言，有些特别的规定限制捐赠财产的可抵扣性（当财产被用来照顾病人、有需要的人或婴儿的时候）和以研究为目的的科研资金的捐赠。[36]在涉及这两种情况的大多数案例里，允许的慈善捐款扣除的数额相当于公司财产技术的 2 倍。

附条件的、非限制性的和限制性的捐赠

12.19 附条件捐赠的抵扣规则是什么？

关于附条件的日期，如果一项以慈善为目的的资金转移依赖于某些行为或先决事件的发生才能生效，除非慈善转移不会生效的可能性微乎其微甚至

被忽略不计，否则慈善抵扣是不允许的。[37]

如果一个组织有多个关联组织，且这些关联组织并不属于一个免税集团的一部分，那么该组织提交的年度信息审核表是否需要包含这些关联组织的信息，或者是否以它们的名义提交一份混合的年度信息审核表？

举个例子，一个人向一所免税大学捐赠了一项专利，附上的条件是该学院一名教员（该项专利技术的专家）在专利声明的剩余周期里继续留任。在该项捐赠的条款下，如果某人在该专利过期之前不再是一所大学的教员，那么专利的所有权将复归给捐赠者。该专利将在自捐赠之日起 15 年到期。在捐赠作出之日，指定的个人在专利失效之前不再是这所大学的教员的可能性是如此微乎其微以至于被忽略不计。国税局裁定，这项慈善捐款的抵扣是不允许的。[38]

12.20 附件条件是如此遥不可及以至于忽略不计的含义是什么？

如前所述（12.19），如此遥不可及以至于忽略不计的条件，是指忽略捐赠抵扣的目的。这个短语被定义为"人们在进行严肃的商业交易时，通常会认为机会是如此不可能以至于它被忽略合理的安全"。[39]它也被定义为"每一个理性决定的机会，都会证明一个理性人忽略如此高的不可能性和遥不可及以至于缺乏理性和实际"。[40]

12.21 非限制性慈善捐赠的实质是什么？

一项非限制性慈善捐赠是不附带条件、事件或限制的慈善转移。为此目的，是否因为捐赠者或慈善受赠人的管理主体缺少限制是无关紧要的。

12.22 捐赠者限制的慈善捐赠的实质是什么？

捐赠者限制的慈善捐赠是由捐赠者强加限制的捐赠财产转移。如果慈善受赠人接受这项捐赠（12.7），那么它作为合同的约束必须遵守这一限制。如果捐赠者强加的限制是物质性的，那么慈善抵扣也必须遵守该限制。通常这是一个条件，适用于捐赠财产被用于一个或更多项目时，例如捐赠给教育机构限定用于奖学金，捐赠给大学限制在某个院系设立讲席基金，或者捐赠给一所学院指定给捐赠基金。

12.23 董事会限制的慈善捐赠的实质是什么？

董事会限制的慈善捐赠是由受赠人董事会强加于慈善捐赠财产之上的限

制。因此，当受赠人接受非限制性捐赠时，由于董事会的行为变成限制性的。慈善受赠人应该在该限制有效期间内遵守该限制性条款。但是，董事会可以在任何时候全部或部分地取消这一限制。

12.24 不遵守捐赠者限制的法律后果是什么？

如前所述，捐赠者强加的限制对慈善受赠人是有法律约束力的，具有交易的合同性质。在捐赠者起诉受赠人没有遵守捐赠者的捐赠限制的情况下，问题就出现了；在一些案件中，这种类型的诉讼从原告的立场判断是成功的，或者得到了解决。就捐赠者关系来讲，教育机构或其他慈善受赠人在接受限制性捐赠时经常是谨慎的并遵循规范。

如果一个慈善受赠人已经接受了善意的捐赠限制，那么就不能再坚持这一限制，因为它是不可能的甚至是违法的。在这种类型的案件中，也许可能说服捐赠者修改或取消限制。否则，慈善受赠人就可能必须说服法院下令修改或取消限制。

捐赠者的独特形式

12.25 S 法人的慈善捐赠规则是什么？

一般来讲，S法人[41]捐赠慈善财产会按照公允市场价值提供给法人股东捐赠财产的扣减。[42]在慈善捐赠的情况下，股东必须减少他们在法人股份的基数（成本）。

12.26 合伙的慈善捐赠规则是什么？

合伙的慈善捐赠规则本质上与S法人慈善捐赠规则（12.25）是一样的。

12.27 有限责任公司的慈善捐赠规则是什么？

有限责任公司的慈善捐赠规则本质上与合伙的慈善捐赠规则（12.26）是一样的。

12.28 被监管的投资公司的慈善捐赠规则是什么？

在对一个实体被选择作为被监管的投资公司进行征税的情况下，[43]支付股息的扣除[44]必须考虑到以慈善捐赠扣减为目的的应税收入。[45]国税局提到投资公司应税收入一般是被监管的投资公司支付股息扣除调整后的应税收入。[46]然而，国税局也声明联邦税法[47]提供了一份以计算慈善扣减为目的的公司应税收入的"专有清单"，以保证支付股息的扣除调整与该种情形无关。

12.29 在房地产抵押投资渠道中持有剩余权益的公司的慈善捐赠规则是什么？

当一个公司在房地产抵押投资渠道中持有剩余权益[48]时，以计算慈善扣减百分比限制为目的的应税收入意味着应税收入在一般规则下调整为超额收入。[49]在房地产抵押投资渠道中持有剩余权益的持有者也许不得通过另一项允许的慈善捐赠扣减来抵消超额收入。[50]

特别的捐赠情形

12.30 从库存资金中进行慈善捐赠的公司有哪些规则？

一般而言，公司只能在慈善捐赠来自库存且数量相当于财产的成本基数的情况下才能扣减捐赠额，而受赠人则是一个公共慈善组织（4.1），比如免税的学院或大学。[51]但是，库存构成的财产的公允市场价值要高于成本基数的数额。

但是，联邦税法恰好规定了从库存中增加公司慈善捐赠的扣减。这一扣减规则允许法人（而不是 S 法人）声明慈善扣减数额等于财产加上其增益价值的一半，只要扣减不超过财产基数的 2 倍。[52]

库存捐赠的慈善捐赠扣减一般必须减少相当于该财产被捐赠者以公允市场价值于捐赠之日出售所得的一半，且该财产不会带来长期资本收益。如果，扣减后，扣减数额超过了捐赠财产基数的 2 倍，那么扣减数额必须减少至相当于该财产成本数额的 2 倍。[53]抵扣的要求之一是受赠人必须仅将库存用于照料病人、有需要的人或者婴儿，但是这种扣减是置于高等教育领域的。

12.31 法人捐赠计算机设备能享有更大的扣减吗？

法律规定，公司为教育目的捐赠计算机设备可以享有更大的扣减优惠。[54]但是，这一扣减仅对小学和中学及公共图书馆的捐赠适用。这项规定将于

2011 年年底到期。

12.32 法人可以就图书库存的慈善捐赠而增加扣减额吗？

法律规定，法人为教育目的捐赠图书，库存可以增加扣减额。[55]然而，这一扣减仅在向公立中小学进行捐赠时才能获得。这项规定将于 2011 年年底到期。

12.33 以保护为目的的捐赠能获得慈善扣减吗？

一项合格的保护捐赠能获得慈善扣减，它是专门以保护为目的向符合条件的公共慈善组织或政府受赠人捐赠的合格的不动产权益。合格的不动产权益是捐赠者的全部权益，剩余利息（允许捐赠者在其生存期间占有被捐赠的财产），或者限制（永久授权）使用该不动产（例如保护地役权）。

2006 年颁布的额外激励措施，允许个人作出符合保护目的的不动产和不动产所有权捐赠。在这些情况下，慈善减免额度从 30% 提高到 50%，且延展期延长至 15 年。[56]

对于那些合格的农场主和牧场，他们捐赠财产用于农业和畜牧业生产，慈善扣减限额提高到 100%，前提是不能妨碍捐赠的土地用于农业或畜牧业的目的。[57]合格的农场主和牧场主是个人，其源于农业或畜牧业的总收入远远超过个人当年总收入的 50%。[58]

私人公司从事农业或畜牧业活动，可能扣减至捐赠基数的 100%，前提是捐赠条款不限制财产用于农业或畜牧业活动。[59]这些公司也可以延续扣减至 15 年。[60]

这一扣减不可能适用于高等教育领域。免税的学院或大学，或关联组织不可能成为合格的保护性组织。这些特殊的刺激政策将于 2011 年年底到期。

12.34 如果受赠人将捐赠财产用于不相关用途，会出现什么情况？

如果被捐赠的财产是有形的个人财产，那么捐赠扣减的数额必须减去财产固有的长期资本收益（也就是说，如果捐赠者以公允市场价值出售该财产，收益将实现），当下列情况发生之时：

• 当受赠人是政府机构时，如果捐赠财产的使用目的并非是纯粹的公共目的，那么慈善受赠人的使用是与受赠人的免税目的无关。[61]

• 适用财产（12.36）被受赠人在应纳税年度最后一天出售、交换或处理，捐赠行为和受赠人没有作出必要的确认（12.36）。[62]

这一规则适用于（1）不管捐赠者是个人或是公司，（2）不考虑受赠人作为慈善组织在税法上的分类，（3）无论慈善捐赠是否用于慈善组织，以及（4）有形的个人财产捐赠适用于恰当的百分比限制（12.15~12.18）。

当接受有形的个人财产的慈善组织用于相关用途时，慈善扣减是建立在财产的公允市场价值基础之上的（也就是说，资本收益元素是没有减少的）。

12.35 本书中的不相关使用指的是什么？

"不相关使用"一词指的是按如下方式使用捐赠财产（1）慈善组织与构成该组织免税基础的目的或功能无关，（2）政府机构的目的不是纯粹的公共目的。[63]举个例子，一个人拥有一副售价为 2.5 万美元的画，该财产在其手里是长期资本收益的财产。他将画捐赠给免税的私立大学。在捐赠之日，这幅画的价值是 5 万美元。大学将它放置于图书馆供艺术系学生展览和研究为目的。因为这种使用是相关使用，所以按捐赠扣减规则扣减额是 5 万美元。如果捐赠给慈善组织的家具被用于办公室和建筑物以实现其免税功能，但该财产的使用则被列为不相关使用。一套或一组有形的个人财产被捐赠给慈善组织或政府机构，如果受赠人仅仅出售或者处置该套或该组财产中的非实体部分，那么这种使用属于不相关使用。为了慈善组织的利益，使其捐赠的有形个人财产被用于信托也是不相关使用，即使信托是由慈善组织直接使用的。[64]如果慈善受赠人出售其接受捐赠的有形个人财产，就会引发这项扣减规则，因为出售该财产不是相关使用。捐赠者捐赠有形的个人财产给慈善组织或政府机构或者供其使用，受赠人不得将财产用于不相关使用，除非：

- 捐赠者确认该财产实际上并没有被受赠人用于不相关的用途。[65]
- 在捐赠作出之时，可以合理地预期该财产不会被受赠者用于不相关的用途。[66]

12.36 如果有形个人财产的全额扣减被声称是不恰当的，那么会出现什么情况？

税收优惠收回机制已经建立，即从有形个人财产的慈善捐赠中产生的税收优惠，它以公允市场价值为依据，如果被声称未用于慈善目的，则一般必须撤回。这一收回规则适用于可适用财产，它是已经增值的有形个人财产且已由受赠组织确认符合其免税目的或功能的相关用途，并且其慈善扣减超过

5000 美元。[67]

如果受赠组织在捐赠 3 年以内处置可适用财产——可适用处置[68]——捐赠者适用于税收优惠的调整。如果处置发生在捐赠者作出捐赠的应纳税年度内，那么捐赠者的扣减一般被限制在该财产的公允市场价值基础之上。如果处理发生在随后的 1 年内，捐赠者必须将相当于超出的数额计入处置发生之时应纳税年度的普通收入之中（如果有的话）（1）捐赠者此前声明的慈善捐赠的扣减数额，（2）捐赠者在捐赠当时的财产基数[69]。但是，如果受赠组织向国税局证明，通过提交一份由其高级管理人员出具的接受作伪证惩罚的书面签名声明，则税收优惠不会作出调整。[70]这一声明必须（1）确认受赠人使用该财产与构成受赠人免税资格的目的或功能相关，并描述该财产如何被使用以及如何被用于免税目的或功能，（2）声明受赠人在捐赠发生之时声明对该财产的预期用途，或证明该财产的使用不可能或者不可行。该组织必须向捐赠者提供这一证明的副本。如果证明可适用财产的使用与构成受赠人免税资格的目的或功能有关的人，被知晓它并不是为此目的的使用，那么这个人将面临 1 万美元的罚款。[71]

12.37 捐赠知识产权的慈善扣减规则是什么？

捐赠类型的清单上增加了享受慈善捐赠扣减的特定财产，该扣减限制在捐赠者基数以内，[72]尽管在这种情况下，存在有一个或多个后续的慈善扣减。

作出这种被称之为合格的知识产权捐赠的人，是相当于净收入一定比例的慈善捐赠扣减〔年度百分比例加以限制的对象（12.15~12.18）〕，该净收入作为财产捐赠的结果流向慈善受赠人，该收入被称为合格的受赠人收入。

12.38 这些规则适用于哪些类型的知识产权？

这一财产包括专利、版权（有例外）、商标、商号、商业机密、专业技术知识、软件（有例外），或类似的财产，或此类财产的申请或注册。总的来说，这些即所谓合格的知识产权（除非在捐赠给标准的私人基金会的情况下）（4.2，12.37）。

12.39 任何向后延展的慈善捐赠是如何被决定的？

合格的受赠人收入（12.37）的一部分是捐赠者应纳税年度的支出，尽管这一收入分配过程不适用于受赠人在收到捐赠之日起 10 年以后收到或应得的收入，并且该程序不适用该财产法律生命周期届满后所收到的捐赠收入。受赠人收入的慈善扣减取决于可适用比例，该比例由表 12-1 的浮动比例所决定。

表 12-1

捐赠者应纳税年度	可适用比例（%）
第 1 年	100
第 2 年	100
第 3 年	90
第 4 年	80
第 5 年	70
第 6 年	60
第 7 年	50
第 8 年	40
第 9 年	30
第 10 年	20
第 11 年	100
第 12 年	10[73]

因此，紧接着合格的知识产权捐赠的发生，如果慈善受赠人在捐赠之后的第 1 年获得合格受赠人收入，在慈善受赠人可能是一所免税的学院或大学的情况下，那么该数额将全部变成一项慈善捐赠扣减 = ［按照百分比限制（12. 15~12. 18）］。如果收入在捐赠之后的第 8 年获得，那么捐赠者将获得相当于合格受赠人收入 40% 的慈善扣减。如表所示，合格的知识产权捐赠产生扣减的机会在自捐赠之日起的第 12 年终止。国税局被授权发布反滥用规则，该规则对于防止规避新法体系是必需的，包括防止：（1）将专利或类似财产嵌入或捆绑作为包括专利或类似财产的慈善捐赠财产的一部分，从而减少慈善扣除的行为；（2）通过利用相关人员、中间实体或其他中介，或者通过法律或法规规定的使用方法（包括统一的退换规则），操纵财产基数以增加最初的慈善扣减数额；（3）捐赠者改变专利或类似财产的形式以使用不同的扣减规则。

12.40 捐赠者如何知晓何时适用知识产权捐赠的特定慈善扣减规则，以及扣减的数额是多少？

修订后的关于捐赠财产特定处置的报告要求规则（18.28，18.29）包含了合格的知识产权捐赠。此种类型捐赠的受赠人在受赠人的每个可适用纳税年度有返还的需求，显示：（1）名字、地址和捐赠者纳税标识号；（2）一份被捐赠的知识产权的描述；（3）捐赠日期和（4）受赠人应纳税年度适当分配给合格知识产权的净收入数额。这份返还的副本应及时提供给捐赠者。

12.41 捐赠车辆的扣减规则是什么？

关于捐赠车辆适用的是特殊证据规则。[74]在捐赠合格车辆的情况下，这些规则取代了一般的捐赠证据规则（13.12），且声称的捐赠价值超过 500 美元。根据这些规则，联邦收入所得税的慈善捐赠扣减是不被允许的，除非捐赠者提供一份当时由受赠组织出具的捐赠确认书证实该捐赠，并且包括含有扣减的捐赠者收入所得税返还。合格的车辆捐赠体系扣减数额取决于车辆被受赠组织使用的性质。如果慈善组织在对该车辆没有任何重大干扰或实质性改进（12.43）的情况下将之出售，那么慈善扣减的数额不可以超过出售车辆所获得的毛收入。

确认书必须包含捐赠者的姓名、纳税人标识码以及车辆识别号或类似号码。如果慈善组织没有使用或改进而出售合格的捐赠车辆，则确认书还必须包括证明该车辆是在不相关各方之间"一次性"交易中出售的，关于出售所得毛收入的声明，以及声明扣减数额不可以超过毛收入的数额。如果存在此种类型的使用或改进，那么确认书还必须包括关于预期用途或实质性改进车辆和预期使用时间，以及确认车辆不会被转移交易为金钱、其他财产或达成使用或改进目的的服务。

12.42 这些规则适用于哪些类型的车辆？

这些规则适用于慈善捐赠的机动车辆、船只和飞机——统称为合格的车辆。[75]

12.43 限制车辆捐赠的慈善捐赠扣减存在例外情况吗？

存在。一辆合格车辆的捐赠者被允许以公允市场价值享有慈善捐赠扣减，如果慈善受赠人明显使用了车辆或对其进行了实质性的改进。为了满足显著性使用测试，一个慈善组织实际上必须将车辆用以大幅度推进该组织日常开展的活动，车辆的使用必须是显著性的。至于实质性改进测试，一项实质性改进包括主要对车辆的重大修理或对车辆其他方面的改进，以显著提高车辆价值的方式改善其状况。

12.44 如果违反这些车辆捐赠规则，会发生什么情况？

一项惩罚适用于出具虚假或欺骗性的确认书，或者一份非及时的或不完整的确认书，该确认书由合格车辆的慈善受赠人提供给捐赠者。如果车辆未经受赠人任何显著性使用或实质性改进（12.43）而出售，则获得的惩罚将更大（1）征收确认书声称的销售价格最高比例的收入所得税，（2）出售车辆所得的毛收入。对于任何其他合格车辆有关的认定，处罚是（1）最高所得税税率和车辆的申报价值或者（2）5000美元。[76]

12.45 如果一个学院或大学保留车辆捐赠项目，那么会被认为是从事收购或处置车辆的非相关商业活动吗？

不会。一项非相关商业规则的例外地包括了出售捐赠给组织的物品（14.23）。这项例外是附加在联邦税法上的，是为了免税旧货店的利益，但也能在车辆捐赠项目的情况下得以利用。

12.46 捐赠艺术品的部分权益的扣减规则是什么？

捐赠者捐赠一项有形个人财产（或这些财产的集合）的部分权益，其初始慈善捐赠扣减的数额是建立在捐赠该权益时公允市场价值基础之上的，同时也与该财产的使用是否与慈善受赠人的免税目的有关（12.35）。为了决定该财产每一项额外捐赠权益的扣减数额（不论是否为部分权益），公允市场价值是下列两项中较小的一个（1）用于确定初始部分捐赠慈善扣除的价值或者（2）在随后作出捐赠之时的公允市场价值。[77]在下面两种情形下，慈善扣减的收入税被追回。第一种情形，如果捐赠者作出初始部分权益捐赠，并且在从初始[78]部分捐赠到捐赠者死亡之前的1周年内，不能捐赠其所有保留的财产权益给同一个受赠人，那么捐赠者就该权益捐赠所得的全部慈善扣减与其附加利息必须被追回。[79]第二种情形，如果一项有形的个人财产部分权益的慈善受赠人不能在上述期间实质性地占有该权益，或者不能在此期间将该财产用于免税目的，那么捐赠者之前所有捐赠权益的联邦收入所得税的慈善扣减与其附加利息必须被追回。[80]

在任何一种情形下，当追缴发生时，都会被强制征收一项相当于追缴数额10%的额外税收。[81]

捐赠有形个人财产的部分权益不允许对收入所得税进行慈善扣减，除非在捐赠之前，所有财产权益被捐赠者所拥有或者被捐赠者和受赠的慈善组织所拥有。[82]国税局被授权对此规则制定例外规定，即所有享有权益的人以其独立的份额按比例享受受赠组织的捐赠的不可分割的利益。[83]

12.47 慈善扣减对于捐赠者创造的财产是可以获得吗？

某人可向某一慈善组织捐赠其创造的财产，比如一幅画或一篇手稿。这种类型的捐赠的慈善扣减不是建立在该财产的公允市场价值基础之上的；相反，它受限于捐赠者所捐赠财产的基数。联邦税法根据这项规则得出结论，若财产被捐赠者在捐赠之时以公允市场价值出售而不会产生长期资本收益，则减少相当于收益数额的慈善捐赠扣减。[84]联邦税法将"版权、文学、音乐等艺术作品，信件或类似财产"从资本资产的概念中排除，认为：

- 个人通过"个人的努力创造了这样的财产"。
- "对于信件、备忘录或类似财产的情况，纳税人是准备或产生这些财产的人"。
- "这类财产的基础取决于一个人，即为了确定销售或交换的收益，全部或部分通过参照其手中这类财产的基础来决定。"前面两类中描述的任何一类人。[85]因此，如前所述，这种慈善扣除受限于相当于捐赠者创造这项财产的成本的数额。

12.48 标本制作捐赠的扣减规则是什么？

由准备、充实或累积的人（或者由任何支付或承担此类准备、填充或装载成本的人）所捐赠的标本财产享有慈善捐赠扣减，该数额是该财产基数或公允市场价值中数量较小的那个。[86]标本制作一词指任何形式的艺术作品，包括：全部或部分地重新创造或保存一个动物；为再造一个或多个该动物的特征而准备、充实或累积；以及包含死亡动物的尸体的一部分。[87]

12.49 衣服和家居用品的捐赠扣减规则是什么？

联邦收入所得税的慈善扣减规则不允许扣减对捐赠衣服或家居用品实施

扣减，除非衣服或家居用品处于良好或更佳的使用状态下。[88]家居用品包括家具、电器、亚麻制品或类似物品但并不包括食品、绘画、古玩和其他艺术品、珠宝、宝石和收藏品。[89]慈善扣减可能适用于并非处于良好或更好使用状态下的衣服或家居用品，即声称该类物品的价值超过 500 美元的数额，同时捐赠者在其联邦所得税申报表中对该财产进行了合格的评估（13.14）。[90]

12.50 来自个人退休金账户的慈善捐赠有什么联邦税法规则？

特定的个人退休金账户持有者为了慈善目的从退休金账户中合理支出，可以最高从他们的毛收入数额中减去 10 万美元。[91]只有在个人退休金账户持有人达到 70 周岁半之日或之后，其退休财产的捐赠才能符合扣减的资格。这一规定适用于传统个人退休金账户，将于 2011 年年底终止。

一项合格的慈善分配是指直接由个人退休金账户的信托人向一个公共慈善组织的任何分配。该种分配不能间接地进行，比如慈善剩余信托（12.65）或者给一个支持型组织（4.18）。因此，这些分配可以是给免税的学院和大学及其附属慈善实体，比如筹款基金会和捐赠基金。

12.51 向教育机构捐赠所获得的购买体育赛事票的权利享有慈善扣减吗？

享有慈善扣减。捐赠者直接或间接地接受购买一项在机构运动馆中体育赛事座位票的权利是可以捐赠的。捐赠者有权享有该捐赠数额 80% 的慈善扣减。[92]

慈善拍卖会

12.52 联邦税法如何适用于慈善拍卖会？

这是联邦税法中一个令人困惑和误解的方面。这方面有五项法律（12.53~12.57）；另外，州法也可以适用（12.58）。

12.53 慈善拍卖会是一项不相关商业规则下的商业活动吗？

是的。慈善拍卖会属于商业活动，因为它表现为服务（销售财产）（14.6）。这些拍卖会没有固有的免税作用；例如，它们不是教育机构，即使活动是由免税的学院或大学所进行的。因此，慈善拍卖会的行为无关商业的运作，然而这些拍卖会因为以下三项例外而受到联邦税的保护：

　　1. 这些拍卖会通常不会定期举行（14. 13）；活动通常每年举行。

　　2. 它们通常构成商品销售，其中大部分捐赠给有关的慈善机构(14. 33)。

　　3. 它们通常以商业活动的形式进行，但实际上所有工作都由志愿者来完成（14. 25）。

12.54 捐赠慈善拍卖的物品享有慈善捐赠扣减吗？

　　一般来说，是的。问题很可能是扣除的程度，这在很大程度上取决于所捐赠财产的类型，假设进行拍卖的组织是一个公共慈善组织，比如免税的学院或大学（4. 1）。与往常一样，适用百分比限制（12. 15~12. 18）。一般规定是慈善捐赠扣减的金额相当于所捐赠财产的公允市场价值。但是，如果所捐赠的是很有价值的有形个人财产，则慈善扣除仅限于捐赠者对该财产的权益，因为捐赠财产被用于不相关使用——受赠人直接转售（12. 35）。这些陷阱潜伏在以下情况下：

　　• 使用财产的捐赠不存在慈善扣减（12. 11）。因此，例如一个人捐赠了2周的假期，就不能根据该财产的合理租赁价值享有慈善捐赠扣减。

　　• 服务捐赠没有慈善扣减（12. 10）。因此，例如一个律师捐赠他或她起草遗嘱的服务，就不能以其提供服务的每小时工资额为依据享有慈善捐赠扣减。

　　• 如果捐赠为捐赠者创造的财产，慈善扣减受限于捐赠者基数（12. 47）。举个例子，如果一位艺术家捐赠了他或她所创作的一幅画，就没有权利根据其艺术工作的公允市场价值要求慈善扣减。

　　• 特殊规则适用于企业从其库存产品中进行慈善捐赠（12. 30）。因此，营利性公司捐赠此种类型的财产，就不能享有以该财产的公允市场价值为基础的慈善扣减。如果捐赠的财产价值超过5000美元，慈善扣减必须得到合格评估的支持（13. 14）。同样，证据规则（12. 56）适用于此设置。

12.55 在慈善拍卖中获得的物品是否享有慈善捐赠扣减？

　　一般来说，没有。主要的规则是，拍卖是一个市场，所以在拍卖会上无论支付多少都是该物品当时的公允市场价值；因此，不存在捐赠。但是，情况可能是慈善拍卖的顾客为故意支付了超出该财产公允价值从而成为最高出价者，则该种情况下差价可以视为慈善捐赠。后者在进行拍卖的慈善组织公布包含被拍卖物品的诚信估价目录的情况下，会得到支持。[93]

12.56 慈善捐赠证据规则适用于慈善拍卖的情况吗？

适用。慈善捐赠证据规则（13.6，13.12）适用于被拍卖的捐赠物品（假设慈善捐赠扣减是可获得或想要的）。这些规则也适用于声称该财产对价包括捐赠元素的拍卖顾客。因此，这种情形下获得的慈善扣减在很大程度上转变为慈善组织愿意发布必要的证明文件（亦即慈善组织认可捐赠发生）。慈善组织向捐赠者（或表面上的捐赠者）故意提供虚假的书面证据可能会面临协助和教唆瞒报纳税责任的惩罚（同上）。

12.57 交换条件捐赠规则适用于慈善拍卖吗？

可能适用。如果慈善组织和顾客同意拍卖会上的支付包括捐赠元素，如果支付的数额超过 75 美元，那么交换条件捐赠规则（13.18）就适用。因此，慈善组织应该向顾客作必要的披露。

12.58 州销售税规则适用于慈善拍卖吗？

在拍卖会上的每一个交易，全部或实质性部分都是购买（12.53）。因此，进行拍卖的慈善组织参与了销售，这就可能触发有关州的销售税规则。这个问题可能因州法不同而不同；因此，应审查适用州的法律。一个州很可能减免慈善组织支付州的销售税。然而，这种减免并不意味着免除征收该实体销售税的要求。

12.59 慈善组织需要报告拍卖会的结果吗？

慈善拍卖会属于典型的筹款活动。因此，若慈善组织被要求提交一份年度信息反馈，假设该组织满足报告的门槛，则必须报告其拍卖会结果。

计划捐赠

12.60 什么是计划捐赠？

"计划捐赠"一词指的是捐赠（经常是财产）数额巨大且经常与捐赠者的财务和财产处置计划紧密切合的慈善捐赠方法。因此，这种类型的捐赠被称为计划捐赠，因为捐赠者和慈善受赠人都将时间和规划投入到捐赠交易的计划之中。这种捐赠与捐助者的经济需求之间的关系是一个关键因素。捐赠者经常组织捐赠活动，以便他或她通过交易获得收入。严格依照法律而言，这种利益通常是通过在捐赠财产（或金钱）中创造收入和剩余利益实现的（12.61）。计划捐赠可以有两种类型：（1）捐赠人生前通过信托或其他协议作出捐赠，（2）通过遗嘱作出计划捐赠，因此捐赠物源自先辈的财产（遗产或遗赠）。对慈善机构的财产捐献通常是将财产作为整体全部赠与，即捐赠者将他、她或它对于财产的所有权和相关利益全部转移到受赠人。相比之下，计划捐赠的捐赠者通常作出的捐赠要少于该捐赠者在该财产上获得的全部利益。在法律上，这被称为部分利益捐赠。计划捐赠通常属于部分利益捐赠。部分利益可以是收入利息或剩余利息。

12.61 什么是收入利息和剩余利息？

这些利益是法律虚拟的；它们是任何一类财产固有的所有权概念。财产上的收入利息是指该财产产生的收入。一个人对财产在一段时间中产生的全部或部分收益享有权利，即这个人享有该财产的收入利息。两个或更多的人（例如夫妻）可能对同一项财产享有收入利息（或者分享同一项财产的收入利息）。这些利益可以由多人同时或相继享有。一项财产的剩余利息反映了该财产的预期价值，或在未来某个时期通过再投资产生的财产。

这些利益主要根据所捐赠财产的价值、捐赠者的年龄、收入收益将存在的时期和收入支出的频率进行测算。实际的计算是通过由财政部公布的精算表进行的。

就大部分情况而言，计划捐赠是对一项财产的收入利息或剩余利息的捐赠，而通常情况下是剩余利息。通过创造收入利息（或者更确切地说，保留收入利息），捐赠者构成了源于捐赠的收入的接收基础，这便是所谓的部分利息捐赠。

若向某慈善组织捐赠剩余利息，那么在收入利息期满前，该组织不能获得该利益所代表的财产。当捐赠在生命期间作出，捐献者会收到慈善机构剩余利息创建年度的慈善性支出扣除额。向慈善组织捐赠财产的收入利息使得受赠人从一开始就能获得收入，并且只要收入利息存在，便可以继续获取。

12. 62 这些创造的利益是什么?

财产的收入利息和剩余利息经常以信托的方式创造。这是用来从概念上将财产分成两个部分的利益的工具。法律将这些信托界定为拆分利息信托;若要获得慈善性捐赠扣减,则要求有一个合格的拆分利息信托。[94]拆分利息信托是慈善剩余信托(12.65),有集资的收入资金(12.66),也是慈善引领信托(12.67)。在计划捐赠中,对这些拆分利息信托的一般要求存在些许例外情况。主要的例外就是慈善捐赠年金,它使用合同而不是信托机构(12.68)。其他方法也能产生慈善性捐赠扣除(12.69,12.70)。

然而在计划捐赠情形下,创造剩余利息是不够的。对创造剩余利息至关重要的是,捐赠产生慈善性捐赠扣除。只有一些方法能够使得剩余利息成为慈善捐赠扣除的对象。不具备符合条件的部分权益(符合条件的收入利息或剩余利息),则不享有慈善性捐赠扣除。

12. 63 慈善捐赠的剩余利息产生的纳税利益是什么?

将财产剩余利息终身捐赠给慈善组织,这种情况下联邦收入所得税的纳税利益是多方面的。捐赠者通过捐赠创造收入;该收入可能会被优先征税。捐赠者因捐赠剩余利息而获得慈善性捐赠扣除,这将减少或消除该财产需缴纳的收入所得税。作为捐赠对象的财产可能在捐赠者手中产生预期价值(增值财产);若发生这种情况,财产被出售的资本收益税将被免除。拆分利息信托的受托人能够处置捐赠财产和将收益再投资于更有效益的财产。因为信托总体上是免税的,从这样的交易中获得的资本收益是不征税的,从信托中获取的收益也是如此。

此外,捐赠者能够变成专业化的资金管理的受益人。当捐赠者满足他或她的慈善偏好时,所有这些利益都可以使用,然而在缺少这类税收鼓励的情况下,这样做是不被允许的。

12. 64 为什么信托一般是免税的?

慈善信托(12.65)是免税的,尽管它对其不相关业务应纳税所得征税(第十四章)。在作这一判定时,剩余利息的慈善受益人的豁免目的被用于确定相关性。

集资收益基金(12.66)不属于免税组织。但其收入分配和用于慈善目的的金额能够获得扣除。

12.65 什么是慈善剩余信托？

慈善剩余信托是拆分利息信托（12.62）的一种类型。[95]正如其名，它是被用于创造剩余利息（12.61）的信托，该剩余利息用于慈善目的。捐赠财产的剩余利息被指定给一个或更多慈善组织。捐赠者因转移剩余利息而接受慈善捐赠扣除。一项符合条件的慈善剩余信托每年必须至少向一个或更多受益人提供特殊的收入分配，并且要求其中至少有一个是非慈善组织。收入的流动期限以一个生命时长为准，或不超过20年。不可撤销的剩余利息必须用于慈善事业或支付给慈善机构。非慈善受益人是收入利息的持有者，慈善组织持有剩余利息。一般而言，几乎每一类财产均可被捐赠给慈善剩余信托。

慈善剩余信托的收入利息以下列四种方式之一确认：（1）总和一定；（2）固定比例/非信托数额；另外还有两种补充方法。所采用的方法在很大程度上取决于慈善剩余年金信托或慈善剩余联合基金会。前者的情况下，收益付款是以固定数额——年金缴付，或依照法律所谓的总和确定的形式。后者的情况下，收益付款是以单一信托数额的形式缴付，相当于信托资产每年公平市场净值的固定比例。单一信托也可能有两种类型的组成特征。

最新的慈善剩余单一信托是翻转单一信托。这种类型的单一信托的主导利益规定，为了计算单一信托数额，信托必须从一种组成类型向一种标准的慈善剩余单一信托转换（翻转）。但只有在触发翻转的具体日期或单个事件不在受托人或其他任何人的控制之下时，或不受其他任何人自行决定时，才允许进行此种转换。两种类型的信托都必须坚持5%的最低标准。对于年金信托，年金数额必须至少是所有信托财产初始公允市场价值的5%。对于单一信托，单一信托的数额必须至少是信托资产公允市场价值净值的5%，且每年计算。

还有一个数值为50%的最高限制。在年金信托的情况下，年金数额不能高于信托全部财产初始公允市场价值净值的50%。单一信托数额不能高于信托资产每年价值的50%。

通常，一旦收入利息到期，慈善剩余信托的资产就分配给剩余利息受益的慈善组织或供其使用。在某些情形下，包含剩余利息的财产会出于慈善目的而被信托保留。

慈善利息受益人可能是公共慈善组织或私人基金会（4.1，4.2）。因此，一所免税的学院或大学，或相关的筹款基金会，可能是剩余利息信托的受益人。通常银行或类似的金融机构是慈善信托的受托人。金融机构应有能力管理信托、作出适当的投资选择，并及时遵守所有收入分配和报告要求。慈善组织是剩余利息的受益人，但却经常以受托人的身份行事。

捐赠者或相关方可能是受托人。然而，委托人必须谨慎行事，以避免违反委托人信托规定，否则其中的一个后果是，信托销售增值财产（12.14）所产生的收益将向设保人/捐赠人征税。

12.66 什么是集资收益基金？

汇集的收益基金是一种拆分利息信托（12.62）。[96]它是被用于创造剩余利息（12.61）并指定给慈善组织的信托（资金）。

符合条件的集资收益基金的捐赠者凭借向慈善组织捐赠的财产剩余利息获得慈善捐赠扣减。利用资金为非慈善受益人创造收入利息；捐赠财产的剩余利息为保留该资金的慈善组织而设。

一份书面化的集资收益基金基本工具（一份信托协议或信托声明）用于促进不限制捐赠者数量的捐赠活动，因此必须预先为所有参与者建立实质性条款。

按字面理解，集资收益基金是捐赠池。它有时被表征为慈善共同基金的性质。尽管真相是它是一种投资工具，集资收益基金的动机基本上是出于慈善目的。

向集资收益型基金捐款的每一位捐赠者都可将不可撤销的剩余利息用于赠与财产或供符合条件的慈善组织使用。捐赠者为一个或更多受益人的生活创造了收入利息，这些受益人必须在转换期间健在。被捐赠者转移的财产必须投入到基金（创造一个必要的基金池）。

集资收益基金的捐赠通常限制于现金或有价证券。该基金本质上必须是流动的，能够用于再投资和转换成给慈善组织的剩余利息。集资收益基金不能投资于免税股票和类似工具。

转移到集资收益基金的财产所得利益的现值是根据遗产税法规定的寿险精算，或者相当于转换成集资收益基金当年之前的 3 个纳税年度最高年度回报率的利率计算。对于新的集资收益基金将有特殊规定（12.87）。

每一项收入利息的受益人必须一年获取至少一次收益。基金数额一般由当年基金赚取回报率决定。收入的受益人将按各自份额享有基金收入。收入份额的金额是以受益人拥有的单位数为基础的；每一单位必须根据资产转让时的公允市价确定。

集资收益基金必须为一个或多个慈善组织所维持。剩余利息受益人必须是一个公共慈善组织，比如免税的学院或大学，或与之关联的筹款基金会。慈善组织必须实际对基金加以控制；它不必是基金的受托人，但必须有权解除或替代受托人。

捐赠者可以是维持基金的慈善组织的受托人或高级管理人员，但是他或她无需履行受托人的一般责任。

12.67 一般而言，什么是慈善引领信托？

本质上，慈善引领信托与慈善剩余信托（12.65）是相反的：收入利息被捐赠给慈善组织，剩余利息给非慈善受益人。[97]因此，慈善引领信托是一种拆分利益信托。

12.68 一般而言，什么是慈善捐赠年金？

与其他大多数计划捐赠的形式不同，慈善捐赠年金是以拆分利益信托为基础，在捐赠者与受赠人签订的协议中有所安排。[98]捐赠者同意支付，作为回报，受赠人同意向捐赠者和/或其他人提供年金（12.93）。

12.69 寿险捐赠怎么办？

寿险的慈善捐赠政策是一种流行的捐赠形式。捐赠整个寿险对拥有相对少量资源、不能向慈善组织作出大额捐赠的个人而言是一种极好的方式。保险的捐赠对年轻捐赠者特别具有吸引力。

如果人寿保险保单已缴足，则捐款人将获得现金退保价值或保单重置价值的慈善扣除。若保险费仍在缴纳，捐赠者将在纳税年度内扣除保费。然而为了获得扣减，受赠的慈善机构必须既是保单的受益人又是所有人。

12.70 剩余利息的捐赠扣减还有其他方式吗？

有。个人可以将其住所或农场的剩余利益捐给慈善组织。[99]这样他们不用信托就能获得慈善扣除（事实上，在这种情况下不能使用信托）。当捐赠是以符合条件的保护性捐赠的形式作出时，不需要对不动产剩余利息的可扣除捐赠进行信托。[100]一个人捐赠其财产全部利息的不可分割的部分，不被视为财产部分利息的捐赠。[101]

慈善剩余信托

12.71 哪些类型的慈善组织可以成为剩余信托的剩余利息受益人?

对慈善剩余信托的受益慈善组织类型不设限制,即这些组织既可以是公共慈善组织也可以是私立基金会(第四章)。因此,一所免税的学院或大学,或相关筹款基金会,均可以成为慈善剩余信托的剩余利息受益人。

12.72 慈善剩余信托的组成特征如何起作用呢?

两类组成特征适用于慈善剩余信托(这些特征在慈善剩余年金信托的情形下不可用)。

一旦适当的收入开始流入信托,其中一项组成特征允许开始收益付款,即收益付款从未来某个时间点开始,而且只能是预期的。

另一个组成特征具有上述组成特征的属性,但有一个显著的差异:有追溯收入补偿和预期收入支付的规定。

12.73 什么类型的财产适合慈善剩余信托?

大多数情况下,几乎所有类型的个人财产或房地产都可以成为慈善捐赠剩余信托(金钱也可以捐赠)。通常,捐赠的财产(除了金钱以外)是证券(股票和债券)和房地产。但若财产能创造收入或者能转换成创造收入,则任何一类财产都可以被捐赠。当财产被转换成剩余信托时,会产生一些税法问题。当有形的个人财产被以慈善剩余信托的形式捐赠给慈善组织时,许多问题就产生了。主要是这三种难题(12.75~12.77)。另外,负债资产也导致了一些联邦税收的问题(12.74)。

12.74 若捐赠负债资产,会出现什么情况?

若负债资产被转移到慈善剩余信托,其结果可能是产生不相关债务资金收入(14.36)。这是因为债务是一种取得负债(14.39)。接受不相关债务资金收入,若它是不相关业务应纳税收入,则会导致信托成为该收入被接受当年的纳税对象。

12.75 当期权被转移到慈善剩余信托，会出现什么情况？

答案取决于期权的属性类型。若基础财产可以直接转让给信托，则转让期权只会造成与赠与时间有关的法律问题（在行使期权之前，不会形成任何慈善捐赠）。然而，若财产不适合直接转让给信托，则转让期权将使信托失去其免税地位。

慈善剩余信托的法律目的是确保慈善组织在收入付款期结束后收到的金额能够反映捐赠者的慈善扣除所依据的金额。这种信托必须在其创建之日起就在各方面发挥剩余信托的功能；除非每一项转移给信托的财产都符合慈善扣减，但这是不可能的。国税局将处理捐赠者可能仅仅使用慈善剩余信托作为利用免税资格的手段以获得信托所产生的资本收益的情况。

慈善剩余信托里的抵押财产可能危害到信托的免税地位。若选择购买这种类型的资产而不是资产本身，将其转移到慈善剩余信托基金，国税局很可能假定捐赠者试图避免直接转移财产的后果。若这项期权（或所谓的期权）被用于试图回避这些税收结果，那么国税局将取消慈善剩余信托的资格。

12.76 当有形个人财产的项目转移到慈善剩余信托时，会发生什么？

转移有形个人财产到慈善剩余信托不会导致与信托资格有关的任何问题。但一般慈善捐赠法在三个方面是有牵连的。

根据联邦收入所得税法的目的，只有当对所有实际占有或使用财产利益和权利过期或不是由捐赠者或其他与捐赠者密切相关的人所持有时，捐赠有形的个人财产的未来收益才被视为已经产生。通过向信托提供这种类型的财产，捐助者正在创造并保留其收入利息，从而引发未来权益规则。然而，当受托人出售财产时会产生慈善性捐赠收入税，因为出售所得收益将产生收入利息。

当捐赠有形个人财产以及当受赠人以与其免税目的无关的方式利用财产时，扣减的数额必须减去该财产以其公平价值出售所获得的长期资本收益数额。通常，这种性质的捐赠涉及长期资本资产，而且预期信托将有出售利息的行为。这种出售将构成无关使用。因此，捐赠者的慈善扣减（已经被限制在剩余利息和仅在出售后存在期间）将不得不减去捐赠者在财产中分配给剩余利息的数额。

当一个人捐赠有形个人财产，且受益人不是公共慈善组织（见第四章）

时，则该捐赠的慈善性支出扣减一般必须限制在相当于捐赠者调整后总收入（12.18）的 20% 的数额范围内。当接受者为公共慈善组织时，则限制一般是 30%（同上）。信托文件必须明确指出，受赠人或受赠人群体必须为应用这两种限制中较高一项的公共慈善机构。

但如前所述，除非财产被出售，否则捐赠有形的个人财产的慈善扣减不会发生。这项捐赠则由销售收益组成（钱）。就慈善捐赠而言，公共慈善机构的百分比一般为 50%，私人基金为 30%（12.17）。然而，同样的考虑也适用于国税局将假定适用下限，除非该文件将剩余利息受益人限制为公共慈善机构。

12.77 什么人能成为慈善剩余信托的捐赠者？

任何人都能成为慈善剩余信托的捐赠者（几乎所有这类捐赠者都是个人）。若是个人，收益付款期间可以是一个或更多的生命周期或一定年限（12.61）。

12.78 慈善剩余信托的数额如何分配给收入利息的受益人？

这些数额首先是按一般收入的形式征税，然后依照资本利得，而后免税收入，最后再作为资本回报。慈善剩余信托基金分布情况排序规则反映了所得税税率的变化，包括适用于资本利得和某些股息的规定，于 1997 年、1998 年和 2003 年颁布立法，并于 2010 年得以扩充。

在这些规定下，信托收入在其需要纳入信托的年份中被分为三类：普通收入、资本收益或其他。在普通收入和资本收益种类里，项目也根据适用于不同类型收入的联邦所得税率被分为不同的类别。

慈善剩余信托的分配被视为按如下顺序进行：普通收入、资本收益、其他收入和信托本金。在普通收入和资本收益类别中，收入被视为从该类收入中分配，首先是以最高联邦所得税率为准的阶级，最后是以最低联邦所得税率为基础的阶级。

12.79 谁可以成为慈善剩余信托的受托人？

根据联邦税法规定，任何人都可以成为慈善剩余信托的受托人。这意味着受托人或受托人之一可以是捐赠人、收入利息的受益人、获得剩余利息的慈善组织、另一个人或者金融机构或者其他公司受托人。关于这一点，州法必须加以审查，因为在哪些实体可以成为信托受托人，具有慈善性质或其他方面存在各种限制。例如在某些州，一个慈善组织不得担任受托人。

12.80 慈善剩余信托可以提前终止吗？

可以，但只能在特定情形下。对于国税局而言，要考虑的是若有关方提前终止慈善剩余信托，过早的终止是否会导致有更多的信托资产分配到收入受益人，从而损害慈善受益人的利益。也就是说，国税局关心的是过早地终止慈善剩余信托将剥夺慈善受益人的全部利益——捐赠者的慈善扣减与这一结果不一致。当慈善受益人是一个私人基金会时，由于自我交易规则，审查的力度将加大（4.2）。

国税局已经正式修订这些提前终止的程序。由该局决定慈善受益人和非慈善受益人之间的资产计划分配的方式是否合理。它将设法确保收入受益人不知道他们中任何一方的医疗状况或其他可能导致寿命较短的情况，而不是精算表的预期。通常，国税局会要求医生就此点提供宣誓书。该局正努力将这一程序正式化。

12.81 慈善剩余信托可否被取消？

可以，但仅在特定条件下。难点在于，慈善信托是一般免税规定下的非免税信托，并不是其所有的未尽利息都以慈善目的而捐赠，而且信托经允许享有慈善扣除数额。因此，各种私人基金会的规定可用于这些信托，包括与终止、自我交易和制定应纳税支出有关的信托（4.2）。[102]此外，符合条件的慈善剩余年金信托必须有剩余利息，价值至少是被放入信托的全部财产初始公平市场价值的10%。例如，国税局规定撤销慈善剩余信托，包括将其资产归还给捐赠者，这并不构成自我交易行为或应纳税支出，或触发终止税。[103]信托正式形成后，它取决于剩余利息的负值。受托人、慈善组织和捐赠者执行解除协议，该协议由所涉州的总检察长办公室批准。这一协议将信托视为无效。信托资产被返还给捐赠者，捐赠者提交修改后的纳税申报表，取消他们的慈善扣除，并支付所有的联邦和州的税收、利息和罚金。

国内税务局认为，尽管信托是一种合格的慈善信托，但实际上并不合格，因为它没有达到10%的剩余利息价值测试。因此，信托不再满足慈善扣除[104]的门槛要求，因为它不满足合格的剩余信托的资格要求。作为法律后果，捐赠者所获得的慈善捐赠扣除不被允许。在这种情况下，分割利息信托的规定[105]不会导致私人基金会规则适用于信托。因此，国税局认为应避免出现自我交易、应纳税支出和终止税。

12.82 当剩余利息受益人是学院或大学时，慈善剩余信托能纳入学院或大学捐赠基金的投资回报中吗？

可以。国税局再次规定当免税的学院和大学是受托人和剩余利息受益人时，它们能够将慈善剩余信托纳入其机构捐赠基金产生的投资回报当中。[106]这些裁定发生在学院和大学没有从事商业活动的情形下，因其没有从这些安排中获得任何经济回报（14.6）。

慈善机构对养老基金投资活动的参与，是由学院或大学发放给持有"捐赠股份"的合同权利的各个信托来实现的。信托基于所拥有的股份数量定期收取款项。信托不能在捐赠基金投资资产上产生任何收益。信托可以根据现金需要重新投资全部或部分支付金额或赎回股份。

12.83 什么时候应使用慈善剩余信托而不是另外一种计划捐赠方式？

因为慈善剩余信托具有任何一种计划捐赠方式最宽泛的可能性，所以回答这一问题的一个方法是当没有任何其他方式可以使用时，应该选择剩余信托。在将这类财产转移至信托时，剩余信托提供了最大灵活性。倾向于年金和希望规避廉价出售规则（12.13）的捐赠者只能选择慈善剩余年金信托［因为这些规则将适用于慈善捐赠年金创建之时（12.68）］。捐赠者可以为慈善剩余单一信托作出额外的捐赠；这种优势仅存在于计划捐赠工具中。捐赠者想要利用组成特征必须使用慈善剩余单一信托（12.72）。对集资收益基金（12.86）的禁止不适用转让免税证券。

12.84 与其他计划捐赠方法相比，慈善剩余信托的不足是什么？

最大的不足可能是准备信托文件的成本。这些都要根据特定的捐赠情况制定，所以可能涉及几千美元的法律费用。此外，许多慈善组织对于通过慈善信托方式接受的财产的价值也设有最低限度的要求；一般来说，即使有些组织会接受低至2.5万美元的捐赠，但起始水平通常为5万美元。金融机构对其管理的信托也有最低数额限制。从法律的角度来看，与其他任何一种捐赠方法相比，它更有可能卷入捐赠人信托规则纠纷。

集资收益基金

12.85 合并收入基金的剩余利息受益人可以是哪些类型的慈善组织？

维持并成为集资收益基金的受益慈善组织类型受到严格限制。这些组织可以仅是特定类型的公共慈善组织；私人基金会不能成为受益人（4.2）。能够成为集资收益基金的剩余利息受益慈善组织有教会、教会协会和教会的综合辅助机构；大学、学院和学校；医院、类似的卫生保健所以及附属于医院的医学研究机构；附属于公立（政府运营）学院和大学的基金会；政府机构；公开捐赠慈善组织。这就意味着其他类型的公共慈善组织，比如支持型组织不能成为集资收益基金（第四章）的剩余利息受益人。

12.86 何种类型的财产适合集资收益基金？

一般而言，只有具有流动性质的财产才能作为慈善捐赠转移到集资收益基金，因为要维持资产必要的规模。可转移的财产一般是金钱和公开有价证券。但其他类型的财产，如房地产，若基金受托人已准备好出售该财产，也可以转移到集资收益基金。

12.87 如何计算一份新的集资收益基金的返还比率？

为此目的，一个新的集资收益基金是在向该基金转账的税务年度之前存在不到 3 年的基金。回报率必须被用于任何转移到新的集资收益基金的转让，直到它能按照一般规则计算出前 3 课税年度的最高回报率。若转移到新的集资收益基金，则认定利率为回报率（四舍五入到最接近 1% 的 20%），比转入基金的年份前 3 个公历年所适用的联邦每月比率的最高年平均值低 1%。

12.88 谁可以成为集资收益基金的捐赠者？

只有个人能够成为合并收入基金的捐赠者。收益付款期限受限于生命周期；集资收益基金的收入利息不得通过条款决定。因此，公司不能成为合并收入基金的捐赠者。

12. 89 谁可以成为合并收入基金的受托人？

维持集资收益基金的慈善组织被要求实际控制基金。慈善组织不必是基金的受托人——尽管依据联办税法它必须是——但它必须有权解除和替代受托人。捐赠者或基金收入利息受益人不能是受托人。

然而，鉴于对何种实体能够成为信托、慈善组织或其他组织的受托人这一问题存在种种限制，因此必须对州法加以考虑。例如在一些州，不允许慈善组织成为受托人。

12. 90 当一个拥有集资收益基金的慈善组织不再符合能够持有集资收益基金的公共慈善组织类型的资格时，会发生何种情况？

在慈善组织不再构成符合持有合并收入基金的公共慈善组织类型的资格当年，基金将失去其税收优惠地位。其他的结果是，通过基金捐赠给慈善组织的财产不再作为慈善捐赠而享有税收扣减。当组织具有资格时作出的捐赠不会因基金身份变化而产生不利影响。

12. 91 何时使用合并收入基金而不是其他计划捐赠方法？

集资收益基金可用于拥有流动资产的捐赠者对以固定形式（例如年金）收取收入利息不感兴趣的情况下。当捐赠财产规模相对较小（即可能太小以至于不能转移到慈善剩余信托中去）时，集资收益基金也是有用的。而且以文件证实集资收益基金捐赠的过程简便快捷，不需花费太多成本。

12. 92 集资收益基金与其他计划捐赠的方法相比有什么不足？

主要的不足是集资收益基金的收入利息受益人对他们所获得的收入数额没有任何保证。但他们能够收到基金年度收益的可分配份额（无论这个份额是多少）。另外，免税证券不可以捐赠给集资收益基金。

慈善捐赠年金

12. 93 什么是慈善捐赠年金？

慈善捐赠年金是建立在捐赠者与受赠人的合同基础上的，捐赠者同意捐赠金钱和/或财产以及受赠人同意返还给捐赠者（和/或其他人）以年金。一份年金是一定数量的金钱，其金额由支付年金的人与接受年金的人通过合同确定［或者购买年金的人（领年金者）］，每年可以按总额和分期付款（例如每半年或每季度）两种方式支付。慈善捐赠年金是计划捐赠的一种方式，它建立在拆分利息的概念基础之上——收入利息和剩余利息（12.61）。通过支付，捐赠者参与了两项交易：（1）购买年金（2）作出慈善捐赠。捐赠部分产生慈善性捐赠扣除。总额被转移；超过购买年金所需数额的钱是慈善捐赠部分。因为交易的双重性质，慈善捐赠年金转移构成了廉价销售（12.13）。通常，以这种方式产生的剩余利息价值可以获得联邦收入所得税的慈善扣减。[107]

创建慈善捐赠年金的协议所产生的年金是一个定期支付的固定数额。计算确切的金额要考虑受益人的年龄，这需要在捐赠作出和选择年金率之时得以确定。

支付年金部分是免税的，因为它是本金的返还。若捐赠财产增值，那么增值产生的资本收益也被算入年金价值。若捐赠者是领年金者，可以对在捐赠者预期寿命里的资本收益作出估价报告。然而，由慈善捐赠扣除产生的税收结余，可以从税收中获得资本收益（由年金创造而来）。

鉴于捐赠者与受赠人之间的合同约定，慈善组织的所有资产都要承担持续支付年金的责任（通过大多数计划捐赠方法，收益付款的来源受限于拆分利息信托的收入）。因此，一些州强制要求慈善组织建立捐赠年金的储备金——许多慈善组织都不愿意接受年金捐赠计划项目。组织可以通过对年金的再保险来消除持续支付年金的风险。

12.94 年金捐赠者的税收待遇是什么？

支付年金部分是免税的，作为本金的返还。该数额是在捐赠者预期寿命里通过计算预期回报的倍数得到的。[108]支付年金的免税部分取决于除外责任率，其数额相当于合同投资（起初支付给年金的数额）除以预期回报。年金的余额是普通收入，要向该部分征收联邦收入所得税。[109]一旦所有本金被返还，则全部年金数额都应征税。

当捐赠的是增值的有价证券时，除了上述的处理办法之外还会产生由年金增值所带来的资本收益，因为慈善捐赠年金转移的这种交易类型特征构成了廉价销售（12.13）。因此，捐赠财产的基础必须在捐赠部分与交易中的销售（年金）部分之间得到分配。

在这种情况下，资本收益的确认方式取决于年金协议的表达。若捐赠者领年金，那么资本收益可以在个人预期寿命里得到确认。[110]在其他情况下，收益必须在慈善捐赠年金交易当年被确认。

12. 95 年金支付期必须与年金支付责任一并开始吗？

不是的，尽管通常如此。然而，支付期的起始可以推迟到未来的某个时间。经常使用的术语是"延期"（而不是推迟），因此这种类型的协议被称为延迟支付的慈善捐赠年金。接受年金的时间可以延期至收入较低的年份（比如退休）以减少年金的收入税，而在收入较高的年份因捐赠而享受税收扣除。

12. 96 创建慈善捐赠年金的税收结果是什么？

当捐赠者指定另一个人为领年金者时，捐赠者即向该人作出捐赠。捐赠的数额是年金的价值。[111]当捐赠者的配偶是唯一的领年金者，捐赠便依据赠与税扣除而免于缴纳联邦赠与税。[112]

12. 97 创建慈善捐赠年金的遗产税结果是什么？

当慈善捐赠年金协议规定另一个人是领年金者时，捐赠者若在交易之日起3年内死亡，都征收赠与税，因为该捐赠必须被包含在捐赠者的遗产之内。[113]

12. 98 在参与慈善捐赠年金交易中，教育机构或其他慈善实体有任何不利之处吗？

有的。也许最显著的不利之处来自于创建慈善捐赠年金的协议是建立在捐赠者（领年金者）与受赠人之间的合同基础之上的。因此，所有慈善受赠人的资产都对年金的持续支付负有责任（相比之下，大多数计划捐赠基数，收入支付的资源都受限于拆分利息信托的收入）。这就是为什么一些州强制要求慈善组织建立支付慈善捐赠年金的储备金。尽管如此，那些不愿承诺持续支付年金的慈善组织可以通过再保险来消除责任。

另一个不利之处是慈善捐赠年金项目的管理方面，包括及时支付年金。但银行信托部分和其他金融机构能够提供这些管理服务。这种不利因素对学院和大学来说可能并不是问题，它们在这方面有更强大的职工能力。

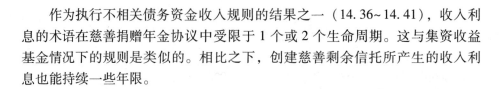

作为执行不相关债务资金收入规则的结果之一（14.36~14.41），收入利息的术语在慈善捐赠年金协议中受限于 1 个或 2 个生命周期。这与集资收益基金情况下的规则是类似的。相比之下，创建慈善剩余信托所产生的收入利息也能持续一些年限。

12.99 在参与慈善捐赠年金交易中，教育机构（或其他慈善实体）有任何优势吗？

有的。慈善捐赠年金项目，因为可能涉及的数额有限，经常是吸引捐赠者参与机构疾患捐赠项目的一种手段。另外，就慈善捐赠年金而言，交易捐赠部分可以立即被接受的组织使用。当慈善捐赠年金再保险时，也会立即获得资金。

12.100 慈善捐赠年金的不相关收入的含义是什么？

若活动的实质部分符合商业型保险的规定，则一个其他类型的免税组织[114]将失去或被否定免税身份[115]（商业型保险一词通常是指由商业保险公司提供的任何类型保险）。另外，提供商业型保险的活动被视为不相关业务活动，应按照纳税保险公司相关规定纳税。[116]

为此目的，年金合同的保险被认为是提供保险。[117]但当以下情况出现时，这些规则不适用于慈善捐赠年金：

• 与年金保险有关的支付数额部分被允许根据联邦收入所得税或遗产税而扣除。

• 年金符合法律上关于不相关债务——经济收入（14.40）（取决于是否年金保险相关的任何支付金额是财产）的特殊年金规则描述。[118]

12.101 不相关债务资金收入对慈善捐赠年金的影响是什么？

学院和大学（和其他类型的免税组织）应纳税收入的形式之一是不相关债务资金收入。基本上，不相关收入的形式是可追溯至借入资金的投资收益。"债务资金"一词通常指的是在一个纳税年度内任何时候所持有的产生收益的财产（14.39）。

取得负债一词定义范围内的几个例外之一是该术语不包括支付年金的责任，即：

• 交换之时，交换财产的唯一考虑是年金的价值应低于交易中所接受财产价值的 90%。

- 在一个人或两个人的有生之年内支付年金，且年金建立时其仍然在世。
- 支付是根据合同进行的，但该合同不能保证支付的最低数额或者最高数额，也不能参照转移的财产或任何其他财产所获得的收益来提供任何调整。[119]

慈善引领信托

12. 102 什么是慈善引领信托？

慈善引领信托是将钱和/或财产分割为两部分利益的一种工具：收入利息或剩余利息（12. 61）。

收入利息是被支付给一个或多个慈善组织，而剩余利息是指定给一个或多个非慈善受益人。在这种情况下，慈善引领信托是与慈善剩余信托（12. 65）相反的。

在这些规定下，财产的收入利息在规定年限或一个或更多个人的生命周期内被捐赠给慈善组织。反过来，财产的剩余利息在收入利息到期时（领导时期）被返还给捐赠者或其他收入受益人。通常情况下，财产会从一代（捐赠者）传至另一代。

慈善引领信托被用于加速一年的一系列慈善捐赠行为，后者每年都会发生。在一些情况下，将财产收入利息转入慈善组织可以获得慈善扣减。但对这些收入利息的慈善扣减金额也设有严格的限制。通常，若捐赠者的动机是建立信托，则属于遗产计划，不存在慈善扣减情况。

12. 103 慈善引领信托中的收入利息的性质是什么？

通过慈善引领信托捐赠给慈善组织的财产收入利息，可以持续一定年份，或是持续一个或多个人的生命周期。

这一收入利息可以是保险年金或相当于信托财产每年公平市场价值的固定比例的支付。[120]因此，可以是慈善引领年金信托或慈善引领单一信托。年金利息或单一年金利息必须每年都被接受。

12. 104 转入慈善引领信托的财产有慈善捐赠扣减吗？

将金钱和/或财产转移到慈善信托基金中，捐赠者可能或不会发生当前的"前端"联邦所得税慈善捐款扣除。若两项条件均满足，通过慈善引领信托产生的收入利息价值可以获得慈善扣除：

1. 收入利息必须是年金利息或单一年金利息的形式。除此之外，若其他要求得到满足，则可以获得符合联邦收入税、赠与税和遗产税目的的慈善捐赠扣减。[121]

2. 按照收入所得税的慈善扣除目的，捐赠者必须被视为收入利息的所有权人，遵守捐赠者信托规定（12.14）。这项要求意味着慈善引领信托所收到的收入要向捐赠者征税。其结果是在这种限制性使用的情况下因慈善赠与而产生收入税扣减。

慈善引领信托可以以这样一种方式建立，即对所涉及的收入利息不享有收入所得税的慈善捐赠扣减。依据这种方式，信托是书面的，以便捐赠者规则不被适用；在这种情况下，捐赠者不被认为是收入利息的所有权人。这种类型的慈善引领信托的税收结果是捐赠者放弃了慈善捐赠扣除，但避免了在信托存续期间每一年都要纳税。

12. 105 慈善引领信托的税收待遇是什么？

慈善引领信托不能免除联邦收入所得税。慈善引领信托的税收待遇屈居于是否适用捐赠者信托规定（12.14）。若这些规定得以适用，则捐赠者被视为信托的所有权人，信托收入应向捐赠者而不是信托机构征税。[122]在这种情况下，从慈善引领信托中向作为收入受益人的慈善组织支付的部分被允许获得无限制的慈善扣除。[123]但是，慈善引领信托无权就支付给一个或多个慈善组织超过信托协议条款规定的可支付的收入利息的部分获得收入所得税的扣除。

剩余利息的其他捐赠

12. 106 剩余利息可扣减捐赠的其他方式有哪些？

与学院和大学相关的剩余利息可扣减捐赠的方式还有两种。一种是个人住宅或农场的剩余利息捐赠（12.107）。另一种是捐赠者捐赠某项财产全部利息的不可分割部分（12.108）。

12.107 适用于捐赠个人住宅或农场的剩余利息适用规则是什么？

即便不联系信托就作出个人住宅或农场的捐赠，只要该捐赠是不可撤销的，即可产生联邦收入所得税的扣除。[124]这项扣减是建立在剩余利息价值的基础上的。若捐赠的财产是抵押贷款的房屋，则转移必须被视为廉价出售（12.13）。

个人住宅是被其所有者作为个人住宅使用的一种财产；它不必是所有者的主要住宅。作为个人住所，对该财产的所有要求是它包含了做饭、睡觉和卫生等设施。慈善受赠人必须被赋予占有、支配和控制财产的权利。一个农场是捐赠者或其承租人用于生产农作物、水果或其他农产品或牲畜饲料的土地及其改造。"牲畜"指代范围包括牛、猪、马、骡子、驴子、绵羊、山羊、圈养的毛皮动物、鸡、火鸡、鸽子和其他家禽。

12.108 适用于捐赠财产全部利息中不可分割部分的规定是什么？

捐赠一项财产全部利息中不可分割部分是可以获得联邦收入所得税的慈善捐赠扣除的。[125]这种类型的扣除仅在捐赠而非信托时才能获得。捐赠者的财产全部利息的不可分割部分必须是：

• 构成每一项实质性利息的部分或比例或者捐赠者对该财产所享有的权利。

• 延伸至捐赠者对该财产利息和该财产可能被转移到其他财产中的整个期限。[126]若慈善组织享有作为捐赠者的共有人对财产占有、支配和控制的权利，该财产利息每年的适当部分可以获得慈善扣除。例如，一个人向免税的大学捐赠专利使用许可，保留了向他人授予专业许可的权利。国税局规定这项捐赠不属于每一实质性收益的部分或比例，或者捐赠者对该财产的所有权。因此，国税局在这种情况下规定不予慈善捐赠扣除。[127]

参考文献

1. IRC § 170（c）.
2. IRC § 170, 2055, 2522.
3. Reg. § 1.162- 15（b）.
4. Reg. § 1.170A- 1（c）(5). CCH012. indd 367 H012. indd 367 44/19/11 7：57：53 AM /

19/11 7：57：53 AM 368 ｜ Charitable Giving Rules.

5. Rev. Rul. 86– 63, 1986– 1 C. B. 88.

6. Commissioner v. Duberstein, 363 U. S. 278, 285 (1960).

7. Robertson v. United States, 343 U. S. 711, 714 (1952).

8. H. Rep. No. 106– 478, 106th Cong. , 1st Sess. 168 (1999).

9. Signom v. Commissioner, 79 T. C. M. 2081, 2091 (2000).

10. Miller v. IRS, 829 F. 2d 500, 502 (4th Cir. 1987).

11. Id.

12. Form 990, Schedule M, line 31.

13. Id.

14. Reg. § 1. 170A– 1 (g).

15. Reg. § 1. 170A– 7 (a)(1).

16. IRC § § 671 – 679.

17. IRC § 673.

18. IRC § 674 (a).

19. IRC § 674 (b)(4).

20. IRC § 675.

21. IRC § 676.

22. IRC § 677.

23. IRC § 170 (b)(1)(F).

24. Reg. § 1. 170A– 8 (e).

25. IRC § 170 (b)(1)(A).

26. IRC § 170 (b)(1)(B)(i).

27. IRC § § 170 (d)(1), 170 (b)(1)(C)(ii).

28. IRC § 170 (b)(2)(A).

29. IRC § 170 (d)(2).

30. IRC § 170 (b)(1)(C)(i).

31. IRC § 170 (b)(1)(D)(i).

32. IRC § 170 (b)(1)(D)(ii).

33. Reg. § 1. 170A– 1 (c)(i).

34. IRC § 170 (b)(2)(A).

35. IRC § 170 (d)(2).

36. IRC § 170 (e)(3).

37. Reg. § 1. 170A– 1 (e).

38. Rev. Rul. 2003– 28, 2003– 1 C. B. 594.

39. United States v. Dean, 224 F. 2d 26, 29（1st Cir. 1955）.

40. Briggs v. Commissioner, 72 T. C. 646, 657（1979）, aff'd, 665 F. 2d 1051（9th Cir. 1981）.

41. 这些公司之所以被如此命名是因为他们的联邦所得税是美国的代码，参见标题26，副标题A，第1章，第S节（IRC §§ 1362–1379）。他们可以与"常规"（或C）公司形成对比，参见标题26，副标题A，第1章，第C节（IRC §§ 301–305）。

71. IRC § 6720B. 还可以适用其他处罚，例如协助和教唆不充分履行税务责任（IRC § 6701）。

42. Reg. § 1. 170A‑ 1（c）(i).

43. IRC § 851（b）(1).

44. IRC § 561. CCH012. indd 368 H012. indd 368 44/19/11 7：57：54 AM /19/11 7：57：54 AM Other Gifts of Remainder Interests ｜ 369.

45. Priv. Ltr. Rul. 200845007.

46. IRC § 852（b）(2).

47. IRC § 170（b）(2)(C).

48. IRC § 860D.

49. IRC § 860E.

50. IRS Chief Counsel Advice Memorandum 200850027.

51. IRC § 170（1）(A).

52. IRC § 170（e）(3).

53. Reg. § 1. 170A‑ 4A（a）.

54. IRC § 170（e）(6)(G).

55. IRC § 170（e）(3)(D)(iv).

56. IRC §§ 170（b）(1)(E)(vi), 170（b）(2)(B)(iii).

57. IRC § 170（b）(1)(E)(iv)(I).

58. IRC § 170（b）(1)(E)(v).

59. IRC § 170（b）(2)(B)(i).

60. IRC § 170（b）(2)(B)(ii).

61. IRC § 170（e）(1)(B)(i)(I); Reg. § 1. 170A‑ 4（b）(2)(ii).

62. IRC § 170（e）(1)(B)(i)(II).

63. Reg. § 1. 170A‑ 4（b）(3)(i).

64. Id.

65. Reg. § 1. 170A‑ 4（b）(3)(ii)(a).

66. Reg. § 1. 170A‑ 4（b）(3)(ii)(b).

67. IRC § 170（e）(7)(C).

68. IRC § 170（e）(7)(B).

69. IRC § 170（e）（7）（A）.

70. IRC § 170（e）（7）（D）.

71. IRC § 6720B.

72. IRC § 170（e）（1）（B）（iii）.

73. IRC § 170（m）（7）.

74. IRC § 170（f）（12）（A）.

75. IRC § 170（f）（12）（E）.

76. IRC § 6664（c）（2）.

77. IRC § 170（o）（2）.

78. IRC § 170（o）（4）（B）.

79. IRC § 170（o）（3）（A）（i）.

80. IRC § 170（o）（3）（A）（ii）.

81. IRC § 170（o）（3）（B）.

82. IRC § 170（o）（1）（A）.

83. IRC § 170（o）（1）（B）.

84. IRC § 170（e）（1）（A）.

85. IRC § 1221（3）.

86. IRC § 170（e）（1）（B）（iv）.

87. IRC § 170（f）（15）（B）.

88. IRC § 170（f）（16）（A）.

89. IRC § 170（f）（16）（D）.

90. IRC § 170（f）（16）（C）.

91. IRC § 408（d）（8）（A）.

92. IRC § 170（l）.

93. Reg. § 1.170A-1（h）（5）, example 2.

94. IRC § 170（f）（2）（A）.

95. Id.

96. Id.

97. Id.

98. Reg. § 1.170A-1（d）（1）.

99. IRC § 170（f）（3）（B）（i）.

100. IRC § 170（f）（3）（B）（iii）.

101. IRC § 170（f）（3）（B）（ii）.

102. IRC § 4947（a）（2）.

103. Priv. Ltr. Rul. 201040021.

104. IRC § 170 (f)(2)(A).

105. Id.

106. E. g. , Priv. Ltr. Rul. 201022022.

107. Reg. § 1. 170A– 1 (d)(1).

108. Reg. § 1. 1011– 2 (c).

109. IRC § 72; Reg. § 1. 1011– 2 (c).

110. Reg. § § 1. 1011– 2 (a)(4)(ii); 1. 1011– 2 (c), Example (8).

111. IRC § 2503 (a).

112. IRC § 2523 (a), (b)(1).

113. IRC § 2035 (c).

114. 组织名称，相关介绍参见 IRC § 501 (c)(3) or (4)。115. IRC § 501 (m).

116. IRC § 501 (m)(2).

117. IRC § 501 (m)(4).

118. IRC § 501 (m)(3)(E), (5).

119. IRC § 514 (c)(5).

120. IRC § 170 (f)(2)(B).

121. IRC § § 170 (f)(2)(B), 2055 (e)(2)(B), 2522 (c)(2)(B).

122. IRC § 671.

123. IRC § 642 (c)(1).

124. IRC § 170 (f)(3)(B)(i).

125. IRC § 170 (f)(3)(B)(ii).

126. Reg. § 1. 170A– 7 (b)(1)(i).

127. Rev. Rul. 2003– 28, 2003– 1 C. B. 594.

13

筹款条例

以教育、慈善和类似目的发起的资金筹集活动受到联邦、州和地方政府的严格监管。各州大多通过制定"慈善捐赠法"来彰显其对这一类活动的治安权。几乎所有的州都拥有某种形式的慈善捐赠法案；其中 30 多个州就这一领域设有广泛的律例。

尽管邮政法和消费者贸易法的地位日益重要，联邦政府对慈善筹款的管制仍主要借助于税收制度实现。关于慈善活动，美国国内税务局（IRS）已经颁布了若干套规管措施及其他指导方针。联邦税法的其他机构同样对筹款监管措施作出指示，具体可查看"慈善捐赠条例"（第十二章）、"不相关业务规则"（第十四、十五章）以及"豁免认可申请""年度报告要求"和"披露规则"（第三、十七、十八章）。

慈善捐款的征集活动涉及被公认为体现言论自由的做法，并受到联邦和州宪法的保护。因此，对于有益于教育、慈善、宗教、科技和类似组织的慈善活动，政府的监管力度有限。然而，这些符合宪法的法律制约只适用于州和地方政府层面。

在大多数情况下，根据筹款法，免税学院和大学与其他慈善机构的地位平等。但是，在州监管条例中存在一些显著的例外情况，其不适用于许多其他类型的慈善筹款组织。

以下是关于联邦监管慈善筹款的常见问题，特别是豁免学院和大学问题，以及许多州设立的慈善募捐法案的内容及实施过程，同时附上了对这些问题的解答。

13.1 联邦政府如何监管慈善筹款活动？

在很大程度上，联邦对慈善筹款的监管是通过税收制度中的所得税法实现的。这一领域相关法律的主要子部分之一是许多围绕收入、赠与和房地产遗产税慈善捐赠扣除的错综复杂且关系微妙的问题（第十二章）。尽管已有相关法律规定，但除非构成这类监管的其他四条规定得以满足：慈善捐赠物记录要求（13.5，13.11）、慈善捐赠证明要求（13.6，13.12）、交换贡献规则（13.18）和捐赠财产评估规则（13.13~13.16），否则所得税慈善扣除不可执行。这一领域的相关法律仍有其他子部分，分别是申请豁免税项认可的程序（第三章）、不相关业务规则（第十四、十五章）、年度信息报告要求（13.23）和公共慈善组织规定（第四章）。美国国税局坚持专注于这一领域的审计工作，包括特殊活动和赌博。

也有一些监管工作需要由美国邮政部门完成，监督对特殊的大宗三级邮寄费率的使用情况，以及联邦贸易委员会的行为，特别是监管电话销售活动（13.27）。

13.2 联邦政府如何监管以慈善为目的的筹款活动？

除了3个州以外，其他所有州都对慈善捐赠的招募设有某种形式的成文法。（不设此类法律法规的3个州分别是特拉华州、蒙大拿州和怀俄明州。）35个州已经出台了全面、综合的慈善募捐法案。其中的法律元素总结如下。一个州的总检察长有权监督慈善机构；这一权力衍生自监护原则。

各州还制定了有关豁免税项、慈善捐赠、发行证券、保险计划、不公平贸易行为、误导性广告和欺诈等方面的法律，每一项都适用于慈善筹款领域。

13.3 这些州法是符合宪法规定的吗？

虽然这个领域经常出现紧张局势，但一般来说，是的。例如，一个州有警力，可以利用这一权力保护其公民免受慈善筹款欺诈和其他伤害（13.29）。然而，这类规定在适用范围上需要比国家认定的更为合理。以慈善为目的筹款活动是体现言论自由的最高形式之一（13.29），因此应该且仅由最单一的手段对其加以约束。

州和地方慈善募捐法案的某些特征因侵犯了言论自由权，被划为违宪。最臭名昭著的立法特征是限制慈善团体的筹款成本，或是向专业律师支付的薪酬水平。某些强制披露同样也被禁止。然而总体而言，在声称它们不正当地妨碍言论自由或过度负担州际贸易的情况下，慈善募捐法案本身也得到了维护。

　　州（和地方政府）的治安权与慈善机构及其筹款人的言论自由权发生直接冲突。迄今为止，法院已经对这种紧张局势作出了调整，协商达成的一致意见是，治安权允许慈善征集法的普遍适用，而宪法原则则迫使政府在这一领域中以最单一的方式进行监管。

联邦法律要求

13.4 慈善捐赠规定如何得以适用？

　　慈善捐赠规定适用于许多方面，因为它们规定了以联邦税务为目的的慈善捐赠的扣除细节（第十二章）。这一应用一方面包括"慈善"和"捐赠"这两个术语的定义、年度扣除额的百分比限制、减免规则、关于部分权益捐赠的规则以及与特定类型的财产捐赠相关的种种条例。

　　然而在筹款监管范畴中，慈善捐赠法中有三个子部分尤为重要：（1）慈善捐赠证明的要求；（2）补充贡献规则；（3）评估要求。

13.5 当慈善捐赠为货币时，相关的保管记录要求是什么？

　　所得税慈善捐赠支出扣除不得用于任何钱财捐赠——严格依照法律将其称为"货币捐赠"，除非捐赠者持有从受赠人处获取的将作为捐款记录的银行记录或书面信函。[1]这份文件必须体现慈善受赠人的姓名和捐款日期及金额。

　　货币捐赠除了现金或支票外，还包括以借记卡或信用卡支付的捐款、可兑换现金的礼品卡转让、电子资金转账捐赠、网上支付，或通过工资扣除的捐款。[2]银行记录包括来自金融机构的声明、电子资金转账凭证、已兑现支票、从银行网站获取的已兑现支票的双面扫描图像，或信用卡或借记卡对账单。书面信函包括电子邮件通信。

　　如果是由薪金扣除而作出的慈善捐助，则当捐赠人获得（1）支付存根时（表格W-2），该捐助者被视为已满足这一记录保留要求，或其他由雇主提供的文件，列明在纳税年度内所扣留的款额，以支付给慈善受赠人，（2）由受赠人准备或在其指示下提供的能够显示受益人姓名的认捐卡或其他文件。

该资料必须在（1）捐赠人提交捐赠发生所在年份的原始所得税申报单日期之前，（2）提交捐赠人当年的原始回报的到期日（包括延期）之前，送达捐赠人处。

这些规定不适用于对慈善纪念信托（12.65）或收入利息信托（12.67）进行的货币赠与。然而，它们却适用于向收益型汇集基金进行的转账（12.66）。

因此，作为一个政策问题，学院、大学、相关的基金会，或其他慈善受赠人必须决定是否向其受赠人提供必要的记录。应重申这一保管记录的要求适用于所有的货币类捐赠，无关乎金额多少。

13.6 当慈善捐赠是货币时，相关的证明要求是什么？

联邦所得税的慈善捐款扣除项不适用于价值大于等于 250 美元的慈善捐赠，除非捐赠者通过由受赠人提供同期的书面确认书来证明其捐赠行为。[3] 在慈善机构向捐助人提供商品或服务以换取捐款的情况下，这一同期书面确认必须包括对商品或服务价值的诚信估计。这些规定不适用于无形的宗教福利条款。

对一个慈善组织进行多次分开的捐赠，这些捐赠将被视为独立的捐赠，而不是以达到 250 美元标准为目的进行汇总计算。通过工资扣除的捐款被视为每个月的独立支付。国税局批准成立反滥用条例以防止出现逃避证实条件这一情况的发生（虽然它尚未实施），如在同一日期向同一慈善组织分次捐出较小面值的支票。

为使证明具有"同期性"，必须不迟于捐助者提交与捐赠行为发生年份相应的报税表的日期。若在到期日之后或在经延长的到期日提交了申报表，则必须保证在到期日或延长的到期日之前获得证明。

明知实情而向捐赠人提供虚假书面证明的慈善组织，可能会因协助和教唆不充分履行税务责任而受到惩罚。[4]

适用于贡献知识产权（12.37~12.40）和合格的车辆（12.41~12.45）这两类实例的单独的捐赠证明规定将取代上述要求。

13.7 "商品或服务"的含义是什么？

从表面上看，这项法定要求，即要求出示与慈善馈赠相关的商品或服务的收据，似乎是为了换取捐款、最有可能是有形服务或财产而作出的考虑。

这当然是国会的意图；问题的关键是将慈善性支出扣除额限制在慈善组织的净额上。然而，法院已将这一条款扩充到远远超过有形的经济利益这一范畴，即期许和理解。例如有人认为，向慈善组织支付的款项因未满足证实要求而不能作为慈善捐赠抵扣，其间捐赠者期望捐赠资金将以某种方式进行投资，进而形成了未公开的回报利益。[5]

13.8 这些规定是否适用于在没有事先通知的情况下，在馈赠行为发生后向捐赠者提供的福利，如表彰晚宴？

一般不会。这些规则适用于由受赠人慈善组织提供、以某些利益的形式向捐赠人作出的报答。该规定适用于为获取报酬而向慈善机构提供的商品或服务，这意味着捐助者在支付款项时期望得到商品或服务。因此，在确定慈善性支出扣除额时，一般不需要考虑这种事后发生的福利的类型。

13.9 对于由慈善纪念信托、慈善引导信托和收益型汇集基金进行的馈赠，证实规则如何得以适用？

这一规定不适用于由慈善纪念信托（12.65）或慈善引导信托（12.67）作出的赠与。这是因为在将资金或财产转移到信托时，这些信托的捐赠者不需要指定一个特定的慈善组织作为受益人。因此，可能没有慈善组织能够提供必要的书面确认书。此外，即使指定了特定的慈善受益人，指定结果也常常是可撤销的。相比之下，法律要求一个或多个慈善组织必须持有一个收益型汇集基金账户（12.66），因此由这些基金提供的捐助必须能够得到证实。

13.10 可否用一份文件来满足这些记录和证实要求？

金额少于250美元的捐赠的证明文件由慈善受赠人提供，其记录要求以及证实要求能够通过一份文件得以满足，条件是该文件包含以上两套规定所需的信息，并由捐赠者及时获得。因此，一所学院、大学或相关的筹款基金会可以（以加强与捐赠者的关系），如使用一封套用信函，向捐赠者提供金额不及250美元的捐赠所需的记录，以及当捐赠金额达到或超出250美元时所需的证明。

13.11 当慈善捐赠为财产时，相关的记录要求是什么？

一般来说，若捐助者要求对金额少于250美元的财产慈善捐赠（严格依据法律称之为非现金捐赠）进行所得税慈善捐款支出扣除，捐助者则需要从受益人处获取收据或保留可靠的记录。[6]对于由个人、合伙企业、个人服务公司或不公开招股公司提供的此类礼品，不享受慈善扣除待遇，除非捐赠人为每笔捐款保留了由慈善受益人提供的收据，并显示以下四方面内容：

1. 受赠人的名称和地址。

2. 捐赠日期。

3. 对财产细节进行了充分描述。

4. 若捐赠是有价证券，则需显示发行人的名字、证券的类型，以及是否公开交易。

若捐赠人无法从受益人处获得收据，捐赠人可通过为所捐赠的财产保留可靠的书面记录来满足记录要求。书面记录的可靠性是由某一特定情况的所有事实和情节决定的，包括其为礼品证实时体现的同期性。然而，可靠的书面记录必须包含上述要素、财产在捐赠日的公平市场价值、用于确定价值的方法，以及当捐赠物为衣物或日常用品（13.17）时，捐赠物的使用情况。

13.12 当慈善捐赠是财产时，相关的证实要求是什么？

所得税慈善捐赠支出扣除不适用于金额达到 250 美元或以上，且不超过 500 美元的非现金慈善捐赠，除非捐赠者能够提供同期的书面承认书以证实其赠与行为。[7]

这一扣除不适用于金额超过 500 美元但不足 5000 美元的非现金捐赠，除非捐赠者提供同期书面承认书，并符合表格 8283-A 部分的填写与提交要求，以证实其捐赠行为。[8]后一规定则适用于个人、合伙企业、S 类或 C 类公司，即个人服务公司或不公开招股的公司。

一般来说，联邦所得税慈善捐赠支出扣除不适用于金额超过 5000 美元的非现金捐赠，除非捐赠者能够提供同期的书面承认书以证实其捐赠行为，完成由具有资格的鉴定人（13.15）编制的有效评估（13.14），并完成填写表格 8283 中的附表 B。[9]然而，当捐赠物为公开交易的证券、存货（12.30）、知识产权（12.37）和车辆（12.41）时，则不需要完成评估或填写表格 8283-B 部分，取而代之的是完整填写好表格 8283-A 部分。

一般而言，联邦所得税慈善捐赠支出扣除不适用于金额超过 50 万美元的非现金捐赠，除非捐赠者能够提供同期的书面承认书以证实其捐赠行为，获得由具有资格的评估师撰写的有效评估，完成填写表格 8283 中的附表 B，并在包含此扣除项的纳税申报表后附上一份该财产的合格评估书的副本。[10]再次说明，当捐赠物为公开交易的证券、存货、知识产权和车辆时，则不需要提供评估书或填写表格 8283-B 部分，取而代之的是完整填写好表格 8283-A 部分。

13.13 评估要求是什么？

对于大多数由个人、合伙人或由慈善组织所属的企业馈赠的财产慈善捐赠（或财产集合）而言，若其价值超过 5000 美元，则需满足一定的评估要求（当捐赠为金钱或公开交易的证券时，则免受上述约束）。这一规定所适用的财产称为慈善性支出扣除财产。[11]

慈善性支出扣除财产的捐赠人必须拥有有关该财产的合格评估书，并在包含相应扣除项的纳税申报表后附上一份评估综述（表格 8283）。相关法律详细说明了一份有效评估（13.14）和评估综述所必须包含的信息条目。评估工作必须由具有资格的评估师进行（13.15）。

如果申请的扣除额超过 50 万美元，则个人、合伙企业或公司必须持有该财产的合格评估书，并将其附于相应的所得税申报单上（然而，这些规定不适用于金钱、公开交易的证券、存货和车辆的馈赠）。

13.14 什么是有效的评估？

一份有效的评估本质上是一份评估文件，由一名合格的评估师（13.15）根据公认的评估标准撰写而成。这些标准由评估基金会的评估标准委员会制定，遵循《专业评估执业统一准则》（USPAP）的实质与准则。

有效的评估书必须包含与捐赠的财产相关的特定信息，即：对财产的适当描述、对财产（非证券）状况的说明、评估生效日期（即相关价值意见适用的日期）和所捐赠的财产在该日的公允市价。这份评估还必须体现捐赠人与受赠人或其代表对捐赠财产的使用、出售或其他处置方式作出的任何协议的条款或谅解，如对受赠人使用或处置财产行为的限制、对财产的收益或拥有权的保留，或是指定财产的用途。

评估还必须体现捐赠行为的发生日期（或预期日期）、评估师的特定信息、署名及其声明、签署日期、评估方法和依据，并声明相关评估行为是以帮助计算所得税为目的。

有效的评估必须不得迟于缴款日期前 60 天，由具有资格的评估师签署并注明日期，且不迟于（1）包含该慈善性支出扣除的纳税申报日期（包括延期）；（2）首次报告该慈善性支出扣除的纳税申报表的到期日（包括延期）（若捐赠人是合伙企业或小型企业公司）；（3）若该扣除是在经修订的申报中首次提出的，则为修订后的申报办理日期。

如果经他人合理断定捐赠人隐瞒或谎报实情，导致评估人夸大描述所赠财产的价值，则即使满足以上所有要求，相应评估均为无效。评估费用不得基于财产的估价确定。捐赠者必须合理保存该评估，已备任何国内税收法的管理活动使用。若所捐赠的财产为部分利益（12.61），则评估活动必须针对该利益展开。[12]

13.15 合格评估师的标准是什么？

合格的评估师是一名具有可核实的评估财产价值教育经历且具有实践经验的个人。直至评估签署之日，若一个人（1）已成功完成与财产类型评估相关的专业或院校课程的学习，并具有两年以上的评估经验，或（2）在评估财产价值类型工作中获得公认的鉴定称号，则其可被认定为拥有必需的教育和实践经验。

培训经验必须从专业或院校的教育机构中获得，即一个公认的专业级评估机构，并能定期提供强调评估原则的教育项目，或是由拥有员工学徒身份或参与教育项目的雇主提供，实质上与前述类型类似。公认的鉴定称号由专业的评估机构根据个人能力授予。若评估师在评估证明中对其曾评估相类似类型财产的教育和实践经验作出具体说明和声明，则其相关教育及实践经验是可核实的。由于评估师具有相关教育和实践经验，该评估师有资格对相关类型的财产进行估价。

这些人不具有评估师资格：

• 接受违禁费用的个人（13.16）。

• 财产的捐赠者。

• 捐赠人所拥有财产的交易的一方，除非该财产是在其购置之日起2个月内作出捐赠的，而且评估的价值不超过其购置价格。

• 财产的受益人。

• （1）与上述三类个体有关或受雇于上述任何一类个人的个体，或与以上任一个人有明确关系的个人的配偶，或（2）独立承包人，在纳税年度内固定担任以上三类中任一个人的评估师，且不从事对他人的大部分评估工作。

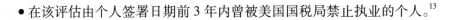

● 在该评估由个人签署日期前 3 年内曾被美国国税局禁止执业的个人。[13]

13.16 什么是"违禁费用"？

合格评估（13.14）的费用不得基于财产的估价价值计算。

13.17 有关服装和家居用品捐赠的规定有哪些？

一般来说，联邦所得税慈善捐款支出扣除是不适用于服装或家居用品的捐赠行为，除非该物品是在良好或更佳的使用条件下用于捐赠，且满足非现金记录要求与证实要求（13.11，13.12）。

要求此类财产处于良好使用状态或更佳的规则不适用于一件单独的衣物或家居用品的捐赠，且该捐赠的慈善扣除额超过 500 美元，即使捐助者提交的纳税申报表中有一份由具有资格的评估人准备的财产合格评估（13.14）的复印件和已完成的表格 8283-B（13.12）。

"家庭用品"一词是指家具、室内陈设、电子产品、用具、亚麻制品和类似物品。食品、绘画、古董和其他艺术品、珠宝、宝石和收藏品都不在家庭用品之列。[14]

13.18 什么是交换捐赠规则？

交换捐赠是指在一笔支出中，一部分作为捐款，一部分用于慈善组织提供给捐赠者的商品或服务。慈善组织必须向作出超过 75 美元交换捐赠的捐赠者提供书面披露声明。所需的书面披露必须通知捐助者，为联邦所得税目的而可扣除的缴款额仅限于任何款项的超额，或任何财产的价值超出，捐赠者作出的捐赠的价值要超出该慈善机构提供的商品或服务的价值。披露必须是向捐助者提供的对捐助者所收到的商品或服务的诚信估价。

慈善组织必须提供有关交换捐赠的征集或收受声明。披露必须以书面形式并以可能引起捐赠者注意的适当方式呈现。在一份较大文档中以小字体呈现披露内容可能无法满足要求。[15]

对不符合披露要求的慈善机构处以罚款。对于超过 75 美元却未能作出所需披露的交换性捐赠，每笔捐款处以 10 美元罚款，每一筹款活动或邮寄处以不超过 5000 美元的罚款。若一组织能够表明未能遵守规定的合理原因，则可避免这种惩罚。[16]

13.19 什么是诚信评估？

成文法没有定义词组"诚信评估"。税法规定，诚信评估是对慈善组织提供的商品或服务的公平市价所作的估计。条例补充说明，只要组织合理采用了诚信的方法，就可以使用该方法作出诚信评估。这些形式的循环论证没有太多帮助。

13.20 就交换性捐赠规定而言，是否存在例外情况？

这里列举七种例外。前三种适用于向捐助者提供具有附带价值的唯一商品或服务的情况。例外是：

1. 凡所收到的所有利益的公允市场价值不超过捐款的 2% 或 50 美元，两者以较少者为准。

2. 如果捐款额为 25 美元或以上，而且捐助者在历年期间所收到的仅有好处的成本总计不超过一件低成本物品。若某物品对分配它的组织或受益组织代表造成的花费金额不超过 5 美元，则该物品为低成本物品。

3. 凡有关慈善捐款的请求，以慈善邮件或以其他方式向赞助人分发免费、无序的物品，以及在日历年内分发给任何一名赞助人的物品的费用总计不超过一件低成本物品的价格。

4. 在与慈善组织的交易活动中不具有赠与性质。这方面的例证是向一所学校支付学费、向医院支付医疗保健服务费用，以及从博物馆礼品店购买物品。

5. 其中涉及非物质性宗教利益。为符合该例外成立的条件，该利益必须由一个专门以宗教为目的的组织提供，且必须属于一般不在赠与环境之内的商业交易中出售的类型。宗教利益的一个例子是准许进入宗教典礼现场。这一例外也一般适用于微量允许（de minimis）有形利益，例如宗教仪式中的酒水。非物质性宗教利益例外不适用于诸如支付教育费用以获得公认的学位、旅行服务或消费品等项目。

6. 每年提供的会员福利不超过 75 美元，福利由个人在会员期内经常行使的权利或特权组成。这些福利包括免费参加组织承办的活动、免费使用停车场，以及在购买商品时享受折扣。

7. 每年提供的会员福利不超过 75 美元，包括准许在会员期内参与仅对慈善组织成员开放的活动，相关活动中组织合理地计划人均成本（不包括任何间接费用），使其不超过为低成本物品设立的金额限定。

13.21 慈善组织如何评估为满足交换性捐赠规定的名人参与的价值？

如果名人在活动中利用其天赋提供表演（如唱歌或单口喜剧），则在计算任何利益和任何慈善扣除时，必须确定相关表演的公平市场价值。

然而，如果名人做其他事情，他或她的参与则可以被忽视。例如，在博物馆举办的有关某艺术家的作品巡演中，巡演的价值可以忽略。

13.22 国税局在新的教育、慈善和类似组织方面寻求什么？

几乎每一个想要获得免税的组织，如教育、慈善或类似的实体，并且是一个有资格接受免税的慈善捐赠的组织，必须向国税局发出通知、提出申请以确认免税资格（第三章）（主要的例外情况是政府实体、教会及其综合辅助机构，以及通常不超过5000美元的总收入的组织）。申请过程要求提供一定有关该组织的筹款计划的信息。

例如，组织必须描述其实际和计划的筹款计划，总结其实际使用或计划使用情况、选择性邮寄、筹款委员会、专业筹款人等等。根据其征集工作的进展情况，该组织可以描述一个非常详细的筹款计划，也可以说明它尚未制定任何具体的筹资程序。如果该组织已为征求捐款而编写出书面材料，则应附上副本。

申请程序（可参考条目18.15和18.16）必须包含对组织的筹款成本的披露。根据组织存在的时间长短，此信息将反映在申请书中或与申请书一同提交的拟议财务预算中。

13.23 报告规定如何适用？

几乎所有的教育、慈善和类似组织都必须向国税局提交年度信息申报（第十七章）（最明显的例外情况是政府实体、教会及其综合辅助机构，以及其总收益通常不超过2.5万美元的组织）。这类组织必须提供与筹款计划有关的特定信息。

每年的信息反馈表要求教育（和其他免税）组织使用会计分析法报告其开支。这种核算方法按职能分配支出，包括筹款费用。因此，包含到筹款类别中的不仅有直接筹款成本（如专业筹款人的费用和电话营销费用），还有分配的部分用于筹款的开支（如具有共同目的邮件）。组织必须（或应该）保存有关其筹款（和其他）开支的详细记录。

国税局将筹款费用定义为与筹款相关的所有费用，包括分配的间接费用，用于宣传和开展筹款活动；征求遗赠、基金会或其他组织的赠款和政府补助；参加联合筹款活动；准备和分发筹款手册、说明书和其他材料；并进行特别筹款活动，以获得捐赠。

组织必须报告它们在特殊筹款项目和活动中的收入与费用，并将每类活动的信息分开。通常，这些活动包括晚宴、舞会、嘉年华、抽奖、拍卖、宾果游戏和商品上门销售活动。

13.24 不相关业务收入规定是否适用于筹款环境？

是的。一些筹款项目或活动——有时被称为特殊事件——严格依据法律而言是出于联邦所得税目的（14.6）。因此，若联邦税法中不含有关于不相关业务的特定条款，这些活动或项目的部分或全部净收入均将被征税。

这些收入中的一部分不计入征税范畴，理由是该活动不定期进行（14.13）。这种庇护适用的对象是每年仅进行一次的活动，如晚餐舞会、剧院演出或拍卖。然而，若活动按季举办，如销售假日卡，则季节（不是整年）为测量周期。

一些提高收入的活动被视为相关业务。这些项目包括在医院和博物馆以及学院和大学书店中的礼品店的各类物品销售。在这些商店中的其他销售则可出于方便原则而免税（14.26）。

还有其他的筹款活动由于特定的法定例外而免于赋税。一些完全由志愿者举办的筹款活动，以及无报酬的个人从事的业务不纳税（14.25）。

一种例外情况是，向组织捐赠的物品的销售业务（14.23）。这条规定是为实现非营利组织经营的旧货商店的利益设立的，但它也可以适用于频繁的拍卖活动和车辆赠予活动。

还有一条法律可以使得筹款收入免于纳税，即专利使用费（14.29）。例如，这一例外可以免除亲友卡计划的收入以及从租赁邮件列表中获得的收入的税款。在这些情况下，支付是为了享有组织的名称、徽标和邮寄列表的使用权。

13.25 对在筹款环境中的专利使用费例外是否存在限制？

是的，但这些限制存有争议。国税局和传统观点的立场是，要使一项收入被列为免税的专利使用费，它必须在投资收入的本质上被动地派生而来。这一法律观点认为，免税组织积极参与创收过程则意味着某种形式的合资经营正在形成，从而不符合排除要求。

相反的观点是专利税是一种使用税；即不需要被动因素。这一理论的基础在于仔细阅读不相关业务规定的立法历史，将专利税定义为对享有宝贵的无形财产权利的支付。

多年来这一问题一直是诉讼案件的核心问题。从根本上说，联邦上诉法院似乎在很大程度上解决了双方的意见分歧。因此法律现状是，免税组织可以在一定程度上参与产生专利税收入的过程（使收入不必完全被动），但若参与行为产生了实质性影响，则专利税例外无效（15.35）。

13.26 对非慈善组织是否有筹款披露要求？

是的。筹款披露规则适用于慈善机构以外的豁免组织，除非该组织的年度总收益通常不超过 10 万美元。[17]

根据这些规定，每一个组织的募捐活动或其代表必须提供一份明示声明，以显眼和容易辨认的格式表明对其捐赠不可作为缴付联邦税时可减免的慈善性捐款（在一个日历年内，不属于用于协调超过 10 人规模的筹款征集活动的信件或电话除外。）

若不满足这一披露要求，除非有合理原因证明相关例外情况，否则需按每天 1000 美元缴纳罚款（每年最高为 1 万美元）。[18]若故意无视这些规定，对触犯行为发生当日的惩罚将高于 1000 美元或是按当天进行的募捐总费用的50%进行罚款，1 万美元的惩罚限额在此无效。

出于惩罚的目的，国税局计算在哪些日子里征集是以电视转播、广播、邮寄、电话或其他方式分发。

13.27 对筹款活动是否有任何其他联邦法律规定？

有一些。联邦所得税规定还适用于受到公开支持的慈善组织，它们凭借事实和情况检验（4.12）具有这种地位。在用于判断符合这项测试的标准中，其中一项是慈善组织对公众支持的吸引程度；美国国税局想知道该实体是否可以呈现出一份行之有效和可持续进行的筹款计划。若一个组织保持作出持续的和真正的招标努力，以向公众、社区或参与的成员团体寻求捐款，或进行特定活动用来吸引政府机构或已获得公众支持的慈善组织的支持，则该组织可以满足这方面检验（如果公众支持可以低至 10%）。

美国邮政部门通过邮政法对慈善筹款的某些方面作出规定。接受特定授权的合格组织（包括慈善机构）能够花费较少的大宗三等邮费邮寄符合要求的物品。

未获授权以特别费率邮寄的组织或为其制作的任何物品的邮寄所涉及的合作邮寄，必须按适用的定期费率支付。涉及未经授权以特殊价格邮寄、代表或为组织生产的任何物品的合作邮件必须按适用的正常费率支付。

用于广告、促销、要约、出于费用或其他考虑、建议、描述或宣布任何产品或服务的可用性的材料，不能以降低的大宗三级费率邮寄，除非出售该产品或提供该项服务，实质上与该组织行使或履行其一项或多项目的有关，构成该组织授权按相应费率邮寄的依据。对某一产品或服务是否与组织的目的有重大关系的决定所依据的是类似的联邦税法标准（第十四章）。

联邦贸易委员会（FTC）在慈善筹款领域扮演着重要角色，主要是针对以电话销售形式进行的筹款。在扩充《电话销售和消费者欺诈与滥用预防法案》时，FTC 对这一问题作出规定。这些规定不适用于慈善团体单纯为产生慈善捐赠而采取的电话销售行为。

然而，联邦贸易委员会的规定适用于为慈善机构和其他免税组织劝募资金或提供类似服务的营利公司。

因此，慈善组织在签订电话销售合同时应谨慎。任何慈善机构都不希望自身的电话销售程序违反以下规定。

具体规定如下：

1. 定义术语"电话销售"。

2. 要求在客户支付所提供的货物或服务之前，以口头或书面形式明确披露具体的物质信息。

3. 禁止直接或隐含地歪曲与销售要约标的货物或与服务有关的特定材料信息，以及电话销售交易的任何其他重要方面。

4. 在提交付款支票、汇票或其他形式的可转让票据在某人的账户上提取之前，要求明示可核实的授权。

5. 禁止提供虚假或其他误导性陈述，以诱使支付货物或服务。

6. 禁止任何人协助和便利某些欺骗性或滥用电话销售的行为或做法。

7. 禁止信用卡洗钱。

8. 禁止特定的滥用行为或做法。

9. 强制调用时间限制。

10. 要求在呼出电话中如实、及时、清晰地披露指定信息。

11. 要求保留指定记录。

12. 详细说明免除要求的某些行为或做法。

13.28 什么是适用于筹款慈善机构的国税局的审计做法？

国税局制定了免税组织审核准则，专注于慈善筹款的各个方面。

国税局长期以来一直关注的情况是，豁免慈善组织已告知潜在的捐赠者，其为出席活动、购买活动门票，或为获取与筹款活动相关的其他特权或利益而支付的全部金额是完全免税的，而实际上却只有部分（或可能没有）付款可被适当免除。就这一点而言，某些披露规定适用于这些类型的慈善实体（13.18）。

因此，国税局稽查员将确定是否有任何用于请求支付的筹款活动，而支付的部分目的是作为馈赠的款项，部分是作为为参加某一活动而支付的购买价款。属于这些类型的活动案例有慈善舞会、集市、宴会、表演和运动项目。检验员将审查该组织的招标材料和活动，以确定该组织是否明确指定由购买入场券或其他特权而支付的金额，该部分金额可作为慈善捐款减免税款。稽查员将检查发给赞助者的门票或收据，以确定受赠组织是否符合这些要求（12.51）。

对于交换性捐赠（13.18），稽查员将：

• 审查招标材料和记录，以确定该组织是否为超过 75 美元的捐款提供了任何收益。

• 确定该组织是否就征求或收到的交换性捐赠提供了披露通知。

• 确定所提供的物品或服务是否具有非实质价值。

• 考虑捐赠物的可抵扣程度对捐助者的影响。纳税人扣除大额不可扣除的款项需进行个人检查。

• 在不服从的情况下评估惩罚的适当性。

国税局稽查员将评估免税组织的筹款活动，以确定任何活动是否产生不相关业务（第十四章）。重点将放在宾果游戏和其他对公众开放的赌博活动上。调查的另一领域将专注于不动产的债务融资（14.36）。

有关现金慈善捐款的待遇，国税局稽查员可能会问到这些问题：

• 组织是否有关于现金慈善捐款的正式出台政策？

- 组织如何评价非现金捐赠物?
- 组织是否使用独立鉴定师服务?
- 组织是否在向捐赠者提供的捐赠确认书(13.12)中明确财产的价值?
- 若组织确定该财产的价值低于捐助者所声称的价值,将采取哪些程序?
- 组织是否为现金缴款保留评估总述(表格 8283)(13.11)的副本?

关于最后一个问题,国税局检验员将确认受赠人是否正确完成并签署了表单的受赠人确认部分。

州法规定

13.29 何为治安权?

各州和地方政府本身都拥有治安权。这种权力使州或政府其他行政部门能够在宪法原则(13.46)范围内规范公民及他人的行为,以保证其居民的安全、健康和福利。

一般来说,一个州显然可以行使治安权发起并执行慈善招揽行为,要求在该司法管辖区内进行慈善筹划活动,以首次登记适当的监管机构(或以其他方式获得许可证或执照),随后填写有关征求结果的定期报告。这种要求本身并不是非法的。法律还可以授权专业筹款人和/或专业律师登记和报告,或在具备合理理由的情况下,授权监管机构对慈善组织的活动进行调查,并对侵权行为执行补救、罚款和监禁指令。

很明显,尽管征集采用联邦邮政制度,采用电视和无线电广播的途径,但也可能发生在州际商业活动中,州也可以规范慈善筹款活动。理由是,慈善募捐受到合理规管后便有利于保护公众免受欺骗、诈骗或避免他人以慈善为借口而筹集和支出款项,不择手段地获取金钱或其它财产。

尽管在州和地方司法部门中,治安权固有地规定了慈善请求程序以及这一权力的一般行使范围,但法律的原则却限制实现这一权力。这些原则大多以宪法规定为基础,如言论自由、正当程序和实质性,以及法律的平等保护以及成文法规定的标准,这些准则禁止以任意方式行使治安权。

13.30 典型的州慈善募捐法案的核心内容是什么?

州慈善募捐法通常以一系列定义开篇。定义的关键术语有"慈善""招标"（一个宽泛的定义以涵盖几乎每种类型的筹款，无论成功与否）（13.31）"专业筹款人"（13.42）、"专业募捐者"（13.44）和"慈善销售活动"（13.48）。这些具有深远意义的法律基本上是由"慈善"和"募捐"字眼构成。

术语"慈善"包括教育、宗教、艺术推广和科学目的，而且往往是在联邦税法给出的"慈善"定义范围之外，如社会福利、娱乐、兄弟、劳工和法律辩护。其中一些定义过于宽泛笼统，包括了以政治为目的的筹款（如政治竞选委员的邀约）。

这些法律的一个主要特点是要求注册登记（13.36）。它们几乎总是要求慈善机构登记，以获得执照或其他许可证，进而在州范围内以慈善目的筹集资金。经常需要缴付注册登记费。在这一过程中需要收集广泛的信息；各州已制定出必要的登记表格。许多州还对专业筹款人和/或专业律师提出注册要求。一些州还要求为筹款人和/或律师提供担保。

这些法律的另一个特点是提交年度报告或重新登记（13.39）。每年，慈善组织几乎总是被要求提交全面的财务报表，将其作为年度报告的一部分或借助年度登记提交（有些州要求执行这两种方式）年度报告也可能需要专业筹款人和专业律师的参与。在一些州，法律要求律师提交更多的报告，如在每次筹款活动结束之后。

这些法案提交可被免除部分或全部法定要求的组织或活动的类型（13.40、13.41）。

许多州的法律包含广泛的"违禁行为"清单。它们规定了慈善组织的某些筹款和其他活动通常是以它们可能不参与的方式进行的。其中一些被禁止的行为超出了筹款的范畴，并规定了慈善机构和其他机构的某些行为（或非行为）。重点是让慈善机构和那些在筹款过程中帮助它们的人熟悉并回顾每一类适用的禁律（13.50）。

越来越多的做法是，这些法律规定了劝募的慈善组织及其专业筹款人和（或）专业律师之间的合同内容（13.51）。

另一个迅速增长的需求是呈现图例及文字说明。这些是法律要求的通告，必须在筹款资料和其他倡议中突出显示。典型的说明必须体现出慈善活动的信息可从慈善机构或州获得；可能需要注册号作为说明的一部分。

州法的其他组成部分包括记录保留要求、披露规定、对财务账户和销售门票的要求、州调查和禁令权力，以及一系列民事和刑事制裁。

13.31 术语"劝募"的定义是什么？

在慈善募捐活动中，术语"劝募"（和"募集"）有着广泛的定义。这一事实不仅由定义的明确措辞证明，而且当这些法案应用于慈善募捐活动时，使用共同的术语"以任何方式进行"加以描述。劝募可以口头和书面两种形式。它可以通过个人请求、普通邮件、传真、广告、其他出版物、广播、电视、有线、电话、互联网（13.33）或其他通讯媒介进行。

一个最具包容性且典型的定义如下："劝募"一词是指直接或间接地为获取金钱、信贷、经济援助或其他任何形式或价值而提出的任何请求。慈善募捐涉及请求或陈述，以表明金钱、财产和类似的任何种类或价值将用于慈善目的或有益于慈善组织。法院在这一背景下提出了自己的定义，写道："贯穿所有案件的主题是'募集'，意味着'恳求获取一些东西''诚挚地询问''提出请愿''恳求''通过询问努力获得'和其他类似的表达。"[19]

13.32 这些法律适用于所有慈善募捐吗？

是的，除非明确表示征集免受法定要求限制（13.40、13.41）。这些法律适用于通过邮件、电话、传真、电视、视频和无线电以及人工的方式进行的筹款征集。征集活动涉及的媒介不重要；关键是该活动是否具有募集性质。州际商业涉及的事实本身并不违反国家监管标准。

13.33 这些法律是否适用于在网站上张贴的慈善捐赠请求？

以劝募和募集条款（13.31）的定义为背景，可以看出，在一个慈善（或其他非营利组织）网站上，寻求公众捐赠的信息从字面上明确表达出对这些捐赠的邀约。同样更明显的是，向潜在捐赠者发送的电子邮件也是一种捐赠邀约。一个人无需成为语义学或语用方面专家，也不必维持语言服务，便可轻松得出结论，认为互联网的这些用途属于一种交流形式，其作用等同于捐赠请求。

然而，虽然这是应用一个词的定义后理应得到的正确结果，但从现实世界来看，这是荒谬的。在慈善机构的网站上发布请求捐款的信息，从字面上看，要求在每个有慈善募捐法案的州进行登记、报告并表现出其他形式的遵守。这也可能意味着慈善机构正在一些州开展业务。对这类信息进一步推测可看出慈善机构在数以千计的郡县、市和类似的地方募集捐赠，所有这些地区都有条例，旨在规范其管辖范围内的筹款活动。这种合规程度不仅超出了一个理性自然人的理解能力，还会造成慈善筹款计划的任何假象。

国家监管机构对这些可怕的后果了然于心。虽然州法没有改变，但没有一个州认可这样的做法，即仅仅是由一个不设在该州的慈善机构，以网站为基础进行筹款活动，促使募捐者遵从该州慈善募捐法案。然而，各州制定了一些非正式的指导原则（非法律条文），当基于网站的筹款活动发生时，指导慈善机构确定登记时间和类似应满足或必要的条件。

13.34 这些关于基于网站的慈善筹款活动的非正式准则是什么？

国家慈善官员协会（NASCO）发布了指导方针，以协助募捐的慈善组织及其筹款人在决定是否有必要在其网站或通过电子邮件进行募捐时在各州登记筹款活动。这些准则被称为"查尔斯顿准则"，因为它们是于南卡罗来纳州查尔斯顿举行的 NASCO 会议讨论的产物。

这些准则是基于这一基本命题［当然是真实的（13.31）］："现有的注册章程中的条款一般包括和适用于互联网劝募。"由于这些法律按字面意思应用是不堪一击的（13.31），这些准则旨在促进缩小潜在登记的范围。

这些准则区分了在某一州内入驻的实体（即在该国有其主要营业地）和那些在所涉州以外登记的实体。在州内入驻并使用互联网进行慈善募捐的实体必须在该州注册。应用这条规定时不考虑该实体使用的互联网募集方法是被动还是交互式的，由实体本身或与其签约的另一实体进行维护，或者它是否以任何其他方式进行募集。

如果慈善机构在某州发起慈善活动却没有入驻该州，情况将变得更加复杂。尽管如此，在下列情况中仍需注册登记：

- 该组织的非互联网活动本身就足以保证登记。
- 通过交互式网站募集捐赠。

该实体存在以下情况：

- 具体针对在该州境内的人们的邀约。
- 通过其网站在不断或持续的基础上或实质性基础上收到该州捐助者的捐款。
- 通过不具交互作用的站点来劝募捐款，但可以特别征求进一步的离线活动以完成捐赠或与该州建立其他联系，如发送电子邮件或其他通信。该实体参与上述的两项活动之一。

13.35 这些慈善募捐法是否适用于学院和大学？

一般来说是的。这些法律一般适用于私立学院和大学及其附属实体，如筹款基金会、奖学金和研究基金、捐赠基金等。本法不适用于政府教育机构，但适用于与之相关的各类组织。然而，在高等教育领域，存在一系列的豁免情况（13.41）。

13.36 注册要求是什么？

每个州的慈善募捐法律的基石是要求一个慈善组织，在不免除义务的情况下（13.40），意欲请求（13.31）在该州的人开展捐赠时首先必须向适当的政府机关提出申请并且获得允许以执行相关请求。此许可通常被定性为注册登记；有些州命名它为一份通行证或许可证。如果成功获得批准，结果为授权进行捐赠募集。这些许可证在规定期限内有效，如 1 年。

这些州法适用于在每个州管辖范围内进行的筹款活动。因此，在一个以上州发出募集的教育机构或其他慈善组织必须（除非获豁免）遵守（并以其他方式遵守）其所在州的法律，并在其将进行筹款的州法范围内登记。此外，美国各地的许多市、郡县、乡镇和类似的司法管辖区都有法令，试图在其境内对慈善筹款活动形成监管基础。

大多数州的慈善募捐法案要求每年向政府机构（13.39）提供募捐（除非豁免）信息。这通过每年更新注册或类似行为，或通过提交一份单独的年度报告完成。

在许多州，专业募捐者（13.42）和/或专业律师（13.44）必须进行注册。

13.37 这个注册要求是对言论自由的事先限制吗？

表面上，这种注册要求似乎是对言论自由的事先限制，因为美国最高法院多次举行慈善筹款会，成为言论自由的最高形式之一（13.46）。然而，最高法院和其他法院一再认为，这类筹款活动可能受到州行使治安权（13.29）的合理管制，包括使用登记要求。

13.38 这项注册规定是否适用于申请私人基金资助？

严格依据法律而言，在没有豁免的情况下，答案是肯定的，因为从私人

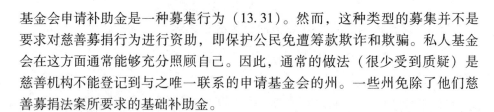

基金会申请补助金是一种募集行为（13.31）。然而，这种类型的募集并不是要求对慈善募捐行为进行资助，即保护公民免遭筹款欺诈和欺骗。私人基金会在这方面通常能够充分照顾自己。因此，通常的做法（很少受到质疑）是慈善机构不能登记到与之唯一联系的申请基金会的州。一些州免除了他们慈善募捐法案所要求的基础补助金。

13.39 报告的要求是什么？

许多州的慈善募捐法案要求注册的慈善组织向州提交年度报告。这种形式的报告是广泛的，可能需要提供有关收到的捐赠、用于项目和筹款的资金、向服务提供者支付的款项以及其他信息。

这些报告是根据州提供的表格提出的。这些表单以及随附的规定和说明在内容上有很大差异。基础定义和会计原则可能不同。这些报告的截止日期几乎没有得到统一。然而，尽管各州有一种讨厌的习惯，即赞同统一的年度报告，随后再增加额外的填报要求，但近年来在制定和使用统一的报告表格方面取得了进展。

在许多州，专业募捐者（13.42）和/或专业律师（13.44）必须填写年度报告。

13.40 慈善募捐法案有哪些豁免规定？

大多数州将慈善组织的类别从其慈善募集法规的范围中免除。这些豁免的基本理由是，获豁免权的机构不构成问题——豁免这些组织并不与州正努力通过这类条例达到的目标相抵触。这些豁免的其他原因是处理教会和其他宗教组织问题的宪法原则，以及各类组织在劝说立法机关免除其豁免方面取得的成功。

在这方面，最常见的豁免发生在教会及与其有密切联系的实体上。这些组织包括教会的集会、协会和附属机构。一些州普遍豁免宗教组织。这些豁免通常是针对法令的全部内容，植根于宪法原则，禁止政府规范和干预宗教活动和信仰。一些州在试图以狭义的宗教概念界定这一目标时毫无疑问地遇到了宪法的挑战。

一些州豁免医院，以及在某些情况下与它们相关的基金会和其他类别的医疗保健实体。豁免可以作用于所有法令法规或仅仅针对注册和报告要求（13.36、13.39）。其他获豁免的组织可包括退伍军人组织、警察和消防员组织、友好实体，以及在少数几个州中，按名称确定的组织（基于平等保护法原则的可疑合宪性立法实践）。也可向成员组织提供豁免（筹款只限于他们的拥护者中）、小额邀约（从每年 1000 美元到 1 万美元不等）以及对指定个人发出邀约。

其中一些豁免可作为法律事项处理。其他必须提出申请，有些情况下需每年进行。如果慈善组织接受了专业筹款人（13.42）或专业律师（13.44）的服务，一些豁免是不适用或将失效的。

13.41 什么是适用于学院和大学的豁免？

就慈善募捐法案而言，第二种最为普遍的豁免对象是学院和大学。有些州至少对某些类型的教育机构免除了其遵守慈善募捐法案的全部责任。通常，该项豁免只适用于获得认可的机构。更常见的做法是免除对教育机构的注册或许可（13.36）以及报告（13.39）要求。

作为上述办法的替代方案或补充办法，有些州要求已获取注册和报告豁免的教育机构将其劝募行为限制在其拥护者范围内，即这种豁免延伸到教育机构向其学生、校友、教员和受托人及其家庭成员募集捐款。一些州将教育机构拥护者的募集行为从其全部慈善募捐征求法律中豁免。

许多学院和大学通过相关的基金会进行部分或完整的筹款。有些州明确规定，无论其法律向教育机构提供何种豁免，都应保证向这些支助基础（拥护者）提供豁免。一些州免除校友会的注册要求。

根据这些法律，免除教育机构的覆盖面的政策基础是一般的理由。即这些机构不募集公众的要求，这些机构对筹款过程或资金使用的滥用情况很少，这些机构已经向州（和联邦）机构充分报告，将这些机构纳入《慈善募捐法》会对监管进程造成不必要的负担。

当然，每所学院或大学都有责任在每一个（或将会）募集捐赠的州中审查法律，以确定它及其附属实体是否有任何豁免。

13.42 "专业筹款人"这一术语的定义是什么？

不是所有州均必须使用"专业筹款人"这一术语；可改用"专业筹款顾问"或"有偿筹款人"。此外，术语的定义也会有所不同。最常见的定义是"一个人为补偿计划、为慈善组织的募捐而提供管理、建议、咨询或准备关于捐赠的材料，但不募集捐赠，不雇用、招收或聘请任何有偿人士募集捐赠"。

真正的付薪工作人员、雇员或慈善组织的志愿者不是专业筹款人，也不是律师、投资顾问或银行家。

13.43 这些法律如何适用于专业筹款活动？

慈善募捐法案以各种方式适用于专业筹款活动（13.42）。州慈善募捐法案将这些要求强加于为一个或多个慈善组织工作的专业筹款人，这一情况很常见，工作包括登记、联络、年度报告、记录保存以及与慈善机构签订的合同。

13.44 "专业律师"的定义是什么？

并非所有州都使用"专业律师"这一用语；该术语可改为"有偿律师"或"有偿筹款人"。此外，相关术语的定义也会有所不同。最常见的定义是"一个人为慈善组织提供任何与捐赠物实际类别或将确定为何种相关的有偿人士，或在该州由其雇用、招收或聘请的任何有偿人士，直接或间接参与慈善募捐"。

慈善组织的官员、雇员和志愿者通常会被排除在这个定义之外。

13.45 这些法律如何适用于专业筹款？

他们以各种方式向专业律师（13.44）申请。州慈善募捐法将这些要求强加给为一个或多个慈善组织工作的专业筹款人，这一情况很常见，工作内容包括登记、联络、年度报告、记录保存以及与慈善机构签订合同。

13.46 慈善募捐法案中的规定何时被发现违宪？

某个州的慈善募捐法案被认为违宪，一个典型的例子是对慈善机构具有"高额"筹款成本的限制。曾经，州监管机构的主要措施就是禁止那些表面上过度筹款的慈善组织在美国募捐。这些据称不合理的费用是根据收到的捐赠（可能是赠款）的百分比（通常是35%）确定的。这类法律激增，对专业筹款顾问和专业律师的赔偿所占的百分比也有限制。这一问题在美国最高法院得以解决，所有这些百分比限制都被视为侵犯了慈善机构的言论自由权。对美国宪法第一和第十四修正案的适用，是其中最重要的一条，以对慈善募捐的过程施以更严格的规定。

州拥有规范慈善筹款的治安权（13.29）。然而，州不能以不当方式行使这种权力，不得侵犯慈善募捐组织及其筹款顾问和律师的言论自由权。最高法院三次处理这些事项：

1. 法院认为，无论慈善机构是否可以合法地在其辖区内劝募资金，一个州或其他政府部门不能利用慈善组织筹款费用水平作为威慑的基础。[20]

2. 此后法院认为，尽管州向一个慈善组织提供了机会，证明其筹款费用是合理的，但其费用超过某一特定限额的代价过高。[21]

3. 再者法院认为，这些言论自由原则适用于限制不供慈善筹款使用的费用，而是慈善组织向专业筹款人或专业律师支付的费用的数额或程度。[22]

其他违反宪法规定的例子是对宗教组织豁免的过度限制性解释（13.40）和继续对专业律师实行收费限制（13.47）。

13.47 这些法案是否仍然限制专业律师的收费？

是的。一州将不时颁布一项法律，对可付给专业律师的赔偿额和其他资金实行百分比限制。加州的一个例子是，州立法机关通过了一项法令，试图将律师的费用限制在为慈善机构劝募的捐款中的 50%。这类法律公然违宪，加州的法律很快便作废了。

在另一例子中，肯塔基州颁布了一项法律，规定了一个慈善机构可以付给专业律师的费用限额为 50%。这项法律也被划为违宪。

13.48 什么是"慈善促销"？

"慈善促销"一词一般被定义为"广告或销售活动，由商业合营者举办，它表示购买或使用由该合营者提供的商品或服务将使慈善组织整体或部分受益，或服务其宗旨"。企业通常会向公众表明，在某一特定时期内出售商品或服务所得的部分价款将捐给慈善机构或。商业合营者是一个参与慈善促销活动的商业实体（除了专业筹款人或专业律师）。

13.49 州法如何适用于慈善促销活动？

在大多数情况下，州法律规定了对慈善组织和商业合营者之间的安排进行准确的披露。某些州的法律要求商业企业进行正式核算，有 2 个州对年度报告和库存设有规定。

这是一个有利的方式，慈善机构通过收到大量捐赠（其中一些促销活动为慈善组织捐赠数百万美元筹款）为企业赚得一些积极的宣传，并让公众觉得个人消费的产品是有利于慈善项目（然而，购买者没有收到任何慈善捐款性支出扣除）。

13.50 这些法律中有关违禁行为的部分有何意义？

这些法律中的这一方面问题是广泛的，并划定超过 20 种禁止行为。其中一些禁令特别适用于筹款情境。然而，这些禁令可以更广泛地适用于慈善运营领域。这些行为可能涉及一些或所有这些问题：

●任何人不得在没有另一人同意的情况下，为索取捐款而使用另一人的姓名（除非该慈善组织的受托人、董事或高级人员，或为其提供捐款）。这种禁止通常适用于在信笺上或在广告或小册子中使用个人姓名，或作为对组织作出捐赠、赞助或认可的人。

●任何人不得为征求捐款，而使用另一慈善组织或政府机构所使用的名称、符号或陈述，或与之高度相似，该等用途将混淆或误导公众。

●任何人不得利用或滥用已向州登记之事实，以使公众相信可用任何方式获取州的背书或批准。

●任何人不得以任何方式、手段、做法或装置来代表或误导任何人，以相信其代表正在进行的征集活动的慈善组织，或在并非如此的情况下，该征集的收益将用于慈善目的。

●任何人不得代表慈善团体，或在没有得到慈善组织的适当授权的情况下以其它方式诱使公众作出捐赠。

在其中一个州，表示慈善组织将从招标中获得的总收入的实际或预估百分比大于最初向捐赠者确定的数额，该种行为受到禁止。在另一个州内，若个人被判犯有以虚假名义获得钱财或财产的罪行，则为个人请求慈善捐款是一种禁止行为，除非公众在参加募捐之前已被告知该人有罪。

同样，在另一州，这些是针对慈善组织的禁止行为（在某些情况下，是代表其行事的人）：

●歪曲请求的目的。

●歪曲慈善组织的目的或性质。

●从事与慈善机构的免税目的无关的金融交易。

●损害或干扰慈善组织完成其豁免目的的能力。

●将"不合理的资金"用于筹款或管理。

有些州违反了一项关于"不公平或欺骗性行为和做法"的单项法律，同时也违反了慈善募捐法案。

13.51 在慈善组织和专业筹款人或专业律师之间的合同中一般需要哪些条款?

许多州的慈善募捐法案要求慈善组织与专业筹款人和/或慈善组织和专业律师之间的关系在书面协议中得到证明。这一合同执行后不久,必须向州提交协议。这些类型的要求是合法的,通常并不特别繁琐。

然而,有几个州对慈善机构口授了合同内容规定,其中一些要求相当"傲慢"。例如,根据一州的法律,慈善组织和筹款律师之间的合同必须包含足够的信息,"使监管部门能够确定筹款律师提供的服务和赔偿的方式"。同一法律的另一项规定指出,需"明确说明当事各方各自的义务"。

另一州的法律规定,慈善组织和筹款律师之间必须订立合同,以载列有关提供服务的条款,提供服务所涉及的人数、提供服务的时间,以及有关服务的补偿方法和公式。

根据另一州法律,当慈善组织与专业筹款或其他类型的筹款顾问签订合同时,慈善组织有权在不花费或出于惩罚目的的情况下,在15天内取消合同。同样,这种类型的法律似乎是基于这样一种假设,即慈善组织不太能够建立自己的合同,而且往往浮躁。可以说这些法律在范围和细节上都具有政府的越权形式,而慈善组织应被视为足够成熟,以便制定自己的合同。这当然是适用于私立大学、发展基金会和类似组织的情况。

13.52 是否有披露要求?

是的,美国的慈善募捐法案体现了大量的披露要求。例如,许多被迫放弃或放弃使用百分比机制以防止慈善筹款活动在披露情况下利用百分比。例如,有几个州要求慈善组织每年提交报告,更新登记(13.36)或作出另一份报告(13.39)的一部分,向当局报告它们在前一年的筹款活动,包括筹款费用报表。有些州要求在募捐时向捐助者披露一项慈善筹款费用,但这一要求——虽然这是一种募捐性披露的形式——可以说是令人怀疑其合宪性。在一些州,募捐慈善组织所使用的劝募资料必须包括一项声明,即,应请求提供有关募捐慈善机构的官方财务和其他信息。

有些州要求在慈善组织与专业筹款人和/或专业律师之间的欺诈中对任何百分比的赔偿作出说明。少数州要求在合同中规定的付薪律师的赔偿额占总收入的百分比；一些州在专业筹款方面也有类似的规定。一些州希望慈善组织的筹款成本百分比在其注册声明中注明。

这类法律的一个极端例子是，一项法规规定为慈善组织劝募资金的个人有责任以"适当的信托方式"处理这些捐款。因此在这种情况下，个人应向公众负有受托责任。这些人因任何被浪费或未计入的资金而追收附加费。作为这项法律的一部分，对于这一情况存在一种推定，即未充分记录和披露的资金没有得以适当支出。

根据这项法律，所有征求必须"充分和准确地"确定慈善组织对潜在捐助者的目的。在超过50%的范围内，"公共教育"的资金使用必须根据本法予以披露。每份与专业筹款的合同必须得到慈善组织理事会的批准。本法的一些规定可能是违宪的，例如要求专业筹款人或律师必须披露征求捐赠所得到的报酬。

另一个例子是另一州法律中的一些规定，构成"非法做法"，即募集资金"完全"失败的个人，要求叙述向律师支付的款项占筹资的百分比。与其他许多州一样，这种状态使用违禁行为的概念（13.50）对所有寻求慈善筹款的人强加了一种道德规范。

根据一州法律，凡出于慈善目的募捐并获得服务报酬的人必须通知每一个人，以书面形式表明他们的请求是"有偿征求"。在另一州，当以"直接个人接触"的方式提出邀约时，某些信息必须在征求请求时以书面形式"显著"披露。在另一州，募捐材料和"一般宣传计划"的邀约不得是虚假的、具有误导性或欺骗性的，必须承担"充分和公平"披露的责任。

13.53 慈善机构何时必须遵守这些慈善募捐法中的一项？

假设一所大学、学院或其他慈善组织不免除这项要求（13.40、13.41），它必须在该州募集捐赠时遵守一项慈善募捐法案。最低限度所适用的法律实施范围是进行募捐的慈善组织所在的州。对于一个慈善机构而言，只在其总部以外的州劝募捐赠是很少见的。一个寻求募捐的慈善组织首先应努力遵守其所依据的州的筹款法律。

13.54 专业筹款或专业律师何时须遵守其中一项法律？

关于守约的考虑与慈善组织（13.55）相同。筹款人或律师不得协助在筹款或律师所设州的慈善组织。虽然这一情况很罕见，但州法律仍然可以适用。

必须对每个州的法律进行审查，看看它如何对待这一微妙之处。

13.55 慈善机构何时必须遵守其中的一项以上法律？

这是一个令人感到困惑的话题。基本上法律规定，一个慈善组织，除非获得豁免（13.40），必须遵守在其正在劝募捐赠的州中的每一项慈善请求行为规定。在所有州和哥伦比亚特区从事筹款活动的慈善组织，可能必须每年遵守这些法律的 40% 以上（除了非营利性公司法和可能适用于筹款范围的其他州法律）。

没有合法的方法来避免这一程度的多层执法。这些法律是以州的治安权（13.29）为基础，一般都需面临合宪性问题。这不是基于州际商业或其他理论的合法权威，因为这些法律不适用于在多个基础上筹集资金的慈善组织。

13.56 仅仅是少数几个受这些州法规制的人的邀约吗？

严格意义上来说，是的。虽然这些法律的目的是保护公众（13.59），但它们中的大多数都是完全适用的，不管被请求的人数是多少。可以说，这些法律不适用于私人募捐，但没有判例法支持这一主张。只有少数几个州处理了这一问题，通常是在组织不打算每年收到超过 10 人的捐款的情况下，免除慈善请求的登记和报告要求。有 2 个州免除了募集不超 100 人的请求。一些州试图通过豁免小额筹款（就劝募资金总额而言）来解决这一两难境地；这些阈值从 1500 美元到 2.5 万美元不等。

13.57 专业筹款人或专业律师何时须遵守其中一项以上的法律？

这里的考虑基本上和慈善组织一样（13.55）。也就是说，筹款人或律师必须遵守他们正在与之合作的慈善组织所在州的这些法律，以协助组织筹集资金。通常情况下，慈善组织免除于一定要求（13.40），专业筹款和/或专业律师也是如此。

13.58 当一个慈善机构、专业筹款人或专业律师违反这些法律时会发生什么？

虽然没有反映在任何法规中，但一般做法是，当一个州监管机构发现违反州的慈善募捐法案的行为，该办公室将接触违规方并要求其遵守。这种方法通常发生于，如当一个人被要求在州注册，但其并没有执行。若违规行为更令人发指，如犯下欺诈行为，州当局的反应可能会更加激烈。

若违反行为是故意或持续存在的，尽管有礼貌地要求遵守，但多数州的监管机构有权获得禁令，并责令其停止违反法律的做法。例如，若一个慈善组织在一个州筹款之前没有先行在那里注册，该州的总检察长就可以禁止其募捐活动，直到该组织遵守法律要求。同样，若律师与慈善机构的合同不符合该州要求，专业律师可以禁止其举行募捐活动。

许多民事和刑事法律中的处罚也可以发挥作用。这些制裁方式分为民事罚款和监禁；两者均可用。

13.59 这些州法的基本原理是什么？

州慈善募捐法案的目的是避免公众被欺诈或其他方式捐款，这些方式与其目的相违背并假借慈善之名。这类立法的一些序言，与这种保护消费者的做法一致。例如，《加利福尼亚法》的序言部分规定："在为实现慈善目的而进行的募捐和推广，不得存在欺诈、欺骗和强加给州人民的情况。"科罗拉多州的立法机关得出结论："欺诈性的慈善募捐是这个州普遍存在的做法，每年导致捐赠者和合法慈善机构蒙受数百万美元的损失。"后一序言部分补充说道："合法的慈善机构受到这种欺诈的损害，因为可供捐款的资金不断被欺诈性的慈善机构侵吞，而且捐助者的善意和信心不断受到不法律师的破坏。"

13.60 这些州法有效吗？

在大多数情况下，没有；这些法律的目的是通过阻止非法活动和惩罚非法的行为来保护人们不受假冒慈善机构和不法筹款的侵害（13.59）。这些法律在数量和复杂性上不断增加，但对滥用行为的影响却不大。这些法律对慈善部门的主要影响是以行政负担（包括慈善项目的资金转移）为合法慈善机构的形式。

将这些法律的有效性描述为一条故事线，这是一个由监管团体促成的神话。有时，法院将接受这一理由。在一个例子中，法院维持了对筹款慈善组织征收的登记费的合宪性，理由是它是"使用费"。法院写道，慈善募捐法案通过"消除非法慈善机构"来增强"捐赠者的信心"。

事实是，没有人知道这些法律无效的程度究竟如何。更根本的是，没有令人信服的数据可以揭示这些法律应该纠正和预防的问题的严重性。令人惊讶的是，在对它们存在的原因没有有效的解释时，这些法律的发展已如此迅速，变得如此错综复杂。

13.61 要符合这些法律，教育机构应具备何种管理制度？

在几个州募集捐赠并希望充分遵守这些州法律的教育机构需要采取 8 个步骤。

1. 该机构应在每个州取得有效的慈善募捐法案的副本。它应该确定在必要时，在律师的协助下，它在这些法律之下的各种各样的义务。至少应做到，该机构应确定是否有任何例外情况，主要是在登记和报告要求方面（13.40、13.41）。其中一些法律被规则和条例放大；教育机构或其律师在解释章程时应具有这些附加法律。一个或多个法院的意见可能也适用于这些法律。

2. 一旦该机构确定哪些州有适用于它的登记要求，它应获得、准备和归档必要的登记表格。这项工作应在募捐之前完成，组织应确定支付必要的登记费并拥有所有必要的保证金。

3. 若该机构正在使用专业筹款和/或专业律师的服务，它应作出合理的努力，确保这些人也遵守这些法律。尽管严格来说，遵守的责任在于这些人而不是慈善机构，但慈善机构不希望法律方面的问题阻挠筹款活动。

4. 若该机构受到一项或多项报告规定的要求，则应确保其财务记录得到适当维护。应特别强调筹款费用，以便该组织确切地知道其招标费用是什么。如果该实体有在筹款和计划之间分配的费用，它应获得对这些规则知识渊博的会计师的服务。状态窗体的到期日期将有所不同。为了及时遵守提交的要求，组织应该在临近日期时有一个自我通知系统。

5. 若教育机构得到专业筹款或专业律师的协助，它应在机构本身与该人（或个人）之间执行书面合同。此外，该组织应确保合同包含州法律所规定的所有条款（13.51）。这些考虑也可能适用于与商业合营者之间的关系（13.48，13.49）。

6. 该机构应确定其招标材料包含任何和所有适用的图例。

7. 该机构应审查每项适用法律中的违禁行为清单（13.50），并确定其符合这些法令。

8. 该机构应努力遵守适用的记录保存要求。

在这些法律的其他方面，慈善组织应该监督。其中包括收到附属缔约方向州提交的所有材料的复印件，如专业律师提出的募捐通知书和商业合营者提交的报告。

13.62 州法律法规如何与监管机构的监督活动相互关联？

"自发的"监管机构（如更好商业局）颁布的标准不构成法律。

因此，由于这些标准不是法律规则，慈善机构没有义务遵守它们。然而，正如所指出的，遵守是非强制性的。这些标准的许多缺陷之一是，它们可能与法律要求不一致，而且与良好的管理做法背道而驰。由于其简洁性，标准往往突出了筹资成本的主题；这似乎是公共慈善机构最脆弱的地方。

此外，州监管机构经常会查看这些代理商的名单，看看谁是符合要求的，谁不是。此外据了解，州当局已向一个或多个监督机构通报可能违反法律的慈善组织。一些人认为，这种形式的监管比政府更可取，但是政府对筹款的监管力度几乎没有被监管团体（或任何其他力量）减弱。

这些监管机构没有对免税院校进行审查，因此这些关注对它们没有直接的影响。但是，这些机构可以评估和报告附属于高等院校的实体。

参考文献

1. IRC § 170（f）(17).

2. Prop. Reg. § 1.170A–15.

3. IRC § 170（f）(8).

4. IRC § 6701.

5. Addis v. Commissioner, 118 T. C. 528（2002）, aff'd, 374 F. 3d 881（9th Cir. 2004）, cert. den. , 543 U. S. 1151（2005）.

6. IRC § 170（f）(17).

7. Prop. Reg. § 1.170A– 16. CCH013. indd 407 H013. indd 407 44/19/11 7：58：24 AM /19/ 11 7：58：24 AM408 | Fundraising Regulation.

8. IRC § 170（f）(11)（A）,（B）.

9. IRC § 170（f）(11)（C）.

10. IRC § 170（f）(11)（D）.

11. Prop. Reg. § 1.170A– 16.

12. Prop. Reg. § 1.170A– 17（a）.

13. Prop. Reg. § 1.170A– 17（b）.

14. Prop. Reg. § 1.170A– 18.

15. IRC § 6115.

16. IRC § 6714.

17. IRC § 6113.

18. IRC § 6710.

19. State v. Blakney, 361 N. E. 2d 567, 568 (Ohio 1975).

20. Village of Schaumberg v. Citizens for a Better Environment, 444 U. S. 620 (1980).

21. Secretary of State of Maryland v. Joseph H. Munson Co. , Inc. , 467 U. S. 947 (1984).

22. Riley v. National Federation of the Blind of North Carolina, Inc. , 487 U. S. 781 (1988).

14
不相关营业活动概论

为了保持免税地位，学院或大学必须主要从事可进一步免除责任义务的以教育、慈善和科学为目的的活动。然而，由于其管理小组和教员的专业知识和经验以及未充分利用的资产和设施，许多其他商业机会出现了，以不表明免税目的的方式开发资产、专门知识和设施，但实际却可能为该机构带来收益。这些活动被称为不相关商业活动，对其征税是联邦所得税法的一个关键特征。这些规定适用于私立和公立院校。

对不相关营业收入规定的应用是国税局（IRS）在其大学合规性调查问卷中的一个重点（第十五章）。不相关业务规定的概念清晰明了，然而，它的应用往往是困难的，因为这些规定的细节可能模糊不清，千差万别。有几个因素决定了某项活动是否为无关的业务。这项工作最困难的方面是确定该活动是否与学院或大学的豁免目的有重大关系。此外，还应考虑一些不相关的商业收入待遇的例外情况。

有关于非营利组织的联邦税法领域比其他任何不相关商业活动相关方面更易产生问题和争议。此问题是国税局审计工作的重中之重。国税局在这方面的一个重点是成本分配做法和清算活动的损失与收益。这些问题在学院和大学合规性项目调查问卷中得以讨论。

在《合规性项目调查中期报告》中，国税局表明，96%的大型学院和大学（2.36）从事无关的商业收益活动，29%的中等大小学院和大学（2.35）和52%的小型学院和大学（2.34）从事无关的业务收益活动。合规性项目调查问卷假定有47种不同的活动可能导致无关业务。最常见的不相关的商业收益活动类型是广告和设施租赁。

以下是最常被问及的关于适用于学院和大学的不相关活动的商业法问题及答案。

一般性不相关业务规定

14.1 一所学院或大学的一项或多项商业行为，会否危害该机构的免税地位或收入征税？

只要业务主要是出于免税目的，该机构将不会失去其免税地位，即使它进行的额外活动可能与其豁免目的无关（14.3）。不过，这些非豁免活动所得的收入，很可能须缴纳联邦所得税。

14.2 组织如何衡量什么是主要的？

这往往是不易做到的；没有机械的公式来衡量什么活动是主要的。这需要根据事实和环境作出分析。国税局坚决反对在衡量主要活动中使用任何特定百分比的想法，并在具体分析的基础上援引这一法律原则。在这一立场上，国税局得到了法院的一致支持。

不过从规划的角度来看，应避免每年不相关的收入超过总收入的 15%~20%。与其在超出这一门槛的情况下承担不相关业务所固有的风险，应考虑选择一个利润子公司以保护本组织的免税地位（第十六章）。若不相关的收入是由一家合资企业或与营利伙伴合伙产生的，则应避免不相关的收入超过总收入的 5%~10%。

14.3 学院或大学如何知道某项活动是相关的还是无关的？

这是免税组织法律中最容易、也是最难的问题之一。

简单回答，一个不相关的活动不具有实质上推进机构的豁免目的，即这是一个组织为了赚取利润而从事的活动，而不是推进一个或多个项目。赚取的利润用于免税目的本身并不构成活动的相关性。

更复杂的回答是，必须对该活动在多达四个层次上进行评估分析。[1]具体内容如下：

1. 活动是贸易还是商业（14.6）？

2. 是否定期进行（14.13）？

3. 活动的举办是否与豁免职能的进行有实质上的关联（14.18）？

4. 根据一个或多个法定例外情况（14.24~14.35），该活动或收益是否免税？

14.4 不相关的收入规定背后的基本原理是什么？

这些规定的基本结构于 1950 年颁布。这一法律主体的实质是将免税组织的收入分成两类：相关项目的收入和来自无关业务的收入。从不相关业务中获取的收入需纳税，好比它是由一家营利的、应纳税的公司赚取的。

这些规定的主要目的是消除对营利部门的不公正请愿的根源，将豁免组织的不相关的商业活动与非豁免组织在竞争中的税收基础放在一起。一些法院在评估某项事业是否为无关业务时，相当重视竞争因素（14.11）。然而，竞争存在与否，不是对不相关业务的法定要求。

事实上，这些规定的颁布并没有平息商界，特别是小企业主的"不公平竞争"的呼声。六十多年后，问题并不在于非营利组织的不相关业务具有竞争性；相反，竞争通常来自相关业务。在某种程度上，这是源于在相关的和无关的活动的定义的变动和为营利进入领域但早先被限制为非营利的个体。一些小企业倡导者希望禁止竞争行为，以此作为"公平竞争的手段"。这些个体认为，对不相关的收入进行征税是不够的；它们担心的是一些消费者被吸引，从而将业务扩展至非营利实体，只是因为它们的非营利性，这种情况通常被称为光环效应。

这场争辩对学院和大学意义非凡。像医疗保健行业一样，有一些营利性的学院和大学的运作与非营利性学院和大学差不多。营利性学院和大学必须对其利润缴税，但对非营利性学院和大学豁免。

因此，无论一个商品或服务的供应商是非营利的还是营利的，不相关收益所得税的目的是平衡交易的经济性。若一个组织可以销售产品但对其收益不缴纳所得税，则该组织可以对该产品收取更低的价格，并且比销售同一产品的组织拥有更多的"利润"。这种能力，以及偶尔的降价做法，是一些小企业的所谓"不公平竞争"的基础。

14.5 这些不公平竞争的主张是否导致了任何问题，例如适用于高校的法律改革？

几年前，当小企业在这个问题上进行游说时，一些人认为国会会强化这些规定。监督小组委员会就 1986 年~1987 年的方式和方法问题举行了一系列听证会。小组委员会主席极力推动立法，但未能就改革达成共识。非营利团体有效游说，反对各种提议，小企业游说团在维持其努力方面表现极差，而修订这些法律的运动也在衰落。当时担任小组委员会主席的个人已不再是国会议员。这一领域的法律改革在这一时期是没有任何利益的。尽管如此，将不相关的商业规则应用于豁免的学院和大学是美国国税局的一个工作重点；立法提案可能会因此而展开。此外，几个州继续努力为非营利组织竞争造成重重困难。

然而，在特定部门出现了一些变化。例如，免税医院必须将其业务与营利部门的业务区分开来。因此医院必须表明，它们的运作方式不同于营利性医院，建立了最低限度的慈善关怀和社区福利，以保持其豁免地位。[2]可比的慈善或社区福利标准最终可能被强加给豁免的学院和大学。

基本规定

14.6 什么是贸易或商业要求？

贸易或商业的法定定义适用于不相关的商业法。这一短语是指为获取销售商品或提供服务的收益而进行的任何活动。[3]这一定义当然既简洁又宽泛，几乎囊括了学院或大学的所有活动（无论免税与否）。

事实上，法律将免税组织视为一类活动。它们可能相互关联或互不相关，但它们仍然是企业。

14.7 这是否意味着法律将学院和大学的豁免计划视为商业活动？

是的。一所学院或大学的每一项计划均被认为是一项独立的业务。事实上，一个计划中可能包含几个业务。例如，大学经营的书店是商业活动的综合体，包括对书籍、化妆品、电脑、家电和服装的销售（15.56）。此外，大学和其他豁免组织的筹款活动也可视为商业活动（13.24）。

很难让国税局相信某项活动不是一项业务。在这一点上，豁免组织可以占上风的最有可能的情况是其投资活动和不经常出售资产。有时法院会更加宽大，正如有观点表明，一个协会对其成员的保险计划的监测活动（如成员在别处行使保险和索赔处理职能），这没有达到贸易或商业的程度。[4]

此外，若活动是在更广泛的类似活动中进行，或在可能与本组织的豁免目的有关或可能不相关的更大范围内进行，则不丧失其作为贸易或业务的身份。[5]这意味着在判断一项活动是否属于商业业务时，该活动不能寻求其他活动的庇护，以躲避审查。国税局有权单独审查豁免组织的每项业务，以寻找不相关的活动，即例如，它可以明确规定将一个组织分解成尽可能多的业务。按这个领域的行话来说，这是所谓的碎片规则。如，学院或大学可以举行会议或对话。该活动可能涉及一个或多个教育项目或企业、餐饮业务、筹款业务和住宿业务（15.45）。

14.8 当联邦税法将一所学院或大学视为业务的综合体时，这不同于学院或大学本身的想法吗？

这毫无疑问。不幸的是，这件事变得更扑朔迷离。事实上，商业的法定定义规定贸易或业务"包括"该词的定义。这个词为法院和国税局打开了大门，以增加可能导致某项活动成为商业的其他要求和可能性。有些法院使用其他标准，如竞争性活动或商业性，然后一路跳到结论，认为该活动是无关业务。

例如，在一个与税法完全不同的领域中，处理一个只为个人目的而赌博的赌徒是否从事某一出于费用扣除目的的商业活动，最高法院认为，要将某项活动视为贸易或商业，其必须以营利为目的。[6]法院特别指出，这一贸易或商业定义不应用于其他税收环境。然而下级法院无视这一告诫，将这一规则移植到对豁免组织无关的商业收入活动的定义上。

14.9 为什么非营利性学院或大学会反对这个定义中关于利润动机的附加因素呢？

在某些情况下，学院或大学希望将某项活动视为无关业务。这是因为来自不相关活动的收入和其他无关活动的损失可以聚集在一起，形成一项有关最低净收益或最高净损失的条款。

如，假设一个学院或大学有两个无关的活动。其中一个产出 10 万美元的净收入，另一个则产生净损失 7 万美元。在不相关业务所得税申报（17.50）中，两家企业的收入和亏损是混合的；该组织仅以 3 万美元支付不相关收益所得税。然而这只发生在两个活动实际上是商业活动的情况下。

假设这些活动中的第二类在年复一年地持续产生损失，国税局通常会采取这样的立场，因为这项活动总是造成年度损失，因此不具备必要的利润动机。若坚持这一立场，这项活动就不被视为一项业务，在这种情况下，7 万美元的损失不能抵消 10 万美元的收入。然后，该组织将不得不支付全额 10 万美元的不相关收益所得税。

合规性项目调查问卷的一个关注重点是潜在的滥用关系对支出的分配、利用一项活动的损失与其他活动的收入以及对年复一年发生的某些活动的损失的利用。例如，合规性项目调查问卷要求学院或大学列出每项活动的详情，若活动亏损，需解释亏损的原因以及活动是否在 3 年~5 年之内亏本。即使税法规定一项贸易或商业活动不产生净利润的这一事实不足以将其排除在"贸易"或"商业"定义之外，但所有这一切都正在发生。

14.10 还有哪些元素被植入到这一定义中？

有时，当一个豁免组织与营利企业竞争时，就会发现商业活动的存在。利润可以使法院得出结论，即一项活动属于商业活动范畴（通常是不相关业务）。国税局可能仅仅因为对产品或服务收取费用而断言不相关业务的存在。[7]此外，一个越来越普遍的做法是，当活动是以商业方式进行时，法院将跳转到以下结论，该活动满足不相关业务（或更糟的是，非豁免职能）的判断条件。[8]

14.11 什么是商业活动？

商业性理论是由法院设想的，但没有完全阐明。有一个相对较小的例外，在国内税收法中没有提到"商业性"。就税务条例而言，情况也是如此。

该理论基本上意味着，免税组织从事非豁免活动时，该活动是以被视为商业的方式进行的。若某项活动的执行方式与由营利（商业）业务进行的方法相同，则该方式为商业行为。对商业性理论的最现代解释确立了以下八项标准：

- 免税机构向公众销售商品或服务。
- 被豁免的组织与一个或更多营利企业直接竞争。
- 组织制定的价格是根据可比较商业环境中常见的定价公式计算的。

- 该组织利用广告和其他宣传材料和技术来提高销售额。
- 组织的营业时间基本上与营利企业的工时相同。
- 组织的管理是在业务操作中进行培训。
- 该组织使用雇员而不是志愿者。
- 该组织缺乏慈善捐赠资源。[9]

商业性理论经常被认为是向医院和大学征税的理由。什么使免税私立大学与营利性私立大学区分开来？所列的许多因素适用于免税私立大学。因此，国会最终可能要求学院或大学符合某些慈善或社区福利标准，以符合免税资格（14.5）。

14.12 商业性理论是如何援引法律法规的？

在 1986 年，国会在联邦税法中增加了一条规则，规定如果一个组织的大部分活动包括提供商业型保险，就不能成为免税的慈善实体或社会福利实体。[10]虽然商业型保险并非法定定义，但一般指商业保险公司提供的任何类型的保险。商业性在这一方面的范围在法院得到了广泛的解释。

就有关规则而言，在有关活动是否定期进行（14.13）的规则中，有一项简短提及商业性。据指出，"若活动表现出较高的频率和连续性，并以一种一般类似于非豁免组织的可比商业活动的方式进行"，[11]通常将被视为经常进行的豁免组织的商业活动。

14.13 是否定期进行商业活动的规定是什么？

此测试是由不相关的业务规定的目的而派生的：一项活动若不定期进行，便不具有与营利业务竞争的能力。因此，不相关业务的收入不应被征税，因为这种业务仅仅是零星或不经常进行的。[12]活动的频率和连续性、活动的方式以及从活动中赚取收入的持续目的，在很大程度上决定了活动是否经常进行。[13]

14.14 规律性是如何测量的？

没有精确的测量方法。由单一、一次性交易或事件组成的活动肯定是不规律的。因此，出售一项财产的收益往往不应纳税。在不相关的业务收入例外情况下，单一销售也可能被排除在外。（14.27）。一些筹款活动，如在学院或大学体育赛事和年度舞会上的抽奖销售，通常不会因为这项规定而被征税。

除此之外，还需要判断力。一年只占用几天的商业活动不会经常进行。

如，一所学院或大学在州博览会上连续 2 周经营三明治摊，会被视为不相关的贸易或商业吗？税务监管者将此作为一个不经常进行的业务实例。[14]但如果州博览会继续进行 1 个月呢？当太多的活动天数相重叠时，情况变得不好判断。规例的另一个例子是一间免税机构在 1 年中的每星期都在经营商业停车场。条例规定这具有"定期进行"的特性。[15]

14. 15 对于这一层次的分析还有其他的方面吗？

有的，还有其他三个方面的规律性。其中一个原因是，商业活动只在一个特定的季节进行，一个免税组织的量度期是在当前季的持续时间，而不是全年。例如，在大学足球赛期间出售足球卡将需要测量与足球赛季的持续时间有关的规律性。

14. 16 规律性的其他两个方面是什么？

一是，国税局已采取的观点是有更多的规律性测量方法，而不仅仅是为活动本身花费的时间。国税局考虑了组织在准备事件时花费的时间——准备时间，以及随后与事件结束时间相关的花费。若一所学院或大学每年举办为期数天的校友高尔夫锦标赛，在评估其规律性时，根据国税局的观点，应包括筹备比赛的准备时间、创作广告、征集捐赠者和类似人员，以及消磨时间。

14. 17 一些运营操作是否通过使用这种方法转换成常规类别？

可能是这样，但还有更多。法律一般承认"委托人"和"代理人"的概念。当事人是为实现个人利益而雇用另一人的人；第二个人是代理人。一般情况下，法律认为代理人的行为是代表其委托人。这意味着代理人的行为归因于委托人。

在不相关的商业情境中，一所大学与一家公司签订服务合同是很常见的。若公司被认为是学院或大学的代理人，并且该公司的职能与无关的业务有关，国税局将采取的立场是，该公司所花费的时间是由学院或大学决定不相关的活动是否经常进行。

例如在一个案例中，一所大学的协会为体育赛事制作节目而与出版商签约。[16]合同保留在大学节目中的广告空间，该空间的销售所产生的任何收入都由大学持有，而该大学留用一家广告公司以出售其节目中的空间。国税局认定，因广告公司是该大学的代理人，广告销售收入是不相关的商业收入。由

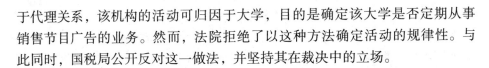

于代理关系，该机构的活动可归因于大学，目的是确定该大学是否定期从事销售节目广告的业务。然而，法院拒绝了以这种方法确定活动的规律性。与此同时，国税局公开反对这一做法，并坚持其在裁决中的立场。

14.18 有关第三层次分析的基本要求是什么？

这是不相关的商业收入规则的主要焦点：经常进行的业务是否与学院、大学或其他免税组织的豁免目的相关或无关。一般规定是，从定期进行的贸易或业务所得的收入须纳税，除非创收活动与本组织免税目的的实现有重大关系。[17]

为了确定某项活动是否相关，应审查业务活动与组织实现其免除目的之间的关系。企业的收入用于豁免计划的事实并不使活动成为一个相关项目。

只有在企业的行为具有税法条款与实现免税目的的因果关系时，该企业的贸易或商业活动才与免税目的有关联。[18]若因果关系是可被广泛认可的或具有实质性，相关业务便基本上是相关的。因此，对于某一特定数额的总收入与免税目的有重大关系的某一行业或企业的行为，该商品的生产或销售或从其获得总收入的服务的执行必须对实现这些目的作出重要贡献。若商品生产或销售或服务的履行对本组织的豁免目的没有很重要的贡献，则销售商品或服务所得的收入并不来源于相关业务的进行。[19]

14.19 如何确定关联性？

这方面没有明确的标准。关于是否存在因果关系以及是否有实质性判断，是在所涉事实和环境的范围内作出的。税法的这一方面错综复杂，令人困惑。

14.20 在学院和大学的背景下，这些判断有哪些实例？

一个例子是一支专业足球队租用一个大学的露天足球场。这通常不会涉及与大学教育目的所必需的因果关系。尽管大学利用体育场促进其教育活动，但其他人使用体育场并没有成为大学的相关业务。

另一个例子是由一所大学进行旅游观光。若没有正式的导游作为旅游的一部分，而且旅行与商业旅行没有什么区别，那么这项活动将不会对大学的教育目的产生重要的影响。与大学旅游观光相比，这次旅行的目的是教育个人了解美国的地理和文化。在由教师组织的国家公园学习之旅中，旅游团每天都提供正式的指导，参加者可以访问图书馆以作为旅游的一部分，参加者应获得学术学分，这一活动对该组织的教育任务作出了重要贡献（15.30）。[20]

14.21 是否有任何其他方面的实质性相关检验？

这个检验涉及其他四个方面。其中之一是规模和程度测试。在确定某项活动是否对实现免税目的作出重要贡献时，必须考虑到该活动的规模和范围，以及它所服务的学院或大学的豁免职能的规模和程度。[21]因此，若一所学院或大学的收入是由一项与其豁免职能的履行有关的活动所实现的，但其规模大于为履行职能而合理所必需，由于该部分活动超过免除职能的需要而产生的总收入构成了不相关的业务的总收入。

检验的一个实例是大学为方便学生和教职人员而进行的一个酒店运营。若酒店是向公众销售，并且旨在拥有这种职能，酒店经营将被视为大于必要完成大学的豁免目的（15.44）。

另一个方面是相同的状态测试。作为一项一般规则，由于免税功能的执行而产生的产品的销售并不构成不相关业务，即产品在完成免税功能的情况下实质上是在相同的状态下销售的。[22]这一规则对于那些将残疾人制作的物品作为康复培训的一部分出售的公司来说是很重要的。相反，若一个产品的豁免功能在商业活动中得到利用，超出了所在州的适当合理或必要的配置范围，它在实现豁免功能时，活动则变成了一项无关业务。例如，如果一所大学的农业学院为达到科研目的而饲养一个奶牛群，该学院可以在项目正常运作过程中出售牛奶和奶油，而拒绝不相关的收入征税。[23]然而，如果该组织要在进一步制造食品（如冰淇淋和糕点），过程中使用牛奶和奶油，那么这些产品的销售将构成不相关的业务行为。

这些子测验中的另一个内容是双重用途测试。[24]这涉及实现豁免职能所必需的资产或设施，但也用于不相关行为。每个收入来源都必须经过测试，以检查这些活动是否对实现免税目的作出重要贡献。例如，一所大学可以有一个剧院礼堂，以便放映与一个或多个班级有关的教育影片；在晚上将该剧院用作公共娱乐场所，这是不相关活动。同样，一所学院或大学的山区校园可能有滑雪设施，用于其体育教育项目。虽然滑雪设施的这一方面用途促进了免除教育目的，但是供一般公众使用的设施的运营将是一项无关的业务。

这些子测验中的第四项是开发试验。[25]在某些情况下，一所学院或大学在执行豁免职能时进行的活动将建立友谊或其他无形资产，它们能够在不相关的活动中得到利用。当发生这种情况时，收入部分取决于本组织的免税职能，这并不能使其成为相关业务的收入。这类收入将作为无关的商业收入纳税，

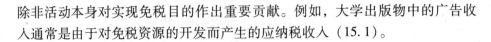
除非活动本身对实现免税目的作出重要贡献。例如，大学出版物中的广告收入通常是由于对免税资源的开发而产生的应纳税收入（15.1）。

14.22 如何计算不相关的商业所得税？

一般而言，该税的厘定方式与营利公司相同。公司利率通常用于计算无关的商业所得税。[26]然而，有些组织，如信托，则受个人所得税税率的限制。[27]有一个具体的扣减，可提供 1000 美元。[28]因此，如果不相关营业产生的净收入少于 1000 美元，则不征收任何税款。

此税征收对象是净不相关商业收入。一所学院或大学被允许减去其商业开支，从总收入中扣除不相关的收入。法律一般规定，可扣除费用必须与经营业务直接相关；扣除项目必须与经营业务有近因和主要关系。[29]因为法律允许扣除与应纳税活动有合理联系的费用，这一标准比适用于利润和个体纳税人的准则更为严格。然而在实践中，学院和大学通常遵循合理的标准，特别是在分配费用时。由于税法的松动，这种做法在法院得到了维护。

直接相关性测试有一种例外情况。此例外是在计算应纳税无关收入时允许的慈善捐款扣除数额（14.23）。

将费用分配给不相关的业务，包括分配开销，这就要求国税局进行重大审查。这是学院和大学合规性项目调查（15.62）的重点。

这些税是通过不相关业务所得税申报表支付的。公立和私立院校都必须提交这一表格（第十七章）。学院和大学也必须按季度估算此税的支付额，以免受处罚。

14.23 在计算不相关业务所得税时，一所学院或大学是否会要求获得慈善捐款扣除？

是的。学院和大学可以从它们的无关商业活动中作出慈善捐款，并获得慈善性捐款支出扣除。[30]对扣除额的计算设有限制，数额等于未考虑慈善捐款扣除额的情况下的无关营业收入的 10%。对以营利为目的的公司所作的捐赠也施以同样的限制。[31]

14.24 哪些类型的活动和收入不受不相关收入征税的豁免？

联邦税法的一个有趣的特点是一系列的条款修订和其他在计算应纳税无关商业收入中可用的例外。学院和大学（公立和私立）最常用的条款修订是对某些被动收入的排除、研究收入、志愿者进行的活动所得的收入、为方便学生和教员而进行的活动的收入以及对宾果游戏的排除。[32]

14.25 什么是研究排除？

有三种类型的研究排除。这套排除是规则有些古怪的，因为研究活动一般具有豁免的作用。对于联邦政府或其任何机构或工具，或任何州或行政辖区，有一项一般排除在不相关的商业规则之外的研究。[33]在学院或大学的情境下，为任何个人进行的研究作为无关的业务被排除在考虑之外。[34]第三种排除的范围与第二个相同：该组织的运作必须主要是为了进行基础研究，而研究的结果必须向公众免费提供。[35]

14.26 什么是志愿者例外？

如果实质上所有工作都是由志愿者无偿进行的，则任何不相关业务都可以通过这一例外免受税收影响，包括广告业务。[36]这个例外适用于保护筹款活动（特别事件）免受征税。然而这些人必须是真正的志愿者；提供任何类型的经济利益很可能会使例外情况无法获得。

14.27 什么是便利例外？

每所学院和大学所依赖的例外规则就是"便利例外"。[37]这一例外适用于主要是为了方便其学生和雇员的机构活动。由于这一规定（15.56），学院和大学书店的销售收入大部分都受到免税。大学洗衣房也在此之列。[38]

14.28 什么是宾果游戏例外？

由免税学院、大学和其他豁免组织进行的作为筹款活动的宾果游戏，只要满足下列规定，则可免受不相关业务所得税的约束：[39]
- 宾果游戏是一种通常会下注的类型，优胜者是确定的，奖品或其他财产在所有投注者在场的情况下分配。
- 游戏的举行不是通常在商业基础上进行的活动。
- 游戏行为不违反州或地方法律。

14.29 哪些类型的被动收入是受不相关的收入征税的豁免？

收入调整保护了各种形式的被动收入免受不相关收入征税。这些收入形式通常是年金、资本利得、股息、利息、租金和版税。[40]在大多数情况下，因为这些条款在联邦税法的其他地方有充分的定义，因此就这一方面问题对这些收入项目的定义几乎不存在争议。

这种对这些被动收入的调整办法，取决于不相关收入规定的基本原理，保证非营利组织和营利机构参与的竞争性活动的经济性平等（14.11）。根据定义，被动收入不是来自竞争性活动，因此不应征税。然而有一个潜在愈发激烈的争议。国税局认为，这些收入来源并非总是来自被动来源，因此应课税。

14.30 所有财产变卖都是以无关收入作为被动收入吗？

出售构成资本资产的一项财产一般不会引起不相关的业务收入，因为有资本利得除外。这条规定有一些有限的例外（14.31）。[41]

14.31 有哪些财产变卖的实例不符合一般例外的不相关的商业收入？

若资本资产成为财产，包括在适当的库存或是待售的客户在日常经营过程中，其销售额将被征税。[42]因此，若一所学院或大学购置了不动产，并将财产分割并将其出售给公众，则出售可能被视为不相关的商业收入，因为这些出售物品是学院或大学房地产开发业务的存货。另一个例外情况是销售 S 公司股票（16.3）。

14.32 租金收入规则如何适用？

不动产租金的收入一般不受无关的商业收入规则的约束。[43]出租不动产的个人财产的租金，如果属于个人财产的租金是附带的，则免征税款。此规定有几项例外。免税组织在商业房东的性质上进行租赁活动的，不予排除。但是，排除通常不会仅仅因为免税组织提供正常的维护服务而失效。在实践中，可以利用独立的建筑管理和租赁公司来避免这一征税机会。

对于收入流是否真正是租金，或者是合资企业利润的一部分，可能存在争议；后一种形式的收入一般应课税（16.47）。这一区别的当代例证是与分租制度有关的诉讼。国税局已经失去了迄今所带来的所有案件；法院认为，获豁免组织所收到的资金，其形式是排他性租金，而不是合伙或合资企业。[44]

如果作为安排的一部分提供大量服务，则适用其他例外情况，部分或全部租金是根据租赁财产的收入或利润确定的，或财产受债务资助的财产规则（14.36）[45]的限制。例如，如果一所学院或大学将其足球场租给一支职业足球队，并维持场地和并提供其他服务，则租金收入应课税（15.24）。[46]

14.33 版税排除规则在当代如何应用？

该领域正在进行的斗争是特许权使用费的排除范围问题（15.35）。在某种程度上，这是因为豁免组织在结构化交易中比任何其他类型的收入都更有自由度，以形成由此产生的收入。在这种情况下，目的是使收入符合税收法律定义的形式的条款版税。在很大程度上，这一两难境地是因为成文法没有定义这个术语。

在学院和大学的背景下，向高等教育机构支付其名称或标志的使用将使版税规则发挥作用。这一问题一直是多年诉讼的主题。[47]迄今的结果是，争端双方都是部分正确的，部分是错误的。即，税务局的立场是，排他性必须完全被动地接受豁免组织的征税，以使本组织能够有限地参与创收进程。相反，诉讼豁免组织认为"版税是一种版税"，因此该组织的任何参与都是不相关的；法院认为，如果本组织参与特许权产生的过程是实质性的，则特许权的例外将被否决。

14.34 学院或大学如何才能最有效地利用版税排除？

在这方面，有效利用版税例外的关键是尽量减少学院或大学参与导致支付版税的努力。一个组织做相反的事情是很诱人的；例如，如果一个大学有一个亲和卡计划，它将倾向于从事各种活动（如邮寄，在出版物中插入和在年会的活动上），以刺激其校友使用卡（15.35~15.37）。虽然这种性质的活动是可允许的，如果它是无实质的，组织在这方面越活跃，特许费例外的可能性就越大（14.33）。

另一种办法是拆分这一安排，分别进行：执行两个合同，一个反映被动收入/版税支付，另一个是提供服务的付款。根据第二份合同所支付的收入可能是应纳税的。学院或大学将努力将尽可能多的收入分配给版税合同。这一方法的难点是物质规则的形式：这两种性质的合同很容易被折叠，并作为税收目的处理。

14.35 这些例外和修改是否有例外？

是的，有两个例外。一项涉及从受控的组织支付其他排他性的收入。一般规则是，由受控实体向免税控制学院或大学支付年金、利息、租金和/或特许权使用费，在受控实体的付款减少其净无关收入或增加任何净无关损失（15.61、16.19）的范围内，应作为无关收入缴税。即使这些形式的收入在本质上是被动的（14.29），这种情况也是如此。为此，一个组织控制另一种情况，即母学院或大学拥有公司的至少50%的表决权或股票价值，超过50%的资本或利润的利益在一个实体征税，如合伙或超过50%的利益在任何其他类型的实体。这一控制因素也可以通过股票或由两个组织的董事、受托人或其他代表的连锁关系来体现（15.61，16.7）。

另一例外情况见于关于不相关的债务融资财产的规则（14.36~14.41）。在收入是债务供资收入的情况下，刚才提到的各种除外情形都是不可用的。[48]

债务融资的财产规则

14.36 判断收入是否为债务融资的一般规定是什么？

不相关的债务融资收入规则会导致某些形式的收入受到不相关的商业所得税的约束。从债务融资的支柱属性的收入，须按与取得或改善财产的总成本有关的债务比例征税。[49]基本上，对于每个债务融资的财产，都允许扣除相同的比例。[50]允许扣除额应与债务融资财产或其收入直接相关，即使任何贬值都可能只能用直线法计算。[51]随着抵押贷款的支付，所考虑的百分比通常会减少。出售不相关债务融资财产的资本收益也按同样比例征税。[52]

14.37 什么是债务融资的财产？

债务融资的财产是指在某些例外情况下，由学院或大学持有的所有财产（例如租赁不动产、有形人格和公司股票）产生收入（例如租金、特许权使用费、利息和股息）和在该纳税年度（或在前12月内）的任何时间，如该财产是在该年度内处置，则有购置负债（14.39）。[53]

14.38 作为债务融资财产的分类有哪些例外？

以下情况排除在债务融资的财产分类之外：

• 只要财产的使用与组织的豁免目的有关，则财产基本上所有（至少85%）的使用与组织的免税目的（除了免税组织对收入或资金的需要有很大关系外）所有的使用都是相关的。[54]

- 只要其收入已经作为从事无关贸易或业务收入的税收的财产。[55]
- 其收入来源于研究活动的财产，因此不包括不相关的商业应纳税收入（14.25）。[56]
- 其用途是贸易或商业免税的财产，因为基本上所有的工作进行没有补偿（14.26）；该业务主要是为了方便会员、学生、病人、职员或雇员（14.27）而进行；或业务是销售的商品，实质上所有这些都被作为捐赠收到。[57]

另外一个例外发生于邻里土地规定之下。邻里土地规定免除了为免税目的而获得的邻里财产临时收入的债务融资财产规则。对不相关的债务供资收入的征税不适用于不动产的收入，它位于免税组织拥有的其他财产的附近，它计划在购置时的 10 年内将其用于免税用途。[58]本条规则适用于 10 年期的前 5 年，只有获得豁免的机构在该期间届满前，在合理地确定该等获批土地的未来使用，以促进其豁免目的之前，即属例外；[59]这一进程将在第 5 年结束前至少 90 天提交一项裁定请求。[60]

如果出售或以其他方式处置债务融资的财产，则从处置所得的总收益或损失中的百分比包括在不相关的商业应纳税收入的计算中。[61]国税局承认，然而，不相关的债务融资收入规则不给予应纳税的交易，如果是由不免税的实体执行的，则不得依据联邦税法的不承认规定征税。[62]

14.39 什么是购置负债？

创收财产被认为是不相关的债务融资财产（从中赚取收益、减去扣除、应纳税）只有在有购置债务的情况下可归因于它。在债务融资财产方面，购置款负债是指免税组织在取得或改善财产时所产生的债务的未付款额；在取得或改善财产之前发生的债务，但为承购或改善，并且在财产的承购或改善以后招致的债务；收购或改善发生后的债务，若没有发生，但收购、改善和负债的情况在收购或改善发生之时可合理预见。[63]

若财产是由一所学院或大学获得抵押或其他类似留置权，则尽管该组织确实不承担或不同意支付债务，担保的债务将被认为是该组织在购置财产时招致的购置债务。[64]

14.40 购置款负债有哪些例外？

在不动产的取得或改善（14.41）的情况下，学院和大学有一个特殊的例外分类作为承购债务。对购置款债务范围的其他免除如下：

• 因遗赠或设计而获得的按揭财产，在购置日期后的 10 年期间内，并非购置负债。一项类似的规则适用于赠与所收到的抵押财产，在赠与前超过 5 年，捐赠人持有的财产上的抵押物被放在房产上超过 5 年。[65]

• 在履行或行使组织的免税目的或职能时必然招致的债务。

• 支付年金的义务：作为交换财产的唯一考虑，如果在交易所时，该年金的价值低于在交易所收到的财产价值的 90%；在发放年金时生活的个人或当时居住的 2 人的生命支付；根据不保证最低付款额的合同支付，或规定最长的付款额，并且不规定对年金支付额的任何调整，参照从转让的收入属性或任何其他属性。[66]

• 为低收入和中等收入者购买、改造或建造住房提供资金的义务，但以其受联邦住房管理局保险的程度为限。[67]

• 某些小型企业投资公司在债务由某种债权证所证明时所招致的债务。[68]

14. 41 对购置款债务适用于高校的具体例外是什么？

购置款一般不包括教育机构（如学院或大学）[69]在获得或改善不动产时所产生的负债。[70]学院或大学的任何附属组织[71]也不例外。因此，若一所学院或大学购置相邻的房产以建造租赁给公众的设施，则收购租赁房产所产生的债务将不会成为购置债务，而且假定没有其他可适用例外情况，租金收入将从无关业务收入中扣除。

其他不相关业务规定

14. 42 是否有其他例外情况？

是的。关于从受控子公司（14. 35）的收入征税的规定不适用于资金为股息的情况，因为股息不由付款公司（14. 31）扣除。因此，如果其他类型的收入由提供收入的受控实体扣除，接受收入的免税机构必须将其视为无关业务收入。

另一例外情况则适用于 2005 年 12 月 31 日以后收到的管控免税组织的付款和 2012 年 1 月 1 日之前的临时规则。[72]根据这一规则，如果付款是根据有关纳税人在纳税项目中的分配规则确定的（即被视为不合理），由受控实体向管控豁免组织支付利息租金、年金或专利权费的一般法律只适用于在纳税年度内收到的或应计的付款。[73]这一暂行规则仅适用于根据 2006 年 8 月 17 日生效的具有约束力的书面合同所支付的款项，或根据该日生效的合同条款进行续约的合同。

14.43 如何在流动实体和企业个体中出于免税目的进行不相关商业收入活动？

在企业个体（16.5）和流动实体（16.6）中进行的活动被视为是由学院或大学直接在其所有权利益范围内进行的。[74]同样的规则和例外适用于计算不相关的商业所得税。但如果豁免组织对流动实体或合资企业（16.61）不加以控制，国税局可以采取的立场是，该活动为不相关业务活动，即使它实质上与所有者（16.61）的免除目的有关。

14.44 如何报告不相关商业所得税？

私立院校提交的年度信息申报表，不用于报告本组织不相关的商业应纳税收入，包括所有流动收入（14.43）。一项单独的无关业务所得税申报表用于申报应纳税所得。除年度信息申报外，这一表单必须提交。[75]如果公立学院或大学直接进行不相关的商业收入活动，也必须提交此纳税申报。

参考文献

1. Reg. § 1.513- 1 (a).
2. IRC § 501 (r).
3. IRC § 513 (c).
4. American Academy of Family Physicians v. United States, 91 F. 3d 1155 (8th Cir. 1996).
5. IRC § 513 (c); Reg. § 1.513- 1 (b).
6. Commissioner v. Croetzinger, 480 U. S. 23 (1987).
7. E. g. , Priv. Ltr. Rul. 201041045.
8. E. g. , Asmark Institute, Inc. v. Commissioner, T. C. Memo. 2011-20.
9. Living Faith v. Commissioner, 950 F. 2d 365 (1991).
10. IRC § 501 (m).
11. Reg. § 1.513- 1 (c)(1).
12. IRC § 512 (a)(1).
13. Reg. § 1.513- 1 (c)(1).
14. Reg. § 1.513- (c)(2).
15. Id.

16. Nat'l Collegiate Athletic Ass'n v. Commissioner, 92 T. C. 456 (1989), aff'd, 914 F. 2d 1417 (10th Cir. 1990).

17. Reg. § 1. 513- 1 (a), Reg. § 1. 513- 1 (d)(1).

18. Reg. § 1. 513- 1 (d)(2).

19. Id.

20. Reg. § 1- 513- 7 (b), Example 2.

21. Reg. § 1. 513- (d)(3).

22. Reg. § 1. 513- 1 (d)(4)(ii).

23. Id.

24. Reg. § 1. 513- 1 (d)(4)(iii).

25. Reg. § 1. 513- 1 (c)(4)(iv).

26. IRC § 511 (a)(1), § 11.

27. IRC § 511 (b)(1).

28. Reg. § 1. 6012- 2 (e).

29. IRC § 512 (a)(1); Reg. § 1. 512 (a) – 1 (a).

30. IRC § 512 (b)(10) and (b)(11).

31. IRC § 170 (b)(2).

32. IRC § 512 (b)(1), (b)(2), (b)(3), (b)(5); IRC § § 513 (a), 513 (f).

33. IRC § 512 (b)(7).

34. IRC § 512 (b)(8).

35. IRC § 512 (b)(9).

36. IRC § 513 (a)(1).

37. IRC § 513 (a)(2).

38. IRC § 1. 513- 1 (e).

39. IRC § 513 (f).

40. IRC § 512 (b)(1), (2), (3), and (5).

41. IRC § 512 (b)(5).

42. IRC § 512 (b)(5)(A) and (B).

43. IRC § 512 (b)(3).

44. E. g. , Harlan E. Moore Charitable Trust v. United States, 812 F. Supp. 130, (C. D. 11, 1993), aff'd, 9 F. 3d 623 (7th Cir. 1993).

45. IRC § 512 (b)(3)(B)(ii).

46. Rev. Rul. 80- 298, 1980- 2 C. B. 197.

47. Sierra Club, Inc. v. Commissioner, 86 F. 3d 1526 (9th Cir, 1996).

48. IRC § 514.

49. IRC §§ 514（a）(1), 512（b）(4).

50. IRC § 514（a）(2).

51. IRC § 514（a）(3).

52. Reg. § 1.514（a）- 1.

53. IRC § 514（b）(1).

54. IRC § 514（b）(1)(A). 美国国税局裁定，从贷款中获得的收益将不构成债务融资财产的收入，因为基金将作为赠款，由基金会发放给公共慈善机构（Priv. Ltr. Rul. 200432026）。

55. IRC § 514（b）(1)(B). 本规则不适用于 IRC § 512（b）(5) 条款中被排除的收入（主要是资本增益）。

56. IRC § 514（b）(1)(C).

57. IRC § 514（b）(1)(D).

58. IRC § 514（b）(3)(A) -（C）. 如果免税组织没有在邻居中拥有原始的站点属性，因为该属性是由一个支持组织［见 § 12.3（c）］拥有的，就该组织而言，国税局得出结论说，该地区的土地规则仍然由于受支持的组织的"相互关联的性质"与财产通过支持组织的方式应用（Priv. Ltr. Rul. 9603019）。

59. IRC § 514（b）(3)(A).

60. 财政部规章 § 1.514（b）-1（d）(1)(iii)。如果一个豁免组织未能寻求这一裁决，但 IRS 对该组织为将来使用该财产所提交的计划感到满意，那么它将通过延长提交期来给予行政救济。财政部规章 § 301.9100-1（a），（Priv. Ltr. Rul. 9603019）。

61. Reg. § 514（a）- 1（a）(1)(v).

62. Rev. Rul. 77- 71, 1977- 1 C. B. 156.

63. IRC § 514（c）(1).

64. IRC § 514（c）(2)(A).

65. IRC § 514（c）(2)(B).

66. IRC § 514（c）(5).

67. IRC § 514（c）(6)(A)(i). In general, Reg. § 1.514（c）- 1.

68. IRC § 514（c）(6)(A)(ii),（B）.

69. That is, one described in IRC § 170（b）(1)(A)(ii).

70. IRC § 514（c）(9)(A).

71. That is, one described in IRC § 509（a）(3).

72. IRC § 512（b）(13)(E).

73. Reg. § 1.513- 1（a）, Reg. § 1.513- 1（d）(1).

74. IRC § 512（c）.

75. The form is 990- T. See Chapter 17.

15
不相关营业收入规则在当代的应用

    大学合规性问卷调查反映了国税局对免税学院和大学不相关营业活动的强烈关注。该问卷着重调查当今涉及高等教育免税组织（以及其他各种类免税组织）的不相关营业领域的主要问题，同时它也是理解国税局不相关营业课题的重要指南，国税局基于学院和大学背景，评估这些课题。

    《合规性项目调查中期报告》的原始数据明显反映出，在所有申报其参与专项活动的机构中，大规模的学院和大学（2.36）所占的百分比最高，小规模的学院和大学（2.34）所占的百分比最低。设施租赁活动（15.16）是各种规模类型的机构参与频率最高的。总体上就租赁活动而言（14.32），小型机构参与活动的百分比占67%，中型教育机构（2.35）占88%，大型教育机构占96%。包括设备租赁（小、中、大型机构分别占57%、83%、95%）（以下两页所提到的百分比分别以小、中、大型机构的顺序列举），运动设施的使用（15.21）（26%、48%、60%），和个人财产的租赁（14.32）（9%、21%、43%）。

    广告和企业赞助是参与率仅次于租赁活动的第二大不相关营业活动。总体而言，小、中、大型机构参与广告活动（15.1~15.6）的百分比分别为23%、54%、82%。例如：刊物（16%、44%、73%），网络（3%、7%、15%），电视和无线广播（4%、17%、35%）。其参与国内企业赞助活动（15.7~15.15）的百分比分别为33%、52%、76%。例如印刷的资料（14%、37%、59%），网络（3%、15%、33%），电视和无线广播（5%、23%、45%）。

    其他被报道的活动包括书店（15.56）（53%、57%、63%）、食品服务（15.49）（43%、61%、70%）、餐饮服务（15.48）（19%、37%、48%）、差

旅（15.30~15.32）（6%、14%、35%）、酒店运营（15.44）（3%、7%、25%）、会议中心运营（15.45）（6%、20%、43%）、餐厅运营（15.46）（3%、11%、34%）、停车场运营（15.54）（16%、52%、76%）和商业调查实施（15.41）（3%、13%、25%）。各种类型的机构（6%、14%、13%）都申报了来自被控制型实体（15.60~15.61）的收入。

本章旨在回顾大学合规性问卷调查所提到的问题，并对联邦税法作出相应的分析。

15.1 免税学院或大学的广告收入应作为不相关营业收入而纳税吗？

一般来讲，免税学院或大学及其他任一类型的免税组织的广告营业净收入是需要作为不相关营业收入征税的。[1]广告营业一般被视为对免税（慈善和/或教育）资产（14.21）的开发利用。举个典型的例子，免税学院或大学的刊物上广告位置的出售，或者高等教育机构的无线或电视广播的广告时间的出售，这些广告费用的分配细则会影响部分应纳税的不相关营业收入（15.62）。

国税局在大学合规性问卷调查中调查了学院和大学的广告收入。（表格14018，第2部分，问题23 A）。

15.2 在此语境中，广告的定义是什么？

尽管有大量的监管部门和判例法来规范何时可能对广告收入税征税，以及如何征税，但是关于广告如何构成（即广告的定义）的法律却少之又少。法院把以下这些"商业一览表"出版物作为判定是否具备广告的资格，包括"广告语、标志、商标及其他在内容、结构和信息方面等同于或至少类似于专业期刊、报纸和电话薄的'黄页'的一览表"。[2]

这些规则的应用实例包括对免税机构常规广告收入的征税，这些收入源自月刊[3]、年鉴[4]和音乐会节目[5]等。国税局规定免税机构在其网站上登载的定期广告和头号标题广告收入构成不相关营业。[6]

广告这个术语被界定在企业赞助语境里（15.7）。在这个范畴里，广告一词指被广播、传播、出版、展览、散布的任何信息或者节目，以用来促销或推销任何贸易或业务或者任何服务、设施或商品。[7]它包括蕴含定性的或比较性的语言，价格信息或暗示产品的价值，产品认同，或刺激购买、销售或使用某一公司、服务、设施或产品。[8]任何一个包含宣传和鸣谢单位（15.9）的广告词都可以被称作广告。[9]

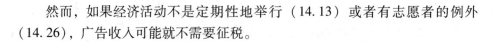

然而，如果经济活动不是定期性地举行（14.13）或者有志愿者的例外（14.26），广告收入可能就不需要征税。

15.3 关于广告收入纳税的一般规则是什么？

比较早期的税收条例规定了这方面的一般规则，它提及的广告仅指《出版物》中的广告。[10] 然而，这些规则一般适用于免税组织所有通信手段上的广告。

一般来讲，免税组织出版物上出售广告的收入（即使出版物与组织的免税目的有关）构成不相关营业收入，如果广告收入超过了与广告直接相关的费用，那么超出的部分是需要纳税的。不过，如果刊物的编辑方面出现亏损，那么编辑的亏损就可能抵消广告收入。因此，如果刊登广告的刊物完全亏损出版，那么就没有应纳税的不相关营业收入。

免税组织出版物的收入基本上被视为发行量收入或者广告总收入（如有）。发行量收入即出版物的生产、分配和发行收入（广告总收入除外），包括从出版物的读者群中获得的收入。广告总收入来源于免税组织出版物的不相关广告活动收入。

同样地，被归类为免税组织出版物的成本也被叫作读者成本和直接广告成本。免税组织出版物及其他活动（如薪资、居住成本和折旧）的成本项目可能要进行合理的分配。因此，读者成本与基于出版物读者总量的生产和分发直接相关的成本项目，不同于适当分配的直接广告成本项目。直接广告成本包括与广告的销售和出版直接相关的项目（例如代理佣金和其他销售费用、图稿和复印准备），被算入广告系列的机械配送和分销成本的部分以及其他被适当地分配到广告活动中的读者成本要素。

正如已经提到的，当直接广告成本等于广告总收入时，免税组织〔假设它遵循不相关营业的规则（14.3）〕的广告收入是不需要征税的。即使广告总收入超过了直接广告成本，如果在计算广告活动的不相关收入时，计入读者群的成本达到了超过读者群收入的程度，那么这些成本在计算中是可以抵扣的。此规则的局限性包括以下情况：比如其应用可能不会用于实现广告活动的亏损或产生归因于任何其他不相关活动的可计算应纳税所得额的可抵扣成本。如果刊物的发行量收入超过了它的读者群成本，那么超出直接广告成本的广告总收入盈余部分就是刊物的任何不相关营业应纳税所得额。

15.4 关于是否有权获得出版物要与组织成员资格挂钩的这些规则是什么？

另一套规则规定了发行收入会员费的分配，获得出版物的权利与所在免税组织的会员身份相关，免税组织会向组织成员收取会费、手续费或者其他费用。[11]有三种方法来决定收取会费的比例，这部分会费构成发行收入的一部分（可分配的会员收入）。

1. 如果刊物总发行量的至少 20% 包括向非会员销售的部分，则向非会员收取的订阅价格等于从每个会员的会费减去发行收入的金额。有法院认为总发行量这个术语是指有偿发行，也就是说，它不包括免费向免税组织的非会员分发的出版物。[12]也有法院认为，该术语（发行量）是指出版物为获得酬金的实际发行数量，不考虑这些发行刊物如何被购买；在这种情况下，免税组织的成员通过会费支付订阅费用；他们指定获得出版物的非会员人士，这些人士被视为总发行量的一部分。[13]

2. 如果规则不适用，并且如果因 20% 或更多组织成员没有收到出版物使他们的会费少于剩余成员的会费，那么会费减免的数额就是用于分配到发行收入的会员费的数额。

3. 另外，分配给出版物的会员收据的部分等于收据总额乘以一个分数的金额，分子等于出版物总成本的金额，分母是这些成本加上组织的其他免税活动的费用。

当一个免税组织的产品收入来源不止有一本刊物时，这些规则就变得更加复杂。（如果一个组织通常从刊物广告总收入中获取的收入等于至少 25% 的读者成本，或者出版活动是获利的，那么该出版物就是用于获取生产收入的）。在这种情况下，组织可以在确定从销售广告中获得的不相关商业应税所得额时，综合考虑所有（但不仅限于某些）出版物和与出版物直接相关的可抵扣项目的总收入。（一个组织不能把没有发行的出版物的损失和其他畅销的出版物的利润合并起来。）各组织必须遵循这种处理方法，一经通过就具有约束力，除非组织获得国税局许可才能改变。

15.5 这些规则会依据媒介的变化而改变吗？

一般来讲，所使用的媒介不会改变不相关营业收入的分析。国税局调查了（15.1）学院或大学出版物中的广告和其他印刷材料以及其他形式的高等教育机构的通讯方式，即互联网、设施（如广告牌和记分牌）以及电视和无线电广播。

15.6 广告活动能成为相关营业活动吗？

广告销售是有可能成为免税组织参与的相关营业活动的。关于这一点有个典型的案例，一个免税医疗机构被发现通过在学术期刊上出售广告来进行不相关业务，而审判法庭驳回了这些广告主要是以教育为目的的申辩。[14]然而，法院规定了何时广告具有免税功能的标准，例如广泛地对特定领域进行调查或以其他方式对适当的主题进行系统的介绍。然而，在重新上诉的审判中，法院认为该医学广告内容大体上与该组织的免税目的密切相关，因为广告仅限于与医学实践直接相关的广告，它以医学主题的形式呈现，并由刊登广告者编入索引中。[15]

这一案件移交给了最高法院，法院裁决的结论是，该标准是：免税组织在销售和出版广告方面的行为是否表现出相关的功能，而不是广告是否具有内在的教育性。[16]法院认为测试的方法就是免税组织是否使用广告来"为它的读者提供全面系统地介绍产品或服务各方面的宣传"；正如法院所说的那样，免税组织可以"以这种方式控制其出版物刊载的广告，来表明对其免税功能的重大贡献"。法院认为这可以通过"协调广告内容与刊物的编辑内容或只发布反映新发展的广告"来实现。

国税局规定，仅向其成员出售会员目录的免税商业联盟并不算是从事不相关营业，因为该目录促进了其成员之间的沟通和鼓励交流思想和专长，对实现该组织的免税目的而言是非常重要的。[17]法院认为，尽管免税组织的广告主题与免税目的相关，它仍然是不相关营业活动，因为广告活动的主要目的是提高收入，因此是商业活动（14.11~14.12）。[18]国税局还规定在宣传全明星参与的大学橄榄球季后赛的节目收入不算作不相关收入。[19]

15.7 关于法人赞助的规定有些什么？

法人组织赞助免税学院、大学或其他组织的比赛或活动而支付的款项可被视为法人的捐款也可作为不相关营业收入征税。这类款项一般是营利性企业给慈善组织的相对大金额的转账。具备这种资格的免税组织收到的赞助费用不受不相关营业收入应纳税所得额的限制。也就是说，募集和收取这些款项的活动不属于不相关营业。[20]

这叫"避风港"法则。因此，不具备纳税条件的法人赞助金是不必征税的。对其征税的处理要根据不相关营业规则进行评估。因此，对这种交易进行评估时会考虑它是否属于商业行为（14.6），是否经常进行（14.13），是否属于收入或活动以外的交易（14.24）等。

15.8 什么是合格的赞助费？

合格的赞助费是指由一个从事某种贸易或业务的人向免税组织提供的付款，且没有任何安排或期望从免税组织获取实质性的回报利益。赞助活动与接收赞助的免税组织的免税目的相关或不相关，是无关紧要的；赞助活动是暂时性的还是永久性的，也是无关紧要的。费用包括支出金钱，转让财产或提供服务。

15.9 什么是实质性的回报利益？

实质性的回报利益是除了某种使用权、认可和被忽略的利益以外的利益。如果在组织的纳税年度内，付款人或者付款人的委派人收到的利益，其合计公平市价不超过赞助总额的2%，那么利益就被忽略；如果其收到的利益的合计公平市价超过赞助总额的2%，那么（除非它是一种被庇护的使用权或认可）这些利益全部的公平市价就是实质性的回报利益。

付款人或委派人得到的利益可能包括广告（15.2）；独家供应商安排；产品、设施、服务或者其他特权；和/或使用免税组织的无形资产的独家或非独家权利（例如商标、专利、标志或名称）。

实质性的回报利益不包括免税组织在活动中使用或致谢付款人的贸易或业务的名称、标志或生产线。尽管这种使用或承认不包括广告，它可能会包括独家赞助安排；标志和标语（不包含对付款人的产品、服务、设施或公司的定性或比较性的语言描述）；付款人的位置，电话号码或互联网地址的列表；中性的价值描述，包括对付款人的生产线或服务的展览或视觉描绘；或者提及付款人的品牌或商品名称以及产品或服务列表。

作为付款人身份的一部分的标志或标语并不被认为包含定性或比较性的描述。付款人或免税组织在赞助活动中仅仅向公众展示或分发付款人的产品（不论是免费的还是需要报酬的）并不被认为是诱导购买、出售或使用付款人的产品，因此不会影响赞助费是否属于合格的赞助费。

承认付款人为免税组织举办活动的独家赞助商，或者承认独家赞助商代表特定的贸易、商业或行业一般不会产生实质性的回报利益。例如，如果在付款交易过程中，一个免税组织只是宣布其参与的活动是由某个付款人独家赞助的（并没有为赞助商做广告或者提供任何实质性的回报利益），那么这个付款人就没有收到实质性的回报利益。一般来说，如果免税组织举办的活动限制了与免税组织的活动相关的竞争产品、服务或设施的出售、供销、可用性或使用，那么就会产生实质性回报利益。

如果付款的一部分（如果单独支付）作为合格的赞助费，那么付款的这一部分和付款的其他部分将被视为单独的付款。因此，如果付款人有望会获得与任何一部分付款相关的实质性回报利益，则只有超过实质性回报收益的公平市价的这部分付款才是合格的赞助费。然而，如果免税组织没有确定付款超过了实质性回报收益的公平市价，那么就没有任何一部分付款构成合格的赞助费。

不合格赞助款的不相关业务处理或分配是通过应用一般规则来确定的。例如，与免税组织向付款人或指定人员提供设施、服务或其他特权相关的付款；广告；独家供应商协议；使用免税组织无形资产的执照；或者其他实质性回报收益等，这些在判定免税组织是否实现不相关营业收入时是分开评估的。

15.10 什么是实质回报利益的公平市值？

作为赞助协议一部分的实质回报利益的公平市值是愿意接受利益者和愿意提供利益者之间的利益价格，双方都不会被强制参加协议，且双方都具有相关事实的合理知识，不考虑赞助协议的任何其他方面。

一般来说，实质回报利益的公平市值是在利益被提供时确定的。但是，如果双方订立有约束力的书面赞助合同，则依据该合同提供的任何实质性回报利益的公平市值在双方签订赞助合同之日确定。如果双方对赞助合同进行重要变更，则在重要变更生效之日起被视为新的赞助合同。重要变更包括合同的延期或更新，或者对合同规定的任一应付金额（或其他对价）的非偶然性更改。

在必要的范围内，为了防止回避与确定实质回报利益和付款分配相关的规则，免税组织若未能对实质回报利益进行合理、真诚的估值，国税局可以确定可分配给实质回报利益的支出部分，或者把两种或以上的相关付款作为单笔付款。

15.11 学院或大学是否应当签署赞助协议?

是的,假设资金交易符合企业赞助形式的话。书面赞助协议的存在本身不会导致赞助费的合格性受到质疑。协议的条款,而不是其存在或细节程度,关系到支付的款项是否为合格的赞助费。同样地,协议的条款而不是谈判协议的个人的头衔或责任决定了根据协议作出的付款或付款的一部分是否是合格的赞助费。

合格的赞助费一词不包括依据一个或多个活动的参与水平,广播收听率或者其他表明公众接触赞助活动程度的因素,按合同规定或其他方式支付的金额。事实上,由正在实施的赞助比赛或活动而定的付款不会导致付款未能成为合格的赞助费。

以资金或财产(而不是服务)形式支付的合格赞助费就是该免税组织收到的捐款。对于被要求或需要计算公共支持(4.11)的组织,这些付款就是为实现此目的的捐款。支付给免税组织而构成合格赞助费被看作是该组织收到的捐款,这一事实并不能决定该笔费用是否可以由付款人扣除。这一款项可能被作为慈善捐款(第十二章)或商业开支扣除。

15.12 是否有网站可以链接到捐赠者?

链接接受捐赠的免税组织与企业赞助商的网站的存在不会影响付款作为合格赞助费的性质,但是链接网站上的材料使支付的费用成为一种实质性的回报收益。

15.13 针对这些规则,是否存在例外情况?

这个避风港规则不适用于与会议和展会活动有关的付款。它也不适用于在免税组织期刊上出售确认书或广告所得的收入。期刊一词是指由免税组织定期印刷并由免税组织或者以免税组织的名义出版的材料,期刊本身以及它的主要分布与免税组织参与的具体事件无关。定期的术语是指由免税组织或代表免税组织发布的定期印刷的材料,主要在具体的活动中进行分发,与免税组织进行的具体事件无关。有独立的规则管辖免税组织期刊的广告销售。为了实现企业赞助规则的目的,印刷材料一词至少包括以电子方式发布的材料。

国税局在大学合规性问卷中调查了企业赞助商、学院和大学(表格

14018，第 2 部分，问题 23 B）。

15.14 赞助规则会依据媒介而改变吗？

赞助规则一般不会仅仅因为所涉及的媒介的性质而改变。因此，赞助广播或比赛项目的付款将遵守相同的规则来确定付款是以捐赠还是广告为目的。然而，国税局调查了（15.13）有关印刷材料、比赛项目、互联网、设施（如广告牌和记分牌）以及电视和无线电广播等离散问题。

15.15 企业赞助规则的发展史是怎样的？

公司赞助规则是在高等教育背景下诞生和繁殖的。大约 40 年前，国税局试图对一家公司名下的学院组织的收入征税，该组织的名字被醒目地登在游戏程序、记分牌和运动场上。国税局认为他们的总收入来自广告收入，而该公司及其组织声称这些收入属于捐赠。随之而来的是美国国会和国税局的几次听证会，以及许多立法建议和拟议条例。企业赞助规则（现在属于法规问题）便从此次争议中诞生了。

15.16 租赁安排的收入应作为不相关营业收入纳税吗？

免税组织的不动产租赁收入通常免征不相关营业所得税（14.32）。然而，这一规则也有一些例外。例如，如果租赁收入来自债务融资财产的范围内，租赁收入的可分配部分就要纳税（14.36～14.41）。

还有另外三个主要的例外情况，不动产租金一般在不相关营业收入中免除扣税。例如过多的个人财产租金，由不动产使用产生的净利润决定的租金，以及免税组织为承租人的利益而提供的某些服务。

15.17 关于过多的个人财产租金的管理规则是什么？

在第一个例外情况（15.16）中，如果收到的总租金或累计的总租金的 50% 以上是来自出租个人财产，而租赁安排由个人财产首次投入使用的时间决定，那么租赁免税规则不适用于该特例情况。

15.18 关于由净利润决定的租金的管理规则是什么？

在第二个例外情况（15.16）中，如果租金不是固定的租赁收入，但租金根据全部或部分来源于不动产租赁的收入而变化，那么租赁免税规则不适用于该特例情况。这更像是租赁活动的联合经营而不是消极的租赁安排。

15.19 关于免税组织为承租人的利益而提供服务的规则是什么？

一般规则适用的最后一个特例并不仅仅是不动产的租赁，而是某些提供的服务。

常见的例子是，支付用于使用或占用酒店的房间或其他住宿地方，以及在酒店房间以外提供膳食的付款。一般来讲，如果服务主要是为了方便租客，服务被认为是向租客提供的，而且是除了与租用客房或者其他空间相关的其他服务之外。向租客提供清洁服务是例外的服务类型的实例适用。相比之下，诸如提供热和光装备或清洁公共出入口，楼梯和大厅的服务将不会被视为为此目的而提供的服务。

国税局在大学合规调查问卷中调查了学院和大学的租赁收入（表格14018，第2部分，问题23C）。该调查的重点是设施租金（15.21）、活动场所租金（15.22）、娱乐中心租金（15.23）、运动设施租金（15.24）、个人财产租金（15.25）、电讯或广播塔租金（15.26）和其他租金（15.27）。

15.20 租赁活动可以成为相关营业活动吗？

在免税学院和大学这个背景下，答案当然是肯定的。这些机构的主要业务（免税职能）是学生的教育。因此，参与教育相关活动产生的学费、手续费、评估费、学生房屋租赁和餐饮收入等形式的收入是不需要纳税的。由此，国税局规定免税教育机构通过租赁给学生暂时住宿获得的收入属于相关营业收入。[21]

事实上，其他组织可以通过为学生提供住房来支持教育机构的免税职能。由于这些组织帮助促进教育的发展，因此可以作为慈善实体免税（1.39）。例如，一个建立、拥有和出租大学学生住宿项目的公益慈善机构被裁定为从事相关营业活动。[22]同样地，当公益慈善机构开始在大学社区筹建学生住宿设施（主要是低收入学生的住房）时，就被认为该机构正在参与相关营业活动。[23]

也有其他情况，租金收入被发现是由免税组织从相关营业活动的运营中获得的，因此这类收入是不需要纳税的。免税飞行博物馆在出售和出租飞机时被认为是参与相关营业。[24]举一个例子，开展培训项目的公益慈善机构与拥有该建筑物的免税组织共享办公空间，部分原因是该协会的承租人向慈善组织提供志愿教学人员；慈善机构赋予组织允许承租人使用其设备的权利，作为设备维护的交换；国税局认为维修服务的价格构成了免纳税的虚拟租金。[25]类似地，该机构裁定，由于机构直接的实体联系和密切的专业联系，医院可能将设施租赁给另一个免税医院，这种租赁活动构成免税职能。[26]同样，国税局还裁定，一家拥有和经营疗养院的慈善组织可以向另一家拥有和经营疗养院的慈善组织出租（作为相关业务）技术性的护理设施。[27]此外，国税局认为，经营持续关怀退休社区的公益慈善机构可以作为慈善事业向免税医院租赁建筑物，作为门诊医疗诊所为该退休社区的居民提供服务。[28]另外，国税局规定支援组织（4.18）的合伙人提供的医疗办公楼的租赁与该组织的免税目的有关。[29]

15.21 学院和大学的设施租金收入应作为不相关营业收入纳税吗？

免税学院和大学可以向除了该校学生以外的其他人员（比如研讨会或者专业运动员的培训）提供运动设施、宿舍和校园的其他场所。在这种情况下，提供设施所得的收入很可能被国税局视为院校提供附属服务（比如餐饮或维修）的不相关营业收入。

然而，免税学院和大学的设施租赁可能依照一般消极租赁规则（14.32）从不相关营业收入所得税中扣除。虽然如此，在某些情况下，设施租金仍从属于不相关营业所得税，比如设施是债务融资的，所支付的租金是以净利润为基础的，或租金包括个人财产租金的50%以上的。

设施租赁也可能是相关营业活动（15.20）。例如，提供宿舍空间可能是一项实质上与免税目的相关的活动，正如国税局在一项宿舍租赁实例中规定的，宿舍由免税组织提供，主要由25岁以下的个人租用，其目的是为青少年提供福利。[30]

15.22 活动场所的租金收入应作为不相关营业收入纳税吗？

适用于设施租赁（15.21）的规则也适用于活动场所的租赁。一般规则是固定租金免征不相关营业所得税。在出租活动场所的情况下，一般的排除规则（14.32）的特例情况常常发挥作用。之所以这样是因为活动场所的租赁也包含某些服务。例如，如果一个职业曲棍球队在一年中使用大学活动场所一段时间，并且租赁协议要求大学提供热、光、水、亚麻制品和安保服务，以及维护冰面，那么一般的排除规则不适用于这些租赁收入因为大学为曲棍球队的便利提供了实质的服务。

15.23 外部人员使用娱乐中心的收入应作为不相关营业收入纳税吗？

和活动场所的租赁一样（15.22），学院或大学常常允许外部人员有偿使用娱乐中心的过剩设施。与学院或大学的师生使用娱乐中心不同，外部人员的使用一般会被视为不相关营业收入。外部人员使用娱乐中心不是为了促进大学的目的，它也不属于空间的租赁。

15.24 外部人员使用运动设施的收入应作为不相关营业活动纳税吗？

如同娱乐中心（15.23）和活动场所（15.22）的租赁一样，外部人员对学院和大学运动设施的使用属于不相关营业活动。

15.25 个人财产的租赁收入应作为不相关营业收入纳税吗？

是的，免税组织的个人财产租赁收入一般都是不相关营业收入。也有例外的情况，比如个人财产是不动产出租，且个人财产占不到50%的总租金（15.17）。

15.26 广播塔的租金应作为不相关营业收入纳税吗？

这个问题的答案见于规则的复杂情况，关于排除某些来自不相关营业收入纳税的租赁收入（14.32）。由于个人财产租赁的除外限制，广播塔租赁收入征税要取决于广播塔是不动产还是个人财产。

目前，国税局认为广播塔是个人财产。国税局将教育组织出租塔或卫星接收器获得的收入确定为租金，这与组织的目的无关，且这种租金是源自个人财产的出租。[31]这是国税局以前立场的逆转，过去国税局认为广播塔是不动产的形式，因为这些塔永久地固定在教育组织的不动产上，租金是被动的，因此这类租金收入不受不相关营业所得税的制约。[32]

15.27 学院和大学获得的其他租赁收入应作为不相关营业收入纳税吗？

免税学院和大学以及其他免税组织获得的所有形式的租金收入都需要依据与租金收入和不相关营业所得税相关的一般规则进行分析检验（14.32）。一般来讲，如之前探讨的，来自免税组织不动产的租赁收入是被动收入，不受不相关营业所得税的限制。然而，在某些情况下这些租金和/或个人财产租金属于不相关营业（14.32）。

15.28 目录销售的收入应作为不相关营业收入纳税吗？

一般来讲，免税学院和大学通过目录出售与院校有关的物品的收入不构成不相关营业收入。这些物品（如 T 恤和帽子）使人们产生对院校的兴趣，并为全体学生和校友注入朝气活力。这类案例主要是针对这类个人营销的情况。当然，如果销售的物品与学院或大学及其项目没有合理的直接关系，且物品是向公众营销的，那么目录销售很可能被认为实际上是商业性的（14.11），也因此是不相关销售。

国税局在大学合规性问卷调查中调查了学院和大学的目录销售（表14018，第 2 部分，问题 23 D 1）。

15.29 互联网销售的收入应作为不相关营业收入纳税吗？

通过互联网销售获得收入的税收处理与其他销售收入的税收处理相同。（互联网销售本身没有特殊规定）如果在互联网上出售产品或服务可以促进学院或大学的免税教育目的，例如出售由学院或大学开展的教育项目中使用的图书或刊物，那么这种收入就不能作为不相关贸易或营业收入，就比如销售活动发生在学院或大学的书店。在这方面，通过目录销售（15.28）的法律与通过互联网销售的相关法律是相同的。

国税局在大学合规性问卷调查中调查了学院和大学的互联网销售（表14018，第 2 部分，问题 23 D 2）。

15.30 旅游所得收入应作为不相关营业活动纳税吗？

其业务实质上与免税组织目的不相关的旅游活动属于不相关营业活动。免税组织进行的旅游活动是否在实质上与免税目的相关是由对所有相关事实和情况的分析来决定的，包括旅游如何发展、推广和运作。[33]在高等教育背景下，与免税学院、大学、校友会提供的与旅游相关的旅游机会开始作为不相关营业活动。在 1977 年发布的未发表技术咨询备忘录中，国税局规定，校友会举办的国际旅游项目是不相关的业务；国税局还引证了"与所访国家的校友联系和会见"时缺乏"正规教育项目"和任何计划。[34]以有组织的学习、讲座、报告、图书馆准入和阅读列表为特色的旅游可能被认为是具有教育性质的。[35]然而，与"商业赞助"旅游没有显著差异的旅游通常是不相关营业活动，扩展（或附加）旅游也是如此。[36]

关于这一点的法律平衡必须从税法条例提供的例子中摘取出来。[37]如果旅游缺乏"与被访问目的地相关的计划教学或课程",则可能导致这种旅游成为不相关营业活动。因此，比如免税大学校友会为其成员开展的旅游项目（教师成员参与游历，且参与者被鼓励继续"终身学习"）就不属于相关营业活动。相反地，由教师直接针对攻读教育机构学位项目的学生开展的旅游活动可以是相关营业活动，尤其是当学生每天投入五六个小时来进行有组织地学习、准备报告、演讲、教学和朗诵；使用图书馆资料；旅游结束时安排考试；为参加游历的学生提供学分。

免税会员组织的存在可以促进文化团结，教育美国人了解他们的原国籍。组织开展的旨在"让参与者熟悉本国历史、文化和语言"的旅游可能是相关营业活动，尤其是当每天大量的旅程都投入到教学和访问具有历史意义的名胜古迹中。但是，如果旅游主要包括可自由选择的旅游，目的地主要是娱乐行业，且缺乏教学或课程，那么这种旅游很可能是不相关营业活动。

15.31 参与者促进科研的旅游属于哪种类型的营业活动？

参与者协助收集数据来促进科研的旅游可以具备相关营业的资格。具有重大教育成分的考古考察可构成相关营业。使参与者参加戏剧和音乐会的旅游将构成不相关营业，因为它的重点是社交和娱乐活动而不是"协调的教育项目"。

15.32 税法如何看待宣传旅游？

宣传旅游可具备相关营业的资格。例如，免税组织的会员去华盛顿哥伦比亚特区旅游，参与者几天内花费几乎所有的时间参加立法者和政府官员的会议，并收到有关该组织所重点关注问题的政策发展简报，这种旅游属于相关营业。即使参与者晚上抽时间参加社交和娱乐活动，也是如此。

国税局在大学合规性问卷调查中调查了学院和大学的旅游（表14018，第2部分，问题23 D 3）。

15.33 广播权的收入应作为不相关营业收入纳税吗？

对广播权的税收处理某种程度上与互联网销售的税收处理一样（15.29），也就是说，如果广播实质上是与学院或大学的免税职能相关的活动，由此产生的收入就是相关营业收入（或免税职能收入）。即使广播活动实质上是不相关的，与之相关的收入也可能因具备特许权使用费的资格而避免征税（14.33）。

国税局在大学合规性问卷调查中调查了学院和大学的广播权收入（表格14018，第2部分，问题23 D）。

15.34 从石油和天然气权益中获得的特许权使用费应作为不相关营业收入纳税吗？

矿产特许权使用费，无论是按产量计算还是以矿产财产的应纳税所得额计算，均不计算在不相关营业的应纳税所得额中。如果持有人的利益是不超过毛利润费用的净利润，则矿产权益持有人对于这些目的的开发（或经营）费用不承担责任。因此，免税大学被裁定具有可排除的特许使用权利益，减免了所有开发和经营费用，其在各种油气产业中持有的利益取决于这些产业的毛利润。[38]

国税局在大学合规性问卷调查中调查了学院和大学石油和天然气特权使用费的收据（表格14018，第2部分，问题23 D 5）。

15.35 慈善信用卡的收入应作为不相关营业收入纳税吗？

慈善信用卡是否应作为商业收入纳税依事实和情况而定。一般来说，如果慈善信用卡的发放实质上是被动的，那么产生的收入就被视为版权排除（14.33）。然而，如果学院或大学在慈善信用卡的营销中（例如向校友营销）是主动的，和/或提供与慈善信用卡的发放有关的任何服务，那么这种收入就是不相关营业收入。

国税局在大学合规性问卷调查中调查了学院和大学的慈善信用卡（表格14018，第2部分，问题23 D6）。

15.36 租赁通讯名单的收入应作为不相关营业收入纳税吗？

在不相关营业所得税中，可用于免税组织的符合低成本商品免税资格的特例情况也适用于和其他免税组织交换或向其他组织租赁会员资格或通讯名单。[39]

然而，除却这种特例情况，由免税组织定期进行的通讯名单交换或租赁则被国税局视为是不相关营业活动。从经济角度看，涉及名单租赁的活动并没有问题，[40]因为可以从所得净收入中支付税款。然而，如果活动仅仅是名单的交换，交易中没有收入可以用来支付不相关营业所得税，那么国税局关于名单交换属于不相关营业的观点就是无稽之谈。[41]在计算这种"收入"的金额时，国税局建议，计算方法应与为相关和不相关目的而使用设施的规则保持一致（14.21）。因此，要在公平合理的基础上对开支和扣除额进行分配。

但是，如果结构分配恰当，非慈善免税组织的通讯名单出租或交换项目可以作为版权排除而避免征收不相关营业所得税（14.33）。

国税局在大学合规性问卷调查中调查了学院和大学的通讯名单租赁收入（表格14018，第2部分，问题23 D7）。

15.37 使用商标的收入应作为不相关营业收入纳税吗？

通常地，一方使用学院或大学校徽标志的收入不得作为不相关营业收入征税，因为校徽的使用是得到学校许可的。在这种情况下，由此产生的收入属于免征税的特权使用费。

国税局在大学合规性问卷调查中调查了学院和大学的校徽使用收入（表格14018，第2部分，问题23 D 7）。

15.38 石油和天然气运营中的开采权益收入应作为不相关营业收入纳税吗？

如前文所述，在与特许权使用相关的一般规则下，石油和天然气（以及其他矿产）的使用费是可以从不相关营业所得税中排除的。然而，如果免税组织拥有矿产资源的开采权，且依照其与经营者签订的协议条款，不能免除该组织在开发成本中的份额，那么所得收入就不能作为不相关营业所得税中的特许权使用费。[42]

国税局在大学合规性问卷调查中调查了学院和大学在石油和天然气运营中的开采权益收入的收据（表格14018，第2部分，问题23 D 9）。

15.39 是否有其他形式的特权税融资应作为不相关营业收入纳税？

答案是：没有。如果就法律而言它是以特权税的形式，那么收入流将不会作为不相关营业收入纳税（14.33）。当然，关于收入是否为特权税的问题可能存在争议，比如慈善信用卡的收入就是这种情况（15.35）。

国税局在大学合规性问卷调查中调查了学院和大学的其他形式的特权税收入（表格14018，第2部分，问题23 D10）。

15.40 专有许可使用合同的收入应作为不相关营业收入纳税吗？

该问题的答案取决于依据合同提供的产品或服务的性质。换言之，对于这种收入的分析要遵照传统的不相关营业规则。

专有许可使用合同的收入不能通过企业赞助规则来规避不相关营业所得税（15.7~15.15）。这是因为限制与免税组织活动相关的竞争产品、服务或设施的出售、分销、实用性或使用一般会产生实质性的回报收益（15.9）。例如，如果免税组织以付款为交换，同意在相关活动中只允许出售付款人的产品，那么付款人就收到了实质性的回报收益（15.9）。[43]

国税局在大学合规性问卷调查中调查了学院和大学的专有许可使用合同的收入（表格14018，第2部分，问题23 D 11）。

15.41 商业调查所得的收入应作为不相关营业收入纳税吗？

政府研究的收入，以及就免税学院、大学或医院和"基础研究"单位而言的个人研究收入，不用征收不相关营业所得税（14.25）。根据立法史，"研究"一词"不仅包括基础研究也包括应用性研究，比如测试和实验性的建设和生产"。[44]至于免税学院、大学或医院的单独除外特例，"其他机构收到的研究基金不必然代表不相关营业收入，"比如企业为资助科研向一个基金会提供赠款，科研的结果免费提供给公众。[45]在没有界定研究术语的情况下，国税局有意将这一规则的适用性作为营销前的最后程序性步骤，因为研究"不仅仅是质量控制项目，或者用于认证目的的普通检测"。[46]

在本书中，在采用研究这个术语时，国税局依照法律体系对什么叫免税的科学研究进行了定义。[47]因此，问题的根源一般在于：实施的活动是否与商业或工业运营相关；如果相关，它几乎可以肯定地被国税局界定为不相关贸易或营业。[48]在某个实例中，国税局发现了有关排除规定方面的实用性，因为免税医学院与制造商签订合同进行药品检测研究被认为不仅仅是"作为营销前最后程序性步骤的简单的质量控制项目或用于认证目的的普通检测"。[49]在另一个实例中，这种排除被认为适用于一家免税教育机构在火箭领域为联邦政府所做的合同工作。[50]

国税局在大学合规性问卷调查中调查了学院和大学的科研收入（表格14018，第2部分，问题23 D12）。

15.42 专利权所得的收入应作为不相关营业收入纳税吗？

在大多数情况下，答案是否定的。这是因为学院或大学的收入流是特权税的形式，这在不相关营业所得税中是排除在外的（14.33）。在某些情况下，所有的费用都是支付给学校的。在另一些情况下，付款也可能根据技术转让政策或协议支付给教职工、其他员工，和/或参与知识产权开发的独立承包商。

专利权产生的某些收入也可以是许可费的形式。如果许可费不符合特权税的资格，必须依照一般不相关营业法对其进行分析。免税学院或大学资本资产和专利主题的出售很可能产生免征税的资本收益（14.29）。

国税局在大学合规性问卷调查中调查了学院和大学的专利权收入（表格14018，第2部分，问题23 D13）。

15.43 版权、商业名称或商业秘密的收入应作为不相关营业收入纳税吗？

一般来说，不用。免税学院或大学的版权收入很可能被看作是特权税（14.33）。这一关于版权的分析基本上与适用于专利设置的规则一致（15.42）。

国税局在大学合规性问卷调查中调查了学院和大学的版权、商业名称或商业秘密的收入（表格14018，第2部分，问题23 D 14）。

15.44 酒店运营的收入应作为不相关营业收入纳税吗？

免税学院或大学的酒店运营收入一般应作为不相关营业收入纳税。酒店运营不具备相关营业的资格。因为提供与酒店运营相关的实质性服务，所以酒店运营收入将不具备免除租赁的资格（14.32）。税法条例规定使用或居住房间和其他空间，并向居住者提供服务不构成不动产的租赁，诸如使用或居住酒店的房间或其他住处、供膳寄宿处、提供酒店服务的公寓、旅游营房旅游住所、汽车旅馆等。[51]

学院或大学可以向公司出租土地经营酒店。这种出租土地的收入很可能符合排除租赁收入的资格。

国税局在大学合规性问卷调查中调查了学院和大学的酒店运营收入（表格14018，第2部分，问题23 D15）。

15.45 会议中心运营的收入应作为不相关营业收入纳税吗？

这一问题的答案取决于在会议中心所举行活动的性质。如果会议中心的活动完全是慈善和/或教育性质的，那么这个中心的运营将是相关营业活动。如果会议中心的活动主要是慈善和/或教育性质的，那么一般来讲也是相关营业活动，其余少部分活动被看作是不相关营业的形式。如果会议中心的活动没有承担大量的慈善和/或教育职能，那么它可能被认为是一项商业运营，从而成为不相关营业。

一个联邦地方法院否认了一个组织的免税身份，由于该组织会议中心运营的主要目的具有明显的商业色彩（14.11）。[52]该法院指出，法院在"评估商业性"中考虑的"主要因素"是与营利性实体进行竞争，提供低成本服务的程度和等级，定价政策以及资金储备的合理性。附件的因素被告知包括组织是否使用"商业促销方式"（例如：广告），以及组织接受慈善捐赠的程度。会议中心被认为是以商业方式来运营的部分原因是其举办人并不局限于免税组织，也因为其设施也用于婚礼和类似活动。

国税局在大学合规性问卷调查中调查了学院和大学的会议中心运营收入（表格14018，第2部分，问题23 D16）。

15.46 餐厅运营收入应作为不相关营业收入纳税吗？

这个问题的答案和酒店运营（15.44）大致相同。常规的餐厅运营不属于相关营业活动。国税局规定，非营利组织提议经营一家为公众提供服务的"正式餐厅"，这不符合作为慈善实体的免税认证资格，是因为其活动的商业性。[53]当然，免税学院或大学为了学生利益而经营餐饮服务是相关营业活动（15.49）。

学院或大学可以向经营餐厅的公司出租土地，这种出租土地的收入很可能符合免除租赁收入的资格（14.32）。

国税局在大学合规性问卷调查中调查了学院和大学的餐厅运营收入（表格14018，第2部分，问题23 D17）。

15.47 免税学院或大学的服务提供可以作为不相关营业避税吗？

一般而言，由免税组织向另一个组织，包括另一个免税组织提供服务的净收入属于不相关营业收入。[54]这是因为一个免税组织向另一个免税组织提供服务不会自动具备免税功能，即使两个组织都具有相同类别的免税身份。例如，国税局规定，一个免税组织向另一个免税组织员工受益人协会提供行政服务，且后者为前者的员工提供健康福利计划，属于不相关营业。[55]同样地，免税组织向其创立的慈善组织提供管理服务也被国税局认定为不相关营业。[56]实际上，非营利组织向非附属慈善组织提供管理服务会导致该组织作为慈善实体的免税职能被撤销。[57]

这个一般规则有两个特例情况。我们先来看第一个特例，在某种特定情况下，一个免税组织向另一个免税实体提供这种服务可以是相关营业活动。作为例证，具有积极诉讼策略的免税商业协会将诉讼职能放在一个单独的免税组织中，因为对协会及其成员具有反诉和其他报复行为的重大风险；国税局得出结论，免税协会向其他免税组织提供的管理和行政服务是为了促进协会的免税目的。[58]同样地，国税局规定，如果一个国家慈善组织向其地方支部提供与其正在开展的新项目相关的某些协调服务，那么该组织即为参与相关营业活动。此外，作为公立学校教育局分支的免税组织管理该协会现金/风险管理基金的活动被认为是从事减轻政府负担的慈善活动（1.39）。[60]类似地，国税局规定，当社区基金会向社区的慈善组织出售来自捐赠的服务时，就达到了慈善目的。[61]

此外，由大学医疗中心的支援机构向合伙人出租和管理用于计费、收款和记录保存的计算机系统，则被认为是相关业务，因为合伙人是由大学医学院和教学医院的教职工组成的医师。[62]此外，国税局规定若一个研究生教育机构向一批附属大学提供"中心服务"（比如校园安全、中心蒸汽厂、会计服务和风险及财产保险项目），那么该机构就属于从事相关营业。[63]

另一个特例情况是免税组织通常是作为母公司或子公司的相关实体。举个例子，在医疗保健方面，国税局有一项裁定政策，即由相关实体提供的和向相关实体提供的服务不属于不相关营业活动。这项政策是在一项裁定中阐明的，该裁定涉及通过联合经营协议建立医疗保健体系的税收问题。这使得国税局对免税组织和免税组织之间（就系统类型、一些医院和一个母公司支援组织而言）的"公司服务"提供进行定义。国税局规定，如果参与的免税组织之间是母子关系，那么为实现它们的免税目的而互相提供的、必要的公司服务就不被视为不相关业务，它们之间的财务事务则被视为"仅仅是会计问题"。[64]国税局将会计基本理论扩展到类似于母子公司的关系中。

这一结果对于希望利用联合经营协议的免税组织来说显然是令人欢迎的

消息。但是，从更广阔的视角来看，这种发展对许多其他类型的免税组织来说是变革性的。因为作为这些协议基础的税法基本原理不受背景的限制。这意味着在任何一种情况下，基于此基本理论，具有母子关系的两个的免税组织之间提供的公司服务受不相关营业税的保护。这也意味着会计基本原理这种问题也可以延伸到类似两个具有母子关系的免税组织上来。

这种母子基本理论在医疗保健环境外的首次应用与一典型情况有关：即一个免税社会福利机构为其相关的基金会提供公司服务。[65]由于这两个组织的"密切的结构关系"，这项活动被认为不会产生不相关营业收入。

关于这种类似于母子关系的协议，在纵向、横向和地理上综合性的慈善医疗保健体系通过两个支持组织提供了首个例证，国税局规定这些加盟协议包括类似母子的关系。[66]后来的一个案例涉及两个管理保健设施的慈善组织，它们与第三方同类的组织签订了一个管理协议。每一个实体与其他实体都是独立的。凭借此协议，国税局发现这两个慈善组织已经将"它们在事务中的重大财务、管理和运营权，包括对资本和经营预算的专有权力，战略计划，护理管理承包，在它们管理的保健设施中分配或重新分配服务的能力，以及监督和审计符合指令的能力。"转让给第三方组织。国税局裁定这两个组织被第三方组织"进行有效的共同控制。"因此，国税局认为这些组织"在一个类似于母子关系的关系体中"，所以它们之间的公司服务提供不会产生不相关营业收入。[67]

15.48 餐饮服务的收入应作为不相关营业收入纳税吗？

一般来讲，餐饮服务运营被认为是商业事业，因此属于不相关营业活动。典型的餐饮活动包括向公众提供餐饮服务。

免税学院或大学的餐饮功能也不太可能是相关营业活动。然而，这种类型的服务可能通过向相关实体提供服务而避开不相关营业税（15.47）。

国税局在大学合规性问卷调查中调查了学院和大学的餐饮服务收入（表格14018，第2部分，问题23 D 18）。

15.49 食品服务的收入应作为不相关营业活动纳税吗？

这一问题的答案与餐饮服务（15.48）实质上是一致的。向公众提供服务的食品服务运营不太可能是相关营业活动。但是向院校学生提供的食品服务属于相关营业活动，而且向相关实体提供这种类型的服务很可能避开不相关营业所得税。

国税局在大学合规性问卷调查中调查了学院和大学的食品服务提供收入（表格 14018，第 2 部分，问题 23 D 19）。

15.50 信用卡促销的收入应作为不相关营业活动纳税吗？

这一问题的答案基本与慈善信用卡营销（15.35）收入的问题完全相似。如果在信用卡营销过程中，学院或大学是相对被动的，那么产生的收入将属于无需征税的特权税（14.33）。

国税局在大学合规性问卷调查中调查了学院和大学的信用卡促销的收入（表格 14018，第 2 部分，问题 23 D20）。

15.51 提供电脑服务的收入应作为不相关营业活动纳税吗？

一般来说，免税学院或大学基于过剩设备的可用性出售电脑服务属于不相关营业活动。但是，在一些情况下，这种类型的服务提供很可能是相关营业活动。而且，如果服务是提供给一个相关团体，那么由此产生的收入可能避开不相关营业所得税（15.47）。

国税局在大学合规性问卷调查中调查了学院和大学提供电脑服务的收入（表格 14018，第 2 部分，问题 23 D 21）。

15.52 利用免税活动（非广告活动）产生的收入应作为不相关营业活动纳税吗？

免税组织在履行免税职能时所进行的活动可能会产生能够被用于商业活动的商誉或其他无形资产。如果一个免税组织在商业活动中利用这种无形资产，那么事实上由此产生的，一定程度上取决于组织的免税功能的收入，就不能成为相关营业的总收入。在这些情况下，除非活动对免税目的有重大贡献，否则活动产生的收入就属于来自不相关营业的总收入。[68]

因此，这些与免税组织的广告收入纳税相关的规则将广告活动视为对免税出版活动的利用。关于这一"利用规则"我们来看另外一个例子。一所教育机构的学生对运动设施的使用要支付一般性学生费用，而外部的使用可能触发这一利用规则。如果对学生、教师和外部使用者分别收取设施使用费，那么任何不相关的收入都是双重使用规则的产物。[69]

国税局在大学合规性问卷调查中调查了学院和大学利用免税活动的收入

（表格 14018，第 2 部分，问题 23 D22）。

15.53 以物换物活动产生的收入应作为不相关营业活动纳税吗？

一般而言，以物换物活动不具有免税职能。这主要是因为活动涉及在提供私人利益（第六章）的情况下，向个人提供服务和/或产品。而且，以换取服务而收到的服务的公平市值对接受者来说属于总收入的一种形式。

国税局规定，作为易货交易所的会员组织不具备免税慈善机构的资格，主要因为它给予其成员私人利益。[70]国税局认为这样的组织是一个"协调它的会员交易服务的易货交易所"，这被视为"仅仅为它的成员的私人利益"的交易。这种组织可能提供的任何一种社区服务都被国税局认为是"非实质性的和次要的"。

国税局在大学合规性问卷调查中调查了学院和大学的以物换物活动收入（表格 14018，第 2 部分，问题 23 D 23）。

15.54 来自泊车运营的收入应作为不相关营业活动纳税吗？

来自泊车运营的收入应作为不相关营业收入纳税。税收条例规定"使用或占有停车场、仓库或汽车存车库"的付款不构成不动产租金。[71]因此，在这种情况下租赁除外（14.32）不可用。

国税局在大学合规性问卷调查中调查了学院和大学的泊车运营的收入（表格 14018，第 2 部分，问题 23 D 24）。

15.55 来自发电的收入应作为不相关营业收入纳税吗？

一般来说，免税学院或大学出售电力的收入是源自不相关营业活动的收入。这一活动类似于出售过剩电脑设备（15.51）；因此，这一类型的活动将不太可能被认为是相关营业。如果学校生产的电力是提供给相关实体的，那么这类性质的收入可能避开不相关营业所得税（15.47）。

国税局在大学合规性问卷调查中调查了学院和大学的电力收入（表格 14018，第 2 部分，问题 23 D 25）。

15.56 来自书店运营的收入应作为不相关营业收入纳税吗？

一般而言，免税学院或大学的书店运营属于相关营业活动。[72]这是因为书店的主要职能是出售促进学校免税教育目的的商品；促进教育发展是作为一个免税慈善机构运营的一种方式（1.39）。

然而，这是分散规则（14.7）适用的一个领域。学院或大学书店出售的某些商品可能不是相关营业，但是出售这些商品的收入可能凭借方便法院原则（14.27）避开不相关营业所得税，例如杂货和健康美容品的销售。但是，这一例外并不能庇护使用寿命超过1年的物品的销售。[73]其他销售（例如家电的销售[74]）可能总计为不相关营业，其净收入要作为不相关营业收入纳税。

国税局在大学合规性问卷调查中调查了学院和大学的书店销售的收入（表格14018，第2部分，问题23 D26）。

15.57 来自高尔夫球场运营的收入应作为不相关营业纳税吗？

对该问题的回答需要应用分散规则（14.7）。也就是说，对于高尔夫球场运营收入的征税处理取决于球场使用者和学院或大学的关系。国税局规定免税大学的学生和员工使用球场不属于不相关营业，但是大学的校友和主要捐献者对球场的使用属于不相关营业。[75]

国税局在大学合规性问卷调查中调查了学院和大学的高尔夫球场运营的收入（表格14018，第2部分，问题23 D27）。

15.58 合伙企业对免税组织的拨款和有限责任公司的收入应作为不相关营业收入纳税吗？

如果一项贸易或业务由合伙企业定期进行，且一个免税组织是其中的人员，那么它就属于与该组织相关的不相关贸易或业务，在计算不相关营业所得税时要包括免税组织在合伙企业不相关贸易或业务收入中所占的份额〔是否分配或受到一定的修改（14.24）〕，而且它在合伙企业中扣除的份额直接与总收入相关。[76]无论免税组织是普通合伙人还是有限合伙人，都适用这一规则（被认为是受益所有人规则）。法院驳回了免税组织从有限合伙人利益中获得的收入不需要征税的想法，因为有限合伙人利益是被动的投资，免税组织缺乏主动参与管理、运营或管控合伙企业的能力。

国税局规定在提供电信服务背景下提供的公用事业服务的收入可以免除不相关营业所得税；这一收入将由合伙企业和有限责任公司流向免税组织。国税局的这项规定为这一规则提供了例证。[77]

受益所有人规则也适用于作为合伙企业成员的免税组织参加与这一免税组织基于免税目的的相关活动。在这种情况下，由这一相关营业产生的任何收入都不受不相关营业收入征税的限制。

免费组织的免税法律地位可能因为参与合伙或其他形式的合资企业而受到损害。这是因为，根据合计原则，合伙企业的所有活动都可能归因于免税组织为确定其持续的免税资格。

国税局在大学合规性问卷调查中调查了学院和大学的合伙企业的拨款收入（表格 14018，第 2 部分，问题 23 D 28）。

15.59 免税组织来自小型企业股份公司收入的分配额应作为不相关营业收入纳税吗？

是的，唯一一种被允许持有小型企业股份公司[78]（即一种以联邦所得税为目的的合伙企业[79]）股份的免税组织是慈善组织，[80]包括私立学院和大学，以及其附属的慈善机构，还有某些员工计划。[82]这种权益属于不相关营业的权益。[81]因此，由小型企业流入到符合资格的免税组织股东的收入、损失或扣除额属于不相关营业收入。[83]处置小型企业股票的收益或亏损也会产生不相关营业收入。[84]

国税局在大学合规性问卷调查中调查了学院和大学的小型企业分配额收入（表格 14018，第 2 部分，问题 23 D 29）。

15.60 "控制"一词在不相关营业语境里是什么意思？

为了确定免税组织是否控制另一个实体，控制的意思是占公司 50% 以上股票所有权（通过投票或估价），拥有合伙企业 50% 以上的利润利益或资本利益，或者拥有其他任一实体 50% 以上的收益权。[85]

控制包括直接控制。关于股票的推定所有权的税法规则[86]适用于确定公司或其他实体的推定所有权的目的。

集团组织的中央组织（或母组织）对其下属组织或地方组织有集团裁决（3.68）的管控权。

15.61 来自受控实体的收入应作为不相关营业收入纳税吗？

一般来讲，免税组织实质上收到的被动收入可以免除不相关营业收入的征税（14.35）。但是，大多数形式的源于免税组织的从受控（15.60）子公司获得的消极收入一般被视为不相关收入。这种情况一定程度上发生在付款金额中减去受控实体的不相关净收入（或增加不相关净亏损）。因此，当免税组织的母公司向受控子公司收取利息、年金、特许权使用费和/或租金时，这些收入通常必须被视为需要征税的不相关营业收入。[87]

然而，一个临时规则适用于在 2005 年 12 月 31 日之后以及 2012 年 1 月 1 日之前控股免税组织收到或应收的付款。[88]根据这一规则，将受控实体向控股免税组织提供的利息、租金、年金或特许权使用费纳入控股组织的不相关营业收入中的一般法律，仅适用于在一个纳税年度里收到或累计的部分付款，如果付款是根据涉及纳税人分配税项的规则确定的（例如，付款金额被认为是不合理的），那么这类部分付款就会超出已支付或应付的付款金额。[89]这个暂时规则仅仅适用于依照 2006 年 8 月 7 日生效的有约束力的书面合同或者依照与此合同实质上类似的条款续订的合同所规定的付款。

国税局在大学合规性问卷调查中调查了学院和大学来自受控实体的收入（表格 14018，第 2 部分，问题 23 D 30）。

15.62 免税组织的费用如何分配到其不相关营业的活动中？

一般来讲，不相关营业所得税这个术语意指免税组织从其定期进行的一个或多个不相关贸易或业务中获得的总收入（14.13），而且不受特例的保护（14.24），与贸易或业务往来直接相关的业务扣除额相比较少。为了确定不相关营业的应纳税所得额，总收入和业务扣除额都是经过一定的修改计算出来的（14.13）。

15.63 直接相关这个词的意思是什么？

一般来讲，要想与不相关业务的行为直接联系起来，扣除额必须与该业务的执行有直接的和主要的关系。对于总收入来自定期进行的两个或多个不相关营业活动的免税组织来说，不相关营业应纳税所得额是来自所有不相关营业活动的累计总收入，减去所有不相关营业活动所允许的扣除总额。[90]仅仅归因于不相关业务执行的费用、折旧和类似项目大致上并主要与该业务相关，因此，它们因在某种程度上符合联邦所得税法相关规定的要求而具备扣除额的资格。[91]

尽管法律规则规定费用必须与可扣除的不相关营业直接相关，规定只是指出分配给不相关业务活动的部分费用必须在合理的基础上进行，并且要近似地且主要地与业务活动有关。一旦一种费用近似地且主要地与业务活动相关，那么在计算不相关营业收入时，通常就可以以联邦所得税法允许的方式，并在其允许的范围内扣除。

两个法院在一个实例中发现这些规定符合法定要求，这个实例是关于恰当地分配由一个免税大学经营的房屋的固定费用，且这一房屋设施同时被用于免税和不相关目的。因此在这种情况下，关键问题就是一种特定的分配方法是否合理。大学认为，固定费用应按照实际使用时间的相对时间进行分配，以便可抵扣费用的部分通过比例来确定，其分子是设施在相关和不相关活动中用于不相关目的的总小时数。相反地，国税局辩驳分配应该基于可用的总时间，因此分数的分母应该是纳税年度的总小时数。这两个法院最终作出了有利于大学的判决。

国税局的论据本质上是分配不合理，因为其结果是与不相关活动没有直接关系的可扣除费用。然而，上诉法院认为，这仅仅是遵循了政府自己的规定。持不同意见的人认为，该法规必须与成文法一起阅读，以便"有直接关系"这一措辞成为明确包含在法规中的除分配规则之外的一项要求。总收入可能来源于利用免税职能的不相关贸易或业务（14.21）。一般来讲，在这些情况下，由免税功能引起的费用、折旧和类似项目条款在计算不相关营业应纳税所得额时不能扣除。因为这些项目条款类似于组织实施的主要目的这种类型的职能，所以它们不具有与不相关贸易或业务近似的和主要的关系。

15.64 如何看待用于相关和不相关活动的设施和人员开支？

当设施和/或人员被用来进行免税活动和不相关贸易或业务时，必须在合理的基础上分配两种用途之间的设施和/或人员的费用，折旧和类似项目，例如日常开支或工资项目。[92]

15.65 一个不相关营业收入活动的净亏损可以和另一个不相关营业收入活动的净收入抵消吗？

一个免税组织可能有多个业务活动，它把这些活动视为一种营业活动。这种性质的活动可能产生净收入，也可能产生净亏损。当计算净纳税的不相关营业收入时，一个免税组织在确定应纳税所得额时可能用另一个业务的利润来抵消一个业务的亏损。然而，如果亏损的活动持续性地亏损（一年又一年），国税局可以裁定这一活动因缺乏利润动机（14.8）而不属于一个营业，因此不允许扣除亏损（14.8）。然而，偶尔的亏损不会导致这样的结果。

15.66 支付给相关方的费用可以扣除吗?

一般来讲，是的。也就是说，如果费用根据一般规则可以扣除，那么免税组织支付给相关方的费用也是可以扣除的。但是，为防止税收滥用，必要时国税局有权重新分配相关方之间的费用（如收入和信贷）。[93]

15.67 在这个背景下存在证据规则吗?

是的。如果无法充分证实费用是由不相关活动产生或与不相关活动有直接关系，那么在计算不相关营业应纳税所得额时，免税组织将被拒绝扣除营业费用。在某个实例中，一个免税组织通过在两个杂志上出售广告版面获得了不相关营业收入，同时也承担了与广告征集和杂志出版相关的费用开支。法院基本上赞同国税局驳回了所有申请的扣除费用（除了某些印刷费用）的观点，因为该组织未能确定费用的存在或相关性。法院认定，该组织没有保存足够的账簿和记录，没有准确分配账目费用，没有充足的会计实务。在审前取证期间，该组织未能提供必要的证明文件。这导致法院命令其出示证据，而该组织的回应被法院贴上"含糊其辞的和不完整的"标签。因此，法院实行了制裁，这实质上阻止了该组织在审判时提供任何政府在申请取证时要求的文件证据。法院驳回了本组织在审判中通过证词来证明其开支，并将其会计师的审计作为报告中所述事实的证据的努力。因此，大多数索赔的费用是不允许的；那些越过政府的反对而被允许的索赔近似于是被法院确认的。

参考文献

1. IRC § 513 (c).
2. Fraternal Order of Police, Illinois State Troopers Lodge No. 41 v. Commissioner, 87 T. C. 747, 754 (1986), aff'd, 833 F. 2d 717 (7th Cir. 1987).
3. E. g. , Florida Trucking Association, Inc. v. Commissioner, 87 T. C. 1039 (1986).
4. E. g. , State Police Association of Massachusetts v. Commissioner, 97- 2 U. S. T. C. ¶ 50, 627 (1st Cir. 1997).
5. E. g. , Rev. Rul. 75- 200, 1975- 1 C. B. 163.
6. Priv. Ltr. Rul. 200303062.
7. Re. § 1.513- 4 (c)(2)(v).
8. IRC § 513 (i)(2)(A).
9. Id.

10. Reg. § 1. 512 (a) - 1 (f).

11. Reg. § 1. 512 (a) - 1 (f)(4).

12. American Hospital Association v. United States, 654 F. Supp. 1152 (N. D. Ill. 1987).

13. North Carolina Citizens for Business and Industry v. United States, 89- 2 U. S. T. C. ¶ 9507 (Cl. Ct. 1989).

14. American College of Physicians v. United States, 83- 2 U. S. T. C. ¶ 9652 (Ct. Cl. 1983).

15. American College of Physicians v. United States, 743 F. 2d 1570 (Fed. Cir. 1984).

16. United States v. American College of Physicians, 475 U. S. 834 (1986).

17. Rev. Rul. 79- 370, 1979- 2 C. B. 238.

18. Minnesota Holstein - Friesian Breeders Association v. Commissioner, 64 T. C. M. 1319 (1992).

19. Priv. Ltr. Rul. 7948113.

20. IRC § 513 (i).

21. 私人请示批复，201106019，通过这一裁定，国税局撤回了一个裁定（私人请示批复，20065035）即来自教职工、学生和教职工家庭成员、潜在学校和他们的家庭成员，以及特邀发言人的租赁收入属于相关营业收入。

22. Priv. Ltr. Rul. 200249014.

23. Priv. Ltr. Rul. 200304036.

24. Museum of Flight Foundation v. United States, 63 F. Supp. 2d 1257 (W. D. Wash. 1999).

25. Priv. Ltr. Rul. 9615045.

26. Priv. Ltr. Rul. 200314031.

27. Priv. Ltr. Rul. 200404057.

28. Priv. Ltr. Rul. 200538027.

29. Priv. Ltr. Rul. 200717019.

30. Rev. Rul. 76- 33, 1976- 1 C. B. 169.

31. Priv. Ltr. Rul. 200104031.

32. Priv. Ltr. Rul. 9703025.

33. Reg. § 1. 513- 7 (a).

34. 这个专业建议备忘录是税法使用条例的基础，78- 43, 1978- 1 C. B. 164。

35. Rev. Rul. 70- 534, 1970- 2 C. B. 113.

36. Tech. Adv. Mem. 9702004.

37. Reg. § 1. 513- 7 (b).

38. Priv. Ltr. Rul. 7741004.

39. IRC § 513 (h)(1)(B).

40. Rev. Rul. 72- 431, 1972- 2 C. B. 281.

41. Tech. Adv. Mem. 9502009. CCH015. indd 467 H015. indd 467 44/19/11 11：48：49 AM /19/ 11 11：48：49 AM 468 ｜ Contemporary Application.

42. Reg. § 1. 512 （b） － 1 （b）.

43. Reg. § 1. 513- 4 （c）（2）（vi）（B）.

44. H. Rep. No. 2319, 81st Cong. , 2nd Sess. 37 （1950）.

45. S. Rep. No. 2375, 81st Cong. , 2nd Sess. 30 （1950）.

46. Priv. Ltr. Rul. 7936006.

47. Rev. Rul. 76- 296, 1976- 2 C. B. 141.

48. Rev. Rul. 68- 373, 1968- 2 C. B. 206.

49. Priv. Ltr. Rul. 7936006.

50. Priv. Ltr. Rul. 7924009.

51. Reg. § 1. 512 （b） － 1 （c）（5）.

52. Airlie Foundation v. Internal Revenue Service, 283 F. Supp. 2d 58 （D. D. C. 2003）.

53. Priv. Ltr. Rul. 201046016.

54. E. g. , Rev. Rul. 72- 369, 1972- 2 C. B. 245.

55. Tech. Adv. Mem. 9550001.

56. Tech. Adv. Mem. 9811001.

57. Tech. Adv. Mem. 9822004.

58. Tech. Adv. Mem. 9608003.

59. Priv. Ltr. Rul. 9641011.

60. Tech. Adv. Mem. 9711002.

61. Priv. Ltr. Rul. 200832027.

62. Tech. Adv. Mem. 9847002.

63. Priv. Ltr. Rul. 9849027.

64. Priv. Ltr. Rul. 9651047.

65. Priv. Ltr. Rul. 200022056.

66. Priv. Ltr. Rul. 200101034.

67. Priv. Ltr. Rul. 200108045.

68. Reg. 1. 513- 1 （d）（4）（iv）.

69. E. g. , Priv. Ltr. Rul. 7823062.

70. Priv. Ltr. Rul. 201042040.

71. Reg. § 1. 512 （b） － 1 （c）（5）.

72. Squire v. Students Book Corp. , 191 F. 2d 1018 （9th Cir. 1951）; Rev. Rul. 58- 194, 1958-1C. B. 240.

73. Gen. Couns. Mem. 35811.

74. Priv. Ltr. Rul. 8025222.

75. Tech. Adv. Mem. 9645004.

76. IRC § 512 (c)(1); Reg. § 1.512 (c) - 1.

77. Priv. Ltr. Rul. 200147058.

78. IRC § 1361 (c)(6).

79. IRC § § 1361 - 1363.

80. That is, entities described in IRC § 501 (c)(3) and exempt by reason of IRC § 501 (a).

81. That is, entities described in IRC § 401 (a) and exempt by reason of IRC § 501 (a).

82. IRC § 512 (e)(1)(A).

83. IRC § 512 (e)(1)(B)(i).

84. IRC § 512 (e)(1)(B)(ii).

85. IRC § 512 (b)(13)(D).

86. IRC § 318.

87. IRC § 512 (b)(13).

88. IRC § 512 (b)(13)(E).

89. IRC § 482.

90. Reg. § 1.512 (a) - 1 (a).

91. E. g., IRC § § 162 (business expense deduction), 167 (depreciation deduction); Reg. § 1.512 (a) - 1 (b).

92. Re. § 1.512 (a) - 1 (c).

93. IRC § 482.

16

实体计划

  学院和大学提供各种类型的教育和研究项目。鉴于高等院校管理团队和教师具有的专业知识和呈现的多样化，产生了许多衍生项目和互补产业投资的机会。有时候，新项目会从基于有限责任、管理或纳税计划的不同实体或其他目的的实体中产生。另一些时候，新实体由合资企业构成，由于合作伙伴需要追加资本、融资、管理知识等原因。额外的参与者可以是非营利组织、营利性实体和/或个体。

  开展活动的性质以及合资企业等其他参与者的税收状况将对开展活动的实体的类型产生影响。选择实体时需考虑多种因素，虽然实体类型被普遍认可，但是使用不同的实体开展活动还是要接受国税局的严格审核。私立学院和大学必须在年度信息审核表中（第十七章）汇报相关的合作实体以及其活动细节。公立院校不必提交类似的审核表，但是它们附属机构的一般活动开展和合资公司形式管理需遵守州法律对公立院校的限制。附属机构和合资公司实体必须提交其年度信息审核表或者税收审核表，即使它们属于公立学院或者大学。而且，如果公立院校直接开展活动，则被认为是不相关营业收入活动（第十四章），必须提交税收审核表来汇报活动情况。

  相关性组织的信息，要求在学院合规性调查中汇报。根据《合规性项目调查中期报告》，学院和大学拥有相关性组织的比例较高（2.55）。比如，96%的大型学院和大学（2.36）报告称在相关组织中获利。最常见的相关组织是免税组织。

  高等院校利用实体开展不同的活动，实体包含了其他非营利公司或信托、营利性公司、合作关系以及有限责任公司。营利性公司通常以 C 公司或者小型公司为代表。[1]小型公司是综合了公司和合作关系的税收特点的混合型实体。C 公司是分别缴税的实体。鉴于此，公司的净收入需缴税并由 C 公司直接支付。合作关系可以是一般性合作（16.38）或是有限合作（16.39）。有限合作公司（16.40）一般以合作关系形式缴税，也可以选择以 C 公司形式缴税。实体可以选择申请为独立免税公司。[2]

附属机构，在非营利法的语境下与营利法语境下的规定是一致的。它是一个独立法人，对其他组织施加正式控制关系，与免税组织一起运营一个独立活动或多个活动。附属机构，可以是免税组织，也可以是营利组织。基于本章目的，如果与其他所有人在合作关系或有限责任公司中获利，高等院校拥有所有权，那么该实体就被认为是合资企业而不是附属机构，即使高等院校控制合资企业。如果本章中的所指是附属机构，则附属机构被认为是学院或者大学的受控公司，可以是非营利性机构也可以是营利性机构，即使该公司有其他的所有人。如果本章中的所指是营利性附属机构，则被认为是 C 公司，因为小型公司极少被学院或者大学使用（16.3）。

基本实体的选择

16.1 为什么高等院校可以组成一个全资附属机构？

一般而言，全资附属机构基于责任保障的目的而组成，或是为了独立管理、筹资、融资或者税收计划的目的而划拨出一项活动。附属机构可以是非营利性公司，也可以是营利性公司。

16.2 实体选择的全资附属机构类型是什么？

单一的有限责任公司、非营利公司或者 C 公司，是实体常见的全资附属机构类型。有时候，因为税收的原因，非营利附属机构可以是一个支持型组织（4.18）。

16.3 营利附属机构如何缴税？

营利性 C 公司是分别缴税的唯一类型。收入减去支出的部分，就是应缴纳的所得额，由公司在其分别的税收审核表中缴纳或者支付。[3]《合规性项目调查中期报告》显示，11%的小型学院和大学（2.34），13%的中型学院和大学（2.35）以及21%的大型学院和大学（2.36）拥有营利性附属机构。

小型公司是混合型实体，既有公司税收属性又有合作关系的税收属性。它同合作关系（16.42）一样具有流进-溢出的特点，但是在限定情况下又需要自己支付税款。私立院校在小型公司可以持有股票，公立院校并不是小型公司股票的合法拥有者。从小型公司直接进入一个免税组织的所有收入被认为是非相关性营业收入，这是一个特殊规则，即使活动实质上与其免税所有者相关。[4]而且，对小型公司股票的销售，在资产变卖的不相关性营业收入之外均是不合法的。由于这些不利的规定，免税私立院校很少使用小型公司。[5]

16.4 组织的董事会董事与相关组织的董事是否重叠？

如果学院或者大学的董事会的大部分成员，同时也是另一个组织董事会的构成人员，那么该组织即是学院或者大学的相关组织。在学院和大学的背景下，最常见的情况，就是与其他非营利免税组织的董事会人员重叠。这些相关免税组织同时也接受学院和大学的附属机构管控，而不是通常意义上的受约束组织。学院或大学可以构成相关免税组织（16.27）的原因有很多。

16.5 非独立实体是什么？

非独立实体是不被联邦个人所得税目的认可，但是被其他目的认可的实体。单一成员的有限责任公司就是非独立实体的典型。《合规性项目调查中期报告》显示，8%的小型学院和大学（2.34），6%的中型学院和大学（2.35），以及18%的大型学院和大学（2.36）在非独立实体中获取所有者权益。

如果私立院校是有限责任公司的唯一成员，那么根据联邦个人所得税，它将是非独立实体，除非它选择作为公司来运营。但是，根据责任、独立管理和其他州法的规定，私立院校是有效的州法实体。在许多州，实体不作为联邦个人所得税目的的非独立实体，而是作为某些州和地方税收、资格认可或者是许可目的的非独立实体。因此，私立院校拥有的不动产，以非独立实体形式缴纳州和当地的财产税，即使高等院校直接拥有的非独立实体是免税的。

如果公立院校是有限责任公司的唯一成员，在勾选规定中的某一特定规则下，有限责任公司被认为是公司而不是非独立实体。[6]

16.6 什么是过渡实体？

过渡实体有多个所有者，但是实体本身不缴税；活动的收入和支出直接流向所有者，根据他们各自的所有者权益进行分配（14.43）。合作关系和有效责任公司作为公司不缴税，它们都是过渡实体。《合规性项目调查中期报告》显示，3%的小型学院和大学（2.34），5%的中型学院和大学，以及7%的大型学院和大学（2.36）在实体中拥有所有者权益，以合作伙伴的性质缴税。

16.7 非营利性高等院校如何管控附属机构？

这是由附属机构是非营利性实体还是营利性实体来决定。如果附属机构是非营利组织，那么有许多方式来实现管控。有一种形式是通过选择附属机构董事会的大部分董事的方式，对非营利附属机构采取母体管理或者大学直接管理非营利附属机构。担任其他职位的方法也很普遍：附属机构的治理方式规定，在母体组织（比如董事长或者执行董事）中，拥有某些职位的个人，是附属机构的董事会成员，或者至少构成了董事会的主体。第三种方法是上述两种方法的综合。无论采取什么样的管控方法，对于母体的学院或大学来说最重要的是对附属机构的管控，拥有附属机构董事会至少大部分董事的任命权。

使用上述方法时，还要介绍另外两个控制特性。

1. 附属机构的公司章程需规定，附属机构的治理方式没有经过母体组织董事会的事先批准，不能修改，或者任何此类修改无效。此规定的目的是防止附属机构董事会将投票管控或者联合董事会从文件中剔除。

2. 管理方式规定，母体组织的董事会拥有撤除董事的权利，该董事是由母体任命的（而不是通过担任其他职位的方式任命）。

免税学院或大学也可以通过利用会员资格特点管控另一个免税组织。这种方法是，附属机构实体组成会员组织；母体实体是附属机构的唯一成员。对附属机构的治理应明确，修改文件需经会员事先批准，并且会员拥有撤除附属机构董事的权利。担任其他职位的方法也可以与会员制的方法联合使用。

最后，免税组织可以通过股份所有权的方法管控另一个免税组织。这个方法是三个方法中最不常见的，可能是因为很少有哪个州允许使用，并且国税局不认可非营利组织拥有股份所有权而能免税。在这一方法中，附属机构由非营利公司构成，该公司在某一个州中允许这一类型实体发行股票；母体组织这时就变成了唯一持股人。

如果附属机构的唯一目的是开展其母体组织的活动，根据纳税目的（4.18），则附属机构也符合成为支持型组织的资格。把附属机构分类为支持型组织既有税收的优点也有弊端。首要优势就是高等院校的支持型组织可以自动被当作公共慈善组织对待。

附属机构是营利性公司，则附属机构由大多数持股人控制。以合资企业实体为例，通过拥有会员中的大多数或者合作伙伴而在投票中获利以达到控制的目的。学院或者大学可以通过控制合伙人的大多数而控制有限合伙公司，或者通过控制管理层的大多数而控制有限责任公司。在某些情况下，免税组织必须保持对合资企业的持续控制，以保护其免税性质以及/或者避免不相关营业收入（16.58~16.61）。

16.8 什么主体可以担任公司的角色，来建立附属机构或者构成合资企业？

在大多数案例中，母体组织的董事会作出决定，建立并使用附属机构或者合资企业。董事会，通常基于法律指导，决定附属机构的形式或者合资企业的形式，以及控制机制（16.7）的属性。董事会可以决定非营利附属机构中的会员特点；如果这样的话，董事会可以把母体实体作为一个会员，极有可能是唯一的会员。如果利用公司的形式，连同一些其他的管控特点，那么，母体的董事会可以决定哪些个体可以作为附属机构的创立人。如果组成合资企业，那么董事会可以决定企业的结构并指导企业的形成。

16.9 附属机构董事会的最少成员数量是多少？

没有联邦法律对此进行规定。州法律有可能对附属机构董事会成员的最少数量作出规定。许多州要求，非营利公司最少有 3 名董事会成员。附属机构的董事会人数更大程度上由管理因素所决定。如果母体是唯一的成员或者是唯一的持股人（16.2），那么董事会成员的数量与控制立场无关（除非有州法对最少人数作出规定）。

16.10 保持母体与附属机构的分离，需要遵守哪些法律要求？

保持母体与附属机构的分离包含许多不同的因素，必须尊重善意的组织的所有合法"手续"。附属机构董事会无需考虑其构成方式，但底线是，董事会必须有其召开的会议、会议的时间以及银行账户。法律将这部分内容看作是组织是否弄虚作假的界限，如果组织没有真正独立实体的这些特点则被看作是虚假组织。如果被认定是虚假组织，则组织所做的准备可以忽视，并将两个组织当作是一个来对待。当这种虚假组织的情况出现后，创立附属机构的目的几乎无效，这时附属机构开展的活动归于其母体。[7]

此外，为了遵守公司手续，应保持母体和附属机构以尽可能分离的方式来操作。比如，附属机构的董事会、高管、雇员、设施以及资产应该尽可能地分离。更重要的是，管理团队负责各自组织的管理，其团队应尽可能使用不同的人员，特别是各自的理事长，或者对组织每日的日常管理负责的执行理事。

免税私立院校和它的营利性附属机构之间的交易，应在母体的年度信息审核表（17.48）中汇报。年度信息审核表关于分离问题的提问，包括免税母体和其营利性附属机构是否共享资产、雇员和设备。

16.11 为什么说保持母体与附属机构的分离是很重要的？

保持母体与营利性附属机构分离的主要原因是将免税活动与实质性税收活动相分离。如果附属机构进行一项实质性不相关营业活动或者一些其他被禁止的活动，那么组织的免税资格将丢失，如果附属机构的活动是归于免税母体的话。

许多案例和规定对分离问题的表述出现在营利性附属机构的文本中。最近的案例是 2010 年的私人请示批复。[8]在此规定中，组织无法获得免税资格是因为母体和附属机构被看作是无法分离的。国税局认为，很难区别活动是免税母体开展的还是所推荐的营利性附属机构开展的。国税局认为，没有实质意义的实体与缺乏独立性的附属机构之间的分离是不被重视的。

16.12 作为母体的高等院校有哪些权力与监督责任？

母体组织与分支组织的董事会，拥有各自的财产受托人或者相似的要求（5.11）。监督功能一般通过控制机制（16.7）完成；无论选择何种方式，都应该赋予母体高等院校足够的监督机会。法律不强加任何特殊标准，这不同于基于母体的间接资源（收入和资产）的事实而引发的标准，因此，母体应将资源包看作是资产，并与信托税收规则保持一致（5.11）。

母体学院或大学对附属机构的权力部分应是完整的；母体管控并不是拥有附

属机构（16.7）。校长关注的是，母体组织的权力不应造成虚假管理（16.10）。

16.13 开展一项与非营利组织的免税目的实质性相关的活动，选择哪个最佳实体？

从税收的角度讲，开展活动的最佳实体的选择，与非营利组织的免税目的实质性相关，这些实体是非营利性公司、不相关实体或者流通实体（16.5，16.6）。这些实体，允许从活动中获得净收入，而净收入免缴联邦所得税。

16.14 开展一项与非营利学院或者大学的免税目的不相关的活动，选择哪个实体最佳？

来自不相关活动的收入（比如，某一活动是一次贸易或者一项商业，定期召开，并且与组织的免税目的无实质性相关）需要缴税，或者是以免税业主的流通不相关经营收入形式纳税或者以独立实体形式纳税（16.3）。如果活动与免税非营利组织的其他活动无实质性相关，从税收角度讲，实体的选择无关紧要，就像认定不相关经营收入对学院或者大学的免税资格无影响一般。如果活动在实质性的营利性 C 公司或者单一成员的有限责任公司中开展，当公司被选中需纳税时，作为 C 公司来缴税是最好的选择，因为学院或大学可以保护组织的免税资格。如果使用 C 公司，则其经营需与学院或大学的经营相分离（16.10，16.11）。以公立高等院校为例，单一成员的有限责任公司将自动以 C 公司形式缴税。[9]

16.15 非营利组织为什么要建立一个营利性附属机构？

学院或大学为什么要组成一个独立实体以开展活动（16.3），原因有很多。使用营利性附属机构的主要原因，是因为其作为一项不相关业务或者一系列不相关业务的形式存在或者计划存在，这种形式在母体中被广泛使用，但不危及母体的免税资格（16.10，16.11）。一些免税组织自己孵化了许多不相关业务，这些业务不断发展时，就将其转换（拆分）成一个营利性附属机构。另一些免税组织在最初就创立了附属机构。

方法上的选择可能是出于管理层的决断。如果学院或大学起初就知道，不相关活动是可以广泛使用的，营利性附属机构在最初就可以被创立。但是，如果在构成阶段不知道不相关业务的范围，并且前景不明朗，那么学院或大学可能更想直接着手操作业务，当业务足够大、足够充实后再拆分它。

作出是否创立一个营利性附属机构的决定是很困难的。从最低限度讲，这要求作出一个决定，即包含的活动是否是一份相关性免税活动或是一个不相关贸易或业务（第十四章）。如果一个活动（或多个活动）以一个商业方法运营的，那么附属机构这种形式当然也是需要的（14.11）。最后，如果活动是一个不相关业务，当把这项不相关业务添加到其他不相关业务中，需要评估这一不相关业务的潜在大小，这种评估是很关键的。

16.16 学院或大学利用营利性附属机构来做些什么？

学院或大学构建一个营利性附属机构以开展各种各样的活动。法律中对营利性附属机构开展商业活动的类型没有限制；免税组织可以自由设计任何类型的商业活动，作为其产生收益的一种方法。对于附属机构的大小，或是完全的母体组织或是与母体组织相关，以及营利性附属机构的数量，规定组织基于正当的商业目的而构成并独立运营（16.10，16.11），法律中也没有做限制。

一些免税组织喜欢在营利性附属机构中投放一个不相关企业，即使开展的活动相对较小并且有过多的不相关营业收入也不算是一个问题。这一情况是有政策和理解上的原因的，特别是在不相关企业和商业企业竞争激烈的社区。举例来说，学院在使用其印刷设备时，主要是因为设备的免税功能，满足外部购买者临时的工作任务；随着企业的发展，一些社区的商业印刷厂对这样的竞争开始产生抱怨。为了缓和这一批评，学院将商业印刷经营转为营利性附属机构。竞争仍然存在，但是商业印刷厂变成营利性实体后变得缓和了很多。

对营利性附属机构的第三种使用就是作为合伙企业的一个合伙人，而不是免税组织的直接合伙企业。免税母体组织可能会担心潜在的责任或是参与合伙公司（通常，作为一般合伙人）可能对母体组织的免税资格产生不利影响。而且，营利性附属机构可以被用来阻挡合伙企业产生的过多不相关营业收入。2010 年私人请示批复中涉及慈善剩余信托，国税局批准营利性附属机构持有投资，可产生不相关营业收入。营利性附属机构有效地阻挡了不相关营业收入的流通。[10]

另一个常见的例子是，使用营利性附属机构将科研成果市场化、商业化。这一类的实体通常指科技转化组织。高等院校的一个部门产生了一项科研成果，这时，营利性附属机构可以推广并使该成果实现商业买卖，不用担心过多的不相关营业收入危及组织的免税资格。

一个独立的管理焦点可以通过使用附属机构这一形式来实现，一个营利性附属机构可以调节其他的所有者。因此，科学家以产生科研成果的形式参与附属机构的所有权，遵守禁止私人分配、超额交易行为以及私人获利原则（第六章）。

16.17 营利性附属机构将免税资产转化为资本有限制吗？

对此没有特殊的限制。基本上，这些规则一般与适用于免税组织董事会按照基本的受托人责任（5.11）行事的规则一致。

国税局在私人请示批复中建议，仅有极小比例的组织资源适用于转换为附属机构，特别适用于母体实体是公共慈善组织的情况。但是，国税局批准的比例通常很低，仅可使用现金形式。比如，一笔具体数额的资产可能会在不相关活动中被很好地使用，但是这笔资产在组织的所有资源中是富有价值的一部分。

16.18 学院或大学的非独立实体的收益如何缴税？

如果一个实体是非独立实体，那么实体的收益就会被看作是学院或大学的直接收入，并被看作是相关免税收入或是不相关营业收入，此规定同样适用于免税所有者，如果非独立实体不存在的话（14.43，16.5）。如果某项活动与学院或大学的系列活动有实质性相关，那么该活动将被看作是学院或大学的一项免税活动，不用缴纳所得税。如果活动是定期进行的贸易或商业活动，并与学院或大学的免税活动无实质性相关，根据联邦所得税，则将其认定为学院或大学的不相关营业收入（第十四章）。

16.19 营利性附属机构或被控制型合资企业向学院或大学支付的资金需要缴税吗？

从附属机构或者被控制型合资企业到免税母体，其支出部分的税收处理取决于支出的性质。如果收入来自提供商品和服务的支出，为促进母体免税的目的，收入会被看作是免税部分。如果支出是利息、养老金、版权或是房租，基本规定如下，母体实体必须将支出作为总收入中的一项，总收入来自于一项不相关商业，支出减去不相关营业净收入或者缴税的收入，或者加上不相关营业净损失或者净营业损失（14.35）。[11]但是，有一项临时规定，适用于 2012 年 1 月 1 日之前和 2005 年 12 月 31 日之后，控制型免税组织接受或应计的支出部分。[12]依据该规定，一般法律中，由控制型免税组织的一个被控制型实体引起的利息、租金、养老金、特许使用金，将计入控制型组织的不相关营业收入中，如果支付金额已经确定，依据关于对纳税人分配纳税项目的规定（比如，认定为不合理部分的金额），只对纳税年内接受或应计的支出部分中超出支付金额的部分做支付或应计处理。[13]这项临时法规仅适用于 2006 年 8 月 17 日生效的有约束力的纸质合同中对应的支出部分，或者是 2006 年 8 月 17 日续签合同中实质上相似的项目。

"控制"，在此目的下，意味着公司中 50% 以上股份（选票或价值）的所有权人，考虑到（如果必要的话）构建所有权人的规则，以及拥有实体 50% 以上利润或资产的所有权人应被当作合伙人缴税，或者在任何其他类型的实体中拥有 50% 以上收益的人一样。这些规定适用于任何来自利息、养老金、版税或是租金的支出部分。[14]被动收入是不需要缴税的，按照规定自营利性附属机构向免税母体支付的股息不用交税，因为股息支付是不可扣除的，不像其他形式的被动收入支出（14.35，15.60，15.61）。

举个例子，当附属机构或者合资企业收到来自母体实体的租金时，免税实体的被动收入被视为不相关营业收入。在此案例中，租金收入一般被认为是不相关营业收入，此部分是母体认可的。另外，如果附属机构向母体组织借钱，那么向母体支付的利息被认为是母体的不相关营业收入。

16.20 附属机构向其母体组织清算资金的税收问题

附属机构子公司的升值资产以清算资金形式转移至免税母体，这部分资金一般被认为是需要缴税的转移资产。[15]税款由附属机构缴纳，从某种程度上说，税款就是附属机构资产的公平市值超过该市值缴税标准的部分。因此，附属机构中的资产用于不相关商业，并转移至其母体，被用于相关商业资本，当资产用于相关商业中时，其增值税可使用，剩余部分也可使用，不受时间限制。当然，母体组织继续使用资产，投入到不相关商业中，不需要缴税。[16]如果母体随后进行资产配置，将资产用于不相关商业，这时收益将推迟，这是因为免税母体将资产用于不相关商业发生在资产配置时。[17]

16.21 联邦税法申报对于附属机构和合资企业的要求是什么？

如果学院或大学向国税局提交年度信息审核表（第十七章），高等院校要识别所有相关组织并申报高等院校与相关组织间的某些交易（17.48）。相关组织，包括母体控制董事会大部分成员的非营利性附属机构（16.7），母体持有大部分股份，具有表决权的营利性附属机构，以及合伙企业、有限责任公司，在这两类公司中母体持有 50% 以上的资本或者绩效分红。如果母体持有 50% 以下的资本或者绩效分红，但在有限责任公司或合伙企业中是管理层成员或管理合伙人，相对应地，公司中有 3 人或者少于 3 人的管理层成员或者合伙人，那么组织在年度信息审核表中被申报为相关实体。如果免税学院或大学是有限合伙企业的一般合伙人，那么有限合伙企业在申报中作为相关性实体，前提是有限合伙企业有 3 人或少于 3 人的一般合伙人，且不论有实际控制权的合伙人。

母体组织在年度信息审核表的资产负债表中，还需要申报所有权利益作为资产，如果相关实体是流通实体，需要在年度信息审核表中申报其在实体收入中的份额。比如，如果母体组织在营利性公司持有股份，则持有股份需在年度信息审核表的资产负债表中作为资产反映出来。

除了非独立实体，所有相关实体都要提交税收审核表。即使公立学院或大学不需要提交年度信息审核表，但是它们的附属机构和相关性合伙企业及有限责任公司，都要求提交税收审核表。营利性公司的子公司向国税局提交税收审核表，并对其需要缴税的收入部分缴税。在审核表中，公司必须明确是否有任何实体，直接拥有还是间接拥有，50% 或是 50% 以上的公司股份，在附属型群体中公司是否是附属机构。

私立院校的免税附属机构必须向国税局提交年度信息审核表，有些例外适用于公立学院或大学的免税附属机构，它们必须提交年度信息审核表（第十七章）。免税附属机构必须在审核表中申报母体-附属机构存在的关系，并通过名称和所在州，明确母体组织是免税组织。免税附属机构还必须在审核表中申报与母体组织存在的某些交易信息。如果免税附属机构有不相关营业收入活动，那么它必须提交一份单独的税收审核表，以汇报收入是通过此得来的（第十四章）。营利组织和非营利组织都要遵守其他联邦税法申报的要求，比如与雇员报酬相关的要求以及关于利益分配和津贴计划的要求。

董事、高管、核心雇员、母体组织的高薪雇员，报酬都来自附属机构，报酬总计如果超过 1 万美元，就要在母体组织的年度信息审核表中申报。免税附属机构视情况而申报报酬，该报酬是母体组织支付给其董事、高管、核心雇员、高薪雇员的（7.9）。

16.22 州法对于附属机构的申报要求是什么？

州法申报取决于实体的类型。一般而言，州对于合伙企业和有限责任公司没有年度申报要求。营利性或是非营利性公司，在州法中有申报要求。比如，公司一般必须向州务卿提交年度申报。如果营利组织或是非营利组织发起筹款，必须遵守州的法对于慈善募捐的要求（第十三章）。每一部州法都对一些特殊要求作出了规定。

16.23 高等院校的附属机构是否有必要获得独立的免税资格认定？

这取决于免税附属机构的类型。如果附属机构是一个慈善机构，那么必须接受来自国税局的免税资格认定。该情况对于公立和私立院校的免税附属机构都适用，即使某些特例可能需要公立院校遵守（2.66）。如果附属机构属于其他类型的免税组织，则要向国税局提交申请，对免税资格进行认定，一般认为是可取的，但是不强制（3.11）。

州和当地法律应该审查决定附属机构是否必须或者能够获得一个或多个免税额（最有可能是收入、销售、使用以及/或者财产税）。就此，可以提交各种申请表来获得各种免税额。

16.24 作为公共慈善组织身份的附属机构是支持型组织吗？

这个问题假设附属机构是免税慈善组织，包括教育的、宗教的和/或科研的组织。这个问题的提出引起了对组织的公共慈善身份的关注（第四章）。[18]如果附属机构受到足够的公共支持，这时附属机构的身份是支持型组织，不必达到公共慈善组织的地位。如果附属机构不是以支持型组织的形式来进行运营的，那么在一些情况中会更加灵活并且很少有限制。

16.25 学院或大学的免税附属机构可以通过捐款筹集资金并将资金从母体组织分离并保留下来吗？

答案是可以的。学院或大学将捐款保留在一个独立的免税实体的做法是很普遍的（2.68，2.69）（第十章）。这一类型的免税实体通常具有公共慈善组织资格，因为捐款普遍来自于公众。在一些例子中，保留捐款的实体通过投资获取收入阻碍了其作为公共支持慈善组织的身份，在这种情况下，选择成为支持型组织这一身份可能是明智的（4.7）。以公立院校为例，根据专为捐赠基金设计的税收特别法规，可以设立捐赠基金实体。[19]

16.26 如果免税附属机构以自己的名义筹款，需要向母体组织披露哪些信息？

这在很大程度上是州法的问题。州的慈善募捐法有很多关于信息披露要求的内容（第十三章）。对于这一类型的附属机构的习惯做法，是通过其信件和筹款文件向母体组织反映存在的情况。然而，对于这种类型的子公司来说，这是一种常见的做法，它反映了母公司在信息和融资方面的存在。比如，如果附属机构是一个筹款基金会，得到了大学的支持，这些资料应该并且几乎肯定会说明其情况。

至于联邦税法，慈善附属机构必须遵守慈善捐赠实体化规则（13.12）、交换条件捐赠规则（13.18），以及年度信息审核表报告规则（第十七章）。如果附属机构是非慈善免税组织，那么必须遵守披露要求，包括捐赠的不可扣除性，以及信息或者服务对联邦政府提供，使其及时获得的要求。

16.27 学院或大学组建免税附属机构或者姐妹组织有什么其他原因吗？

一个相关性免税组织的建立有许多其他原因。它可以组建成附属机构（16.1）或者姐妹组织，该组织由学院或大学的董事会控制（16.4）。如果是慈善组织，可以组建来开展活动，通过设立一个独立的管理层或者筹资中心，或者可以保护其资产在新活动中免于负债。其他免税实体，比如社会福利组织或者商业联合会，也可以由大学或学院来组建，来开展游说活动或者执行政治竞选活动，这些活动不可以由私立院校直接操作（第八、九章）。如果实体建立后，必须提供资金并独立操作，以避免将不允许的活动归入到学院或大学。这种情况类似于，营利性附属机构的结构布置中必不可少的计划（16.10，16.11）。《合规性项目调查中期报告》显示，37%的小型学院和大学（2.34），77%中型学院和大学（2.35），以及96%的大型学院和大学（2.36）附属于免税附属机构或者姐妹组织。

16.28 什么样的正式行动被要求在学院或大学母体组织与其免税附属机构之间进行资金转移？

通常情况下，这种性质的资金转移，由转移机构的董事会采取一个正式行动，比如董事会决议。有一个特殊情况是，如果组织间的资金转移以奖金或者借款为形式，从母体组织转移到附属机构或者租赁安置或者商品和服务的购买，那么无论组织间资金的性质是什么，都需要向国税局报告此事（17.48）。

设备和雇员的份额也需要经过董事会的允许，如果没有其他批准的话。如果免税附属机构不是慈善组织的话，正式的手续和安置账户就特别重要。

16.29 是否有一些规定是关于收入累积和营利性附属机构其他资产方面的?

没有。基本上没有法律关注这点。尽管如此，在 2004 年后发布的私人判决书中，国税局写道，免税组织（特别是慈善一类的）在示范中"承担了很重的责任"，通过"同时期的和清晰的证据"，为了达到免税的目的，组织已经计划使用附属机构的实体资产。[20] 在此情况下，慈善组织通过营利性附属机构开展投资，资产增长迅速。国税局认为"这种增长代表了一种持续的义务"，组织有义务"将其有价值的资产转换为资金，然后使用这些资金继续发展"，扩张组织的免税活动。国税局建议，将附属公司的一些资产变卖或者将附属公司的一部分股份变卖，使用这笔资金来资助免税母体的项目。

国税局的律师认为，免税组织"禁止将其能源用于拓展附属机构的商业经营和资产上，忽视将财政上的成功转换到具体、明确、可行的拓展其慈善活动的计划上来"。代理人总结道："营利性公司正在积累资产，在正式法律对免税组织的控制下，没有消除免税组织将这些资产用于慈善的目的。"国税局认为："过量的累积，在法律对免税组织的控制下，维持在附属实体中，但是，在创立者的实际控制下，如果没有基于免税目的的记录和使用的话，过量的累积被认为是创立者的个人目的。"

国税局并没有引用任何权威对此一概而论。这并不令人吃惊，因为至今也没有权威可以引用。

16.30 支持型组织可以有营利性附属机构吗?

可以，一个支持型组织（4.18）可以有一个营利性附属机构。有时，会有一些质疑在于这种类型的公共慈善组织要求通过排他性，操作一个或多个符合资格的公立慈善组织以达到支持或营利的目的；在此语境下，"排他性"就意味着"唯一"。因此，有一点担心在于国税局会作出规定，支持型组织不能有营利性附属机构，如果这样规定的话将会违反排他性要求。因此，组织并利用附属机构的原因就是帮助支持型组织，使被支持的组织获利，在这种情况下使用附属机构是许可的。国税局私人请示批复中说，支持型组织对营利性附属机构的使用不会对其免税资质或支持型组织的资质产生危害，只要支持型组织不主动地参与附属机构的日常管理，并且这两大实体有一个合法的营业目的。

16.31 学院或大学可以和其他非营利组织、营利组织和/或个人在实体中获利吗？

可以。非营利私立大学或学院可以和其他非营利组织、营利组织和/或个人，开设附属公司或者其他实体，比如合资企业（16.34）。公立学院和大学一般允许参与这些企业的准备中，这同样要取决于州法的规定。

16.32 如果有一个或多个个体或营利性实体作为其他所有者，那么如何改变结构？

个人和营利性实体可以和免税学院或大学一起，成为附属公司或者合资企业的投资人。私立学院或大学的情况是，所有者权益的形成和获得，以及附属机构或合资企业的运营，必须谨慎组织，以避免禁止私人分配、私人获利或者超额交易原则（第六章）。超额获利交易规则和禁止私人分配规则要求存在对应的无资格的个体或内部人员（6.2，6.53）。但是，禁止私人利益即使没有无资格个体或内部人员包含在内也依然适用（6.20）。为了保护私立学院或大学的免税身份，私立高等院校必须保持对合资企业的控制，如果活动有合资企业开展，则该活动与高等院校的系列活动实质性相关（16.58，16.59）。这样就可以确保活动进一步地免税目的，而不是私人目的。控制的特征对避免不相关营业收入的流通意义重大（16.61）。

16.33 如果把个人或营利性实体包含在内的话，最有可能选择哪种实体？

所有类型的实体都是可选的，除了非营利性公司，包括公司、一般合伙企业、有限合伙企业或是有限责任公司。

合资企业的基本知识

16.34 合资企业的法律定义是什么？

合资企业是一种企业活动形式。合资企业由一个非正式合约来操作，在一些情况下，被认为是联合经营合约，或者合资企业，可以由一个正式的合资企业实体来执行，包括合伙企业或是有限责任公司。法院对合资企业的定义是，为了共同的利益，两人或多人联合开展一项单一的商业，为达到此目的，他们共同努力，联合其资产、财富、技能或者支持，但是，并没有建立一个正式的实体，比如合伙公司、信托或是企业。[21] 因此，两个或多个实体（包括免税组织）可以通过合资企业来运营企业。

有些时候，国税局会基于税收目的对合资企业作出安排，即使涉及的当事人坚持他们是其他关系（比如管理合约或是租约），或者无意建立任何形式的正式安排。联邦税法对查明合资企业是否依法建立的标准的表述是前后不一致的。根据最高法院的表述："一个所谓的合伙关系安排存在的时候，会受到局外人的挑战，提出合伙人是否真正地并真实地希望合作，这个问题以经商并分担利益或损失[22]为目的。"最高法院还说道："当事人的意图是一个事实的问题，该意图由当事人合约中披露的证词决定，合约被看作是一个整体，由他们的行为决定，行为体现在执行规定中。"比如，法院 A 检查州法并发现，决定房主与租客的关系或者合资企业合约是否存在的最重要因素，是当事人的意图。该法院还认为，证明合资企业存在的责任在于当事人，当事人声称这一类型的合作关系存在（比如国税局）。

然而，另一法院 B 声明："这很好地解决了一个问题，即当地法律和当事人意图的表达均不可以决定联邦税收目的的情况下，合伙企业或合资企业的存在或不存在。"[23]法院 A 写出了接下来要做的测试：

考虑所有的因素——合约，当事人在执行规定中的行为，当事人之间的关系，各自的能力以及资本投入，收入的实际控制和使用目的，显示他们真正意图的事实——当事人真心诚意，并以商业目的开展行动，在企业的现状下开展合作。这些是否考虑到了。

另一法院 B 写道："是纳税人经济利益的实际情况而不是传达者的艺术细节决定税收权。"还写道："决定的关键因素是，对合资企业存在的控制和纳税人损失的风险。"最后，法院认为，不应受"当事人使用专业词语"的约束，因此，一个文件的命名，比如叫作租约，但在法律文本中可能是指合伙契约。

16.35 合资企业机制如何使用？

一般当两人或多人通过共享资源来促进具体计划或项目时，会使用合资企业机制。合资企业常由合伙企业或有限责任公司（16.37，16.40）操作，实现安排的形式化。但是，正如前面所说，在法律上，交易中的当事人被当作是合资企业来对待。而且，合资企业的使用很广泛，也在正式的合伙企业的定义中出现。

16.36 合资企业如何缴税？

合资企业是不用缴税的。就这种情况而言，根据合约及其他非正式合约，参与者报告他们在合资企业收入中的份额，扣除额以及在他们年度信息审核表中或税收审核表中的信用分数。因此，合资企业在税收目的下，一般被当作合伙企业对待（16.42）。

合伙企业和有限责任公司

16.37 合伙企业的法律定义是什么？

合伙企业是商业公司的一种形式。这种形式通常由合伙企业协议来证实，协议由合伙人来共同执行。合伙人可以是个人、公司和/或其他合伙企业。每个合伙人在合伙企业中享有收益；收益可以是等分的也可以不是等分的。

联邦税法规定，合伙企业包括"企业联合、集团、资金池、合资企业或其他非法人组织，开展的方式是商业、财务操作或开办企业，但不是信托或房地产或公司"。[24]合伙企业必须至少有 2 名合伙人。

合伙企业的概念长久以来被赋予广义的解释。典型的案例是，法院把合伙企业定义为某种关系，基于"2 人或多人签订的合同，放置他们的钱财、努力、劳动、技能等的一些或者全部，用于合法贸易或商业，根据一定比例分红和承担损失"。[25]因此，共同的所有人为了他们的共同利益运营合伙企业，共同所有人是指运营（或者通过代理运营或者通过所有人中的一人或多人来运营）不动产的收入和产出的人。[26]

一个实体作为合伙企业不满足税收的目的将被认为是一种联合体，就是指实体将以公司形式缴税。在这种情况下，有各种不同的税务处理方式（16.3）。

合伙企业的两种基本形式：一般合伙企业和有限合伙企业。如果合伙企业仅由一般合伙人组成，那么它就是一般合伙企业。如果企业还有有限合伙人，那么它就是有限合伙企业。

16.38 什么是一般合伙企业？

一般合伙企业只有一般合伙人。依据州法，一般合伙人对企业负有法律责任。因此，每个合伙人都要承担公司经营的责任，并且对公司的债务负责，还包括承担合伙企业经营中的所有义务。每个合伙企业至少有一个一般合伙人。有时，有一个以上的一般合伙人，其中的一人被指派为常务一般合伙人。

16.39 什么是有限合伙企业？

有限合伙企业有有限合伙人参与，此外还有一个或多个一般合伙人。一个有限合伙企业容纳了被动的投资人。有限合伙人可以获得一个关于他们投资的审核表，并可能获得一些纳税上的好处。有限合伙人的债务是有限的，而且他们不能参与合伙企业的管理层，就此而言，他们对合伙企业的投资是有限的。

16.40 什么是有限责任公司？

有限责任公司是公司和合伙企业的综合体。有限责任公司具有有限责任这一公司属性，对其所有的合伙人负有有限责任，但以合伙企业形式进行纳税，除非公司之前作出了投票选举（16.42）。有限责任公司有两类：多成员有限责任公司和单一成员有限责任公司。在多成员有限责任公司中，成员由一个或多个免税组织，以及一个或多个营利性实体组成，或者所有的成员都是免税组织。单一成员有限责任公司的典型是联邦税收目的下的非独立实体，除非由政府实体持有，比如公立学院或大学；学院或大学可以成为有限责任公司的唯一成员（16.5）。

16.41 为什么要使用合伙企业或有限责任公司的机制？

作为一般提议，可通过合伙企业或是有限责任公司为双方或多方成立公司。在此公司中，为了开展业务将各种资源融合在一起。

16.42 合伙企业或有限责任公司为什么要缴税？

合伙企业和有限责任公司不选择像企业一样缴税，而是作为流通实体缴税。这意味着，实体的收入、扣除款以及贷款都直指各合伙人（14.43）。许多投资者希望像合伙企业一样缴税，对实体进行流通税务处理，因为这样就可以一次性缴税。如果活动与其免税目的实质性相关的话，免税的一方也希望使用流通税务处理，因为收入会作为免税收入直接拨给组织。相比较而言，如果以营利性附属公司的形式缴税的话，附属公司要为净收入缴税，而且投资人获得的任何股息都要二次缴税。作为高等院校的所有者来说，他们也要为高等院校开展活动获得的收入份额缴税，因为这部分收入并没有直接拨给免税组织，更确切地说，这部分收入需要向公司征税。当然，任何分配给高等院校的税后收入不需要二次缴税，因为已经排除了股息部分（14.24，14.29）。

16.43 涉及一般合伙企业、有限合伙企业和有限责任公司，实体选择哪一种？

这三种实体都经过流通税务处理；主要不同在于责任保护。由营利组织和非营利组织一起经营的商业更倾向于选择有限责任公司，因为全部的所有人都有保护的责任。相反，在合伙企业中，一个或多个一般合伙人承担责任风险。

免税组织和合资企业

16.44 学院或大学可以参与合资企业吗？

可以。毫无疑问，私立学院或大学可以参与合资企业。学院或大学有两种方式参与合资企业。一种是高等院校主动加入合资企业，另一种是依据法律，合作方履行合资企业协议。主要的税法问题变成，参与合资企业是否对实体的免税资格产生危害，并/或引发实体承认有不相关营业收入（16.58，16.61），就像参与合伙企业中一样。至今，几乎所有有关高等院校加入合资企业的法律都关注公立慈善组织，比如私立高等院校。公立高等院校参与合资企业也要遵守州法限制。

16.45 学院或大学为什么希望加入合资企业？

学院或大学（或者其他类型的免税组织）希望加入合资企业的根本原因是为了实施单一计划或者项目，可以利用努力、金钱和/或其他当事人的专业知识。这是一种资源整合和资源共享的操作。其他参与团队或者当事人可以是其他的免税组织、营利组织或者个人。

16.46 参与合资企业的学院或大学如何取得或者保持免税身份？

基本规定是，一所学院或大学（或者其他类型的慈善组织）可以和一个营利组织（或者其他实体）一起进入合资企业，这不会对学院或者大学的免税身份产生不利影响——只要继续促进慈善目的，并且合资企业协议不能阻止学院或大学促进慈善目的。像参与合伙企业或有限责任公司一样，如果免税组织的根本目的是参与公司并且公司开展的活动与免税组织的免税目的无相关性，那么免税组织参与合资企业将会导致免税资格的丢失或否认。

16.47 如何判定学院或大学在无意中参与了合资企业？

合资企业的形式可能会被国税局强加于某一关系中，在此关系中，有一个或多个当事人参与到学院或大学中，目的是确定这种关系将如何缴税。这一情况发生，是因为合资企业（16.34）定义的广泛传播。一个典型例子来自农作物按份租赁，在此业务中，学院或大学希望成为房东和租客的关系，而国税局希望是合资企业的关系。（在类似案例中，国税局不占主导地位。）

这一分歧可以用一个例子说明，该案例涉及慈善组织和其土地租用人。在上法院之前，具体问题是，相当于农作物和农场产出的50%的这部分租金，是否能组成将不相关营业收入（14.24，14.29）排除在外之后的另一部分租金。[27]法院参考州法弄清楚了租金被赋予的含义到底是什么。很明显，存在争议的纸质合同中，包含了租赁合同中常有的条款，就是租户备有所有的机械设施，在农业生产中付出劳动，租户和农场管理者一起为日常的农场管理作出决策。最终法院判决，该合同作为一个整体，清晰地反映了参与各方希望建立一种地主和租户关系，而不是合资企业的意图。

国税局的争论是，慈善组织作为合资企业介入农业，通过提供种子、一半的肥料成本、除草喷雾以及各种综合事项，这种争议是无益处的。法院观察到，这几种管理形式在农作物按份租赁合同中很常见，并且还注意到，提供了种子、农药等物品提高了农作物的产量，地主和租户的净回报实质上多于对各项农产品的投资金额。法院还分析了慈善组织雇佣农场经理监督租户，会对地主和租户关系产生的影响。农场经理在农作物、种子、除草喷雾以及肥料方面给租户提出建议；双方达成一致后再做决定。法院认为农场经理的角色并不能缓解涉及地主和租户的管理方面的所有结论。

再举一个例子，学院或大学经常会努力描述一项收入是作为版权获得的，这样就不用交税了，因为这是一个被动的活动，比如版权是由使用学校名称或者标识的人支付的（14.29，14.33，14.34）。但是，如果学校主动参与管理，那么国税局就会认定高等院校正在参与合资企业，而不是一项被动的版权管理活动，就会对这部分收入征税（14.33，14.34）。

有时，国税局会援引合资企业的基本定义来撤销或否认免税资格。比如，学院或大学与合资企业进行买卖，在某一特定期间内，净收入就会流向学院或大学的某一部门，这就会引发禁止私人分配的问题。类似情况，合资企业（禁止私人分配本身）的固有结构会引发禁止私人分配原则的使用，而不考虑管理的合理性。[28]

16.48 不相关营业收入规则在合资企业中如何应用？

不相关营业收入规则在合资企业中的应用，与该规则在合伙公司（14.43，16.42）中的使用是一样的。就像遵守流通规则一样，如果合资企业产生了不相关营业收入，免税组织在其中的份额必须计入账户，用来查明当年免税组织需缴税的收入。[29]

这就是当国税局看到免税组织将收入说成是排他性收入（特别是版税），同时主动参与企业以获取收入，国税局就会认定管理为合资企业形式，并将收入作为不相关营业收入，依据流通规则（14.43，16.42）征税的原因。

免税组织、合伙企业以及有限责任公司

16.49 学院或大学可以参与合伙企业或者有限责任公司吗？

答案是肯定的。毫无疑问，免税组织可以参与合作伙伴或有限责任公司。税法中的主要问题是参与合作伙伴或有限责任公司是否会影响学院或大学的免税资格以及/或者构成不相关经营收入认定的原因。历史上，税法的关注点是免税组织作为一般的合伙方参与有限合作伙伴。现在，已经演化为一个不同的分析，主要关注免税组织作为其中一员参与有限责任公司。

多年来，国税局对学院或大学参与合作伙伴或者有限责任公司给予了巨大的关注。事实上，直到1998年，国税局才正式声明，慈善组织可以构成并参与合作伙伴，并具有或保持其免税资格。[30]

16.50 公共慈善组织作为一般合伙人参与有限合作伙伴，对此国税局的担忧是什么？

尽管对公共慈善组织作为一般合伙人参与有限合作伙伴这一事实公开激烈的争论已经长达20多年，但是国税局和一些法院对此问题仍然没有过多关注。在此语境下，国税局主要关注的是，禁止私人分配以及/或在风险投资中带给营利性合作伙伴的私人利益。需要特别指出的是，国税局认为，营利性合作伙伴在有限合作伙伴关系中获得了实质性的利益（通常是有限合伙人），包括免税组织作为一般合伙人的合伙企业。这一担忧源于一些关于慈善医院及其执业医师的一些协议。比如，采用有限责任合伙制建立并管理一个医学办公大楼，免税医院作为一般合伙人，投资医师作为有限合伙人。

16.51 这一争论为何持续如此长的时间？

关于公共慈善机构参与有限责任合伙企业的争论持续数年是有许多原因的。一是由于不间断的数字、变化以及这些合约的复杂性。二是由于有限责任合伙企业在医疗卫生背景下使用愈发流行；就像税法在其领域的使用不断广泛一样，一般法律也关注合伙企业中的慈善组织。三是因为国税局在一开始就对该争论采取强硬姿态。

16.52 最初，国税局的强硬态度是什么？

国税局最初态度是本身违法原则。依照此观点，慈善组织参与有限合伙企业被看作是一般合伙人，这意味着自动撤销或者否认了免税资格，不考虑合伙企业的结构或者目的。本身违法原则的前提是，实质性私人经济利益与有限合伙人是一致的。

1978 年，国税局在告知一个公立慈善组织时，第一次明确规定了本身违法原则。内容如下：

如果你已经进入所提到的合伙企业，那么你应该直接参与管理，分享收入的净收益，也会给个人和免税组织带来风险。如果你同意以一般合伙人形式参与所提议的项目，那么你就要和其他合伙人一起承担扩大私人经济利益的义务。这将产生利益冲突，从法律上讲，这与你基于唯一的慈善目的而参与管理不相符。[31]

在 1970 年~1980 年间，还有一些使用本身违法原则的例子。这些例子有一些是不能算作正式的合伙企业（16.49）。比如，1979 年国税局在私人请示批复中提到了，免税组织的律师咨询服务费用是否算作不相关营业费用的问题。国税局规定，律师支付给组织的费用构成不相关收入，因为律师向客户提供了法律服务而收到一部分费用，而这部分费用实际是免税组织提供的。原因是，随后建立的律师与客户的关系是一种商业关系，支付给组织的那部分费用，安排用于投入合资企业来促进商业项目。[32]

16.53 什么构成了国税局本身违法原则？

在一个非常重要的判决中，法院驳回了国税局本身违法原则。这个例子是关于一部电影的辛迪加组织在一个免税剧院上映的事情。[33]

观察报告：在继续描述这一案件之前，需注意，在基本的诉讼惯例中，拥护国税局声称的法律规则的一方，会努力找出一种从其角度来讲最有说服力的事实情况。令人费解的是，在公然违反诉讼策略的情况下，国税局促成了这一原因。剧院赞助电影在财政上作出了巨大努力，电影在华盛顿特区的肯尼迪中心播放，该作品是一部动人的戏剧，是对最高法院的真实写照。

因为需要财政支持，剧院联合为制作成本提供经济担保，资金由私人投资者提供。国税局设法撤回组织的免税身份，因为这种方式试图维持戏剧艺术，但是失败了，组织和戏剧方都提起了审判和上诉。这件事又一次涉及有限合伙企业，该案例被用于促进免税资格，取消一般合伙人。法院在该案件中重点关注，合伙企业在免税组织或免税组织的其他活动中没有获得利益，有限合伙人没有控制免税组织经营或管理组织事务，慈善组织中没有有限合伙人担任的官员或者董事。

诉讼后，国税局就这些方面放松了它的立场。这在 1983 年法律总顾问的便笺中得到证实，在此便笺中记录了，律师向国税局发表意见，慈善组织是可以作为一般合伙人参与有限责任公司的，而其免税资格不受危害。[34]国税局的律师建议对此案件的两个方面进行评议：（1）一般合伙人的参与是否与免税组织的目标和目的相矛盾，（2）合伙企业协议中是否有一些条款是一般合伙人要履行的义务但不涉及慈善组织。建立有限合伙企业（低收入住房建设企业）用于促进组织的慈善目的，合伙企业协议中的一些具体规定被认为对慈善组织或一般合伙人进行了必要的隔离。在此之下，组织被允许作为合伙企业的一般合伙人参与企业，并继续保持免税身份。

这样的发展就为同期的案件提供了借鉴，有一系列规定是关于公立慈善组织以一般合伙人形式参与有限合伙企业的。

观察报告：1991 年 11 月 21 日，本身违法原则终止使用。国税局法律总顾问写道，国税局"不再对组织以一般合伙人身份参与合伙企业有争论，本身违法原则与组织免税资格不一致"。[35]

16.54 什么时候免税学院或大学可以作为一般合伙人参与有限合伙企业并维持免税资格？

目前，国税局的态度是，慈善组织作为一般合伙人参与有限合伙企业，其免税身份是否被撤销（或否认），要接受由三部分组成的一个测试。[36]

在测试中，国税局首先通过观察来判断慈善组织或者一般合伙人是否通过参与合伙企业而服务于慈善目的。如果是服务于慈善目的的话，国税局再继续下面的测试。但是，如果没有满足慈善的标准，慈善组织或者一般合伙人的免税身份就会被剥夺或者否定。

该测试的第一部分是基本操作测试，每个免税慈善组织都必须完成。这部分测试是对组织操作经营的评估。一般来讲，由于税收的原因，合伙企业开展的活动通常被认为是合伙人运行的。在操作测试中会使用合计的方法。因此，当慈善组织通过合伙企业（比如对医院的医学办公楼进行建设和运营，医院 CAT 扫描仪的购买和操作，或者低收入住房项目）促进慈善目的时，就仍然符合操作测试，并可以保持免税身份。余下部分的测试是检查一般合伙人的慈善作用是否抑制了慈善目的的提升。国税局会观察组织作为一般合伙人可能会通过某些方式，在具体情况和环境下，被隔离在日常责任之外，以及有限合伙人从合伙企业中是否接受了不正当的经济利益。国税局认为，慈善组织的唯一作用就是促进免税目的和慈善组织作为一般合伙人加入企业后承担的为有限合伙人赢得利益的义务之间，存在固有冲突。这一冲突与国税局执行本身违法原则时的"利益冲突"情况是一样的。

测试的应用反映在1986年公开的私人请示批复中，一个慈善组织在房地产有限合伙企业中作为一般合伙人，有限合伙企业可以租用组织和相关慈善组织的所有空间。[37]国税局使用测试的第一部分并发现，合伙企业促进了慈善目的，因为合伙企业的租户都是慈善性组织。

通过余下部分的测试，国税局认为，慈善组织或者一般合伙人被完全隔离出了合伙企业的日常管理责任，有限合伙人的经济审核表是合理的。

16.55 涉及该案件其他方面的内容还有什么？

该案件还有其他的要求被一次又一次地附加在这个由三部分组成的测试中。比如，国税局强调的事实是，慈善组织"被一个独立的董事会管理"，董事会由教堂和社区的领袖构成，慈善组织与项目中的任何商业公司没有其他的关系。[38]国税局补充道，没有任何信息显示，组织被有限合伙人控制或受到来自有限合伙人的其他方面的不当影响，或者任何公司被牵扯进项目的发展或者管理中。

近年来作为创新型金融技术的结果，几乎所有的联邦税法，包括合伙企业，通过医院或者其他医疗保障组织、机构和系统都得到了发展并受益。免税组织参与到国税局认可的合伙企业中的合法目的，包括提升追加资本，为社区提供新的服务，在新活动中分担风险以及/或累计各领域的专业知识。

国税局在评估这些情况时，会观察作为给合伙人的收益回报，免税组织得到了什么。这个评估规则奇怪的地方在于，从表面上放弃第二部分的测试，即对慈善合伙人或者一般合伙人的隔离情况不做测试。国税局的律师跳过了最重要的判决部分，国税局关于这部分法律的正式总结中也绝口不提。

16.56 免税学院或大学是否可以作为有限合伙人参与有限合伙企业或作为被动投资人参与有限责任公司？

答案是可以的。免税组织作为有限合伙企业的有限合伙人是投资人而不是积极的参与者。在有限责任公司中，免税组织可以作为一个被动的投资人。税法主要关注投资是否是组织的谨慎选择，组织的董事会是否坚持对客户的受托责任，以及收入是否作为不相关营业收入直接流入免税组织（14.43，16.42）。

16.57 不相关营业收入在合伙企业领域的规则都有什么？

通常来讲，免税组织直接参与活动，而活动与组织的免税目的不相关时，就会调用不相关营业收入规则（第十四章）。当然，这些规则还适用于高等院校在合伙企业或有限责任公司开展的不相关营业收入活动时使用，这时不相关营业收入活动像合伙企业一样征税。

适用于此语境的规则是流通规则（14.43，16.42）。如果免税组织开展活动，那么组织必须将其净收入的份额（要看是否分配），作为不相关营业收入活动。该规则不必考虑免税组织是否作为一般合伙人或者有限合伙人。

16.58 合资企业像有限责任公司或合伙企业一样经营时，合资企业规则如何应用？

合资企业包括免税组织，通常使用合伙企业或有限责任公司进行正式的组织架构。自从 1990 年中期以来，首选的合资企业形式已经属于有限责任公司了（16.43）。

1998 年，国税局出台的税收规定 98-15,[39] 是关于税法衍生出的整个医院的合资企业。规则描述了两种情况，医院参与这些企业中的一个而对医院的免税身份产生危害；医院参与这些企业中的一个而对医院的免税身份未产生危害。该规定适用于医院，但是基本原则以同样的方式，适用于学院、大学和其他公立慈善组织。

该规则一般假设，公司的安排是基于公平市价的。因此，公司的管理一般基于分析第一层的私人利益、禁止私人分配以及超额获利交易规定（16.32），但是该规则在分析的其他层次依然适用。该规定有成功的案例，也有失败的案例。成功的案例包括免税组织将它所有的医院资产转移到有限责任公司，该公司以营利性实体为形式。营利性实体也捐赠资产，其合伙方会收到成比例的所有者权益，作为他们资产转移的汇报。成功案例和失败案例的唯一实质性不同是，在成功的案例中慈善组织可以任命 5 个董事会成员中的 3 个人。在失败案例中，慈善组织任命董事会中的 3 人，营利性实体任命另外 3 人。在失败的案例中免税组织没有控制合资企业，免税身份不受保护。自税收规定 98-15 颁布以来，对合资企业中所有慈善组织的资产和合资企业中仅有的慈善组织资产的控制是至关重要的，附属合资企业就是典型（16.61）。

16.59 法院是否同意国税局的规定？

至今来看，法院认同国税局的规定。税收规定 98-15 有两个法院的案例。一个案例涉及一个慈善组织将全部活动的捐款拨给由营利性个体组成的合资企业实体，如税收规定 98-15 中的情况一样。[40] 在这个案例中，活动就是一个门诊外科中心。如税收规定 98-15 的失败案例，慈善组织和营利性实体，都有权利在管理部门中任命相同数量的董事。因此，慈善组织不再在合资企业的活动中占有人数的控制权。进一步来讲，管理文件中，不会对慈善目的大于其他合资企业自身的目的这一问题作要求。因此，税法法院认为，对于首先实现慈善目标，既没有文字表达也没有隐含的义务，并且免税组织向私立一方交出了外科的控制权，在这种情况下，授予了其本不可能的私人利益。

在其他的实例中，[41] 地方法院在使用税收规定 98-15 时，支持免税组织。这个情况类似于，税收规定 98-15 在管理中的应用，在此案件中免税组织设施的所有捐款都给了合资企业。而且，董事会的控制权被平分了。合资企业一方是营利性的。所有的参与方都同意合资企业履行实质性的慈善关怀，并满足社区的利益标准。再次强调，控制权是一个问题。地方法院在总结审判中支持免税组织，但是第五巡回法庭发现存在重要事实未判定的问题，因此，推翻了地方法院的判决，并将案件发回陪审团重新审判。第五巡回法庭扩展了对税收规定 98-15 的分析。它认为，如果组织已经对合伙企业所做主要决定有效控制的话，免税组织不必维持对合伙企业的正式控制。第五巡回法庭还规定，如果没有促进慈善活动开展的话，非营利组织应该维持有效控制，包括解散合伙企业的权利。巡回法庭还指示陪审团充分考虑决定合伙企业的经营行为是否主要为了慈善目的这一问题。陪审团最终也偏向了免税组织一方。

16.60 税收规定 98-15 适用于学院和大学吗？

税收规定 98-15 和随后的法院案例，在医疗保障语境之外有丰富的内涵。比如，我们需要注意，合资企业一词未在税收规定 98-15 中使用。如前所述（16.34），免税组织，比如学院或大学可以实质上加入合资企业，而不必体现在具体程序上；无需正式文件来证明已经是合资企业或者一般合伙公司（本质上是一样的）。

对免税组织来说，依照现行法律，看似达成了管理协议或者租约，实际是合资企业成立的基本条件。一旦商标贴在了管理协议上，重点马上转变成控制权的问题。免税组织对其资产和活动拥有最终权力吗？这是律师意见信的依据。管理上的条款和条件合理吗？这是企业顾问，比如一个会计公司，意见信的依据。在此位置上的免税组织，应该努力确定一些私人党派没有"董事会自由裁量权"，并确定组织的董事会保有对组织资产和活动的正式控制权。

管理必须以不偏向营利性合资企业一方的方式来架构（16.32）。超额利益交易和禁止私人分配原则（第六章）是分析很重要的一部分。关于慈善组织、营利性企业、合资企业本身以及/或管理公司，可以从内部人员和不合格人员两方面来考虑（6.2，6.53）。而且，管理公司的补偿安排可以以有限责任公司的收入总额为基础。国税局对收益分红安排的审核是十分仔细的。最后，即使没有内部人员，禁止私人利益原则也可以在反对不公平或者滥用安排上发挥作用（6.20）。

该税收规定有一部分是可以肯定的：在未来将会有很多关于该规定的解释和翻译。

16.61 当学院或大学参与合资企业少于"全资实体"方法时，这些规定如何使用？

国税局认为，正如税收规则 2004-51 的规定，当免税组织参与合资企业，合资企业仅在包含组织所有活动的小部分时，法律体系的原则完全适用于全资实体合资企业（16.58，16.59），比如附属合资企业。因此，中介认为，控制的因素和禁止私人分配原则的使用在此语境下同样适用。但是，不同点是，在附属合资企业中，结果认定为不相关营业收入所得税而不是取消免税资格，证明了合资企业不存在禁止私人分配或超额私人收益。

在税收规则 2004-51 中，大学与营利性公司一起成为合资企业的一部分，但仅限于互动视频培训项目中。[42]企业的唯一目的是，在校园以外的地方使用互动视频技术提供教师-培训研讨会。大学和营利性公司各分得有限责任公司一半的利润，相当于他们各自资本投入的价值。所有资本、拨款和分配的回报都与会员各自的股份比例相一致。有限责任公司由董事会管理，董事会由三个大学挑选的董事和三个营利性公司挑选的董事组成。大学的唯一权利是批准课程、培训资料和讲师，并决定成功完成研讨会的标准。有限责任公司中营利性公司的成员唯一的权利是选择上课地点，参与者可以接收到与研讨会相连的视频，并批准其他人（比如摄影师）。

该规定的假定是：（1）合资企业活动是大学开展的所有活动的无实体部分，（2）所有的汇报都可得到，（3）所有合同交易是基于公平市场价值的价格。在这些条件下，国税局认为，大学维持对公司的控制，并且企业活动收入是相关性的。很明显，在合资企业背景下，国税局认为控制是不相关营业收入问题的关键。因此，即使合资企业的生意仍然具有内在相关性，国税局认为流入免税组织的收入是不相关营业收入，如果免税组织没有控制合资企业的话。

16. 62 法院同意这个规定吗？

免税组织参与附属合资企业没有被法院认可。因为这个规定存在很多无法解答的问题。比如，国税局似乎认为，在附属合资企业中，如果公立慈善组织失去了对资源的控制，公司的生意将会从一个相关部分转移到一个不相关部分，这是小说理论（第十四章）。

信息报告

16. 63 免税组织该如何申报其在合伙企业中的参与情况？

合伙企业中的每一方都必须有一份称之为编目 K 的文件。这一编目规定了合伙人在收入、利润、亏损、减除额度或者贷款中的分配份额，这些项目将在合伙人审核表中体现，并连同国税局的报表或者说明中的任何附加信息，这些附加信息是联邦税法对合伙人及与合伙企业相关项目的特殊规定。

这些说明为合伙人发出声明，要求合伙企业表明合伙一方是否为免税组织。而且，合伙企业必须附一份声明，提供合伙人提交审核表所需要的但没有在一览表中出现的任何信息。

以生意上的一般合伙关系为例，合伙企业必须提供合伙人所必需的信息，以确保每一个免税合伙人可以计算其在合伙企业经营收入或者利润中的分配份额。不相关营业收入必须在免税组织的税收审核表（14.43，14.44）中汇报。

免税组织的合伙企业，包括那些完全免税组织，每年都必须提交联邦信息审核表。如果学院或大学控制合伙企业或者有限责任公司，通过拥有多于50%的资产或者收益利息，那么这个特定的信息必须在学院或者大学的年度信息审核表中申报。进一步讲，如果一个免税学院或者大学拥有合伙企业或者有限责任公司（以合伙企业对待）多于所有活动（等量于所有资产或者总收益）的5%，那么关于其在合伙企业或者有限责任公司的参与情况的特定信息必须在组织的年度信息审核表中申报（17.48）。

参考文献

1. 在内部税收条例 S 章中，S 公司需缴税。在内部税收条例 C 章中，C 公司需缴税。

2. Reg. § 301.7701- 3. The election is made on Form 8832.

3. A Form 1120 tax return is fi led by a C corporation to report and pay the tax.

4. IRC § § 1366 (a) and 512 (e).

5. IRC § 512 (e)(1)(B)(ii).

6. Reg. § 301.7701- 2 (b)(6).

7. Moline Properties, Inc. v. Commissioner, 319 U. S. 436 (1943).

8. Priv. Ltr. Rul. 201044016.

9. Reg. § 301.7701- 2 (b)(6).

10. Priv. Ltr. Rul. 201043041.

11. IRC § 512 (b)(13).

12. IRC § 512 (b)(13)(E).

13. IRC § 482.

14. IRC § 512 (b)(13).

15. IRC § 337 (b)(2)(A).

16. IRC § 337 (b)(2)(B)(i).

17. IRC § 337 (b)(2)(B)(ii).

18. IRC § 509 (a)(3).

19. IRC § 170 (b)(1)(A)(iv).

20. Tech. Adv. Mem. 200437040.

21. Whiteford v. United States, 61- 1 U. S. T. C. ¶9301.

22. Commissioner v. Tower, 327 U. S. 280 (1946).

23. Trust U/W Emily Oblinger v. Commissioner, 100 T. C. 114 (1993).

24. IRC § 7701 (a)(2).

25. Whiteford v. United States, 61- 1 U. S. T. C. ¶9301.

26. Rev. Rul. 54- 369, 1954- 2 C. B. 364.

27. Harlan E. Moore Charitable Trust v. United States, 812 F. Supp. 130 (C. D. Ill. 1993), aff'
    d, 9 F. 3d 623 (7th Cir. 1993).

28. Gen. Couns. Mem. 39862.

29. IRC § 512 (c).

30. Rev. Rul. 98- 15, 1998- 1 C. B. 718.

31. Priv. Ltr. Rul. 7820058.

32. Priv. Ltr. Rul. dated Feb. 6, 1976.

33. Plumstead Theater Soc'y, Inc. v. Commissioner, 74 T. C. 1324 (1980), aff'd 675 F. 2d244
    (9th Cir. 1982).

34. Gen. Couns. Mem. 39005.

35. Gen. Couns. Mem. 39862.

36. Gen. Couns. Mem. 39005.

37. Priv. Ltr. Rul. 8541108.

38. Priv. Ltr. Rul. 9438030.

39. 1998- 1 C. B. 718.

40. Redland's Surgical Services v. Commissioner, 113 TC 47 (1999), aff'd 242 F. 3d 904 (9th
    Cir. , 2000).

41. St. David's Healthcare System v. United States, 349 F. 3d 232 (5th Cir. , 2003).

42. Rev. Rul. 2004- 51, 2004- 22 IRB 974.

17
年度信息审核表及其他审核表

联邦税法规定，几乎所有免税机构，除了政府实体，教会及其附属机构，都需要向国税局提交年度信息审核表。私立学院和大学是提交年度信息审核表的典型机构；除此之外的其他机构因是政府实体的性质而无需提交。因此，这一章的内容主要关于私立学院和大学，本章中的信息指的是年度信息审核表的填写信息。公立学院和大学，在这章中的某些部分也有涉及（比如，在信息表中报告不相关营业收入的信息）。

年度信息审核表，是公众容易接触到的资料，近些年的使用变得非常广泛。在信息审核表中需要提交的信息，不光包括税务信息，还含有大量的描述性文件（叙事形式），这些都远超过税收审核表。许多组织缺乏仔细研究思考，仅关心审核表的准备工作，并常常忽略了这份文件的重要性。国会和国税局认为，审核表的提交经常缺乏足够准备，或者迟交（甚至不交）。结果，最近立法中提出了年度信息审核表的披露要求和宣传要求，提高了惩罚力度。

年度信息审核表基本上由免税组织提交，这里就是指表990。虽然简化了小型组织对其他表格的报告，并在此章节中谈论其他表格，但本书的大部分章节所提的要求，都是来自表990。

以下是关于年度信息审核表提交基本规定的问题和解答。

基本要求

17.1 什么是年度信息审核表？

年度信息审核表是一份报告文件，每年向国税局提交，免税组织在报告中说明自己的财务信息，以及关于其活动、管理机构、会员、交易以及和其他个体与实体关系的信息。近些年，国税局要求免税组织在年度信息审核表中提供更多的信息。

17.2 哪些组织不需要提交年度信息审核表？

一些免税组织不需要提交信息审核表，是鉴于它们的免税类型。这些类型包括：

联邦政府机构

● 公立机构，总收入不需要缴纳收入所得税。

● 其他政府部门和免税组织，这些组织是上述组织的附属部分。

● 教会，教会在当地的教会间组织，教会联合会，教会的完整附属机构。

● 教会附属的组织，专门从事基金管理或维护退休项目。

● 学院层次之下的学校，附属于教会或出于宗教目的进行运作。

● 某一使命的社团，由教会或者教会教派资助或附属于它们。前提是社团的大部分活动在国外开展或者由外国人来指导。

● 仅以宗教目的从事宗教活动。

此外，政府实体的某些附属机构也可以豁免提交年度信息审核表，两类组织中，这一类组织若满足国税局提出的条件就豁免提交审核表，因为它们或者是政府部门或者是政府部门的附属机构，无需缴纳联邦收入税款。[1]

如果某一个组织是慈善组织［比如，美国国内税收法501（C）描述的组织］并符合两个测试中的一个，那么国税局认定该组织是政府部门附属机构的组织。基于第一个测试，如果符合国税局提出的以下这些规定或测定的一项，就符合政府组织附属机构的资格：

● 组织的收入来自其开展的活动，这些活动是组织具有免税资格的基础，那么组织的收入将不计入总收入，原因是该收入产生于政府核心职能的行使，并属于某一个州政府部门或者任一政府部门，或者是哥伦比亚特区。

• 组织的收入属于联邦政府，或者其中的某一政府部门。

• 捐款出于"用于政府部门"而拨给该组织时，组织有权获得慈善捐款税收减免。

• 组织是州及其政府部门的全资机构，基于就业税目的。

组织提交审核表寻求免税资格，第一次测试之后，组织获得国税局的决定书。

第二次测试之后，如果满足以下所有要求，组织就可以获得政府部门附属机构的资质。

• 组织由政府部门，或者由附属于政府部门的组织"运行、监督或者控制"，附属于政府部门的组织，比如由组织高管、董事、政府实体指定或选举的受托人组成的管理层，管理层的成员，公职人员或者政府部门的会员及附属单位。

• 组织拥有两个或多个附属要素。

组织提交的表 990，对于国内税收法律法规的高效实施来说不是必需的。附属要素包括：

• 组织由一个或多个政府部门，政府部门的附属组织或公职人员在其职权范围内行使权力而建立。

• 组织接受的支持主要来自于税收、通行税、罚款、政府拨款、依法收取的费用。作为政府拨款或者其他合同付款的金额在此章节属于不符合要求的财政支持。

• 在财务上，组织对一个或多个政府部门负责。这一要素适用于（i）组织要向政府部门报告，至少是每年一次，信息内容可以比照表 990 来准备。（ii）组织接受政府部门的财务审计。组织自愿提交的报告不适用于条款（i）。同时，依据政府拨款或其他合同而提交的报告和审计，不能单独适用于这些条款。

• 一个或多个政府部门，或者政府部门的附属组织，控制或者监管组织的经费（即使该组织在财务上无需为政府部门负责）。

• 如果组织解散，其资产将（依据组织条款的要求或法律的要求）分配给一个或者多个政府部门或者政府部门的附属组织。

这是基于组织章程或者实施法律的某一个条款规定。

组织提交的表 990 对于国内税收法律的有效监管是否有用，国税局将考虑所有相关因素和各种环境，再作出裁决或者决定。考虑到相关因素和各种环境，提交审核表对于有效的税收管理是必要的，有效的税收管理包括组织拥有纳税子公司或者组织和免税实体一起参与合资企业的程度，是否致力于实质性公开募捐，活动是否为私人提供利益。

通过第二个测试后，提交审核表寻求免税资格的组织，会从国税局得到一个判决结果，该判决指明了免税（3.12）是认证申请的一部分还是独立存在的部分。

如果组织已经提交了年度信息审核表，并且因为符合免税资格而不再要求组织提交这些表格，这时组织应该通知国税局其身份的变化。如果没有这么做的话，国税局可能会询问其不提交审核表的原因；这时就要求组织花很多时间和精力来解决这个问题。另外，并不是所有的免税组织都要提交审核表。一些免税组织可以自行决定是否提交审核表并要求国税局批准其获得免税资格。

17.3 学院和大学必须要向国税局提交年度信息审核表吗？它们的附属机构又该怎么做呢？

公立机构一般不需要向国税局提交信息审核表，因为它们属于国家机构或者具有政府性质的身份。公立学院和大学的附属实体也具有免税资格，因为它们符合政府部门附属机构的标准（17.2）。

联邦税法要求，大多数的私立学院和大学以及大多数的其他免税组织需要提交年度信息审核表。这就包括了慈善组织、协会或者其他商业联盟、社会福利组织、社团、兄弟会、工会和退伍军人组织。另外，一些非免税慈善信托机构也需要提交年度信息审核表。

某些免税组织，虽然根据它们的机构性质，没有义务这么做，但必须提交另一种信息审核表或者税收审核表。大多数的公立高校，虽然不必提交年度信息审核表，但是必须提交表990-T，来报告它们的不相关营业应纳税所得额（如果有的话）。

年度信息审核表的主要目的是向国税局提供所要求的信息。当然，审核表也可以用于向国税局说明选举的情况，比如支出资本化的选举。出于公立机构的性质，学院和大学提交审核表时应该花时间仔细审核它们完成审核表的方式，并把审核表当作准确说明它们情况的一个机会。

17.4 年度信息审核表是指国税局的哪个表格？

大多数高校提交的年度信息审核表是指表 990。总收入少于 20 万美元且总资产少于 500 万的小型组织允许提交一个简版的审核表，就是表 990-EZ。极小型组织可以提交表 990-N，而豁免提交表 990 或者表 990-EZ（17.5）。[2]

还有一些其他的免税组织，不需要提交审核表，但需要提交另一种信息审核表或者税收审核表。私立基金会提交表 990-PF；政府组织提交表 1120-POL；房主联合会提交表 1120-H；使徒组织提交表 1065；股票红利、退休金或者利益共享信托提交表 5500。

17.5 针对小型组织有一些简化的报告要求吗？

有。小型组织是指总收入低于 20 万美元，总资产少于 50 万美元的组织，需要提交表 990-EZ，而不是表 990。总收入是指组织年度审计阶段中获得的所有资源的收入总和，不包括支出或花费的部分。表 990-EZ 是缩小版的表 990，但是使用了表 990 中的一些报告编目。

一些极小型组织（每年总收入一般少于 5 万美元，或 2010 年 12 月 31 日以后每年总收入少于 5 万美元）不需要提交审核表，但是要向国税局提交表 990-N。这个表格，有时是指电子明信片，要求组织提交非常基本和最低限度的信息。表 990-N 必须网上填写。一般指近 3 个纳税年（包括提交审核表的当年）该组织的平均值。因此，仅具有提交表 990-N 资格，低于每年 5 万美元的临界值的组织，不必提交该表格。特别是，如果满足以下三个测试中的一个，就认为组织总收入达到了 5 万美元：

1. 组织已经存在 1 年，并且已经获得或承诺在第一年获得捐款 7.5 万美元或低于 7.5 万美元。

2. 组织已经存在 1 年~3 年，在前 2 年中，每年获得的总收入平均为 6 万美元或少于 6 万美元。

3. 组织已经存在 3 年以上，3 年平均总收入为 5 万美元或少于 5 万美元（包括已经计算在内的年份）。

一旦确定测量时期内组织的总收入超过了 5 万美元的临界值，那么组织必须在当年提交表 990 或者表 990-EZ［除非另一种例外情况存在（17.3）］。

即使在其他方面组织满足提交一个简表的条件，这些组织也必须强制性地提交范围更广的信息审核表。支持型组织（4.18）必须提交表 990 或者表

990-EZ，不需要提交表 990-N。如果要求提交信息审核表的话，咨询捐赠者基金（4.49）资助的免税组织必须提交表 990。如果当年在控制型组织和任何被控制实体之间存在资金转移，那么一个或多个被控制实体（14.35）的控制型免税组织，也必须提交表 990（如果要求提交审核表的话）。这些实体不能提交表 990-EZ 或者表 990-N。

17.6 使用年度信息审核表的意义在哪里？

年度信息审核表不是年度报告（比如，依据州法律需要提交的报告）也不是税收审核表。税收审核表等文件不对公众开放。信息审核表文件必须由免税组织提交，就是说，除了其他方面，审核表文件的内容比财务信息要多，审核表必须向公众开放（18.1）。

17.7 组织因为总资产的数额限制，而提交简版的年度信息审核表，是否可以解释呢？

从法律的角度来说，可以解释得通，即使组织本应该提交表 990-N，但却提交了表 990-EZ。这属于资产的诉讼时效流转和税款的募集。一般法律规定，收入所得税必须在提交审核表后，以 3 年为一个周期进行评估。如果审核表未提交，就不计算诉讼时效，税款可以在任何时候进行评估。

应该注意到，年度信息审核表不是税收审核表（17.6）。国税局最初的立场是，提交年度信息审核表不会引发诉讼时效起算，目的是评估不相关营业收入所得税，在税收审核表中需要计算并报告不相关营业收入所得税的评估结果（17.52）。税法法院认为，诉讼时效在年度信息审核表中的信息清晰地揭露了不相关营业收入可能性的情况下不应该开始计时。此后，国税局放宽了要求，宣布其同意税法法院的方法，该方法中年度信息审核表中有足够多的事实揭示了不相关营业收入，并且该信息表是自愿提交的。[3]在评估不相关营业收入所得税时，诉讼时效也开始计时，免税组织提交的年度信息审核表必须说明活动中产生的收入的性质，免税组织在说明中要包含足够的特征说明，使国税局能够推断开展的活动是与组织的免税目的相关，并且审核表必须将活动中产生的总收入公开。

当然，小型组织可能没有不相关营业收入，或者很小额的收入，组织可以免除 1000 美元的税收特别减免费。在许多情况下，提交年度信息审核表就可以获得减免，尽管事实上没有提出这一要求。

虽然年度信息审核表的使用很少，提交年度信息审核表还有其他原因。组织自愿认定是免税实体，所以提交了年度信息审核表，但随后组织被认为是需要缴税的组织，这时诉讼时效就可以开始计时。这将成为即使组织还未被认定为免税实体的结果。因此，通过提交信息审核表，是组织获得免税身份的一个办法，而不是通过提交表990-N来获得免税资格。

在此情况下，提交表990-EZ的另一个原因是，组织可以在收入、支出、资产和负债等范围内得到好处。对于那些通过公众支持而获得慈善资格的组织来说，还可用于指导组织可以获得的公众支持比例。

17.8 什么是小组审核表？

小组审核表是由免税组织的总部（母组织）提交的年度信息审核表，小组审核表参与组织总部的小组管理（3.68）。组织的总部可以代表其小组提交一个混合审核表，但是必须令其提交一个单独的审核表。

17.9 如果一个组织有多个关联组织，且这些关联组织并不属于一个免税集团的一部分，那么该组织提交的年度信息审核表是否需要包含这些关联组织的信息，或者是否以它们的名义提交一份混合的年度信息审核表？

答案是不需要。不同于营利组织，免税实体不可以代表它自己和它的相关组织提交混合审核表。

17.10 年度信息审核表的截止日期是什么时候？

年度信息审核表在会计年度结束后第5个月的第15日交到国税局。比如，组织使用日历年度作为它的会计年度，那么审核表提交的截止日期就是5月15日。一个在每年6月30日算作一个财政年度的组织，要在11月15日提交审核表。一个在每年10月31日结束财政年度的组织，要在3月15日提交审核表。

如果提交审核表的那一天是周六或者周日或者是法定假日，那么截止日期会顺延至下一个工作日。

17.11 表格提交的截止日期是否可以延长？

答案是可以的。免税组织延长交表日期的现象很普遍。提交表8868可以请求延长日期。但是，提交表 990-N 不可以延长日期。一般而言，国税局不会同意延迟 90 日以上交表的，除非清楚地说明原因。免税组织提交表 8868，可以申请额外 3 个月的延长。但在任何情况下，国税局都不允许任何国内组织延迟交表的时间达到 6 个月以上。

17.12 年度信息审核表提交到哪里呢？

免税组织提交的年度信息审核表交到位于犹他州奥格登 84201-0027 的国税局中心。

17.13 年度信息审核表必须以电子方式提交吗？

如果组织每个会计年度需要提交至少 250 个审核表的话，总资产高于 1 千万美元的学院和大学需要以电子方式（比如，电子文件）提交表 990。在这种情况下，审核表包括收入、消费税、雇佣税以及信息审核表。举个例子，如果学院或者大学总资产 1000 万美元，雇佣 245 人，那么必须要以电子方式提交表 990，因为每个表 W-2 和每个季度的表 941 都是单独的审核表。所以，案例中的组织需要提交 250 个审核表（包括 245 个表 W-2，4 个表 941 和 1 个表 990）。

大型免税组织准备其免税表时，国税局可以授权其作为"大型纳税人"以电子方式提交它们自己的审核表，或者雇佣税收专家，也就是经国税局授权的电子文档提供商。

国税局可批准组织放弃提交电子表格的要求，举例来说：
- 免税组织所在的地方由于技术限制不能以电子形式提交表格。
- 遵守要求提交表格可造成过度的财政负担。

17.14 学院或者大学必须向州政府官员，比如司法部长提交一份年度信息审核表的副本吗？

联邦税法不要求公共慈善组织，包括学院和大学，向州政府官员提交一份年度信息审核表的副本。但是，几乎所有的州都有慈善募捐法可以授权进行登记和年度报告（第十三章），依据另外一些要求。进程的一部分是要求一些州提交年度信息审核表的副本。如果组织希望这么做的话，一些州允许提交审核表来代替独立财政信息的一部分或是全部。另外，还有一些州要求向一个或多个国家机构提交信息审核表的副本。提交表 990 的组织，需要列出向州提供审核表副本的州名单。

由于国税局与国家筹款规定的官员一起制定了年度信息审核表，国税局致力于为审核表的各项说明提供空间，国税局对国家和当地政府提交审核表的要求提出建议，即使该组织无需遵守州对表格提交提出的各项义务。比如，国税局建议组织向州和地方辖区的负责人咨询以确定当地的提交表格要求，辖区是指组织经营业务的地方。国税局认为在辖区内经商，主要包括以下几种情况：

1. 通过邮件或者个人、业务或者其他慈善组织募集捐款或者资金。
2. 执行项目。
3. 在辖区内雇佣雇员。
4. 在辖区有活期存款账户。
5. 在辖区内拥有资产或者租赁资产。

17. 15 组织如何改进审核表？

如果组织更改了某一年的审核表，必须提交一个新的审核表，以及审核表要求的任何附件。组织应该使用年度信息审核表适用年份的版本。修改后的审核表必须提供审核表要求的所有信息及其说明，而不仅仅是更改后的或者正确的信息。组织应该检查后在审核表最上面的"修改后的审核表"处打钩。如果使用的审核表的版本没有打钩处的话，应该把"修改后的审核表"字样写在审核表的最上面。

组织还要将修改后的副本给最初其寄送副本的政府部分都寄送一份，以满足政府提交副本的要求（17. 14）。

17. 16 国税局提供之前提交的年度信息审核表副本吗？

答案是肯定的。免税组织可以提出查阅之前提交的年度信息审核表的副本的要求，也就是向国税局提交的表4506-A。

17. 17 如果组织因为解散、查封、终止或者兼并而不存在了，那么年度信息审核表是否就是最终版本的审核表了呢？

如果一个组织已经被解散、查封、终止或者被另外一个实体兼并了，这时组织应该提交一个最终版本的审核表，并在审核表最上面的"最终审核表"处打钩。具体计划（计划表N）和审核表一起填写好后提交。

计划表 N 要求组织依照清算、终止、解散或者合并，报告所有资产的分配或转移情况。交易费用也必须在计划表 N 中汇报，具体是指第三方帮助组织对其开展的活动进行事务处理或者梳理而支付的费用。组织还必须汇报表 990 的核心部分，即董事、官员、受托人或者核心雇员的组织列表，是否通过管理层关系（比如官员或者董事），控制型关系（比如大多数股东）或者财务关系（比如雇员或者合同工的支付款项），已经包含在继任组织或者转移后的组织中。在计划表 N 中，组织还需要公开信息：组织的资产是否已经依据管理章程进行了分配；组织是否请求或收到了关于组织的免税身份已经终止的国税局判决书；组织是否被要求向政府官员提供关于其意图解散、清算或者终止的公告；组织是否依据州法律还清了债务；组织当年是否有任何免税的未偿付债券没有清偿。

17.18 组织依然存在，但已经变卖、交换、转让或者以其他方式转移了其 25%以上的资产，这种情况怎么处理？

如果一个组织在纳税年内经历了重大的资产重置，包括以变卖、交换、重置或者其他方式转换了其基于公平市价的 25%以上净资产，那么组织必须在表 990 的计划表 N 中写明此情况。无论组织是否收到了资产的公平市场价格，无论转移后的另一方是营利组织还是非营利组织，组织都要将此情况汇报。

信息反馈表的内容

17.19 信息反馈表包含的一般信息是什么？

信息反馈表是一份关于免税组织活动和项目服务完成、财务信息（包括收入、费用、资产和负债）、治理结构、程序和政策以及向高管支付薪酬的综合概述。信息反馈表也要求提交关于免税组织的下列信息：任务陈述；捐赠者；立法和政治活动；筹款；游戏；赠款；与其高级管理人员、董事和核心雇员的交易；通过共同控制或其他方式与免税实体相关的其他组织的交易。

17. 20 990 表格包括很多部分和编制目录。学院或大学如何决定必须填报 990 表格的哪些部分？

990 表格包括 11 个部分（第 1 至 11 部分，有时被称为"核心表格"）和 16 个编制目录（目录 A 至目录 R；没有目录 P 或 Q）。所有的 11 个部分都应该被完成，回答所有适用的问题。关于编制目录，990 表格的第 4 部分包括一份"所需目录的清单"。通过在第 4 部分回答一系列"是"与"否"的问题，学院或大学就可以决定其必须完成 16 个编制目录的哪些部分。

17. 21 年度信息反馈表中必须包括学院或大学的项目和活动的一般信息吗？

学院和大学被要求在年度信息反馈表（990 表格）的第 3 部分列明它们的任务陈述和它们的项目服务执行情况。

至于前者，任务陈述仅仅在被其管理主体（5.38）正式采纳的情况下才可以放入年度信息反馈中。因此，学院和大学要确保它们的任务陈述已经通过正式采纳的程序。至于后者，年度信息反馈表要求组织通过自己花费最大的三个服务项目来描述自己免税目的的获得（项目服务完成的同义词）。免税组织的项目是该实体的核心。组织存在的目的就是执行项目。所有其他功能是（或应该是）被用于支持其主要活动，即项目。这是年度信息反馈表里读起来像年度报告的部分。反馈表充分地为组织总结其项目提供了机会。

反馈表中有足够的空间来描述最重要的三个项目服务的完成情况，尽管组织不应该犹豫在编制目录 O 表格中描述其他服务。这里不限制创造（除了精确外）。这个组织应该充满活力地描绘其项目，提供支持项目和任务的具体细节。

反馈表的这一部分涉及一些财务信息，因为描述项目服务的一种方式就是引用捐赠和分配给别人的数据。对每一项服务活动来讲，组织被要求报告任何从此类活动获得的收入，以及利用免税功能的商业活动中获得的不相关商业收入，比如在学院或大学发行的杂志上做广告。慈善捐赠和资助不被认为是项目服务获得的收入。

就每一项被报告的项目服务而言，学院或大学都应该包括：
• 通过特定的衡量标准，如客户服务、提供关照的天数、会议或活动的次数，或者公开出版物的发行，来描述项目服务完成情况。

● 如果输出是无形的，比如一项研究活动，就要描述活动当前和长期目标的对象。

● 如果不能获得确切的数字，则要提供任何数据信息的合理估计（并说明这一信息是估计的结果）。

17. 22 学院或大学如何报告与项目和活动有关的项目服务收入呢？

学院或大学必须单独报告和描述它的花费最高的三项项目服务收入的来源，其他项目服务合并为一项。这项报告是在年度信息反馈表的第 3 部分（陈述项目服务完成情况）作出的。对提交报告的学院和大学来讲，学费可能会是最大的项目服务收入来源。

17. 23 信息反馈表中必须报告哪些关于学院或大学的总体收入的信息？

学院或大学被要求在信息反馈表的第 8 部分报告它的所有收入（收入陈述）。收入报告一般分为三类：（1）捐赠、赠与和资助；（2）项目服务收入（比如学费）；（3）其他。所有收入都必须声明与商业收入是否有关系（第十四章）。

捐赠、赠与和资助包括来自公众（个人、公司、信托、遗产和其他实体）、政府机构、基金会和其他免税组织的金额。这类收入也包括会员费、筹款活动收入、关联组织资助和政府资助。非现金捐赠应该以捐赠当日的公平市场价值来报告。

项目服务收入在第 8 部分报告，应该在细节和叙述上与第 3 部分项目服务活动的描述相匹配。

其他收入必须逐条分列如下：

1. 利息收入，包括利息和储蓄分红收益、临时现金投资、股票和债券、从证券贷款中获得的数额，以及票据利息和收到贷款的利息。

2. 免税债券收益。

3. 稿酬。

4. 租金（如果租赁活动是与学院或大学的免税功能相关的项目服务，则不包括租金收入）。

5. 销售非库存资产获得的收益或损失。

6. 筹款活动的毛收入。

7. 游戏活动的毛收入。

8. 销售库存（更少的回报和津贴）的毛收入。例如，销售学院或大学书店里的物品将在这里报告。

一旦这些收入来源被证实，它们必须根据非相关收入规则（第十四、十五章）进行分类。特别是，组织必须决定收入的项目是否从相关活动或商业或非相关商业中分离出来，或者是否收入尽管不是出自相关商业活动，但因为它被法律排除在税收之外仍应该免税。

如果组织报告收入是来自于免税功能，那么收入的项目就应该插入到（B）列的适当行中。所有被视为相关收入的项目都应被插入（B）列中。如果组织报告收入来自于非相关商业活动（第十四章），那么该数额必须在（C）列中报告。

如果组织报告收入是相关收入，但仍依法免税，该收入必须在（D）列中报告。

组织必须决定国内税收法的哪一部分提供了非相关商业收入税的免责条款，使除外与除外代码关联起来，插入到（C）列中适当行中。这些代码在990表格指示中均能找到。

这三类收入的总和与报告的总和是一致的。

17.24 学院或大学如何报告一项服务捐赠或财产使用捐赠？

非现金捐赠是作为收入来报告的（17.23），但是实物捐赠，例如捐赠服务或使用材料、设备、设施或其他财产（并非捐赠财产本身）是不作为年度信息反馈表中的收入的。组织必须在分行描述项目服务（990表格，第3部分）中反映其从捐赠者那里接受的这些物品。年度信息反馈表指导手册特别声明，组织不应包括收入、费用或自主的金额，即使组织的财务信息是按照一般被接受的会计准则来准备的。

17.25 年度信息反馈表中必须报告哪些与学院或大学支出相关的信息呢？

学院或大学必须在年度信息反馈表第9部分"功能性支出的陈述"中报告所有的支出。对于每一类的支出，报告的机构都必须将支出按功能分为三类：项目服务支出、管理和一般支出，和/或筹款支出。

然而，在将收入按功能分类的过程中，有一些复杂的工作。此外，如果组织的筹款支出在全部支出中所占比例相对较高，那么会造成公众负面的评价。税法认定支出不是单一功能的。例如，电话服务的支付可能全部是项目支出；或者可能是项目或管理的部分；或者全部都是管理支出；或者包括了部分项目、部分管理和部分筹款；或者全部都是筹款支出。因此，功能性支出报告的概念就覆盖了超过一种功能的支出。然而，并不是所有的免税组织都被要求报告它们的功能性支出（即按类别）。但作为公共慈善组织，学院和大学被要求这么做。有 24 种类型的支出必须报告，它们包括：

1. 向国内政府和组织提供的津贴和其他援助。报告总体现金项目和非现金项目志愿支付给这些组织。这些项目一般被分配给项目服务。

2. 给个人的津贴和其他援助。这些项目一般被分配到项目服务中。

3. 给国外的政府、组织和个人的津贴和其他援助。这些项目一般被分配到项目服务中。

4. 为会员支付的福利。这些项目一般被分配到项目服务中。

5. 支付给现任高级管理人员、董事、受托人和核心雇员的报酬。

6. 不包括上面的，支付给不符合条件的人（6.53）的报酬，在支持型组织的情况下，即实质性捐赠者及其亲属和/或控制比例达 35% 的人。

7. 其他工资和薪水。

8. 养老金计划捐赠，包括 401（k）和 403（b）款的雇员捐赠者。

9. 其他雇员福利。

10. 工资税。

11. 向非雇员提供的服务费用：a. 管理 b. 法律 c. 会计 d. 游说 e. 职业筹款费用（这一项既不能分配到项目服务中也不能分配到管理中）f. 投资管理费用 g. 其他。

12. 广告与促销。

13. 办公室支出。

14. 信息技术。

15. 版权。

16. 居住。

17. 旅行。

18. 为任何联邦、州或公共官员支付的旅行或娱乐费用。

19. 会议。

20. 利息。

21. 支付给附属机构。

22. 保险。

23. 其他支出。这些必须分项。组合共同起或标记为"混杂的"费用不能超过组织总费用的5%。

17.26 有些分配被视为项目筹款成本，存在一些争议，这要反映在信息反馈表中吗？

是的。国税局把这种情况视为关联成本。具体地说，这出现在组合教育活动和筹款募捐的情况下。

对这一问题组织必须回答"是"或"否"——是否任何这样的关联成本都被作为项目服务费用的部分被报告。如果回答"是"，组织必须报告这些关联成本的总数额，以及这些数额被分配给了哪些项目、管理和筹款。

17.27 学院或大学如何在年度信息反馈表中反映它的资产和负债？

在990表格的第5部分，学院或大学提交其资产负债表。附加的资产负债表是不被接受的。开始年度和结束年度都必须进行报告。报告的资产必须做如下分类：现金（不计息）；应收账款（净值）；现任和前任的高级管理人员、董事、受托人、核心雇员或其他利益相关方的应收账款；其他不符合要求的人的应收账款；应收票据和贷款（净值）；销售或使用的库存；预付费用和延期变更；土地、建筑和设施（减去累积折旧）；公开交易证券的投资；其他证券投资；项目有关的投资；其他资产。

报告的负债必须进行如下分类：应付账款和应计费用；拨付资助；延期收入；免税债券负债；托管账户责任；现任和前任的高级管理人员、董事、受托人、核心雇员、最高薪酬雇员和不合格的人员的应付款；担保抵押贷款和不相关第三方的应付票据；无担保票据和应付贷款；和其他负债。

净资产必须分为非限制净资产、临时限制净资产和永久限制净资产。非限制资产是没有捐赠者强制关于目的、时间、收入或其他限制性条件的资产。如果学院或大学的管理主体自愿强加限制在该资产上（有时参照董事会指定基金或准捐赠基金），则这些资产被报告为非限制资产。临时限制净资产是捐赠者强加了时间（在特定日期之后或特殊时间发生之时被使用）或目的（被经用于的特殊目的）限制或两者兼有的资产。永久限制资产是捐赠者禁止主要或本金或仅允许支出收入增值的部分。

它们也包括在规定条件下捐赠的土地或艺术作品，它们不能被出售，但它们被用于特殊的目的（土地保护展示或艺术展览）。创建永久捐赠基金的捐赠必须是永久限制净资产。

17. 28 特定的资产需要额外财务报告吗？

是的。990 表格的编制目录 D（补充财务报表）要求下列种类资产的额外信息：

- 捐赠者建议基金。
- 保护地役权。
- 艺术、历史珍宝和类似资产的收藏品。
- 捐赠基金。
- 土地、建筑和设施。
- 其他证券投资。
- 与项目相关的投资。
- 其他资产。
- 其他债务。

在编制目录 D 中，报告的组织必须加入这些资产每一类型的额外细节。捐赠者建议基金，保护地役权，艺术、历史珍宝和类似资产的收藏品需要更多的信息（第十二章）。

17. 29 学院或大学必须在年度信息反馈表中反映捐赠基金的哪些信息？

年度信息反馈表编制目录 D 的一个特殊部分属于捐赠基金报告。学院和大学必须披露捐赠基金的初始余额、捐赠额、投资收入和损失以及结束余额。关于捐赠基金的分配，学院和大学必须反映资助、奖学金、设施和项目支出以及管理费用。另外，学院或大学必须提供所持有的年末余额的预估比例（a）董事会指定或准捐赠基金，（b）永久捐赠基金和（c）附期限捐赠基金。另外，机构必须报告是否存在未被机构占有的但被非关联或关联组织为了组织而持有和管理的捐赠基金。

学院和大学也必须提供捐赠基金使用目的的描述（第十章）。

17. 30 学院或大学必须反映关于不确定税收地位的哪些信息？

任何报告的组织在 990 表格核心的第 5 部分的"其他负债"，都必须在编制目录 D 中提供其不确定税收地位的信息。具体地讲，这种情况下的组织必须根据 FIN48 提供关于组织不确定税收地位负债的财务报表附注的正文。

FIN8 指的是财务会计准则委员会（FASB）解释第 48 号，不确定收入所得税的会计方法——对 FASB 第 109 号声明的解释。FIN8 澄清了对组织纳税申报表上的不确定税收地位的会计方法，并要求在组织财务陈述里，依据 FASB 第 10 号声明、收入所得税会计准则（SFAS 109）来确认这些地位。

尽管在纳税申报表上的不确定地位可能是基于良好的信念而建立的，但税法是复杂的，并且组织可能最终不会在这个问题上取得胜利。至于不确定税收地位而被放在或者被希望放在纳税反馈中的问题，FIN8 要求确认和评估关于该地位的财务陈述影响。例如，对免税组织而言，这包括描述不确定商业收入所得税的负债或者因撤销免税资格而评估的税收。FIN8 的任何部分注解了仅备案组织债务必须一字不差地提供在编制目录 D 中。备案组织必须总结注释部分，适用于多个组织责任，包括秒速备案组织分担债务的组织（例如，作为合并财务报告中组织的一员）。

17.31 学院和大学必须在年度信息反馈表中反映哪些关于管理的信息？

学院或大学必须在年度信息反馈表中反映大量关于管理的信息。机构必须反映其治理主体有投票权的成员数量，独立成员的数量，是否有成员或股东，是否保留了管理机构会议及其委员会（例如执行委员会）的会议记录。它还必须反映：是否采取了特殊政策（比如冲突利益、告密者、文档保留与销毁策略）；是否要求高管、董事、受托人和核心雇员每年披露它们实际和潜在的冲突利益；它是否将 990 表格的副本提供给了治理主体；以及它决定的其主要执行人员和特定的其他雇员的报酬（更多信息见第五章）。

17.32 关于学院或大学支付给高管的报酬，哪些信息必须在年度信息反馈表里反映？

这是国内税收法（第七章）的重要部分。因此，年度信息反馈表为高管薪酬报告提供了相当大的空间，这一点并不令人感到意外。

990 表格的两个部分提供了学院和大学雇员的薪酬报告，分别是第 7 部分（高级管理人员、董事、受托人、核心雇员、最高薪酬雇员和独立承办商）和编制目录 J（薪酬信息）。

990 表格包括一个表格，必须由学院和大学填上。该表格要求报告这些个人：

- 现任的高级管理人员、董事、受托人（无论是个人或是组织，无论薪酬多少）。

- 现任薪酬超过 15 万美元的核心雇员（7.3）。
- 5 位现任最高薪酬雇员（除了高级管理人员、董事、受托人和核心雇员以外），从报告的组织和任何关联组织获得超过 10 万美元薪酬的。
- 前任高级管理人员、核心雇员或从该组织及其所有关联组织接受超过 10 万美元高薪酬的雇员。
- 前任董事或受托人，在该组织前任董事或受托人的位置上，从该组织和所有关联组织接受超过 1 万美元薪酬的。

请注意，年度信息反馈指出必须在"不考虑薪酬数额的情况下"列出所有现任的核心雇员。但是，反馈表指南规定，从定义的角度说，一个人不应该被列入核心雇员，除非其从该组织及其关联组织获得超过 15 万美元的薪酬。

报告的薪酬构成如下：

- 高级管理人员和其他雇员：数额填入 W-2 表格的第五格。
- 董事和个人受托人：数额填入 1099-MISC 表格的第七格（如果也是高级管理人员或雇员的话，则加在 W-2 表格的第五格上）。
- 机构受托人：依据合同协议或法律而支付的服务费用。机构受托人是一个组织而不是个人或自然人，比如一个银行或信托公司。尽管机构受托人的薪酬必须被报告在 990 表格的第 7 部分，但它也必须报告在编制目录 J 中。

如果学院或大学因为支付数额低于免于报告的要求而没有填报 W-2 表格或者 1099-MISC，那么它应该纳入和报告实际支付数额。这项规则不适用于关联组织。公司高管被视为雇员，基于 W-2 表格报告的目的，除非高管没有执行任何服务或者仅执行了很小的服务，以及无论是直接或是间接地，他既没有接受也没有权利接受任何薪酬。公司董事被视为独立承包商而不是雇员以及享有董事薪酬。如果有的话，一般要求在 1099-MISC 表格中报告。为了决定一个人是否从组织及其关联组织接受超过 10 万美元（或 15 万美元）的薪酬需要报告，这里有两项数额合计：

- 在 W-2 表格第五格中报告的数额和/或在 1099-MISC 表格第七格报告的，个人从组织及其所有关联组织获得的数额。
- 在 W-2 表格第五格中报告的数额和/或在 1099-MISC 表格第七格报告的，个人通过每一个关联组织获得的。从关联组织支付的薪酬被视为低于 1 万美元。

要确定一个人是否在其担任前受托人或董事时从组织及其所有关联组织（必须在 990 表格第 7 部分和编制目录 J 第 2 部分报告）接受了总计超过 1 万美元的报酬，学院或大学应该在 1099-MISC 所有表格的第七格添加金额。并且如果有关的话，所有 W-2 表格的第五格由组织及其所有关联组织发给个人，在某种程度上，该数额与该人担任组织的受托人或董事相关（不考虑关联组织低于 1 万美元的报酬，除支付给该组织的前董事或前受托人的费用以外）。

在第 7 部分 A 节的表里，学院和大学必须列出必须写明获得报酬的人的姓名和头衔。对每一个人，机构必须报告他或她每周平均工作小时数、职位、组织支付的报酬、关联组织支付的报酬和从组织及其关联组织预计获得的其他报酬。学院和大学也必须披露接受从组织获得超过 1 万美元报酬的个人的数量。学院和大学还必须报告其姓名、住址、提供的服务，以及五位获得最高报酬的独立承办商的支付报酬。

17.33 学院或大学必须报告与其相关的组织支付给高管的报酬吗？

是的。在第 7 部分 A 节的表里，对于每一个列出的人，学院和大学都必须报告他或她从学院或大学以及从任何相关组织处获得的报酬，以及从学院或大学及其关联组织处预计获得的报酬数额。为此目的，关联组织与其在 990 表格编制目录 R 的意义一样（17.48）。

志愿者从关联组织获得的报酬是一个例外。如果关联组织是一个营利组织，且没有直接或间接地被组织或者一个或更多关联免税组织所控制，并且没有为组织提供付费管理服务的话，那么填报组织需要报告关联组织支付给志愿者高级管理人员、董事或受托人的报酬。

为了确定关联组织的报酬，有一个合理努力的例外。如果机构通过合理的努力仍不能获取关联组织支付报酬的信息，那么就不要求它在学院或大学报告第 7 部分 A 节列出的人从关联组织所获得的报酬。合理努力的例子是组织每年给每一位列出的人发放调查问卷，包括信息反馈表中需要填报的姓名、头衔、日期、经签字的报告信息以及相关的说明和定义。

17.34 年度信息反馈表中特定高管是否需要更详细的报告？

是的。990 表格的编制目录 J 要求免税组织特定的高薪酬高管提供关于其支付报酬的每一部分更详细的报告。国税局要求学员或大学披露给予高管特定的"特别待遇"。首先，学院和大学必须通过检查报告支付给 990 表格第 7 部分所列人员的附加福利类型，包括头等舱或包机旅行、旅伴旅行、税务赔偿和毛利率支付、可自由支配的支出账户、住房补贴、个人使用的住所、个人住所、健康或社会俱乐部会费或入会费、个人服务（比如女佣、司机、厨师）等。第二，如果一个组织提供这些福利的任何一项，它必须报告它是否有关于支付或偿还这些费用的书面政策。一所学院或大学必须报告其是否使用上述方法或程序，以确定其首席执行官的薪酬：

- 薪酬委员会。
- 独立薪酬顾问。
- 990 表格的其他组织。
- 书面雇佣合同。
- 薪酬调查或研究。
- 董事会或薪酬委员会的批准。

学院和大学也必须报告在第 7 部分 A 节中所列的个人是否获得了遣散费或变更控制支付，是否参与或从补充的无资格退休计划中获得款项，或者是否参与或接受支付基于平等补偿安排的报酬。如果任何一个问题的答案是"是"，那么这个人就应该被列出和包括在第 3 部分编制目录 J 可适用数额的每一项目之中。

学院或大学必须报告任何一个在第 7 部分 A 节列出的人是否依组织或关联组织的收入或净收益而获得报酬（7.16）。它也必须说明其是否提供了任何非固定的报酬给这些人以及报告的所有数额是否遵守了初始合同以外的合同（6.69）。

第 2 部分编制目录 J 专门介绍了第 7 部分所列的个人获得报酬的财务细节。每一个人，学院或大学都必须列出获得报酬的个人的姓名、报酬基准、奖金和激励薪酬、其他报酬、递延补偿、非应税收益和它们的总金额，以及在前一年度信息反馈 990 表格中的总金额。

17.35 关于组织公共慈善地位必须报告哪些信息？

一个慈善组织如果是公共慈善组织，例如学院或大学则需要在 990 表格编制目录 A 中报告关于其公共慈善组织身份的信息。

慈善组织构成公共慈善组织有 11 种途径。这些途径都被列举在编制目录里。组织被要求指明其属于哪一种类型。这些种类包括：

1. 教堂、教会或教会协会。

2. 学校。

3. 医院或合作医院服务机构。

4. 联邦、州、地方政府或政府部门。

5. 与医院合作运营的医疗研究机构（第9行）。必须提供医院的名称、城市和州。

6. 为政府部门所拥有或为经营的学院或大学的利益而运作的组织。这些组织必须满足公众支持的要求；必须完成一个支持计划（附表a，第2部分）。

7. 为政府部门所拥有或运营的学院或大学利益而运营的组织。对这些组织有公共支持要求；支持编制目录也必须完成（第2部分编制目录A）。

8. 社区信托（或社区基金会）。支持编制目录也必须完成（第2部分编制目录A）。

9. 公共支持型慈善组织，因为它是公共支持型慈善组织的服务提供者。支持编制目录也必须完成（第3部分编制目录A）。

10. 为公共安全测试而组织和运营的组织。

11. 支持型组织。所支持的组织必须通过名称、雇主识别号码和公共慈善地位（后者通过选择公共慈善类别或代码部分）来确定。还必须提供关于支持组织、支持的实体以及这两个实体和其他实体之间的相互作用的其他信息。

学院和大学要报告它们是一个学校。但是，它们的公共慈善设施可能与公共慈善分类不同，例如捐赠性公共支持的慈善组织或一个支持型组织（见第4章）。

公共支持测试的组织必须完成编制目录A的公共支持部分。对捐赠公共支持组织（4.12，4.13）和服务提供者公共支持组织（4.14）有不同的支持编制目录。支持型组织（4.18）必须提供关于其所支持的实体和与编制目录A中有关的被支持实体的信息。

17.36 学院或大学必须反映关于其捐赠者的哪些信息？

学院和大学必须反映990表格编制目录B中关于捐赠者的信息。但是，要注意的是这一信息可以从990表格（18.8）的副本中删去。一般而言，组织必须列出第1部分编制目录B中当年向组织直接或间接捐赠总计超过5000美元及以上数额、有价证券或其他类型的财产每一位捐赠者。在确定5000美元的门槛时，可以不考虑低于1000美元的独立捐赠。但是，对于捐赠性公共支持组织（4.12），捐赠 5000 美元或更多的捐赠者仅在捐款总额超过本报告年度结束时收到的全部捐款总额的 2%的情况下，才被列入编制目录 B。每一位捐赠者，姓名、地址、类型和捐赠数额都必须加以列出。考虑到捐赠的类型，如果现金捐赠直接来自于捐赠者，那么要检查"人"一栏；如果雇主转发了雇员的捐赠，那么"工资单"一栏就要检查。在捐赠的财产不是现金的情况下，"非现金"一栏就要检查。对"非现金"一栏的检查触发了第 2 部分编制目录 B 的要求，它要求描述所捐赠的非现金财产及其公共市场价值。收到捐赠财产的日期也必须报告。

17.37 学院或大学必须在年度信息反馈表中反映其政治活动吗？

是的。年度信息反馈表中的编制目录 C（政治运动和游说活动）要求报告的学院或大学反映它的政治活动。

需要注意的是政治运动对私人学院和大学来说是禁止的。如果学院或大学直接或间接地参与了政治运动，它就必须在第 1 部分的编制目录 C 中进行披露。这样的披露是罕见的，可能会导致学院或大学免税地位的取消和/或对其进行征税。如果一个机构从事政治运动，它必须在第 1 部分反映且必须报告实体花费在政治运动上的金额以及志愿者参与政治活动的小时数。组织及其经理人因参与不允许的活动而产生的任何应纳税数额也要进一步披露。表格 4720 所报告的交易也必须进行报告，以及是否作出了更正（并阐明更正措施）。更正一项政治支出意味着尽可能收回部分或全部的支出，并建立防止未来政治开支的保障措施。支出的恢复指的是在可能的范围内收回部分或全部支出，而且在完全恢复不能完成的情况下，需要采取任何额外的更正措施。（如果这一行动完全有可能不会导致判决的执行，那么就没有义务试图用法律行动来收回支出。）

学院或大学此类活动的一般讨论见第九章。

17.38 学院或大学是否在年度信息反馈表中反映其立法（游说）活动？

是的。学院或大学完成 990 表格编制目录 C 部分（政治运动和游说活动）以反映其立法游说活动。编制目录 C 部分的完成取决于学院或大学的游说活动是否是支出测试或实质性部分测试的对象。

如果学院或大学被选为支出测试（8.16）的对象，那么它就要在第 2 部分 A 的编制目录 C 报告游说活动支出。游说支出是（包括可分配的开销和管理成本）的支出或者为了试图通过与立法机构或类似机构的雇员或者与任何政府官员或参与立法制定过程的雇员交流，而影响立法活动和影响一般公众观念的支出。

学院和大学被选为支出测试的对象后，如果指明它们是附属组织的一员，则需决定有限控制规定是否适用。因此它们必须在直接游说沟通和基层游说沟通之间区分出游说支出。直接游说沟通与基层游说沟通之间有单独的限制（第八章）。编制目录这部分的焦点和目的是作出支出测试所要求的各种计算。因此，作为支出测试的学院或大学必须报告涉及年份内的机构自身和任何附属组织的情况：

1. 影响公共观念（基层游说）的总体游说支出。
2. 影响立法主体（直接游说）的总体游说支出。
3. 总体游说支出。
4. 其他免税目的支出。
5. 总体免税目的支出。
6. 游说免税数额；反馈包括决定该数额的表格。
7. 基层游说免税数额；该数额最高是游说免税数额的 25%。
8. 基层游说应纳税数额，如果有的话。
9. 直接游说应纳税数额，如果有的话。

大多数支出测试的对象也必须报告当年和最近 3 年的游说数额，因为这些计算是基于 4 年平均值。因此，必须报告 4 年的数额，加上总额，如下：

1. 直接游说免税数额。
2. 游说最高额。
3. 总游说支出。
4. 基层免税数额。
5. 基层最高额。
6. 基层游说支出。

如果学院或大学未被选为支出测试的对象，或者之前的选择被取消，机构成为实质性部分测试（8.6）的对象。由于进行了实质性部分测试，慈善组织禁止从事大量的游说活动。组织必须完成编制目录 C（第 2 部分-B）另一部分，要求游说活动更多的特殊信息。如果公共慈善组织被选为支出测试的对象，那么它就不用完成编制目录这一部分。慈善组织如果受实质性部分测试的约束，则必须按游说活动应遵循的 8 个问题回答"是"或"否"。这活动包括直接游说、基层游说、公民投票以及必须报告特殊的数额。下面这些问题都与游说有关：

1. 志愿者。
2. 付薪的员工或管理。
3. 媒体广告。
4. 向会员、立法者或公众发送邮件。
5. 出版物、出版或广播声明。
6. 为游说目的向其他组织捐赠。
7. 直接联系立法者及其员工，政府官员或立法机构。
8. 集会、示威、研讨会、会议、演讲、演讲或其他方式。

学院或大学必须报告是否其游说活动是非实质性的，且因此引起组织不再在 IRC 501（c）(3) 中被描述。机构也必须报告任何来自于超出游说的应纳税结果，应纳税数额被强制给超出游说活动的组织经理人，以及是否填写了 4720 表格以报告这一情况（8.12）。

17.39 私立学院或大学必须在年度信息反馈表中填报特殊的编制目录吗？

是的。学院和大学填报年度信息反馈表，必须填完 990 表格的编制目录 E（学校）。这一编制目录要求提供确定学院或大学是否符合维持其学校（4.4）的公共慈善组织身份的信息。在编制目录 E，学院或大学必须表明是否其具有非种族歧视政策，包括在所有书面文件中含有非种族歧视政策的声明，是否满足相关政策出版物的要求，以及是否保留关于种族构成（4.5）的记录。它也必须报告是否在下列方面存在种族歧视：

- 学生权利。
- 入学政策。
- 教师或行政人员的聘用。
- 奖学金或其他经济援助。
- 教育政策。
- 使用的设施。
- 运动项目。
- 其他课外活动。

如果学院或大学对任何这些问题回答"是"，那么它必须提供解释。学院或大学必须进一步报告是否它接受了政府资助，资助是否被撤销或暂停，以及它是否证明了其符合学校被要求遵守的非歧视性规定（4.5）。[4]通过在编制目录 E 中作出确认，学院或大学无需填报 5578 表格。

17.40 学院或大学必须在年度信息反馈表中反映其国外活动吗？

是的。年度信息反馈表编制目录 F（美国境外的活动陈述）要求，如果报告的学院和大学在申报年度内从美国境外的捐赠、筹款、不相关商业活动和项目服务中获得超过 1 万美元的总收入或费用，就必须报告其在国外的活动。

至于赠款，学院或大学必须报告它是否保留了其捐赠或资助的实质金额的记录，受赠人对捐赠或资助的资格，奖助金的选择标准（第十一章）。学院或大学必须描述其监管捐赠资金在美国境外使用的程序。[5]

学院或大学必须按地区来描述它在国外的活动。为此划分了九个地理区域：中美洲和加勒比地区；东亚和太平洋；欧洲；中东和北非；北美（加拿大和墨西哥，但不包含美国）；俄罗斯和新独立的国家；南美洲；南亚；撒哈拉以南的非洲。[6]就每一个区域而言，学院或大学必须报告：保留的办事处数量；在该地区工作的雇员或代理人的数量；所进行的活动（如拨款、筹款或计划服务）；在该地区开展的项目服务活动类型（如果该机构正在开展项目服务活动，如提供教育课程）；以及在该区域进行的活动的总支出。

在这一编制目录上，学院或大学必须报告其超过 5000 美元的国外捐赠和其他向美国以外政府、组织和个人提供的资助。如果没有一个人收到超过 5000 美元的捐赠，那么学院或大学就不必提供关于捐赠或资助的任何细节。如果学院或大学向国外政府、其他实体和个人进行捐赠或资助，则它们不必在报告中披露接受者的身份。向实体的捐赠或资助，包括外国政府，学院或大学必须报告每一笔捐赠情况，该捐赠作出的区域，捐赠的目的，捐赠的金额和支付方式，以及任何非现金资助的公平市场价值。组织填写这一编制目录也必须报告被外国认证为慈善组织的数量，或者是受赠人或法律顾问提供的同等性质的信函。年度信息反馈表指导手册也提供了国税局所认定的作为慈善组织和经受赠人确认的具有良好信誉的国外实体，根据受赠人的书面陈述或法律顾问的意见，被授予者相当于一个公共慈善机构。[7]

学院和大学直接提供超过 5000 美元的捐赠或资助，或者为了在美国境外的个人利益进行捐赠，这些捐赠的特殊细节必须加以提供。报告中所包括的这些个人不仅是国外的，也有居住在美国境外的美国公民和居民。信息必须按区域提供，使用前面列出的某一区域，包括资助的类型，接受每一种类型资助的人的数量，向受助人提供的货币补贴数额（总和），以及任何非现金资助的公平市场价值（总和）。

17.41 关于筹款和游戏活动，学院或大学必须作出哪些报告？

年度信息反馈表要求学院和大学报告其筹款和游戏活动的大量信息。这项披露在年度信息反馈表中的编制目录 G（关于筹款和游戏的补充信息）中。编制目录第一部分必须由机构填报，报告当年超过 1.5 万美元的职业筹款活动花费。报告的机构必须通过检查栏指出，它们是否通过下列七种方式中的一种或更多筹集资金：

1. 邮件募捐。
2. 电子邮件募捐。
3. 电话募捐。
4. 现场募捐。
5. 非政府捐赠募捐。
6. 政府拨款募捐。
7. 特殊的筹款活动。

这个列表并不是组织用来筹集资金的各种方法的完整清单。例如，它就不包括学院或大学发布在学校网站上的募捐。但不幸的是，目前还不清楚如何报告类似的捐赠。组织还必须披露它们是否与任何个人（包括受托人、董事、高级管理人员或核心雇员）或与专业筹款活动有关的实体达成书面或口头协议。对于 10 位最高收入的个人或实体，必须披露更多的细节，包括筹款人的身份、筹款人筹集的资金数额以及资金筹集人支付或保留的费用。

如果一所学院或大学报告说，它从筹款活动中获得了超过 1.5 万美元的收入，就必须披露两项超过 5000 多美元的最大的筹款活动的更多细节。这些细节包括活动的总收入、与活动有关的慈善捐款、活动的收入（即，总收入减去捐赠）、支付的现金奖励总额、支付非现金奖励的公平市场价值、租赁费用、其他直接费用以及所有报告事件的净收入汇总。

在博彩收入超过 1.5 万美元的学院和大学，必须披露有关其博彩活动的信息，其中包括宾果游戏、拉标签/即时/渐进宾果和其他形式的博彩活动。对于每一个类别的博彩活动，学院或大学必须报告它的总收入、奖金总额支付、总公允市场价值提供非现金奖、关于房租的费用和其他直接费用的活动、使用任何志愿劳动活动和所有净博彩收入的游戏活动的直接费用的汇总。报告机构必须确定在纳税年度期间学院或大学从事博彩活动的州，以及是否允许在这些州经营博彩活动。它还必须报告在1年内是否有任何游戏许可证被吊销、暂停或终止。关于博彩活动的一系列其他问题涉及：

- 在组织的设施和/或外部设施中操作游戏活动的百分比。
- 准备组织的博彩/特殊事件记录的人的姓名和地址。
- 组织是否与任何实体签订合同，并获得博彩收入（答案如果是肯定的话，则需要披露额外的信息）。
- 关于游戏经理人的信息。
- 根据州法律，该机构是否需要从博彩收益中进行慈善分配，以保留其国家博彩许可证。
- 州法规定其他免税组织分配的数额，或者用于促进当年该组织免税活动的支出（按州作进一步划分）。

17.42 学院或大学必须报告奖学金、助学金和其他捐赠的信息吗？

是的。年度信息反馈表附带的两个编制目录要求报告学院或大学的捐赠活动。编制目录F（美国境外的活动陈述）与国外捐赠有关（其他国外活动）和编制目录I（向在美国的组织、政府和个人提供的捐赠和其他资助）与国内捐赠有关。组织可以组合报告关于奖学金、助学金和其他通过捐赠或资助类型向个人提供的捐赠或捐赠目的的信息，即报告每一种类型捐赠或目的的受赠人数量和为每一类捐赠目的的提供现金和非现金资助数额。对于国外捐赠，报告的组织必须按地理区域（17.39）将捐赠进一步分类。更多关于奖学金、助学金和类似捐赠的信息见第十一章。

17.43 向学院或大学的员工及其亲属或其他与机构有密切联系的个人提供的捐赠，这些数额也需要报告吗？

在从事免税活动的一般情况下，学院或大学可能会发现，它希望向员工及其亲属或与该机构有密切关系的人（例如受托人的亲属）提供一笔捐赠或资助。由于受赠人与组织的关系及其影响，这种性质的交易受到国税局更严格的审查。学院和大学必须确保个人没有因为其在该机构的地位或者与附属于该机构的人的关系而得到该机构的资助或协助。

年度信息反馈表要求学院和大学报告它们提供给利益相关人的捐赠或其

他资助。为此，利益相关人是高级管理人员、董事、受托人、核心雇员、实质性捐赠者或相关的人。相关人员可以是这些人中的任何一类：

- 组织选举委员会的成员。
- 任何组织高级管理人员、董事、受托人、核心雇员、实质性捐赠者的家庭成员或组织选举委员会的成员的家庭成员。
- 组织任何一名高级管理人员、董事、受托人、核心雇员、实质性捐赠者或该组织选举委员会的成员中占35%比例的控制实体。
- 实质性捐赠者或者占有35%比例的控制实体的雇员（或雇员的子女）。

对利害关系人的捐赠或资助这个短语并不包括超额利益交易（6.33）；向利害关系人的贷款；为了直接和即时满足组织需要所进行的充分而公平的商业交易，例如向雇员或顾问支付报酬，以换取同等价值的服务；附加福利；或者向实质性捐赠者的雇员（和他们的子女）基于预先确定的标准并由评选委员会审查的在客观和非歧视的基础上进行的捐赠（4.30）。

对利害关系人的任何捐赠或资助，学院或大学必须为利害关系人描述利害关系人和组织之间的关系，并说明捐赠的数额或资助的类型，包括对非现金资助的估价。

对学院和大学这种慈善组织而言，从慈善组织获益的个人，若要构成一个慈善类别（11.49），必须是足够大或无限的。如果慈善组织的活动是营利性的，那么其慈善身份将被否定。一个例子就是基金获得者是捐赠者的亲属。但是，通过地域或年龄限制的受益人，比如未成年人或老年人，可以构成一个慈善类别。一个类别是否足够大是一个典型的程度问题。对于利害关系人构成一个慈善类别的成员，这种情况并不少见。例如，学院或大学的受托人可能有一个儿子或女儿，他有资格获得奖学金而入学。在这种情况下，利害关系人（受托人的子女）就是慈善类别的成员。

在决定是否向利害关系人提供捐赠或资助时，学院和大学必须仔细备案用于决定该利害关系人是获益目标群体的一部分的选择程序。在作出这种决定时，任何与利害关系人有关的人都应该回避确定利害关系人是否应该获得捐赠或资助资格的判定过程。一些学员和大学对关于利害关系人是否有权获得资助采取了政策。

17.44 学院或大学需要报告其免税的债券融资相关信息吗？

年度信息反馈表包含了学院和大学应该报告其免税债券财务信息的特殊

美国学院和大学的非营利法律实用指南：雇员、董事和顾问的必知问题解答

目录（编制目录 K 免税债券的补充信息）。这个目录要求列出学院或大学所有的未偿付债券的普通信息。债券发行指的是两种或更多债券的发行，它们必须满足：（1）在同一时间卖出；（2）按照同一融资计划出售；（3）由同一资金来源支付。[8]学院或大学也必须提供有关债券发行人的信息，确定债券的数量、发行日期和发行债券的价格，以及债券发行的一般描述。

编制目录 K 要求报告的组织指出是否已经建立了一个废止或重新筹资的托管制度以及该组织是否代表发行人发行债券。在编制目录里，学院或大学必须报告债券发行的分配信息，比如存入所需的储备金或替代基金和债券发行成本的总收入金额。

该编制目录还包括一系列旨在帮助国税局确定是否有私人企业使用债券收益的问题。这些问题包括询问学院或大学是否参与了拥有债券融资财产的合作关系，以及学院或大学是否就债券融资财产方面签订了任何管理或服务合同。

17.45 学院或大学针对其高级管理人员、董事以及其他与之有密切关系的个人之间的交易必须报告哪些信息？

990 表格的编制目录 L（利害关系人交易）要求免税组织指明其与利害关系人的交易。符合这一报告目的的利害关系人一般是年度信息反馈表中组织的现任高级管理人员、董事、受托人和核心雇员以及这些人的家庭成员，还有被利息关系人和/或其家庭成员直接或间接拥有超过 35% 比例的实体。它还包括前任高级管理人员、核心雇员和从组织及其任何关联组织接受超过 10 万美元最高薪资的雇员；任何在位时从组织及其任何关联组织接受超过 1 万美元的报酬的前任董事或受托人。

按照报告利害关系人交易的目的，利害关系人的定义根据被报告的交易类型而变化。年度信息反馈表有四种基本类型的利害关系人交易要求学院或大学进行额外的报告。首先，机构必须报告关于其超额利益交易（6.33）的信息。报告的信息包括参与交易不合格的人的姓名，交易描述，超额利益交易是否被矫正（6.60），对该交易应征收的税额（6.59），以及该机构是否报销了任何消费税（6.68）。参与超额利益交易的机构在披露关于此类交易的措辞上必须极其小心。第二，学院或大学必须报告报告利害关系人还未偿还的贷款。在年度信息报告结束之前，学院或大学偿付贷款的程度不必披露。利害关系人的贷款不包括：

- 超额利益交易。
- 会计计划预付款。
- 支付时符合慈善捐款条件的应收账款。
- 组织承担的应计但未付的报酬。
- 与信用合作社提供给利害关系人的贷款同等条件的贷款。
- 在组织商业的普通过程中创建的与提供给一般公众相同条款的应收款项。

学院或大学还必须报告机构与第三方或者利害关系人与第三方之间的贷款，这些贷款会因此转化为机构与利害关系人之间的债务。所要求披露的与利害关系人相关的债务包括：利害关系人的姓名和贷款目的、贷款是否来自于组织、贷款的原始本金数额、贷款余额、贷款是否违约、贷款是否经董事会或委员会批准，以及贷款是否为期票或者由债务人签署的其他书面协议。

第三，学院和大学必须披露关于捐赠或资助受益利害关系人的信息，包括向高级管理人员、董事、受托人、核心雇员或实质性捐赠者或与这些个人有关联的人的捐赠或其他资助（17.43）。

第四，学院和大学必须报告它们与利害关系人之间的商业交易。为此，利害关系人是报告组织的现任或前任高级管理人员、董事、受托人、特定核心雇员，以及这些人的家庭成员及其35%控制比例的实体。[9]利害关系人还包括一个实体（不是免税组织或政府组织）现任或前任的高级管理人员、董事、受托人或核心雇员在交易之时是在职的高级管理人员、董事、受托人、核心雇员以及合伙人或拥有超过5%利益的成员，如果该实体被视为合伙企业，或者如果该实体是专业公司，则为拥有超过5%的所有权的股东。

对利害关系人交易的报告有几个报告门槛。学院或大学必须报告与利害关系人的商业交易，如果：

- 在应纳税年度，填报组织与利害关系人之间的所有支付超过10万美元。
- 在组织应纳税年度，组织与利害关系人仅一次交易的支付超过最高1万美元或机构当年总收入的1%。
- 填报组织在应纳税年度支付给利害关系人家庭成员的薪酬超过1万美元。
- 在合资企业的情况下，机构在一个合资企业里投资了1万美元或更多，以及机构和利害关系人每个人的利润或资本利得超过10%。

商业交易包括销售、租赁、许可、保险以及服务表现的合同，是否起始于当年或之前的一个纳税年度。商业交易也包括组织和管理公司之间的交易，其前任的高级管理人员、董事、受托人或核心雇员（在过去的 5 年内，即使是因为没有获得报酬而在 990 的表格中没有列出）是直接或间接的拥有 35% 所有权的人，或者是高级管理人员、董事、受托人或核心雇员。商业交易不包括征收会员费。商业交易的例子包括利害关系人拥有的租赁财产或者与利害关系人拥有 35% 所有权的公司之间签订的合同。

为了达到报告要求的门槛，机构应在同一合同或交易期间的纳税年度内汇总所有支付情况，以确定是否符合申报标准。例如，如果学院或大学的受托人是律师事务所的 5% 以上合伙人（或者如果律师事务所是一家专业公司的话，超过 5% 的股东），以及律师事务所根据一项特定案件或法律事务的合同，在该机构纳税年度中账单的总金额远远超过了该机构总收入 1 万美元或 1% 的，那么与该律师事务所之间的交易就应当报告。

17.46 与非个人关联方的交易必须在年度信息反馈表中报告吗？

是的。年度信息反馈表要求学院和大学报告它们与利害关系人的交易。为此，利害关系人不仅包括个人也包括利害关系人拥有 35% 股权的实体。至于个人，学院或大学必须报告与利害关系人的实体之间的这些交易：超额收益交易、贷款、赠款或援助以及业务交易。适用于个人的报告门槛同样也适用于与实体进行的商业交易（17.45）。

17.47 学院或大学如何确认与其利害关系人的商业交易？

从实际操作上来说，免税组织不可能知道其与利害关系人之间所有的商业交易，对非直接的商业交易尤其如此，它们包括：

• 免税组织与利害关系人所在的或者其家庭成员拥有 35% 或更多股权利益的商业实体之间的服务合同。

• 涉及免税组织和营利性企业的销售合同，该企业的董事也是免税组织的董事。

• 免税组织与有限责任公司之间的租赁交易，免税组织的董事在有限责任公司里的比例超过 5%。

国税局对利害关系人商业交易适用合理努力获取信息的标准。年度信息反馈表指南指出，一个免税组织不被要求提供关于利害关系人的商业交易信息，如果它在作出合理努力之后仍然不能获得与利害关系人身份相关的信息。指南进一步指出，如果组织每年向每一个利害关系人发放了包括姓名、头衔、日期和经每个人签字后报告的信息，以及包括相关的说明和定义，就是尽到了合理努力。这份调查问卷可以是年度信息披露的一部分，作为组织冲突利益政策（5.29）的一部分。

17.48 学院或大学必须在年度信息反馈表中报告其在其他实体的所有权（例如合资企业或子公司）以及与这些实体之间的交易吗？

是的。年度信息反馈表要求在附表 R（关联组织和非关联合伙）中披露关于关联组织和非关联合伙的信息。这一目录要求披露学院或大学的豁免实体（16.5）、关联的免税组织、关联的合作应纳税组织、关联的公司或信托应纳税组织，以及作为通过学院或大学执行超过 5%活动的合伙的应纳税实体（通过总资产或毛收入计算）。这将包括作为合伙的应纳税有限责任公司

关联组织包括代表一个或更多与学院或大学关系临近的实体：

- 父母——组织控制着填报组织。
- 附属——组织被填报组织所控制。
- 兄弟/姐妹——组织被同一个人或控制填报组织的人所控制。
- 支持的/被支持的——一个组织在学院或大学应纳税年度的任何时候是或声称是其支持性组织或者被支持组织，（如果学院或大学是一个支持性组织的话）。

控制的定义取决于组织的类型。对于一个非营利实体的组织（或者没有所有权人或其他受益权人，无论该实体是否应纳税或者免税），一个或更多的人控制着该组织，如果它们有权撤销或取代（或者任命或选举，如果这样的权力包括定期任命或选举或在职位空缺的情况下持续的权力），非营利组织董事或受托人的大多数或者选择非营利组织董事或受托人的成员的大多数。这项权利可以由母组织直接行使，通过一个或更多母组织的高级管理人员、董事、受托人或代理人，作为母组织的高级管理人员、董事、受托人或代理人而行使权利。另外，一个母组织控制一个附属的非营利组织，如果附属组织的董事或受托人的大多数是受托人、董事、高级管理人员、雇员或母公司的代理人。

就股份公司和其他组织的所有权人或获利者而言，无论这样的组织是纳税或是免税的，如果存在以下情形就被视为一人或多人（无论是个体还是组

织）控制着该实体：

- 在合伙企业里拥有超过 50% 的利润或资本利得。

- 在有限责任公司里拥有超过 50% 的利润或资本利得，无论州法对股票、股份或其他所有权作出何种规定。

- 是合伙或有限责任公司的管理合伙人或管理成员，该组织有 3 个或更少的管理合伙人或管理人员（无论哪一个合伙人或成员拥有最实际的控制权）。

- 是有限责任合伙企业的普通合伙人，该合伙企业有 3 个或更少的普通合伙人（无论哪一个合伙人拥有最实际的控制权）。

关联实体的信息必须披露，包括关联组织的名字、地址、雇主身份识别码、主要活动、合法住宅，以及免税的公共慈善身份的代码，关联组织直接控制实体的身份。学院和大学也必须报告关联组织在总收入中的份额和年末资产。对关联的公司和信托机构而言，报告的机构必须阐明它对实体的所有权比例。如果报告的学院或大学从事与特定关联组织之间的交易，它必须披露参与其中的关联实体的名字，交易类型，并提供交易涉及的数额。学院或大学的关联实体必须报告它的控制实体的信息，该控制实体是机构拥有超过 50% 股权、合伙或者有限责任公司（通过选票或价值）的公司，且报告的组织拥有超过 50% 的利润或资本利得，或者任何拥有超过 50% 实体受益利润的其他实体。有关关联组织的交易报告必须包括：

- 利息、年金、版税或来自于被控制实体的租金。
- 给或来自于关联组织的捐赠或资本捐赠。
- 为关联组织的贷款或贷款担保。
- 与关联组织有关的销售、购买或交换资产。
- 给或来自于关联组织的设施、设备或其他资产租赁。
- 关联组织的服务业绩或会员或筹款募捐。
- 设施、设备、装备清单或其他共有资产共有的付薪雇员。
- 支付给或被关联组织支付的费用偿还。
- 填报组织和关联组织之间的任何资金转移。

与被控制的实体和关联免税组织的交易不属于慈善组织范畴［例如在 IRC 501（c）(3) 节描述的］，要求报告更多细节（如果数额超过 5 万美元）。但是需要注意的是 5 万美元的门槛不适用被控实体的利息、年金、版权或租金，无论数额多少都要求详细的报告。

17.49 年度信息反馈表中要详细报告捐赠财产和其他非现金捐赠吗？

是的。990 表格编制目录 M（非现金捐赠）要求报告向免税组织捐赠的非现金捐赠信息。学院和大学报告它们所接受的超过 2.5 万美元非现金捐赠必须填入该目录。该目录要求学院和大学分类报告它们的非现金捐赠，包括艺术作品、书籍和出版物、服装和日常用品、汽车和其他车辆、船只和飞机、知识产权、有价证券（公开交易、不公开招股、合伙企业、有限责任公司和信托利息）、保护地役权、不动产、收藏品、食品库存、药品和化学试剂、动物标本、历史文物、科学标本，对每一类非现金捐赠，学院或大学必须报告捐赠的数额，分别报告收入和计算收入（价值）的方法。

此外，学院或大学必须报告：

- 在纳税年度收到的 8283 表格数目，组织完成捐赠者表格的信息部分。
- 机构是否接受任何财产的捐赠，该财产被报告必须从初始捐赠之日起持有至少 3 年，且不要求在整体持有期间被用于免税目的。
- 协议的描述。
- 机构是否存在捐赠接受政策（12.8）。
- 机构是否雇佣或使用第三方或关联组织来募捐、提升或销售非现金捐赠（如果机构的回答是肯定的，则要描述该事件）。

不相关营业所得税申报

17.50 年度信息反馈文件与不相关营业所得税申报表有何关系？

如上所述，年度信息反馈文件不是纳税申报表（17.6）。因此，不相关营业收入的细节不用在年度信息反馈文件中报告，而应在不相关营业所得税申报表（17.52）中报告。

尽管如此，年度信息反馈文件仍要求免税组织就当年的不相关营业总收入是否超过 1000 美元作出回答。如果答案是"否"，就没有其他问题。如果答案是"是"，组织必须回答是否提交了当年的 990-T 表格。正确的答案是"是"，因为这是提交不相关营业所得税申报表的基本标准。如果该组织被迫回答"否"，建议组织最好快速进行补救和/或寻求专业协助。

17.51 公立学院和大学需要报告不相关营业收入吗？

需要。虽然一般不要求公立学院和大学提交年度信息反馈文件，但它们需要缴纳不相关营业所得税，并提交不相关营业所得税申报表。

17.52 组织报告不相关营业收入时应填写哪个表格？

如果学院和大学一年内的不相关贸易或营业总赠与额超过 1000 美元，则应填写 990-T 表格和免税组织营业所得税申报表对不相关营业收入进行汇报。总收入指收入总额减去销售成本。

17.53 如果组织的不相关营业有净亏损，是否应提交不相关营业所得税申报表？

应该。组织希望保留净亏损报告，以便在未来针对潜在的不相关贸易或营业收入提出索赔。另外，由于法律要求所有不相关营业总收入（即减去花费之前的收入）超过 1000 美元的免税组织提交不相关营业所得税申报表，所以即使组织有净亏损，也需要提交该申报表。

会计方法和财务报表

17.54 在填写年度信息反馈文件时应采用什么会计方法？

一所大学或大学可以自由选择它认为最适合的会计方法。所选择的方法可以是现金、权责发生制或其他方法，但必须在年度信息反馈文件的第 11 部分中说明。一般来说，学院或大学在填写年度信息反馈文件时应与账目维护使用同样的会计方法。

17.55 免税组织的财务报表并不总是按权责发生制的会计方法而准备，是吗？

是的。这些已审计的财务报表一般根据公认的会计原则准备，这意味着是按权责发生制会计方法准备的。

17.56 学院或大学在年度信息反馈文件中必须报告哪些与财务报表、会计人员和审计委员会相关的信息？

学院或大学在表 990 第 11 部分中必须回答以下问题：其财务报表是否由独立会计人员[10]编写或审查 以及是否已经由独立会计人员审计。如果会计人员符合美国注册会计师协会、公众公司会计监督委员会或其他协会监督或制定的会计和审计专业标准，则为独立会计人员。[11]学院和大学还必须报告是否有审计委员会，负责对申报表的编写、审查或审计以及对独立会计人员（5.27）的选择进行监督。这一部分的最后一个问题是，如果由于联邦劳资裁定协议的原因，要求学院或大学按照"单一审计法"和"管理办公室和预算循环 A-133"的规定进行审计，那么该学院或大学是否接受该审计要求。"单一审计法"和"管理办公室和预算循环 A-133"要求联邦劳资裁定协议中的年花费超过 50 万美元的组织接受审计。

17.57 免税组织如何改变会计时限（税收年度）？

免税组织可以在未经国税局或其他政府机构许可的情况下随时更改其会计时限。但是在更改之后，组织必须提交短期的年度信息反馈文件。

如果组织在包括任一开始时间的 10 年期间改变其会计时限，同时需要在 10 年期间的某一时期提交年度信息反馈文件，则组织必须填写和附上国税局要求的短期申报表格（表格 1128）。

17.58 免税组织如何改变会计方法？

如果免税组织想要改变会计方法，通常必须填写并提交国税局要求的表格（表格 3115）。但如果免税组织是为了与财务会计标准委员会（SFAS 116）颁布的《接受捐赠和捐赠的会计处理》一致而改变会计方法，则无须填写表格。

会计处理的方式变更之后可能需要对税收收入和支出进行一定的调整。组织改变会计方法并审计财务报表之后，无论是否提交表格 3115，都必须在表格 990 的 D 表 11-14 部分中对净资产、收入或费用所进行的必要调整进行报告。

普通运营变更

17.59 如果组织参与的活动没有提前向国税局报告怎么办？

如果免税组织有国税局关于免税认定的裁决书或决定书，则可以认为该组织已经向国税局报告了它当时所有的计划或活动（3.12）。

组织可能在过去提交年度信息反馈文件之前或在审计期间向国税局报告了一项或多项活动。实际上，法律要求免税组织将相关事实产生的任何实质性改变都同时向国税局报告。当然，这要求国税局有机会审查这些事实，以确定该组织是否不再以从事免税目的的活动为主。它旨在成为国税局目前正在实施的运营型测试的一部分。

因此，当国税局被告知组织的活动时，可能有几种情况。但如果组织参与的程序服务活动在此之前没有向国税局报告，则该组织需要勾选选项"是"并将其作为反馈文件的一部分进行报告（表990，第3部分，第2行）。每个活动的详细描述必须包括在附表O中。否则，回答"否"。

17.60 如果组织改变了运营性文件怎么办？

国税局要求组织文件或管理文件的所有重大变更都应在年度信息反馈文件中披露。学院或大学在990表格的第6部分中报告。

国税局对于组织文件或管理文件的重大变更提供了例子，包括：
- 管理部门中投票成员的数量、组成方式、资格、权限或职责。
- 组织中管理人员或重要员工的人数、组成、资格、权限或职责。
- 股东或会员在管理活动中的作用。
- 组织解散后资产的分配情况。
- 关于组织或授权文件或章程修订的规定。
- 管理部门成员或组织股东或会员的法定人数、投票权或投票批准要求。
- 组织的免税目的或任务。
- 关于员工、董事、受托人或重要员工薪酬的政策或程序、利益冲突、举报人或文件的保留和破坏。
- 审计委员会的组成或程序。

如组织文件或管理文件未发生重大变更，则不需要报告，该情况包括：

组织在州的注册代理人发生变更；管理部门或成员会议要求或允许的数量和频率发生改变。

组织文件或管理文件和章程以外的政策变更不需要汇报，例如接受或改变管理部门采取的政策，但这种接受或改变对于组织文件或章程没有影响。例如，如果学院或大学的董事会决定修改利益冲突的书面政策，但该政策不在机构的法人注册章程、管理信托文件或规定内，则不需要在990表格中进行报告。

公众审查和记录要求

17.61 对年度信息反馈文件的公众审查有何要求？

这些要求会在本书另外的章节中进行讨论（第十八章）。不过，在这里可以指出，反馈文件中有一个问题，即在申请免税身份和年度信息反馈文件中，组织是否符合公众审查要求（第6部分，C部分，第17行）。由于法律要求组织符合这些要求，所以建议组织最好作出肯定的回答（如果可以，最好以真诚的态度）。即使对文件没有要求，也要回答"是"。如果必须回答"否"，建议咨询律师。年度信息反馈文件进一步要求组织回答是否以及如何（如果答案为"是"）向公众提供管理文件、利益冲突政策和财务报表。这个问题很棘手，因为法律并不要求公开这些文件，除非这些文件属于其他需要提供给公众的文件的一部分，例如组织的免税身份认定申请。

17.62 对学院和大学关于消除种族歧视政策的记录有何要求？

所有私立高等院校必须再对学生实行消除种族歧视政策后，才有资格成为免税慈善组织实体（4.5）。与之相关的是，应国税局对记录的合理要求，私立学院和大学必须保持至少3年的记录：

1. 记录每学年里学生、教学人员和行政人员的种族构成。
2. 充分记录奖学金和其他财政资助是在消除种族歧视的基础上颁发的。
3. 所有涉及学生入学、课程安排和奖学金的小册子、目录和公告副本。如果学校在全国或在较大的市或在美国刊登广告，只需详细记录广告刊登的时间和刊物。
4. 学校使用的或代表学校的所有劝募文件副本。

如果学校未能按要求保留或提供所需的记录和信息，则推定该组织未能遵守国税局关于学校应实施消除种族歧视性政策的要求。

学生、教学人员和行政人员的种族构成可以根据学校现有的最佳信息进行估算，不需要申请的学生、教学人员和行政人员向学校提供除学校要求以外的其他信息。但是必须记录每学年使用的种族构成计算方法。如果学院或大学使用的是 1975 年 11 月 6 日关于学生、教学人员和行政人员种族构成的计算方法，则无须保留记录，除非组织未经国税局预先批准而使用其他系统记录的相同信息。

国税局不要求学院或大学公布以上个人身份记录或个人信息，除非符合"1974 年家庭教育权和隐私法"的要求。[12]同样，国税局不要求学校记录州法或联邦法禁止的内容。

17.63 这些要求是否有例外？

有。如果出现以下情况，私立学院或大学不需要单独保留记录：

1. 记录中提供的信息（根据法律规定）基本包括在提交给联邦、州或地方政府机构的文件中，且该信息在一年内是最新的。

2. 学校保留了可以获得这些信息的报告副本。

17.64 学院或大学每年如何证明自己采取了消除种族歧视政策？

在年度信息反馈文件附表 E（17.39）中证明。

制裁

17.65 组织因年度信息反馈文件可能会受到什么惩罚？

组织未提交、逾期提交、提交错误或提交内容不完整都会受到惩罚。

17.66 这些惩罚是什么？

基本罚款是每天 20 美元，合计不超过 1 万美元或该年度组织总收入的 5%。如果组织出于合理原因而违反要求，不会受到惩罚。组织提交的反馈文件不完整也会受到惩罚，例如没有填写表格中的必填项或必要部分。此外，如果组织的反馈文件中包含不正确的信息，也可能受到惩罚。例如，组织所报告的捐款扣除了相关筹款费用，则会受到惩罚。

即使使用有偿人员准备该文件，组织仍有责任提交完整反馈文件。

年总收入超过 100 万美元的组织每天将受到 100 美元的罚款。每个反馈文件的最高罚款额为 5 万美元。

这些罚款从年度信息反馈文件应提交日起算。

17. 67 如果组织连续几年都没有提交年度信息反馈文件，会受到更严厉的惩罚吗？

如果组织连续 3 年未按要求提交年度信息反馈文件，将自动失去免税身份。从 2010 年开始，对于连续 3 年未提交反馈文件的组织开始实行自动撤销免税身份的规定。由于没有提交年度信息反馈文件而失去免税身份的组织必须提交所得税申报表并缴纳所得税，并重新申请免税身份认证。

17. 68 对于未提交反馈文件的情况，个人也会受到同组织一样的惩罚吗？

是的。责任人也会受到另外针对个人的惩罚。罚款为每天 10 美元的，累计不超过 5000 美元。如果是出于合理原因，则免除惩罚。

如果有多名负责人，需共同接受惩罚。

如果责任人故意不按要求提交反馈文件或向国税局提交虚假文件，会受到罚款和监禁的惩罚。

参考文献

1. Revenue Procedure 95- 48，1995- 2 C. B. 418（1995）.

2. These returns are available at www. irs. gov.

3. Rev. Rul. 69- 247，1969- 1 C. B. 303.

4. Rev. Rul. 71- 447，1971- 2 C. B. 230 and Rev. Proc. 75- 50，1975- 2 C. B. 587.

5. 学院和大学可以参照私人基金会支出责任规则（Reg. § 53.4945- 5）和美国财政部《反恐融资指南：基于美国慈善组织的最佳志愿实践》来指导外国资助的运作程序。

6. 表 990 罗列并说明了组成每个区域的国家。

7. 参见 Rev. Proc. 92- 94，1992- 2 C. B. 507 关于等价程序的信息。

8. 该信息可以从表 8038 中收集，它包含在债券发行之时的提交文件之中。

9. 按照表 990 第 7 部分第 A 节所罗列的清单，核心雇员必须披露相关信息。

10. 汇编仅仅是财务状况的呈现，不需要更深入的分析，后者是审核或审计的一部分。审核是会计人员对组织财务报表的一种检查，目的是评估其是否合理，审计则要求更广泛的测试且通过外部验证程序进行。

11. 审计是对组织财务报表的正式解释，其目的是评估报表的准确性和可靠性。

12. 20 U. S. C. 1232g（1974）.

18 ◀◀
披露与分配规则

享有免税资格的组织要遵守联邦税法的各种披露与分配规则。最重要的规定是关于年度信息反馈表和免税资格认定申请的要求。遵照规定，组织必须确保公众可以获取组织最近 3 年的信息审核表和免税资格认定申请，以检视信息，而且，组织必须向索要信息者提供该申请的副本。关于私人请示回复的披露规则，针对的是特定信息或服务，以及特定的慈善捐赠募捐。

私立学院和大学也要遵守披露和分配规则。这些披露和分配规则一般不适用于政府部门。因此，公立高校一般也不适用这些规则。但是，如果一所公立学院或大学获得了国税局颁发的免税慈善组织［IRC 501(c)(3) 实体］裁定书，就必须遵守披露和分配规则。根据 IRC 501(c)(3)，国税局对慈善机构的要求是，一所公立机构必须向公众公开他们不相关营业收入纳税审核表（表 990-T）。

以下是关于披露与分配规定的常见问题及解答。

年度信息反馈表

18.1 年度信息反馈表能够应公众要求而公开吗？这对学院和大学及其附属机构意味着什么？

是的。年度信息反馈表属于公开性文件。对此有两种情况：一是根据要求，某些免税组织被要求为查阅人提供这些文件的副本；二是这些文件可以从国税局获取。

作为信息审核的对象，学院和大学应满足以下要求（第十七章）确保公众可以获取该实体最近 3 年的年度信息反馈表；也包括该实体不相关营业收入纳税审核表（表 990-T）（18.5）。以上规则也适用于学院或者大学的附属机构（18.4）。

但是，分配规则依照该部分法律的多数规定。法律中该部分的表述基本依照分配法规的规定来进行。

18.2 分配规则对年度信息反馈表是如何规定的？

1996 年，国会颁布免税组织年度信息反馈表的分配规则。这些规则的适用范围扩大至税收条例，这些税收条例在 1999 年（面向一般的免税组织）和 2000 年（面向私人基金会）发布了最终版。[1]2006 年，分配规则适用范围扩大至免税组织填报的不相关经营收入审核。

根据分配规则的规定，任何人一般可以复制最近 3 年的年度信息反馈表中的一份或多份，无论是个人当面要求还是书面要求，组织都必须提供其所要求的副本。要求查阅的个人可以保留这些副本。

如果个人要求当面查看副本，组织必须在第一时间内提供。以书面形式提出查看副本要求的，必须在 30 天内得到答复。年度审核表中关于分配的要求扩大至向国税局提交的所有目录和附件。但是，并不要求组织披露审核表中包括捐赠者姓名和地址部分的信息（18.7）。

18.3 公立、私立学院和大学都需要遵守披露和分配规则中关于年度信息反馈表的要求吗？

公立大学一般被排除在年度信息反馈表关于披露（公众审查）和分配规则的要求之外。好消息是公立高校一般不需要提交信息审核表。私立学院和大学需要遵守年度信息反馈表中关于披露和分配规则的规定。

18.4 学院和大学的附属机构是否需要遵守披露和分配规则？

公立、私立学院和大学的免税附属机构需要遵守信息审核表中关于披露和分配规则的规定（17.2），除非有例外情况。另外，免税附属机构的不相关营业收入纳税审核表也需遵守披露和分配规则，除非这类机构符合作为政府机构的资格，可以免除提交年度信息反馈表，并且要确保机构没有申请和收到国税局认定其符合免税慈善组织的裁定书（18.5）。

18.5 关于学院或大学不相关营业收入审核的披露和分配规则是什么？

一般而言，慈善组织的不相关营业收入所得税申报表（表990-T）同样要遵守年度信息反馈表中关于披露和分配规则的规定。[2]这意味着，慈善组织的表990-T必须接受公众审查，审核表的副本必须对公众开放。

公立学院和大学没有申请和收到国税局关于免税慈善组织［IRC 501（c）（3）实体］的裁定书，便不需要向公众披露不相关营业收入所得税审核表，原因是它们属于政府机构。但是，如果公立大学向国税局申请了免税慈善组织的裁定书，那么它就要遵守披露规则中关于不相关营业收入所得税审核表的要求。公立大学可以选择接受国税局的免税慈善组织认定，这样就可以被列入国税局维护的受赠者名单中，其所接受的慈善捐赠可以被扣除。申请获得免税慈善组织身份，公立大学的不相关营业收入所得税审核表就要遵守披露和分配规则，还可能要遵守其他的披露规则。[3]

私立学院和大学需遵守披露和分配规则关于其不相关营业收入所得税的要求。

某个组织，不相关营业收入所得税要遵守披露和分配规则，则必须提供990-T表准确的副本，包括全部的目录、附件以及关于征收该组织不相关营业收入的支撑文件。与不相关营业收入无关的目录、附件及其支撑文件无需公开。

18.6 公众可以在哪里获取和查阅组织的年度信息反馈表？

组织必须确保公众能够在其主要办公室、区域办公室、地区办公室查阅到所指定的文件。一般来讲，这些文件在组织的正常工作时间内可查阅。只要有3名以上的全职雇员（或者全职或兼职的付薪员工，每周付薪工作时间不少于120小时），就可以被视作地区办公室。有些特定的地点，由组织的雇员独自执行职能活动，不属于地区办公室。披露规则还规定了，一个没有永久办公室或者办公室仅在一年中特定有限时间内开放的组织，如何才能符合公共查阅的要求（18.10）。

免税组织必须接受个人当面提出的查阅副本的要求，而且必须在同一地点和时间提供该信息以供查阅。一般来讲，组织应在要求提出的当天提供副本。特殊情况下，组织可以在第二个工作日提供所要求的副本。

对于提出的书面要求，免税组织必须在接到要求的 30 天内提供副本。如果需要一笔合理的预付款费用来支付复印和邮寄费用，组织可以在收到支付款当日后的 30 天内（而不是接到要求的 30 天内），提供副本。

有些规则就要求对所包含的内容提供指导，何时收到要求，何时提供副本。个人可以要求提供文件的某一具体部分，而不用是整个年度审核表的副本。组织的主要的地区办公室可以雇佣代理人来处理各类关于副本的要求。代理人必须在位置上与相应的办公室保持合理距离，在限定时间内提供副本，以及处于适用于组织自身的条件之下。

18.7 学院或大学需要向公众披露捐赠者的姓名吗？

不用。学院或大学，以及其他公共慈善组织，在应公众要求查阅年度信息反馈表之前，要对捐赠者的姓名和地址进行编辑。捐赠者的姓名列入表 990 目录 B（17.36）。

18.8 学院或大学制作、邮寄申报表副本可以收取费用吗？

唯一可以收取合理费用的是照片复印和邮寄的费用。这项合理收费，免税组织允许收取的副本费不得高于国税局向免税组织收取的申报表副本和相关文件的费用。第一页收费 1 美元，接下来每页收取 0.15 美元。此外，可以收取实际的邮费。组织被允许收费的前提是能够提供所要求的副本。

如果组织收到了查阅副本的书面要求，但没有附上费用，并且组织要求提前支付费用，在此情况下，组织可以在收到书面要求 7 天内提出支付要求。组织收到现金、支票（如果支票随后被清除）、汇票的当日视为支付完成。组织须接受以现金或汇票的形式支付的费用，当该要求是以书面形式提出时，则须接受以个人支票的形式支付费用。组织被允许，注意此处不是被要求，接受其他形式的支付。为防止申请者产生意外费用，免税组织不要求预付款，也不必在申请的同时附上预付款，在复印费和邮寄费总额超过 20 美元时，组织在提供副本之前需与申请者协商一致。

18.9 当查阅所要求的文件或获取副本被拒绝时，个人能做什么？

当个人查阅年度申报表和复印副本的要求遭到拒绝时，税收条例对此提供了指导，即提醒国税局可能需要采取强制措施。个人应该向国税局提供一份说明，解释原因，也就是个人认为其所提出的要求被拒绝是违反披露或分配规则的。

18.10 查阅要求是否有例外情况？

例外的情况极少。一个例外就是，组织没有维持一个永久的办公室，在这种情况下，组织有两种选择来遵守查阅要求。一个是选择合理的地点以供文件接受查阅，另一个是组织可以邮寄，在收到要求的两周内向申请者提供一份文件副本以代替审核。

如果组织有永久办公地点，但是没有办公时间或者时间非常有限，就是一年当中的某个时间，组织要确保在办公时间有限或者不方便查阅时，文件依然可以查看，比如组织没有永久办公室的情况。[4]

18.11 分配规则存在哪些特例？

在两种情况下，免税组织不具有提供审核表副本的义务。一种情况是，组织已经保证文件广泛可见了（18.12）。另一个例外情况是，国税局根据组织的申请确定，该组织受到干扰活动（18.13），并且放弃披露义务是符合公众利益的。

组织必须从国税局得到该判定；组织不能自己决定自己遭受干扰活动。

18.12 广泛可见是什么意思？

如果免税组织的这些资料已经广泛可见，则该组织不用遵守提供年度审核表副本的要求。[5]组织可以通过将资料发布在互联网页面或者把适当的文件发布在另一组织的网站页面上，作为相似资料构成的数据库的一部分，而使其年度信息反馈表广泛可见。

上述例外情况，需要遵守六个标准：

1. 机构要维护网站页面，必须在程序上确保发布的申请表或者审核表的可靠性和准确度。

2. 实体必须采取适当防范措施，阻止发布的文档被篡改、破坏或者意外丢失。

3. 申请表或者审核表必须与国税局的版本相同，以国税局页面上的格式和出版物为依照。

4. 网站页面必须给阅读者明显的提醒，文档可以使用并提供下载指导。

5. 下载和打印时，文档必须与原来版本的申请表和审核表在实质上保持形式一致，而且，与向国税局提交的原始文件内容一致（可以合法留存的信息除外）。

6. 个人可以进入并下载文件，不需要为组织维护网页支付费用。

组织确保审核表广泛可见，必须告知需要副本的个人如何以及在哪里获得所需要的文件。需要注意的是，广泛可见的例外情况仅对副本可用。即使组织令其审核表广泛可见，组织仍需要满足审核时提供副本的要求。

18.13 干扰活动是指什么？

一般来讲，干扰活动存在于组织接受团体发来的要求时，有关事实和情况已经表明，团体提出要求的目的是扰乱免税组织的运作而不是收集信息。[6]

有关事实和情况包含如下：

● 突然增加大量的要求，或者异常数量的要求，表现为通过信件或者类似文字信件的形式。

● 证据表明，其目的是严重地阻止组织的雇员或志愿者追求组织的免税目的。

● 提出的要求中包含对组织充满敌意的语言。

● 直接证据表明，所谓的干扰活动的组织者不守信用。

● 证据表明，组织已经向所谓的干扰团体的成员提供了其所要求的文件。

● 已经证实，免税组织已按照规定提供了所要求的文件副本。

法律涉及该部分的条例，包含了一些例子，来评估某些特殊的情形是否构成了干扰活动，以及一个组织是否有合理的依据来认定遭受这类活动的影响。[7]

对于同一人或者同一地址，30 天内 2 次或者 1 年内 4 次向组织提出要求的，组织可以忽视这个要求。一个组织遭受干扰活动而要求作出判定有诸多程序，并且在判定尚未有结论时，对提供副本的要求可以不作回复。[8]

18.14 如何获得国税局的信息审核表？

虽然商业秘密和捐款人的姓名、地址不能够透露，但是免税组织的年度信息反馈表的副本面向公众的审核而开放，也可以从国税局影印。年度信息反馈表不向公众收费。

国税局可以提供一份或者多份的年度信息反馈表副本。影印本需收费。

国税局可以提供信息审核表副本的 CD 光盘。申请者可以要求一整套年度信息反馈表（例如，某一年的所有备份的审核表）或者某一州、某一月份的部分集。

个人向国税局寻求公共审核或者复制年度信息反馈表，应填写表 4506-A。

免税申请

18.15 关于申请免税资格认可的公众审核要求

对于前面提到的年度信息反馈表（18.1）的审核要求，同样适用于免税资格认可，包括申请免税资格相关的辅证材料，都要接受公众的审核要求（3.12）。[9]公立学院和大学一般不会备份免税资格认可的申请材料，因此，不必遵守这些规则。但是，任意一所学院或者大学，获得免税资格认可而备份了免税资格认可的申请书，这时就要遵守披露规则。

许多私立学院和大学通过申请程序获得了免税、慈善资质认可，因此，他们的申请材料要遵守审核的规则。某些信息可以向公众审核保留，比如商业秘密和专利。

公共审核规则不适用于 1987 年 7 月 15 日之前备份的免税资格申请材料，除非组织备份的申请材料在 1987 年 7 月 15 日已有副本。

18.16 分配要求适用于免税资格认可吗？

是的。关于文件的所有分配规则，以及例外情况（18.2~18.14），都适用于免税认可的申请。分配规则不适用于 1987 年 7 月 15 日之前的免税申请备份，除非组织备份的申请材料在 1987 年 7 月 15 日已有副本。

18.17 国税局的免税申请副本和对免税否决后的信息应对公众可见

大部分免税组织的免税认可申请和相关辅证文件的备份，必须确保公众可以查看。如果一个有利的判决书发给组织，免税认可申请和相关辅证文件由国税局备份。

一个组织，其免税认可的申请书向公众开放审核，关于商业秘密、专利权、步骤、工作性质、装备等信息可以书面形式要求保留，而不向公众公开。如果国税局认为，披露这些信息将对组织产生负面影响，则无需向公众开放。

申请书和相关的材料可以接受适宜的国税局外地办事处审核。国税局的国家办公室也会开展审核；审核可能由公共事务委员的助理来执行，地址是华盛顿特区（20224），N. W.，宪法大道 1111 号。

一旦组织的免税申请和相关文件以及辅证文件向公众开放，国税局的判决书同时也对公众开放。同时接受公开审核的还有有利裁决的技术建议备忘录。

2004 年，联邦上诉法院判决，国税局的判决和相关文件，关于免税认可申请的否决和免税资格的撤销，该撤销由代理机构作出的书面判决，也必须对公众开放。[10]国税局于第二年开始执行判决。

国税局必须告知相应州的办公人员，对某一组织免税、慈善性质认可的否决，或者，某一组织的运行，在某种程度上，不再是符合资格的免税、慈善组织。此外，国税局必须根据要求，将判决的相关文件对相应州的办公人员开放可见。[11]

披露和分配的制裁

18. 18 组织不遵守公众审核要求的罚款

自审核未被允许后开始计算，罚金为 20 美元一天，最高达到每份审核表 1 万美金的处罚款。以免税申请为例，如果组织不遵守要求，每天罚金 20 美元，不断累积。有合理原因的情况，免缴罚款。国税局可以征收额外 5000 美元的罚款，针对故意不披露信息的情况。

18. 19 个人不遵守公众审核要求的罚款

个人故意不遵守审核的要求，要承担 5000 美元的罚款。

18. 20 不遵守分配要求，如何罚款？

这些罚款与违反公众审核要求的处罚相同（18. 18，18. 19）。

商品和服务规定

18.21 学院或大学从联邦政府获得与信息采集服务及其他常规服务相关的信息披露规则是什么？

如果免税组织向个人出价售卖详细信息或者常规服务，那么个人可以以免费或者名义上支付的形式，从联邦政府的代理机构获得信息。这些规则不适用于政府型实体。

免税组织对于出价或者询价，未作出明确的表达，所谓明确的表达即以明确的和容易的识别形式展示，这样才能获得信息和服务，否则免税组织会被处以罚款。对所提出的要求故意忽视，也将受到罚款。

18.22 提供不同类型服务的界限是什么？

披露信息（18.21）仅适用于提供个人请求的特殊信息。比如，个人请求获取社会保障收入记录或者社会保障身份账号，但是不适用于要求提供联邦代理机构发布的简报的副本或者提供尚未确定的法案的副本或者描述性材料。而且，披露的要求不适用于提供专业性服务（比如，税收审核表的准备、奖金申请的准备或者医疗服务），不适用于提供个人日常信息检索服务，即使该项服务可以从联邦政府处免费得到。

18.23 违反披露规则的罚款

面对每天出现的错误情况，违反披露规则就会受到罚款。罚款的最大额度是 1000 美元或者总花费的 50%。

筹款的披露

18.24 慈善组织（包括高校）的联邦筹款披露规则

公立高校，鉴于他们的政府性质，故不受联邦筹款披露规则的限制，虽然该规则适用于慈善组织。私立高校，以及学院和大学的慈善性质附属机构，这些不属于政府型实体，遵守两个主要的筹款披露规则。第一个规则是，如果慈善组织收到交换条件的捐款（13.18）超过75美元，组织必须提供与募捐或接受募捐有关的纸质说明，说明要包含下列两点：

● 告知捐赠者按联邦收入所得税目的扣减的数额不得超过任何金钱或任何财产价值的数额，而不是捐赠者就组织所提供的任何产品或服务而捐赠的价值。捐款人基于诚信来评估接受捐款的组织所提供的商品或者服务的价值。

● 交换条件的捐款中，所付费用一部分作为捐款，另一部分看作是接受捐款的组织向付款者提供的商品或服务，比如购买筹款活动的票券。

同时，慈善捐赠实体规则要求，受益人要向捐赠人提供书面信息，写明一年的捐款大于250美元（包括250美元）（13.6~13.12）。

即使公立高校不用遵守这些披露规则，仍希望这些高校遵守捐赠的有关规定，并在捐款中扣除缴税的部分。

18.25 违反筹款披露规则的罚款

违反关于筹款规则的规定，将受到每笔捐款罚款10美元的处罚，没有合理解释的情况下，每一次特殊筹款活动或是邮寄，将受到最多不超过5000美元的罚款。违反慈善捐赠实体规定的罚款，是因为捐赠者没有扣除慈善捐款中的缴税部分，即使扣缴税款的部门完全允许。

18.26 筹款披露规则对非慈善组织的规定

有一些规则专为防止非慈善组织参与捐赠-募捐活动而设计，在活动中捐赠者将承担或者被要求承担捐款，捐款将扣除税款。

由免税的非慈善组织或以他们的名义发起的筹款募捐活动，必须包含一个明确的解释，以"显而易见并容易识别的方式"，即向免税的非慈善组织捐赠不需要像基于联邦所得税目的的慈善捐款一样扣除税款。筹款募捐是以书面或者打印传单的形式，或者通过电视、广播、电话征集捐赠。在一个日历年里，有超过10人参加了一个经协调的筹款活动，而这些信件或电话被排除在外。当然，这些规则不适用于年度总收入不超过10万美元的组织。

18.27 违反筹款披露规则的罚款

对于违反披露要求的非慈善组织，每天罚款1000美元（最多一年1万美元），有合理解释的情况除外。对于故意忽视本规则的组织，每天的罚款多于1000美元或者当日募捐总成本的50%；没有1万美元的限制规定。

18.28 高校变卖捐赠的资产，需要遵守披露规则吗？

除有限的例外情况（18.29），一名慈善受益人，在捐赠人捐赠后的 3 年内，出卖、交换、消费或者以其他方式处理捐赠的资产，必须备份信息审核表（表 8282，受益人信息审核表）向国税局披露这些信息。此审核表的副本必须提供给资产捐赠人并由捐赠人保管。

该规则对捐款原始接受人和捐款继承接受人适用。捐款原始接受人是捐赠人捐款的第一任接受者。捐款继承接受人是第一任接受人之外的其他资产接受人。

18.29 组织在什么情况下不必遵守披露规则？

有两种情况，受益人不必填报披露报表（表 8282）：

1. 组织不必填报披露报表的前提是，当时的原始捐款人签署了非现金慈善捐款报表，捐款资产超过 5000 美元即签署报表 8283 的 B 部分，捐款人在报表的说明处签字，表明某件特殊物品的评估价值不超过 500 美元。如果捐款物品多于 1 件，则需要在报表中明确认定所有物品的价值总和不高于 500 美元（包含 500 美元）。依照捐赠者对一件物品的评估价值是否超过 500 美元所作出的判断，全部的非公开交易股票或物品，统一认定为一件物品。同一作者的著作集，立体音响系统的各部分或者 6 个银器摆件，这些都被看作是一件物品。

2. 如果捐赠的物品是使用过的或者分离的，则将履行组织的免税功能，组织不必填报披露报表。比如，这个报告不对免税救济组织在援助灾民时的医疗设备消耗或分配做要求。

18.30 何时必须填写披露报表？披露报表中必须提供哪些信息？如果高校将资产转移给继承者实体怎么办？

一般来说，在接受捐赠后的 125 天内，捐赠接受人必须提交披露报表（表 8282）。如果组织因为没有理由去相信这些对捐赠者的实体化要求而没有提交报表，但是，随后组织注意到，实体化要求是适用的，那么组织必须在注意到这个提交要求后的 60 天内提交报表。比如，这一例外适用于在受赠人处理慈善税收减免的日期之后，第 8283 表 B 节将被提供给继任受赠人。

在提交披露报表的截止日期前，受益人要填好组织的名称、地址、雇主的身份证号码，至少完成第 3 部分的 1~4 栏和第 4 部分。组织不必完成保留项目，如果信息不可获得的话。比如，如果捐赠人不提供表 8283 的 B 部分的话，组织可能没有所有实体的必要信息，所以组织无法完成所有实体信息的提交。

如果慈善税收减免，在 3 年期内转移给另一个慈善组织（比如 B 组织），那么转换前的组织（比如 A 组织）必须提供继承资产受惠人的信息，包括：（1）姓名、地址、其组织的联邦缴税身份号码；（2）捐款人（或者前任捐款人）提供的表 8283 的 B 部分的副本；（3）表 8282 的副本，组织提交后 15 天内提供。组织（A 组织）必须提供（1）和（2）的信息，在 A 组织最近一次财产转换后 15 天内，原始受益人要签署表 8283 的 B 部分，或者 A 组织从前任受益人处收到表 8283 的 B 部分的副本，如果 A 组织仍是继承资产受益人。

继承资产的接收者（或者组织），要求提供组织的名称、组织的地址以及组织的联邦缴税身份号码给转让人（或者组织），在 15 天内，即转让资产的组织转移资产后，或者继任受赠人收到 8283 表 B 部分的副本后。组织必须给原始资产捐赠人提供表 8282。组织也要保存表 8283 的 B 部分的副本中对它的记录。

因此，如果组织就是原始资产受惠人，则应该完成表 8282 顶部的识别信息部分，以及第 1 部分（1a ~ 1d，根据适用情况填写 2a ~ 2d）和第 3 部分。如果组织是继承资产受益人，则应该完成报表的识别信息部分以及第 1 到 3 部分。

8282 表第 3 部分的劝募信息与捐赠资产有关。对捐赠资产的描述以及组织如何使用资产都需要说明清楚。报表询问资产中是否包含组织的实体收益。有一个问题是询问（资产的）使用是否与组织的免税目的或者功能有关。（如果组织变卖资产、交换资产或者其他方式处置资产，但没有任何使用，那么对这一问题的回答就是"否"。）如果组织对这一问题的回答是"是"，并且资产是有形的个人财产，那么，组织必须说明是如何使用资产的，以进一步实现组织的免税目的或者功能。如果组织对该问题的回答是"否"，并且资产是有形的个人资产，那么在接受捐款时，如果预期用途与组织的免税目的或功能相关，组织必须说明预期用途（如果有的话）以及表明预期用途的可能性和可行性。组织必须报告：接受捐赠资产的日期；原始受益人收到资产的日期；资产被变卖、交换或者其他处置的日期；组织处置资产的金额。表 8282 的第 4 部分是对第 3 部分有形的个人资产进行操作的证明。

18.31 在分配捐款资产时未遵守分配规则所受的罚款

组织未在截止日期前提交 8282 表，或者未包含报表所要求提供的所有信息，或者提供的信息不正确，都要缴纳罚款（一般是 50 美元）。组织对表 8282 的第 3 部分有形的个人资产进行变卖、交换或者其他使用处置，资产的使用与组织目的或者功能相关，但后来发现资产另挪作他用，则所涉及人员都将接受罚款（1 万美元）。

其他文件和要求

18.32 联邦法律要求外，州法律对高校文件的披露要求有哪些？

虽然州与州的法律不尽相同，但是很多州都有关于非营利组织的文件披露的规定。在某些情况下，这些规定仅在组织接受所在州的拨款时适用。高校需要注意遵守的州一级的要求。

18.33 私立高校需要向公众宣传其在种族上的非歧视性政策吗？

答案是肯定的。私立高校必须在所有关于招生、项目和奖学金的小册子和目录中写上种族上的非歧视性政策（4.5，18.33）。另外，在用于告知想要申请某些项目的学生的纸质广告中也要参考这一政策。[12]

另外，私立学校必须将它的非种族歧视性政策向所服务的社区广而告之。政策的选择性传播，也即高校仅对种族群体的领导开放，并不是一种有效的通讯手段（18.34）。

18.34 私立高校使用什么方法向所服务的社区宣传它的非种族歧视性原则？

私立高校可以使用两种方法中的任意一种，以满足高校服务的社区都了解它的非种族歧视性原则这一要求。

第一种方法是，高校在报纸中刊发其非种族歧视性政策，该报纸向所在社区的所有种族提供服务。在组织招生期间，没有招生计划的话，就在组织的注册期间，组织至少重复公开发表一次非种族歧视性政策。如果高校所服务的是多个社区，实体就要在这些社区报纸上刊发这一原则，尽可能让社区里所有种族的人都能阅读到。这一原则要在报纸上作为专栏出现，让所有想申请高校的学生和他们的家庭看到，对这一原则的介绍至少有 3 个专栏的尺寸，标题字号最小是 12 号黑体，而且剩下的文本部分最小是 8 号字。

第二种方法是，使用广播媒体宣传种族上的非歧视性政策，这种方法可以让学院或者大学所服务社区的所有人都知道。如果高校使用这种方法，需提供文件向社区中的所有片区传播该政策，合理地达到预期效果。适当的文件包括磁带的副本或者使用的脚本，还包括足够数量的公告。此外，适当的文件还包括这些公告制作的证据，证明这些公告尽可能在社区中的所有片区传播的证据，证明这些公告尽可能长久地传递清晰信息的证据，证明这些公告在广播或电视上传播而尽可能地被社区中所有种族的群体收听的证据。宣传公告必须在组织招生期间发放，如果缺少征集项目就在组织的注册期间发放。[13]

18.35 私立高校种族上的非歧视性政策宣传的特例情况

私立高校向学生宣传种族上的非歧视性政策时，宣传要求存在三种特例情况。

第一种特例情况是关于教会或者教会相关的学校，学校中至少 75% 的学生是宗教教派或者团体的资助者。这类学校要确保其种族上的非歧视性政策，通过报纸也好或者通告也好，使宗教教派或者团体学生在其社区中能够看到。

第二种特例情况适用于来自全国、全世界、某一广泛地区、联邦中各州的学生，在高校学生构成中都占有较高的比重，并且依据种族上的非歧视性政策来选拔学生的高校。学校制定的政策体现了对宣传要求的满足，即在所有关于招生、项目和奖学金的宣传手册和目录中含有对该政策的说明。这类高校证明其遵守种族上的非歧视性政策，可以通过目前注册的不同种族学生的数量是具有意义的数量来证明，或者，当少数民族学生并未达到富有意义的注册数量时，高校合理地设计在每一地区的促进运动和招生工作，使社区中所有种族片区的学生都能获知该政策，这也可以证明高校在遵守种族上的非歧视性政策。

第三种特例情况适用于，高校依据其种族上的非歧视性政策从当地社区挑选学生。在这种情况下，学校要满足宣传的要求，在其招生、项目、奖学金的宣传手册和目录中包含对其政策的说明。高校证明其遵守了种族上的非歧视性政策，可以通过目前注册的少数民族学生的数量是富有意义的数量来证明高校遵守了该政策，这一证明基于事实和环境。国税局会考虑的事实和环境是，教育机构在每一地区的促进运动和招生工作是否设计合理，以使社区中所有种族片区的学生都被通知到。[14]

18.36 高校需要向公众发布年度报告吗？

不需要，联邦税法不要求高校（学院或大学）出版年度报告或者向公众公开年度报告。但是，国税局鼓励慈善组织出版年度报告，并向公众公开。[15]非营利部门小组在其良好治理和伦理实践原则文件中，建议所有的慈善机构发布年度报告，并在组织的网站上发布副本。

18.37 高校需要向公众披露他们的财务报告吗？

不需要。并没有法律要求高校（学院或者大学）向公众披露他们的财务报告。但是，国税局和其他组织鼓励免税慈善组织制定财务报告，并公布于众，或者在他们的网站上发布相关信息，或者通过其他方式公布。

18.38 关于良好治理和实践的文件，需要高校向公众公开信息吗？

一般认为，组织具有良好的实践是指，把组织的文件（合作条款或者授权文件、法规），董事会政策（利益冲突政策，道德规范），检举政策，年度报告以及财务信息向公众公开。此外，关于组织的其他信息，比如，治理委员会成员和行政人员的名单也要向公众公开。许多高校将他们的任务说明、招生政策、财务信息、日程表以及关于高校活动的一般信息，都发布在网站上。

高校治理委员会联合会（Association of Governing Boards of Universities and Colleges，AGB）在其"机构治理的董事会职责陈述"中提到，高校治理委员会"应作出承诺，在行动中问责、透明、树立典范，正如其对治理过程中的其他参与者期待的那样"。高校治理委员会联合会面向公立学院、大学和系统出版了《委员会的有效治理》一书，联合会认为，"委员会在过程中的透明性是至关重要的，对于得到公众支持的学院和高校来说尤为重要"，"委员会应该经常性地向校园和更大的社区开放，让它们尽可能多地了解委员会的行动和政策"。

说到底，学院和大学来决定把哪些文件发布在网站上，或者通过其他方式，让高校的各部门和公众可以看到，这也是基于透明和信息公开的目的。

参考文献

1. 表990-T 的公开披露仅适用于慈善性试题和申报表的公开披露从 2006 年 8 月 17 日开始提交。
2. 学院和大学提交免税认证申请表，应采用国税局表 1023〔免税认证申请表，IRC § 501（c）(3)〕的规定。
3. See Notice 2008- 20 and Notice 2007- 45 for more information on these rules.
4. Reg. § 301. 6104（d）- 1（c）(2).
5. Reg. § 301. 6104（d）- 2.
6. Reg. § 301. 6104（d）- 3.
7. Reg. § 301. 6104（d）- 3（f）.
8. Reg. § 301. 6104（d）- 3（d）.
9. For colleges and universities fi ling an application for recognition of exemption, the institution would apply using IRS Form 1023, Application for Recognition of Exemption, under IRC § 501（c）(3).
10. Tax Analysts v. Internal Revenue Service, 350 F. 3d 100（D. C. Cir. 2003）, rev'g, 215 F. Supp. 2d 192（D. D. C. 2002）.
11. IRC § 6104（c）.
12. See Rev. Rul. 71- 447, 1971- 2 C. B. 230 and Rev. Proc. 75- 50, 1975- 2 C. B. 587.
13. Id.
14. Id.
15. Internal Revenue Service, "Governance and Related Topics— 501（c）(3) Organizations," www. irs. gov/pub/irs- tege/governance_practices. pdf.

图书在版编目（ＣＩＰ）数据

美国学院和大学的非营利法律实用指南/(美) 布鲁斯·R.霍普金斯,(美)维吉尼亚·C.格罗斯,(美) 托马斯·J.申克尔贝尔格著;余蓝译.—北京:中国政法大学出版社,2018.3
ISBN 978-7-5620-8195-1

Ⅰ.①美…　Ⅱ.①布…　②维…　③托…　④余…　Ⅲ.①高等学校－非营利组织－行政管理－法规－美国－指南　Ⅳ.①D971.221.6-62

中国版本图书馆CIP数据核字(2018)第063097号

出　版　者　中国政法大学出版社

地　　　址　北京市海淀区西土城路 25 号

邮寄地址　北京 100088 信箱 8034 分箱　邮编 100088

网　　　址　http://www.cuplpress.com（网络实名：中国政法大学出版社）

电　　　话　010-58908586（编辑部）　58908334（邮购部）

编辑邮箱　zhengfadch@126.com

承　　　印　固安华明印业有限公司

开　　　本　720mm×960mm　　1/16

印　　　张　33.25

字　　　数　540 千字

版　　　次　2018 年 3 月第 1 版

印　　　次　2018 年 3 月第 1 次印刷

定　　　价　99.00 元